立命館大学法学叢書第18号

石橋秀起 著 *Hideki Ishibashi*

不法行為法における
割合的責任の法理

*Theorie der Proportionalhaftung
im Deliktsrecht*

法律文化社

はしがき

　本書は、民法・不法行為法のうち、原因競合における割合的解決について検討を行うものである。この種のテーマに関しては、これまでにも過失相殺や素因減責を中心として、多くのすぐれた論稿が存在するが、本書は、対象を過失相殺——被害者の過失の競合——以外の原因競合としたうえで、各種の事例にまたがる統一的な損害分配ルールを構築しようとするものである。したがって、損害分配ルールといっても、個々の事例に即した具体的な基準——実務において有用な「目安」——を定めることは、本書の目的とするところではない。むしろ、そうした基準のもとで行われる具体的な判断に対し、それを支える法的思考のありようを、できるかぎり明確に、かつ不法行為法の基本タームを用いて描き出すのが、本書のねらいである。

　筆者がこのようなテーマに関心をもったのは、筆者の院生時代にまでさかのぼる。当時は、交通事故における素因減責に関して、すでに3つの重要な最高裁判決が登場しており、また、公害・環境訴訟においても、割合的解決を行う判決がいくつか散見されるという状況であった。そして、それらにおいてしばしば言及されたのが、「損害の公平な分担」という慣用表現であった。割合的解決の問題は、賠償額の決定に直接かかわるものであるため、実践的な課題としての色彩が強い。したがって、解釈論としては、これを「公平」による額の調整問題と位置づけ、あとは実務家の卓抜した判断にゆだねるというのも、ひとつの考え方かもしれない。しかし、本当にそれでよいのだろうか。そうした判断を理論的に秩序づけることは、できないだろうか。筆者の関心の発端は、まさにこのようなところにあった。本書がこのような課題に十分に取り組めているかと問われると、誠にもって心許ないかぎりであるが、このような拙いものでも、この分野におけるこれまでの議論に少しでも貢献できればと思っているしだいである。

　ところで、本書をこのようなかたちで刊行することができたのは、多くの方々のお力添えによるところが大きい。とりわけ、学部のゼミ以来ご指導いた

だいている吉村良一先生（立命館大学大学院法務研究科教授）には、本書の刊行にあたっても、原稿に目をとおしていただき、貴重なアドヴァイスをいただいた。筆者の思い過ごしかもしれないが、先生は、筆者が2005年に現在の勤務先に赴任して以降、職場の同僚というスタンスで筆者に接しようとされているように思えてならない。この不肖の弟子にさえそのように振る舞われる先生の誠実さ、懐の深さに、ただただ恐縮するばかりだが、何かひとつでも先生から受け継ぐことができたらと、日々努力を重ねていることを申し上げ、これまでのご指導に対するお礼の言葉に代えさせていただきたい。また、立命館大学法学部および大学院法務研究科のその他の先生方にも、学内の研究会などにおいて、大変お世話になっている。ここに記して感謝の気持ちをお伝えするしだいである。さらに、筆者は、2012年4月より1年間、ドイツ・ヨーロッパ・国際医事法・保健法・生命倫理研究所（Institut für Deutsches, Europäisches und Internationales Medizinrecht, Gesundheitsrecht und Bioethik der Universitäten Heidelberg und Mannheim）において、在外研究を行った。本書第Ⅰ部にかかわる作業の大部分は、実は、マンハイム宮殿内にある同研究所において行われたものである。そこで、同研究所の所長でマンハイム大学教授のヨッヘン・タウピッツ先生（Professor Dr. Jochen Taupitz）にも、この場を借りてお礼を申し上げたい。

　このほか、本書の制作にあたっては、以下のおふたりにお手伝いいただいた。まず、立命館大学法学アカデミーの赤塚みゆき氏には、本書とその初出論文の執筆にあたって、文献の収集や複写などをお手伝いいただいた。次に、脱稿後は、法律文化社の野田三納子氏にお世話になった。同氏の緻密な作業によって校正がとてもスムーズに行われたことを、ここに述べておきたい。

　また、本書は、立命館大学法学叢書第18号として刊行されるものである。同シリーズの名に恥じない内容になっているかと問われると心許ないが、とにもかくにも現時点での研究成果をまとめるにあたり、出版助成を行っていただいた立命館大学法学会に、ひとことお礼を申し上げたい。

　最後に、私事にわたるが、妻・藍子には、日々の生活において色々と面倒をかけている。ドイツの書物であれば、表紙の裏に名前を記して献呈を行うのが通例かもしれないが、筆者にその勇気はない。しかし、こうしてこれまで大学教員としてやってこられたのも、彼女のサポートがあってのことだと考えてい

る。ここに、「ありがとう」とともに、「これからもよろしく」と書き添えることをお許しいただきたい。

　2014年2月　京都・衣笠の研究室にて

石　橋　秀　起

目　次

はしがき

第Ⅰ部　割合的責任の基礎理論

第1章　公平による割合的減責の妥当性 …………………… 3

　第1節　問題の所在 ………………………………………… 3
　　1　はじめに …………………………………………… 3
　　2　従来の学説における議論状況 …………………… 4
　　3　小　括——本章の検討課題と比較法研究の趣旨 … 11
　第2節　ドイツにおける減責条項導入論とその後退 …… 15
　　1　はじめに …………………………………………… 15
　　2　ドイツ法アカデミー草案における減責条項 …… 16
　　3　1960年代の減責条項をめぐる議論 ……………… 18
　　4　減責条項導入論の後退 …………………………… 24
　第3節　ドイツ協働過失制度における公平の意義 ……… 36
　　1　はじめに …………………………………………… 36
　　2　協働過失制度の基本枠組み ……………………… 37
　　3　割合的損害分配の衡量 …………………………… 40
　　4　協働過失制度の要件における公平の意義 ……… 45
　　5　協働過失制度の効果における公平の意義 ……… 52
　第4節　小　括 ……………………………………………… 52

第2章　ドイツにおける割合的責任論の今日の展開 ……… 57

　第1節　はじめに …………………………………………… 57
　　1　問題の所在——原因競合をめぐる諸課題 ……… 57
　　2　本章の目的 ………………………………………… 60

第2節　ドイツにおける割合的責任論の現況 …… 61
1　は じ め に …… 61
2　医療過誤における割合的責任論 …… 64
2-1 「機会の喪失」論への関心／2-2 因果関係の蓋然性にもとづく責任
3　大規模損害の発生事例における割合的責任論 …… 86
3-1 統計データによる損害分配への関心／3-2 民法830条1項2文の解釈論への影響／3-3 経済分析を重視する論者からの反応

第3節　割合的責任論の正統性 …… 99
1　は じ め に …… 99
2　動的システム論による割合的解決 …… 100
3　危険増大論による割合的解決 …… 105
4　考　　察 …… 110
4-1 動的システム論の妥当性／4-2 危険増大論の妥当性／4-3 考察のまとめ／4-4 補論

第4節　小　　括 …… 125

第Ⅱ部　割合的責任の判断構造

第1章　医療過誤における割合的責任 …… 135
第1節　はじめに …… 135
1　因果関係の証明困難と割合的解決の現状 …… 135
2　本章の目的 …… 140
第2節　責任設定における割合的解決 …… 141
1　検査義務違反 …… 141
2　治療上の判断ミス …… 146
3　経過観察義務違反 …… 149
4　説明義務違反 …… 152
5　転送義務違反 …… 155
第3節　責任充足における割合的判断 …… 158

第4節　割合的責任の理論的内実 …………………………………… 160
1　責任設定における割合的解決——狭義の割合的責任 ………… 161
1-1　違法性連関の存否不明以外の理由による割合的解決／1-2　違法性連関の存否不明を理由とする割合的解決
2　責任充足における割合的判断 ………………………………… 172

第2章　営造物・工作物責任における自然力競合による割合的減責 …… 175

第1節　問題の所在 …………………………………………………… 175
1　飛騨川バス転落事故1審判決の当否に関する議論 ………… 175
2　本章の視角 ……………………………………………………… 177

第2節　裁判例の動向 ………………………………………………… 180

第3節　自然力競合による割合的減責の理論的内実 ……………… 187
1　類型化の試み …………………………………………………… 187
2　「瑕疵論争」に対する本章のスタンス ………………………… 189
3　外在的瑕疵のケースにおける割合的減責 …………………… 192
4　内在的瑕疵のケースにおける割合的減責 …………………… 200

第4節　ま　と　め …………………………………………………… 202

第3章　公害・環境訴訟における割合的責任 ………………………… 205

第1節　問題の所在 …………………………………………………… 205

第2節　裁判例の動向 ………………………………………………… 207
1　多奈川判決における割合的責任 ……………………………… 208
2　西淀川一次判決における割合的責任 ………………………… 211
3　西淀川二次〜四次判決における割合的責任 ………………… 213
4　その他の大気汚染訴訟 ………………………………………… 219
5　水俣病東京判決と関西判決 …………………………………… 222

第3節　割合的責任の理論的内実 …………………………………… 226
1　割合的判断の基準としての「確率」と「心証度」 ………… 226
2　大気汚染に対する寄与度に応じた責任 ……………………… 230
3　因果関係論と他因子論の関係 ………………………………… 232

第4節　ま　と　め …………………………………………………… 234

第4章　交通事故における素因減責 …………………………… 235

第1節　問題の所在 …………………………………………… 235
第2節　裁判例の動向 ………………………………………… 238
　1　身体的素因の競合事例 ………………………………… 238
　2　心因的素因の競合事例 ………………………………… 243
第3節　素因減責の理論的内実 ……………………………… 246
　1　裁判例の整理と検討課題の提示 ……………………… 246
　2　帰責相当性と割合的減責との関係 …………………… 250
第4節　まとめ ………………………………………………… 257

第5章　交通事故と医療過誤の競合 …………………………… 260

第1節　はじめに ……………………………………………… 260
第2節　裁判例の動向 ………………………………………… 260
第3節　共同不法行為構成から競合的不法行為構成へ …… 264
　1　共同不法行為構成 ……………………………………… 265
　2　競合的不法行為構成 …………………………………… 267
　3　共同不法行為構成の妥当性 …………………………… 271
第4節　競合的不法行為の効果 ……………………………… 274
　1　全部連帯責任の排除の方法 …………………………… 274
　2　検　　討 ………………………………………………… 276
第5節　D_1とD_2が併存するケースの検討 ……………… 279

第6章　被害者の自殺 …………………………………………… 280

第1節　はじめに ……………………………………………… 280
第2節　裁判例の動向 ………………………………………… 280
　1　交通事故被害者の自殺事例 …………………………… 280
　2　体罰自殺の事例 ………………………………………… 282
　3　いじめ自殺の事例 ……………………………………… 286
第3節　死亡損害の帰責と割合的解決 ……………………… 289
　1　はじめに ………………………………………………… 289
　2　不法行為帰責論の新たな展開 ………………………… 290

3　被害者の自殺事例の帰責構造……………………………………… 295
　　4　割合的解決の可能性………………………………………………… 298

終　章 …………………………………………………………………… 303

第1節　割合的責任の具体像 ………………………………………… 303
　1　「可能性」保護の正当化 ……………………………………………… 303
　2　行為を起点とする因果関係が妥当するケースにおける
　　　割合的解決の可能性 ………………………………………………… 306
　　　2-1　危険性関連の強度にもとづく割合的解決／2-2　「被害者側の択
　　　一性」による割合的責任の正当化

第2節　「事実的」因果関係の存否不明の取扱い …………………… 310
　結　語 …………………………………………………………………… 311

事項索引

初出一覧

第I部
第1章
「賠償責任の割合的軽減と公平の理念(1)・(2)・完」立命館法学276号（2001年）143頁、同277号（2001年）203頁。
第2章
「ドイツにおける割合的責任論の展開」立命館法学336号（2011年）319頁。

第II部
第1章
「医療過誤における割合的責任論」立命館法学339＝340号（2012年）1頁。
第2章
「営造物・工作物責任における自然力競合による割合的減責論の今日的意義」立命館法学317号（2008年）163頁。
第3章
「公害・環境法における割合的責任の法理」立命館法学327＝328号（2010年）57頁。
第4章
「交通事故における素因減責の本質」立命館法学345＝346号（2013年）102頁。
第5章
「交通事故と医療過誤の競合事例に関する一考察」立命館法学292号（2004年）80頁。
第6章
「被害者の自殺事例と不法行為帰責論の今日の展開」三重大学法経論叢21巻2号（2004年）1頁。

第 I 部
割合的責任の基礎理論

　　第 I 部では、原因競合における割合的解決に関して、基礎理論レベルの考察を行う。

　　まず、第1章では、こうした解決をいかなる理論的視座において捉えるべきかにつき、検討を行う。具体的には、賠償範囲の画定のあと、裁判官の裁量により公平の見地から減責を行うという構成を俎上にあげ、これを批判的に検討する。

　　次に、第2章では、ドイツにおける「割合的責任」をめぐる議論動向を取り上げる。具体的には、まず、ドイツにおいてこのような責任が正統性をもつかどうかにつき検討を行い、次いで、そうした作業のなかから、わが国の解釈論において割合的解決を基礎づけるための手がかりを得ることにしたい。

第1章 公平による割合的減責の妥当性

第1節 問題の所在

1 はじめに

　加害行為に他の原因が競合して損害が発生した場合、すべての損害について責任を肯定するのが問題であると考えられることがある。たとえば、交通事故に被害者の素因が競合するケースでは、昭和40年代以降、素因を斟酌して減責を行うのが一般的な傾向となっている。[1] また、自然力が競合するケースにおいても、営造物・工作物責任の領域を中心として、これを斟酌すべきかどうかが問題となっており、一部でこれを肯定する裁判例がみられる。[2]

　学説においては、こうした実務の動向をおおむね好意的に受けとめ、割合的減責を妥当であるとするものがある一方、そうした解決の背後にある「公平」の理念に対して批判的な見方を示すものも少なくない。とりわけ、素因競合に関しては、これまで数多くの論稿が公表されているが、そこでは素因斟酌肯定説、否定説といったかたちでの明確な見解の対立がみられる。[3] このように、

---

[1]　初期の裁判例については、能見善久「寄与度減責」四宮和夫古稀『民法・信託法理論の展開』（弘文堂、1986年）215頁、220-235頁を参照。なお、大塚直「政策実現の法的手段——民事的救済と政策」岩村正彦編『岩波講座 現代の法4 政策と法』（岩波書店、1998年）177頁、187-188頁は、1980年代以降を「過度の被害者救済」に対する反省の時代と位置づけたうえで、それを示す現象のひとつとして、素因減責の問題を取り上げ、過失責任が実質的に無過失責任に近づいたこととの均衡上、効果において「損害の公平な分担」を図ることが重視されるようになったと分析している。

[2]　代表的なものとして、名古屋地判昭和48年3月30日（判例時報700号3頁）「飛騨川バス転落事故1審判決」。

[3]　これに関しては、橋本佳幸「過失相殺法理の構造と射程(5)・完」法学論叢139巻3号（1996年）1頁、4-21頁、平野裕之『民法総合6 不法行為法〔第3版〕』（信山社、2013年）440-443頁を参照。また、1987年以前のものではあるが、加藤新太郎「因果関係の割合的認定」判例タイムズ633号

割合的減責をめぐる今日の議論は、理論的問題もさることながら、結果の当否に重点がおかれており、損害賠償法における公平とは何かという問題に関する神々の争いの様相を呈しているといってよいだろう。

　本章は、このような認識のもと、今後のこの問題における解釈論の進むべき道を模索することを目的とする。そこでまずは、割合的減責を主張する代表的な学説を概観し、これまでの議論状況を把握することからはじめることにしよう。

2　従来の学説における議論状況
(1)　割合的減責を主張する諸学説

　割合的減責を主張する学説としては、これを事実的因果関係のレベルで扱う割合的因果関係説、損害の金銭的評価のレベルで扱う過失相殺類推適用説、同じく損害の金銭的評価のレベルで扱う「寄与度減責」説の3つが代表的である。

（a）　割合的因果関係説[4]

　まず、割合的因果関係説は、因果関係を量的概念として捉え、これを賠償額に反映させるという考え方である。[5]提唱者である野村好弘（敬称略。以下、本書全体をつうじて同様とする）は、平井宜雄がその著書『損害賠償法の理論』において提示した、「but for test」──「あれなければこれなし」のテスト──としての事実的因果関係、保護範囲の画定、損害の金銭的評価という三段階の枠組みを、「ひとつの相対的な座標系でしかない」とし、因果関係を「substantial factor test」──「重要な要素」のテスト──として捉えなおすことを主張する。そして、このようにして捉えなおされた因果関係──「割合的因果関係」──を「事実的因果関係」であるとしたうえで、その程度を賠償額に反映させることを提

　　（1987年）46頁、46-47頁には、原因競合による割合的減責を扱った論稿が、ほぼ網羅的にあがっている。

[4]　事実的因果関係を量的概念として捉えるものとしては、部分的因果関係説と呼ばれる見解──浜上則雄「損害賠償法における『保証理論』と『部分的因果関係の理論』(1)、(2)・完」民商法雑誌66巻4号（1972年）3頁、同66巻5号（1972年）35頁──もあるが、ここでは、実務において広く浸透したとされる、割合的因果関係のみを取り上げることとする。

[5]　野村好弘「因果関係の本質」交通事故紛争処理センター創立10周年記念論文集『交通事故損害賠償の法理と実務』（ぎょうせい、1984年）62頁。

案する。また、野村は、以上の損害分配ルールを責任要件論に位置づけるとともに、こうした考えをとる利点を、賠償医学の成果を受けとめるための理論的受け皿となりうる点に求めている。

なお、野村は、因果関係の心証度を賠償額に反映させる、いわゆる確率的心証論について、自説と発想を同じくするものであり、最終的には寄与度による事案の処理に吸収されていくべきものだとしている。

(b) 過失相殺類推適用説

次に、過失相殺類推適用説は、倉田卓次が確率的心証論を展開したある判決の評釈において中野貞一郎が提唱したのを嚆矢とし、その後、平井宜雄や齋藤修らによって有力に主張されている考え方である。同説は、因果関係を「あれなければこれなし」の問題に限定したうえで、割合的減責の問題を損害の金銭的評価のレベルで扱おうとするものであるが、説の名称にもかかわらず、過失相殺法理との関係について、十分な説明を行わないのが特徴的である。

周知のとおり、判例は、昭和63年以降、民法722条2項の類推適用によって素因減責を行うことを認めているが、こうした動向は、過失相殺法理の構造

---

6) 野村・前掲（注5）63頁。
7) 野村好弘「寄与度に基づく割合的責任」私法50号（1988年）137頁、140頁。
8) 野村・前掲（注5）80-85頁。
9) 野村・前掲（注5）72頁、野村好弘「確率的（割合的）因果関係論」判例タイムズ782号（1992年）53頁、63頁。なお、この点に関しては、部分的因果関係説も同様である。浜上・前掲（注4）「(1)」18-22頁。
10) 東京地判昭和45年6月29日（判例時報615号38頁）。
11) 中野貞一郎「判批：東京地判昭和45年6月29日」新堂幸司編『続民事訴訟法判例百選』（有斐閣、1972年）168頁、169頁。
12) 平井宜雄「因果関係論」有泉亨編『現代損害賠償法講座1 総論』（日本評論社、1976年）97頁、107-110頁。ただし、論者の関心は、あくまで割合的減責の問題を体系上どのように位置づけるかという点にあることは、注意しておくべきだろう。実際、平井は、素因減責を行うことに対しては、否定的な態度をとっている。平井宜雄『債権各論II 不法行為』（弘文堂、1992年）159-160頁。
13) 齋藤修「損害賠償と被害者の体質的素因」商大論集37巻4号（1985年）27頁、同「鞭打ち症における損害賠償減額の法理」商大論集40巻4=5号（1989年）141頁、同「過失相殺の規定の類推適用について」私法62号（2000年）216頁、同「過失相殺の規定の類推適用」西原道雄古稀『現代民事法学の理論 上』（信山社、2001年）209頁など。
14) 最判昭和63年4月21日（民集42巻4号243頁）、最判平成4年6月25日（民集46巻4号400頁）。

理解に関する画期的な研究を生むこととともなった。しかし、ここで取り上げる見解は、そうした動きとは一線を画したところで主張されている点に、注意が必要である。論者の主張を全体としてみるならば、同説の重点は、「金銭評価の創造的・裁量的性格」を強調することにより、裁判官に減責のための広範な裁量の余地を与える点にあるということができる。したがって、ここでの「過失相殺」も、そうした処理を正当化するための条文上の根拠として援用されたものとみるのが適当であろう。

(c) 「寄与度減責」説

最後に、「寄与度減責」説は、過失相殺類推適用説と同様、割合的減責の問題を損害の金銭的評価のレベルで扱うものであるが、減責の必要性に関して独自の法政策的提案を含んでおり、これとは独立した意義を有するものだということができる。

提唱者である能見善久は、これまで寄与度と呼ばれてきたものを、「事実的寄与度」と「評価的寄与度」の2つに分類する。そして、前者においては、事実的因果関係の問題であるため、原告がこれを証明しなければならず、証明された範囲において責任が成立するのに対し、後者においては、過失の程度が考慮されるため、減責されるか否かは裁判官の裁量にゆだねられるとする。ここにいう「寄与度減責」説とは、この後者の意味での寄与度が小さい行為者につき公平の見地から減責を行うことを、不法行為法の一般ルールとして提案するものである。

---

15) 代表的な研究として、窪田充見『過失相殺の法理』(有斐閣、1994年)、橋本佳幸「過失相殺法理の構造と射程(1)～(5)・完」法学論叢137巻2号(1995年)16頁、137巻4号(1995年)1頁、137巻5号(1995年)1頁、137巻6号(1995年)1頁、139巻3号(1996年)1頁。

16) 平井宜雄『損害賠償法の理論』(東京大学出版会、1971年)492頁、同・前掲(注12)「因果関係論」110頁。

17) 加藤・前掲(注3)53頁は、過失相殺類推適用説について、寄与度による減額の根拠を過失相殺規定によって補強するものであると評する。これに対し、倉田卓次「被害者の素因との競合」交通法研究14号(1985年)93頁、101頁は、過失相殺規定がそのようなかたちで使われることに、反対している。

18) 能見善久「共同不法行為責任の基礎的考察(8)・完」法学協会雑誌102巻12号(1985年)1頁、20-22頁。

19) このほか、内田貴『民法Ⅱ 債権各論〔第3版〕』(東京大学出版会、2011年)447頁は、加害者の「帰責性の程度」にもとづく賠償責任──被害者の過失や素因の競合ケースのほか、好意関係が

なお、能見は、「寄与度減責」が要請される局面とかかわって、「責任要件の希薄化と減責による調整」の必要性を説いている。すなわち、過失の客観化により、事実上、無過失責任に近づいている領域や、因果関係の相当性につき微妙な判断が迫られる領域などにおいては、オールオアナッシングによる解決は、かならずしも妥当な結果を導くとはかぎらない。むしろ、これらの場合においては、責任を成立させたうえで減責を行うのが、公平にかなっているというのである[20]。

　最後に、能見は、以上の考えをとるにあたって、保険制度との関係にも配慮を行っている。すなわち、責任保険が完備しているところでは、「寄与度減責」を行うのは適当ではない。したがって、一般に保険による保護がある交通事故の領域では、素因減責を行うべきではないというのである[21]。

(2) 割合的因果関係説の理論的問題点

　さて、以上の3つの学説のうち、割合的因果関係説は、広く実務に浸透した考え方であるといわれるが、学説上、きびしい批判にさらされているのも事実である。これは、同説が、事実的因果関係に対するこれまでの理解をくつがえし、損害賠償法に新たなパラダイムを切り開こうとしている点に、原因があると考えられる。そこで以下では、同説の理論的妥当性について検討を行うこととしたい。

(a) 割合的因果関係説に対する批判

　まず、割合的因果関係説に対する代表的な批判として、次のようなものがあ

　　介在するケースが念頭におかれている——を主張しているが、法的評価のレベルで割合的解決を捉える点で、「寄与度減責」説と共通した発想だといえるだろう。
20)　能見・前掲（注1）250頁、同「『痛み分け』社会の民法」落合誠一編『論文から見る現代社会と法』（有斐閣、1995年）103頁、113-122頁。なお、このうち、過失要件の「希薄化」に関しては、我妻栄「損害賠償理論における『具体的衡平主義』」同『民法研究Ⅵ　債権各論』（有斐閣、1969年）193頁、215-227頁（初出：1922年）、同『事務管理・不当利得・不法行為』（日本評論社、1937年）99-100頁が、すでにこれとよく似た公平観を打ち出している。もっとも、能見が、過失の客観化にともなう賠償額の調整という視点を重視するのに対し、我妻は、「過失と賠償との比例」関係を重視する。したがって、両者を同視してよいかどうかに関しては、なお慎重な考慮が必要である。
21)　能見・前掲（注1）251頁。

る。一般に、原告が通常の証明度において寄与度を証明することは、不可能に近い。したがって、訴訟での認定が安易になるのを避けたいならば、因果関係については「あれなければこれなし」の関係のみを問題にし、割合的減責の問題は損害の金銭的評価の場において扱うのが適当である。[22] なお、このような批判に対し、野村は、そもそも因果関係の捉え方——「座標系」——がちがうのだから、こうした批判はあたらないとしている。[23]

また、同説に対しては、次のような指摘もなされている。割合的因果関係説は、事実レベルで因果関係を割合的に捉えるため、論理的には、つねに減じられた責任のみが成立することになりかねない。この世の中の事象の生起には、無数の因子が作用している。しかし、損害賠償訴訟においては、それらのすべてが考慮されるわけではなく——あるいは、それは不可能である——、責任の帰属にかかわる「主要な原因」のみが考慮される。同説は、そうした考慮に関する判断枠組みを、そもそも含んでいないのではないだろうか。[24]

最後に、こうした批判にもかかわらず「割合的因果関係」を観念したとしても、それが何ゆえ賠償額を正当化するかに関しては、なお疑問が残るところであろう。事実的因果関係としての割合的因果関係は、文字どおり事実的な概念であり、それ自体において規範的判断を含んでいないと解するのが自然である。しかし、寄与度を賠償額に反映させるというのであれば、それを法的に正当化するための何らかの枠組みが必要となるだろう。[25] なお、こうした批判に

---

22) 平井・前掲（注12）「因果関係論」110頁。また、淡路剛久「判批：東京地判昭和45年6月29日」判例評論148号（1971年）20頁、23頁は、「寄与度に応じた責任」に一定の理解を示しながらも、「訴訟で争いとなるような場合の『寄与度』」は、結局は、「裁判官の自由な心証ないし判断」によって決定されるとする。

23) 野村・前掲（注5）76頁。

24) 吉村良一「公害賠償における『割合的責任』論の検討」同『公害・環境私法の展開と今日的課題』（法律文化社、2002年）314頁、317頁（初出：1997年）。また、同様の趣旨と解されるものとして、窪田・前掲（注15）123頁は、「裸の寄与度・原因力」を衡量因子とすること、あるいは、そもそもそのようなものを観念することに疑問を投げかける。

25) このような視点から、「因果関係相殺」という考え方に対し、疑問を投げかけるものとして、潮見佳男『不法行為法』（信山社、1999年、初版）309頁。なお、こうした疑問は、割合的因果関係を保護範囲の問題として位置づけるべきであるとする一部の見解——たとえば、森島昭夫『不法行為法講義』（有斐閣、1987年）285-286頁、「座談会 不法行為法の回顧と展望」Law School 6号（1979年）4頁、18-19頁（加藤雅信の発言）——の背後にも、あるものと考えられる。

対し、野村は、次のように述べている。事実的因果関係の割合を金銭に投影したものを「一定の法的価値判断ないし政策的判断によって補充・修正することを否定しないし、むしろそれは必要なこと」である[26]。

(b) 検　　討

さて、そこで以上の批判をふまえ、割合的因果関係説の理論的問題点を明らかにすることとしよう。

まず、第一の批判は、これを敷衍すると、割合的因果関係説が要件レベルで割合的減責の問題を扱うことの意義を問うものとなる。批判説のいうように、ある因子の損害に対する寄与を通常の証明度において証明することは、ほとんど不可能に近い。したがって、これをふまえると、選択できる道は、次の2つに絞られることになる。1つめは、こうした指摘にもかかわらず、原告は、事実的因果関係を、その存在と量において証明しなければならないとするものである。しかし、この場合、我々は、因果関係の認定が安易なものになることを覚悟しなければならないだろう。2つめは、原告による証明の対象を因果関係の存在──「あれなければこれなし」──に限定し、被告の抗弁などをふまえて割合的減責の問題に入るというものである。しかし、このように考える場合、要件レベルで因果関係を割合的に捉えることの意義が、正面から問われることになるだろう。

割合的因果関係説がこの2つの道のいずれを選択しているかは、かならずしも明らかではない。しかし、すくなくとも、論者は、あらゆる場合において、原告に対し、因果関係の量についての証明を要求しているわけではないようにうかがえる[27]。ただそうすると、実際の訴訟における処理としては、過失相殺の類推適用でも割合的因果関係の認定でも、ほとんど変わりはないということになりかねず[28]、同説が、理論的難点を抱えつつも、なぜあえて事実的因果関

---

26) 野村・前掲（注5）78頁。また、小賀野晶一「寄与度論──事故法の課題と『公正』議論のゆくえ」鈴木辰紀古稀『現代保険論集』（成文堂、2001年）175頁、192-193頁、同「寄与度、過失相殺──寄与度論への道すじ」野村好弘監修『割合的解決と公平の原則』（ぎょうせい、2002年）43頁、56-57頁は、「科学的寄与度」を違法性判断によって修正することを許容する。

27) 「座談会　東京地裁及び大阪地裁の交通事故裁判について」交通民集16巻索引・解説号（1985年）367頁、389頁（野村好弘の発言）。

28) 前掲（注27）「座談会」388頁（福岡右武の発言）。

係を割合的に捉えようとするかが、問われることとなるだろう。割合的因果関係はフィクションなのだから、割合的減責の問題は、もっぱら損害の金銭的評価のレベルで扱うのがよいという指摘に対し、それでもなお責任要件のレベルで扱うのがよいという、同説の側からの再反論が待たれるところである。

　次に、上述の第二、第三の批判は、割合的因果関係説が次のような問題を抱えていることを明らかにしている。すなわち、同説は、事実的因果関係を割合的なものとして捉えなおすと言いながら、実際には、このような重大な変更にもかかわらず、既存の枠組みとの関係について、十分な説明を行っていない。このような変更を主張する場合、本来ならば、損害賠償法の体系全体を見なおすことが要請されてしかるべきである。しかし、同説は、そのようなところにまで考えをおよぼさず、割合的減責の根拠を何に求めるかという視点のみにおいて主張を行っているようにうかがえるのである。

(3)　割合的因果関係説の本質

　さて、以上において、割合的因果関係説の問題点が浮き彫りとなったわけだが、このことは、同説の存在意義を何ら否定するものではない。同説が上述の問題を抱えていることは、同説の本質が実は次の点にあることを明らかにしているのである。

　まず、上述の第一の批判において、批判説が事実的因果関係を割合的に捉えることに反対する場合、そこでの「事実的因果関係」は、責任要件としてのそれを意味していることに疑いはない。これに対し、割合的因果関係説が、割合的因果関係を事実的因果関係であるとする場合、そこでの「事実的因果関係」は、実は――論者自身は責任要件の問題であるとしているが――かならずしもそのようなものとして考えられていないのではないだろうか。むしろ、論者の主張の重点は、割合的減責の問題を、もっぱら裁判官の「勘」によって処理するのではなく、客観的・科学的なデータを手がかりとして処理していくべきだ

---

29)　前掲（注27）「座談会」386頁（淡路剛久の発言）。
30)　実際、野村・前掲（注7）142頁は、寄与度を既存の枠組みとの関係でどのように位置づけるかは、二次的な問題にすぎないのであって、むしろ端的に、「寄与度に基づく割合的責任」という説明の仕方が普及することこそが重要である、といった趣旨のことを述べている。
31)　平井・前掲（注12）「因果関係論」110頁。

とする点にこそ、あると考えられる。[32] つまり、割合的因果関係説が「事実的因果関係」の問題であると主張する場合、そこでは客観的・科学的にはじき出されたデータの事実性を問題にしているのであって、原告が訴訟において証明すべき要件事実を問題にしているわけではない。したがって、そのように考えるならば、割合的因果関係説は、要件レベルで因果関係を捉えなおすと言いながら、実は、そうした構成を二次的なものとしてしか捉えていないことになるだろう。「割合的因果関係」をフィクションとして作り上げることにより、裁判官の裁量に客観的・科学的データによる裏づけを与える。むしろ、このような点にこそ、割合的因果関係説の真のねらいがあると言ってよいのではないだろうか。

賠償医学は、学際的見地から、事故で生じた損害にいかなる因子がどのような割合で影響しているかを把握するための資料を提供する。ところで、このような資料を手がかりに、裁判官が個々の因子の影響を把握し、事案の解決に役立てるということは、事実的因果関係の存否を検討し、保護範囲を画定し、これを金銭に評価するという、損害賠償法の体系にもとづいた思考プロセスとは別次元の問題である。このような区別は、たとえば、交通事故における「過失相殺基準表」の実務における活用と、過失相殺法理をめぐる学説の議論との区別にも対応するものと考えられる。前者は、個々のケースを、客観的な資料にもとづき、定型的かつ迅速に処理することを目的とするが、こうした資料は、個々のケースで導かれた特定の解決を法的に正当化するものではない。それはむしろ、後者の議論をつうじてはじめてもたらされるのである。[33] 論者の主張を全体としてみるならば、割合的因果関係説は、この2つの問題のうち、前者の次元において主張を行ったものと解するのが適当である。これは、同説が、「寄与度」を賠償額に反映させるにあたり、これを正当化するための枠組みを十分にそなえていないことからも明らかだろう。

3　小　括——本章の検討課題と比較法研究の趣旨

本節では、素因競合や自然力競合において割合的減責を主張する学説を概観

---

32)　野村・前掲（注5）81頁。
33)　窪田・前掲（注15）5-6頁、243-244頁。

し、なかでも批判の多い割合的因果関係説に関しては、その理論的問題点にまで立ち入って、検討を行った。ここで、これまでの内容を整理し、本章の検討課題を示すこととしよう。

(1) これまでの整理と検討課題の提示

まず、過失相殺類推適用説と「寄与度減責」説は、割合的減責の問題を損害の金銭的評価のレベルにおいて扱う。したがって、これらにおいては、裁判官の裁量によって、減責の可否と程度が決定されることになる。

次に、「寄与度減責」説は、こうした判断に一定の指針を与える点において、独自の意義を有する。すなわち、被害者保護の前進にともない責任要件が充足されるようになった領域や、要件の有無につき微妙な判断が求められる領域では、要件の充足とひきかえに減責を行うのが公平にかなっている。このような公平観――「責任要件の希薄化と減責による調整」――を打ち出すことにより、裁判官の裁量に一定の方向づけを与えるわけである。

一方、割合的因果関係説は、事実的因果関係を割合的に捉え、これを賠償額に反映させるという考え方である。もっとも、これまでの考察をふまえるならば、同説は、因果関係論のレベルで主張を行ったものとは言いがたい。むしろ、客観的・科学的にはじき出されたデータによって「寄与度」を把握することにより、裁判官の裁量による判断を可視化ないし客観化しようとするところにこそ、同説の真のねらいがあると考えられる。したがって、そのように考えるならば、同説が他の2つの見解と本質的に異なる点は、にわかに見出しがたくなる。これらはいずれも、賠償範囲の画定に関する理論枠組みをはなれたところで割合的減責の問題を扱う点において、共通しているからである。

さて、このように、割合的減責を主張する学説は、いずれも公平判断を行うための独自の領域を損害賠償法の体系のなかに位置づける点において、共通している。そして、こうした構成をとるかぎり、割合的減責をめぐる議論は、個々の事案における減責の当否を述べあうことに、終始してしまうだろう。冒頭で述べたとおり、本章の目的は、まさにこうした状況を打開し、今後のこの分野における解釈論の進むべき道を模索するところにある。したがって、先ほどの3つの学説による事案の解決をも視野に入れつつ、こうした問題に取り組むな

らば、何をもって公平とするか——公平の意味——を問いつづけることは、生産的とは言いがたい。むしろ、損害賠償法の体系において公平がどのように扱われるか——公平の意義——を問いなおすことにより、割合的解決の理論的位置づけを明らかにすることこそが、あるべき議論の姿だといえるだろう。[34]

そこで、以下、本章では、この公平の意義に関する問題について、検討を進めることにしたい。

(2) ドイツ法との比較法研究を行う趣旨

ところで、本章では、こうした問題に取り組むにあたり、ドイツ法の議論を取り上げる。具体的には、第2節において、「減責条項」の立法化をめぐる議論を、また、第3節において、協働過失制度——わが国における過失相殺制度に相当する——をめぐる解釈論を、それぞれ取り上げる。本章がこれらの議論を取り上げるのは、次のような趣旨にもとづく。

(a) 減責条項導入論を取り上げる趣旨

ドイツでは、過去の一時期、公平による割合的減責を可能にする規定——減責条項（Reduktionsklausel）——の導入が検討された。これは、都市への人口の集中や交通の過密化などにより私人が異常に大きな損害を引き起こす可能性が増

---

34) このような問題を扱うものとして、前田陽一「不法行為法における『損害の公平な分担の理念』と素因減額論に関する一考察」星野英一古稀『日本民法学の形成と課題 下』（有斐閣、1996年）893頁。同論稿は、素因減責の根拠としてあげられる「損害の公平な分担の理念」と、過失の程度を賠償に比例させる思潮——「過失比例主義」——とのむすびつきを指摘したうえで、これと過失の程度を考慮しない思潮——「純粋過失主義」——との関係を、裁判官への信頼の有無という視点において把握する。そして、過失比例主義をとるスイスとは異なり、わが国では、裁判官への厚い信頼があるとはいえないとして、素因減責に反対する。同論稿による指摘は、法制史研究として傾聴に値するものであるが、本章は、あくまで損害賠償法理論のレベルで「公平」の位置づけを問うというスタンスを、維持することとしたい。

なお、「公平」に関しては、これと「衡平」とのちがいにも留意しておくべきだろう。一般に、「公平」とは、判断過程において偏りがないことを意味し、「衡平」とは、判断結果が個別的正義にかなっていることを意味するものとされる。藤岡康宏『民法講義Ⅴ 不法行為法』（信山社、2013年）436頁。より詳しくは、城内明「判例における『損害の公平な分担』概念(2)」早稲田大学大学院法研論集115号（2005年）27頁、32-39頁。この区別を前提とするならば、本章が問題にする「こうへい」は、本来的には「衡平」と表記するのが正しいことになる。ただ、この点に関しては、この両者が——自覚的にか無自覚的にかはともかく——しばしば混用されているのも事実である。城内・前掲36-37頁を参照。そこで、本書では、両者のちがいをふまえつつ、裁判実務において広く浸透している「公平」の文字を用いることで統一することとしたい。

大したことを受け、それへの対応策として出てきたものであるが、そこでは、帰責にかかわる理論枠組みと公平判断との関係が問題となっていた。したがって、これはまさに、先ほど述べた公平の意義にかかわる問題だということになる。

ところで、外国法の議論をそのままわが国にもちこむことが、比較法研究の手法として説得力を失っていることは、いまさら強調するまでもないだろう。ただ、そこで問題視されているのは、外国の制度をそのままのかたちでわが国に取り入れようとする研究態度ではなかっただろうか。これに対し、本章は、特定の制度ではなく、あくまで帰責理論と公平判断との関係性に着目する。しかも、そうした関係性が問題となる社会的前提――都市への人口の集中、交通の過密化など――については、わが国とドイツとで共通の基盤を見出すことが可能である。したがって、こうした環境がととのっている以上、本章のテーマに関してドイツ法の議論を参照することに、方法論としての問題はないといってよいだろう。

また、帰責理論と公平判断との関係については、これまでわが国において、十分な議論が行われてきたとは言いがたい。これは、賠償範囲の画定につき精緻な理論構成が行われる一方、割合的減責の問題に関しては、結果の妥当性を述べ合うような議論ばかりが前面に出てくるという、わが国の状況をみれば、明らかだろう。したがって、こうした状況をふまえるならば、帰責理論と公平判断との関係に関するドイツでの議論は、それ自体としてたいへん興味深いものだということができる。

以上のことから、第2節では、減責条項の立法化をめぐるドイツでの議論を取り上げることとする。

(b) 協働過失制度を取り上げる趣旨

次に、本章は、第3節において、協働過失制度を取り上げるが、これには次の2つのねらいがある。

まず、第一は、減責条項導入論の後退現象をどのように読み解くかという点にかかわるものである。のちに詳しく述べるように、ドイツ法は、減責条項の立法化を断念した。これは、公平による割合的減責という考え方が、ドイツ法において定着しなかったことを意味する。では、ドイツ法において、帰責理論

と公平判断との関係は、どのように捉えられているのだろうか。ここでは、割合的減責を導く既存の法理である協働過失制度が、これらの関係について、どのようなスタンスをとっているかが問題となる。そこで、本章では、同制度の解釈論を概観することにより、この点を明らかにしたい。

次に、第二は、同制度の解釈論における一部の動向にかかわるものである。のちに詳しく述べるように、協働過失制度に関しては、学説上、その要件を緩和する動きが一部でみられる。この見解――「領域理論」――は、被害者側の事情を広く考慮することにより、損害分配が行われる領域を広げようとするものであるが、協働過失制度を事実上、原因競合一般に適用される損害分配ルールへと変質させる可能性をもったものだといえる。わが国における過失相殺制度は、協働過失制度と同様、被害者の「過失」を要件とする。したがって、協働過失制度に関するこのような動向は、本節が取り上げた過失相殺類推適用説を評価するうえでも、興味深いものだといえるだろう。

(c) 結　語

さて、それでは以下、第2節および第3節において、ドイツ法の状況をみていくことにしよう。なお、本章および第2章では、とくに明示しないかぎり、法令は、すべてドイツのものを指すこととする。ドイツ法の検討をはじめるにあたり、この点をお断りしておきたい。

第2節　ドイツにおける減責条項導入論とその後退

1　はじめに

先ほども述べたように、ドイツでは、過去の一時期、公平による割合的減責を可能にする規定を導入することが計画された。この規定――減責条項――は、民事責任の領域に評価的思考が介入することを極力避けようとするドイツ法にあって、事案の柔軟な解決を可能にするものであったが、今日では、こうした規定の導入に関する議論も下火になったといわざるをえない。

---

35) ドイツ民法は、損害賠償法に道徳的ないし刑法的な観点からの考慮が入り込むことを警戒し、完全賠償の原則（民法249条）をとることとした。Motive zu dem Entwurfe eines Bürgerlichen Gesetzbuches für das Deutsche Reich, Bd. 2: Recht der Schuldverhältnisse, 1888, S. 17 f. を参照。

以下、本節では、減責条項をめぐるドイツでの議論を振り返ることにより、先に述べた公平の意義に関する問題を考えるにあたっての、ひとつの素材としたい。

2　ドイツ法アカデミー草案における減責条項

　ドイツにおいて減責条項の導入が最初に問題となったのは、ナチス政権下においてであった。ドイツ法アカデミー（Akademie für Deutsches Recht）は、1940年に、「ドイツ損害賠償法草案」の第1部として、「過失不法行為についての責任」と題する立法草案を、その理由書とともに公表した。[36] この草案（以下、「アカデミー草案」とする）は、ナチス期における一連の立法作業のひとつに数え上げられるものであり、そこには民族主義の思想が色濃く反映しているといわれている。[37]

　本章のテーマにかかわる減責条項は、この草案の8条に規定されている。同条の条文は、次のとおりである。

　　8条　責任の軽減
　　　行為が、行為者の個人的知識と能力によればまったく非難されないか、非常にわずかにしか非難されない場合で、当事者の財産状態その他の事情により全額の賠償を命じることが健全な民族感覚に著しく反する場合、責任は相応に軽減される。[38]

　理由書[39]によれば、草案8条は、「公平による責任」を規定した草案7条とと[40]

---

36)　Hans Carl *Nipperdey* (vorgelegt), Grundfragen der Reform des Schadenersatzrechts: 1. Arbeitsbericht des Ausschusses für Personen-, Vereins- und Schuldrecht der Akademie für Deutsches Recht Unterausschuß für Schadenersatzrecht, 1940.

37)　もっとも、具体的な中身をみるかぎり、同草案は、主としてドイツ民法の不法行為に関する規定の難点を克服するために立案されたものとみるのが妥当である。これは、同草案が構成要件を個別に列挙する立法主義をあらため、過失責任の一般規定をおいていることからも明らかである。なお、川島武宜「ナチの不法行為法改正論」法学協会雑誌59巻4号（1941年）74頁、80頁は、同草案について、「要するにこの度の改正は、……何ら珍奇なものではなかったのである」と評している。

38)　*Nipperdey*, a. a. O. (Fn. 36), S. 92.

39)　Rudolf *Reinhardt*, Die Billigkeitshaftung im künftigen Schadenersatzrecht, in: *Nipperdey*, a. a. O. (Fn. 36), S. 64.

40)　*Nipperdey*, a. a. O. (Fn. 36), S. 91 f.　なお、条文は、次のとおりである。

もに、「公平条項」としての性格を有するものとされている。ルドルフ・ラインハルト（*Rudolf Reinhardt*）は、この点に関して、次のように述べている。

　公平条項がどの程度要請されるかは、損害賠償法がどのような「基本原則」にもとづいているかにかかっている。草案1条は、この点に関して、次のように規定している。「故意または過失により、違法に他人に損害を与えた者は、損害賠償義務を負う」[41]。したがって、こうした「原則」のもと、要件の一部が充たされなくても責任を肯定すべき場合——責任の拡張——と、すべての要件が充たされても責任を軽減すべき場合——責任の軽減——において、公平条項が要請されることになる[42]。

　次に、ラインハルトは、「責任の軽減」が要請される場面を、加害者の財産状態との関係で完全な賠償が不公平に感じられる場合であると説明する。もっとも、こうした場合において広く減責を行うと、財産をもたない者に他人や他人の財産にあまり注意しなくてよいという特権を与えることになり、妥当ではない[43]。そこで、ラインハルトは、減責の要件として人的非難が加えられないか、わずかにしか加えられない場合という文言を付加すべきであると主張する。また、彼によると、この要件は、「客観説のもとでは過失が肯定されるが、主観説のもとでは過失が否定される」場合を意味するものとされる[44]。したがって、ここでは、過失の客観化にともなう責任要件の希薄化が問題となっていることになる。

　　　7条　公平による責任
　　第1項　行為が違法ではあるが……過失を欠いている場合において、当該事案の事情から、いかなる責任をも否定することが健全な民族感覚に反する場合、被害者には相応の賠償がなされなければならない。とりわけ、当事者の財産状態のため、責任を負う者の賠償義務についての負担がとるにたらず、被害者の損害による負担が異常に重いとされる場合、そのことは考慮されなければならない。
　　第2項　損害結果が、行為に対して、通常というほかない法的に有意な関係にたつとはいえない場合においても、同様の原則にもとづき、例外的に賠償がなされるべき場合がある。この場合、賠償の有無および程度は、当事者の財産状態のほか、とりわけ行為者の行為態様にもとづいて決定される。悪質な、または軽率な侵害行為は、厳しい責任を正当化する。

41)　*Nipperdey*, a. a. O. (Fn. 36), S. 90.
42)　*Reinhardt*, a. a. O. (Fn. 39), S. 66 ff.
43)　*Reinhardt*, a. a. O. (Fn. 39), S. 86 f.
44)　*Reinhardt*, a. a. O. (Fn. 39), S. 87 f.

ところで、草案8条が、具体的にどのようなケースを念頭においているかは、理由書の記述をみるかぎり、かならずしも明らかではない。これは、同条の立案が、具体的なケースの解決ではなく、公平条項の拡張とそれにともなう具体的妥当性の確保をねらって行われたものであることを示している。いずれにしても、草案8条が、本書のテーマである原因競合のケースを念頭においたものでないことは明らかだろう。

3　1960年代の減責条項をめぐる議論
(1)　第43回ドイツ法曹大会

アカデミー草案は、ナチス政権の終焉とドイツ法アカデミーの解散にともない、廃案へと追い込まれたが、減責条項の導入に関する議論は、戦後も引き続き行われることとなった。その発端となったのが、1960年に開催された第43回ドイツ法曹大会（Deutscher Juristentag）のある部会での議論であった[46]。部会のテーマは、「有責に引き起こされた損害について、責任の軽減を行うことは妥当か。損害賠償義務の範囲に関して、過失の程度や侵害された規範の射程を基準とすることは妥当か」というものであった。この部会には、事前にヘルマン・ランゲ（Hermann Lange）によって鑑定意見書が提出され[47]、当日は、フリッツ・ハウス（Fritz Hauß）[48]とヴァルター・ヴィルブルク（Walter Wilburg）[49]によって、報告が行

---

45)　現行ドイツ民法は、829条において責任無能力者の公平責任を規定している。これに対し、アカデミー草案は、7条において、①過失が否定される場合と②相当因果関係が否定される場合のそれぞれについて公平責任を規定し（注40を参照）、8条において、③公平による責任の軽減を規定している。このように、アカデミー草案では、この3点において、公平条項の拡張が行われたことになる。

46)　なお、第43回ドイツ法曹大会よりまえに、減責条項の導入を主張していたものとして、Heinrich Lange, Herrschaft und Verfall der Lehre vom adäquaten Kausalzusammenhang, AcP 156 (1957), S. 114, S. 134 f.

47)　Hermann Lange, Empfiehlt es sich, die Haftung für schuldhaft verursachte Schäden zu begrenzen? Kann für den Umfang der Schadensersatzpflicht auf die Schwere des Verschuldens und die Tragweite der verletzten Norm abgestellt werden?, in: Verhandlungen des 43. Deutschen Juristentages München 1960, Bd. I Gutachten, 1. Teil.　なお、この鑑定意見書の邦訳として、ヘルマン・ランゲ（西原道雄・齋藤修共訳）『損害額算定と損害限定』（信山社、1999年）がある。

48)　Fritz Hauß, Referat, in: Verhandlungen des 43. Deutschen Juristentages München 1960, Bd. II Sitzungsberichte, S. C 23.

49)　Walter Wilburg, Referat, in: Verhandlungen des 43. Deutschen Juristentages München 1960, Bd. II Sit-

われた。以下では、これらの議論のうち、公平による割合的減責にかかわる部分についてみていくことにしよう。

(a) ランゲの見解

ランゲは、部会のテーマで示された問題のうち、過失の程度にもとづく賠償範囲の画定とかかわって、「損害と有責性 (Schuld) との比例」という考え方に注目している。そして、現行法においてもすでにこうした考え方がとられているとしたうえで[50]、次のように述べて、過失の程度に応じた責任を主張している。「いかなる損害事故においても、不法とともに不運が競合している。不法がとるにたらず、不運がとりわけ大きい場合において、不法にばかり目をうばわれ、不運についてまで加害者に責任を負わせるのは、公平な負担の分配とはいえないだろう」[51]。

ところで、ランゲは、過失の程度に応じた責任を主張するにあたり、その具体的な規定のあり方として、次の2つの立場に注目している。ひとつは、責任要件を過失の程度にもとづいて段階的に規定するプロイセン一般ラント法やオーストリア民法の立場、もうひとつは、賠償の程度や方法を裁判官の裁量にゆだねるスイス債務法の立場である。そして、彼は、これらのいずれでもなく、その中間の道を行くのが妥当であるとする。具体的には、減責の要件として、損害が異常に大きいこと、過失が軽微であることの2点をあげることにより、裁判官の裁量に一定の制限をもうけることが提案されている[52]。

なお、ランゲが提案する減責条項は、次のとおりである。

「賠償義務者に軽過失しかない場合で、生じた損害が異常に大きい場合、賠償義務は、公平の見地から、通常の状況下で……発生することが予想される損害額にまで軽減することができる」[53]。

---

zungsberichte, S. C 3.
50) *Lange*, a. a. O. (Fn. 47), S. 29 ff., 16 f. 具体的には、①民法254条（協働過失）の損害分配において過失の衡量が広く行われていること、②同条における被害者の損害負担に関して危険責任規定の類推適用が認められていること、③同条における被害者の損害負担に関して民法829条（責任無能力者）の準用が認められていること、④危険な労働に従事する労働者の責任が「損害賠償法より上位の法思想」によって軽減されていることなどが、その例としてあげられている。
51) *Lange*, a. a. O. (Fn. 47), S. 33 f.
52) *Lange*, a. a. O. (Fn. 47), S. 35 ff.
53) *Lange*, a. a. O. (Fn. 47), S. 37.

また、ランゲは、賠償による加害者の生計の破綻について触れ、そのような理由による減責に対して、否定的な見方を示している[54]。

(b) ハウスの見解

　続いて、大会当日に報告を行ったハウスも、「損害賠償の量的制限」に関して、独自の立法提案を行っている[55]。彼が提案する減責条項は、次のとおりである。

　　「債務者が責任を負うべき行為とくらべ特別に大きな損害が発生した場合で、完全賠償による負担が当該事案において著しく不公平な結果をもたらす場合、裁判官は、賠償義務を軽減することができる。ただし、債務者の責任が故意または重過失にもとづく場合においては、このかぎりではない[56]」。

　ハウスの提案に対しては、次の3点を指摘することができる。

　まず第一に、ハウスにおいては、ランゲとは異なり、責任要件の希薄化という視点が明確に打ち出されている。これは、大会当日の次のような発言にあらわれている。今日の判例においては、ほんのわずかな落ち度でさえ過失を肯定させることになる。しかし、集中力が欠如していた結果、不注意な行動をとった加害者に、生計を破綻させるほどの責任を負わせるのは、行き過ぎではないだろうか。また、彼は、責任能力や相当性といった要件に関しても同様の指摘を行っており、とりわけ相当性要件に関しては、原因競合——被害者の素因、自然力、第三者の行為の競合——を念頭においた説明を行っている[57]。

　第二に、以上のものとは理論的に区別されるものとして、被害者・加害者間の人的関係——とりわけ好意関係——を理由とする割合的減責が、主張されている。なお、ハウスは、ここでは「特別に大きな損害」という要件をはずすべきだと主張している[58]。

　第三に、加害者の財産状態を理由とする減責に関しては、ランゲと同様、否定的な評価が下されている。また、これと関連して、保険による保護の有無を

---

54)　*Lange*, a. a. O. (Fn. 47), S. 38.
55)　*Hauß*, a. a. O. (Fn. 48), S. C 32 ff.
56)　*Hauß*, a. a. O. (Fn. 48), S. C 45.
57)　*Hauß*, a. a. O. (Fn. 48), S. C 34 ff.
58)　*Hauß*, a. a. O. (Fn. 48), S. C 35 f.

減責の可否とむすびつけることに対しても、否定的な見方が示されている[59]。

　(c)　ヴィルブルクの見解

　ヴィルブルクは、ランゲやハウスとは異なり、独自の立法提案を行っていない。むしろ、彼の報告のねらいは、割合的解決を導くための衡量要素を明らかにする点にあるといえる。なお、ヴィルブルクはそうした要素として、過失、原因、好意性、財産状態の4つをあげている。以下、これらの要素について、ひとつずつみていくことにしよう。

　まず、過失については、ランゲやハウスとは異なり、軽過失を減責の要件としていないのが特徴的である[60]。また、加害者の過失のほか、被害者の過失も、加害者の責任を否定する方向に作用するものとして取り上げられている[61]。

　次に、原因については、特定の行為を取り上げて原因とする従来の立場に対し、これを、「様々な強度をもった相対的な力」――「損害惹起の適性（ursächliche Eignung）」――として捉えなおすことが主張されている。また、原因の種類に関しては、①加害者の危険な業務と物の瑕疵、②被害者の危険な業務と物の瑕疵、③いずれにも属さない危険源の3つがあげられており、②、③の因子は、衡量において、加害者の責任を否定する方向に作用するものとされている[62]。

　次に、好意性については、加害者の好意とむすびついた危険から損害が発生した場合、これを理由として減責を行うことができるということが、主張されている[63]。

　最後に、財産状態は以上の3つの要素に対し、補充的なものとして位置づけられている。すなわち、被害者または加害者にとって損害の引受けがとりわけ負担となる場合にのみ、財産状態の考慮が許容されている[64]。

---

59)　*Hauß*, a. a. O. (Fn. 48), S. C 40.
60)　*Wilburg*, a. a. O. (Fn. 49), S. C 11. 過失が重大でも侵害が軽微である場合には、減責することが考えられてよいとされている。
61)　*Wilburg*, a. a. O. (Fn. 49), S. C 12, C 20.
62)　*Wilburg*, a. a. O. (Fn. 49), S. C 12, C 13 f., C 20.
63)　*Wilburg*, a. a. O. (Fn. 49), S. C 12, C 20.
64)　*Wilburg*, a. a. O. (Fn. 49), S. C 12 f., C 20. なお、加害者側においては、過失が軽微な場合にかぎり、財産状態の考慮が許容される。

(d) ま と め

さて、ここで、ランゲ、ハウス、ヴィルブルクの見解を整理しておくことにしよう。

まず、ランゲとハウスの減責条項は、すくなくとも条文にあらわれた定式のレベルでは、同様の発想をとったものと考えることができる。なぜなら、いずれも、「損害と有責性との比例」(ランゲ)という考え方のもと、損害の異常性と軽過失とを要件とする点において、共通しているからである。

もっとも、こうしたルールが適用される具体的なケースに関しては、両者のあいだでやや異なったイメージがもたれている点に注意が必要である。すなわち、ランゲは、原因競合において競合原因——「不運」——を斟酌する点に減責条項の意義を求めるのに対し、ハウスは、責任要件の希薄化に対応した「調整」のなかに減責条項の意義を求めている。したがって、ハウスにおいては、原因競合における割合的減責の問題も、そうした「調整」のなかで扱われることになる。また、ハウスにおいては、好意関係にもとづく割合的減責が主張されている点も見過ごしてはならないだろう。

このように、両者の減責条項を比較すると、ランゲのものは原因競合における損害分配ルールとしての色彩が強く、ハウスのものは公平条項としての色彩が強いとみることができる。

では、これらの見解に対し、ヴィルブルクの見解はどのようなものと捉えるべきだろうか。これに関しては、彼が大会当日に行った次の発言が注目に値する。

> 「私によって提案される試みは、賠償義務の範囲が、責任の基準となる諸要素の協働をつうじて円滑に画定されていくような、柔軟な形態をめざすものである。そして、そこでは、個々の事案に作用する要素の数と強度が問題となるのである」[65]。

これは、賠償義務の範囲が「諸要素の協働」によって明らかにされることを述べたものであるが、ヴィルブルクが従前から提唱している理論——動的システム論 (bewegliches System)[66]——を想起させる内容だといえるだろう。したがっ

---

[65] *Wilburg*, a. a. O. (Fn. 49), S. C 11.
[66] *Walter Wilburg*, Die Elemente des Schadensrechts, 1941; *ders*., Entwicklung eines beweglichen Systems

て、部会のテーマにあがっていた過失の程度にもとづく賠償範囲の画定も、ヴィルブルクにおいては、そうした構想の一部として捉えられていることになる。このように、ヴィルブルクの主張のねらいは、ランゲやハウスとは異なったところにあったというべきだろう。

(2) 参事官草案

第43回ドイツ法曹大会は種々の議論のすえ、減責条項の立法化を勧告する旨の決議を採択するにいたった[67]。そこでこうした動きを受け、立法者は条文の立案に取り組むこととなった[68]。

ドイツ連邦司法省は、1967年に「損害賠償法の改正および補充のための法律の参事官草案」[69](以下、「参事官草案」とする)を公表した。この草案は、その名が示すとおり、損害賠償法全体の改正をめざしたスケールの大きなものであったが、本章とのかかわりでは、ドイツ民法に「255a条」を挿入することが決定された点が重要である。

同条の条文は、次のとおりである。

255a条
第1項
　損害が賠償義務を基礎づける事情にかんがみて異常に大きい場合、債権者の正当な利益を考慮しても賠償義務が賠償義務者にとって著しい不公平をもたらすかぎりにおいて、裁判所は、賠償義務を軽減することができる。
第2項
　賠償義務者……が故意または重過失によって損害を引き起こした場合、賠償義務の軽減は行われない。

---

　　im bürgerlichen Recht, 1950; ders., Zusammenspiel der Kräfte im Aufbau des Schuldrechts, AcP 163 (1963), S. 346 など。

67)　第43回ドイツ法曹大会当日の参加者らによる討論については、角田光隆「損害賠償の軽減──報告と討論」早稲田大学大学院法研論集49号(1989年)51頁、58-69頁を参照。

68)　Verhandlungen des 43. Deutschen Juristentages München 1960, Bd. II Sitzungsberichte, S. C 121.

69)　*Bundesministerium der Justiz*, Referentenentwurf eines Gesetzes zur Änderung und Ergänzung schadensersatzrechtlicher Vorschriften I: Wortlaut, 1967. なお、同草案に関しては、大阪市立大学・外国法研究会による翻訳がある。本章のテーマに関係する部分については、同「資料『損害賠償法の改正および補充のための法律の参事官草案』(1)〜(3)」大阪市立大学法学雑誌15巻1号(1968年)118頁、15巻2号(1968年)106頁、15巻4号(1969年)127頁。

第3項　〈省　略〉[70]

　参事官草案はその理由書において、現行法の問題点につき次のように述べている。今日では、科学技術の発達や交通の過密化、都市への人口の集中などによって損害発生の可能性が飛躍的に増大しており、まったく些細なミスから異常に大きな損害が発生することもめずらしくない。しかし、このようにして発生した損害は、相当因果関係説のもとでは、相当性がないものとはいえないのである。[71]

　そこで、このような認識のもと、理由書は、255a条の新設を提案する。同条は、損害の異常性（同条1項）と軽過失（同条2項）を要件の柱とする一方、「著しい不公平」を要求することによって、適用範囲がいたずらに広がらないよう配慮を行っている。このように、同条は、あくまで限界事例を念頭においた、「一般条項」としての性格を有する。したがって、同条のもとでも、大多数の損害事故においては、完全賠償が維持されることになる。[72]

　なお、理由書は、同条の適用が想定されるケースとして、原因競合——被害者の素因、自然力、第三者の行為の競合——のほか、被害者が異常な高収入を得ていたケースをあげている。[73]

4　減責条項導入論の後退
(1)　参事官草案255a条に対する批判

　1967年に参事官草案が公表されて以降、255a条に対しては、学説上、様々な反応が寄せられている。そして、その多くは、何らかの意味において同条に批判的なものであるといってよい。そこで以下では、損害の異常性、過失の程度、「著しい不公平」のそれぞれについて、学説が何を問題にしているかをみていくことにしよう。[74]

---

70)　*Bundesministerium der Justiz*, a. a. O. (Fn. 69), S. 2.
71)　*Bundesministerium der Justiz*, Referentenentwurf eines Gesetzes zur Änderung und Ergänzung schadensersatzrechtlicher Vorschriften II: Begründung, 1967, S. 33 f.
72)　*Bundesministerium der Justiz*, a. a. O. (Fn. 71), S. 41 f.
73)　*Bundesministerium der Justiz*, a. a. O. (Fn. 71), S. 44.
74)　なお、255a条の各部に対する理論的批判とは別に、同条が導く結果それ自体に対して、疑問

(a) 損害の異常性

255a条1項は、減責の要件として、「損害が賠償義務を基礎づける事情にかんがみて異常に大きい」ことをあげる。理由書は、この点に関して、あくまで「事情」との関連において損害の大きさが判断されるのであり、損害の絶対的な大きさが問題となるわけではないということを強調する。また、理由書は、「減責の要件」と「減責自体の基準となる公平の考慮」とを区別し、前者にあたる損害の異常性の判断においては、加害者の財産状態を考慮してはならないとしている。[75]

以上の説明に対し、学説は、次のように批判している。まず、損害の大きさを「賠償義務を基礎づける事情」と関連づけることに対しては、「事情」という概念のもつあいまいさが指摘されている。たとえば、交通事故でひざを擦りむいた者が、たまたま破傷風の予防接種を受けていなかったため死にいたったとしよう。この場合、擦り傷のみに着目するならば、被害者の死亡は、異常に大きな損害となる。しかし、当該事案の他の事情をも視野に入れるならば、こうした死亡も、通常の事態となりうるのである。[76] 次に、損害の異常性と加害者の財産状態との関係については、「事情」の意味を広く解する場合、異常性の判断において財産状態の考慮が入り込む可能性があることが、指摘されている。[77] 損害は、加害者が無資力であり、賠償義務が負担となる場合、しばしば異常に大きいとされるのである。[78]

このほか、理由書は、255a条によって相当因果関係の判断が不要になるわけではないことを強調する。したがって、これによると、同条により減責すべきかどうかの判断は、体系上、相当因果関係の判断のあとに行われることにな

を呈するものもある。以下にあげるものは、同条による減責について、被害者に「特別の犠牲（Sonderopfer）」を強いるものであり、憲法上問題であると指摘する。*Walter Löwe*, Richterliche Ermäßigung des Schadensersatzes?, VersR 1970, S. 289, 291; *Elmar Wadle*, Alles-oder-Nichts-Prinzip und Reduktionsklausel, VersR 1971, S. 485, 491.

75) *Bundesministerium der Justiz*, a. a. O. (Fn. 71), S. 43.
76) *Ulrich Lorenz-Meyer*, Haftungsstruktur und Minderung der Schadensersatzpflicht durch richterliches Ermessen, 1971, S. 73.
77) *Franz Bydlinski*, Zur „Reduktionsklausel" des deutschen Referentenentwurfes für eine Novellierung des Schadensersatzrechtes, JBl 1968, S. 330, 332; *Lorenz-Meyer*, a. a. O. (Fn. 76), S. 74.
78) *Heinz Brenzel*, Probleme des neuen Haftpflichtrechts, VersR 1967, S. 1024, 1024.

る。

　学説は、この点に対しても批判を加えている。相当因果関係の判断は、損害発生に対する一般的傾向を問題にする。したがって、相当因果関係と減責条項とで損害の異常性に関する考慮が重複してしまうのではないかというわけである。そこで、こうした点をふまえ、一部の学説は、次のように問題を整理する。まず、損害の異常性は、もっぱら相当因果関係の判断——損害傾向（Schadensbegünstigung）、一定の業務と関連した危険性の程度——のなかで受けとめ、255a条から損害の異常性要件を排除する。そのうえで、同条を、相当性判断が微妙なケースにおける割合的解決のためのルールとして位置づけなおすのである。

(b)　過失の程度

　255a条は、賠償義務者に故意または重過失がある場合、減責の可能性を否定する（同条2項）。理由書は、ここでの故意・重過失を、行為ではなく損害結果についてのものであると説明している。したがって、これによると、行為について故意・重過失があったとしても、そこからただちに減責が否定されることにはならなくなる。

　この点に関しては、ここでの故意・重過失を結果についてのものだとすると、255a条2項の存在意義が失われるのではないかとの指摘がある。相当因果関係の判断は、結果発生の蓋然性を問うものである。そしてそこでは、行為者が知っていたか知るべきであった事情も、考慮の対象となる。ところで、行為者が結果を知っていたか知るべきであった場合——結果について故意・重過

---

79)　*Bundesministerium der Justiz*, a. a. O. (Fn. 71), S. 44.
80)　*Lorenz-Meyer*, a. a. O. (Fn. 76), S. 71 f.
81)　*Bydlinski*, a. a. O. (Fn. 77), S. 332.
82)　*Hans Stoll*, Die Reduktionsklausel im Schadensrecht aus rechtsvergleichender Sicht, RabelsZ 34 (1970), S. 481, 485.
83)　*Bydlinski*, a. a. O. (Fn. 77), S. 332; *Lorenz-Meyer*, a. a. O. (Fn. 76), S. 72.
84)　*Bundesministerium der Justiz*, a. a. O. (Fn. 71), S. 48.
85)　この点に疑問を呈するものとして、*Eike Schmidt*, Grundlagen des Haftungs- und Schadensrechts, in: Athenäum-Zivilrecht Bd. 1, Grundlagen des Vertrags- und Schuldrechts, 1972, S. 465, 594.; *Josef Esser/ Eike Schmidt*, Schuldrecht, Bd. 1 Allgemeiner Teil, Teilband 2, 5. Aufl., 1976, § 30 II 3.1.
86)　*Ludwig Traeger*, Der Kausalbegriff im Straf- und Zivilrecht, 1904, S. 159.

失が肯定される場合——、相当性は肯定される。したがって、この場合、生じた結果は異常なものではなくなり、同条1項の要件が充足されなくなるというのである。[87]

　また、255a条が規定する過失の考慮それ自体に対して、批判的な見方を示すものもある。この見解は、減責条項において考慮されるべき過失を、人的非難可能性（persönliche Vorwerfbarkeit）として捉える。そして、故意や——客観説の意味における——重過失の場合においても、行為の人的非難可能性が低い場合には、減責を行うべきであると主張する。なお、論者がこのような場合としてあげるのは、責任能力が低い者——未成年者、および、狼狽・興奮・緊急事態のもとで行動した成人——によって加害行為が行われた場合、および加害行為のあとに加害者によって損害軽減措置が講じられた場合である。[88]

(c)　「著しい不公平」

　すでに述べたように、理由書は、「減責の要件」と「減責自体の基準となる公平の考慮」とを区別し、後者において財産状態の考慮を許容する。ところで、財産状態の考慮に関しては、保険による保護との関係がとくに問題となる。

　まず、理由書は、賠償義務者が責任保険によって保護される場合、減責条項の適用を否定する。[89] そして、学説上、この点に関して異論を唱えるものはないといってよい。[90]

　次に、理由書は、保険への加入が通常であり、過大な要求とならないにもかかわらず、賠償義務者がこれに加入していなかった場合においても、減責条項の適用を否定する。[91] これに対し、学説は、これを財産状態の考慮の問題ではなく、過失の問題であるとしたうえで、過大な要求とならない保険への加入義務を課すことに対し、疑問を呈している。[92]

　なお、「著しい不公平」に関しては、そもそもそのような文言を条文におく

---

87)　*Lorenz-Meyer*, a. a. O. (Fn. 76), S. 76 f.
88)　*Stoll*, a. a. O. (Fn. 82), S. 495 f.
89)　*Bundesministerium der Justiz*, a. a. O. (Fn. 71), S. 50 f.
90)　たとえば、*Bydlinski*, a. a. O. (Fn. 77), S. 333; *Stoll*, a. a. O. (Fn. 82), S. 501; *Lorenz-Meyer*, a. a. O. (Fn. 76), S. 126.
91)　*Bundesministerium der Justiz*, a. a. O. (Fn. 71), S. 51.
92)　*Bydlinski*, a. a. O. (Fn. 77), S. 333.

こと自体に対する根本的な批判がある。こうした批判は、第43回ドイツ法曹大会においてすでにみられたが[93]、参事官草案が公表されたあとにおいてもいくつか散見される[94]。ただ、ここで注意を要するのは、こうした批判を行う論者が、財産状態の考慮それ自体を否定しているわけではないという点である。実際すぐあとでみるように、論者らは、自らが提案する減責条項において、「経済的負担」（ビドリンスキー）や「窮迫」（シュトル）といった文言を用いることにより、財産状態の考慮を許容しているのである。

(2) 学説による修正提案

ところで、一部の学説は、255a条の各部に対する批判をふまえつつ、独自の立法提案を行っている。そこで次に、これらの提案についてみていくことにしよう。

(a) ラーレンツの提案

まず、カール・ラーレンツ（*Karl Larenz*）は、参事官草案255a条の代替案として、次のような条文を提案している[95]。

255a条
　生じた損害が異常に大きく、賠償義務者の過失がないか、軽微である場合、裁判官は、あらゆる事情のもとで債権者の正当な利益を考慮しても債務者にとって不公平をもたらすかぎり、債務者の申し立てにもとづいて賠償義務を軽減することができる。……賠償義務の軽減においては、当事者の財産状態、すでに加入している責任保険、過大な要求とならない責任保険への加入の可能性が考慮されなければならない。
　手続は、非訟事件に関する法律の規定にもとづいて行われる。債務者は、賠償義務をその根拠と程度において承認し、または、賠償給付を命じる確定判決を受け、判決においてその軽減が留保された場合にかぎり、賠償義務の軽減を求めることができる。判決を下す裁判所は、損害が異常に大きく、過失が軽微である場合、債務者のた

---

93) たとえば、ヴェルナー・フルーメ（*Werner Flume*）は、割合的減責の問題を裁判官の公平判断にゆだねることに対し、「カーディ裁判（Kadijustiz）」につながるとして、懸念を表明している。Verhandlungen des 43. Deutschen Juristentages München 1960, Bd. II Sitzungsberichte, S. C 83.
94) *Bydlinski*, a. a. O. (Fn. 77), S. 331; *Lorenz-Meyer*, a. a. O. (Fn. 76), S. 79 f. m. w. N.
95) ラーレンツの提案は、1968年のカールスルーエ・フォーラム（Karlsruher Forum）において行われたものであるが、現在、その正式な記録を入手することはできない。なお、彼が提案する条文は、*Bydlinski*, a. a. O. (Fn. 77), S. 330において確認することができる。

めに賠償義務の軽減を留保しなければならない。

賠償義務の軽減の決め手となった状況が著しく変化した場合、各当事者は、決定の変更を求めることができる。

すでにみたように、参事官草案255a条に対しては、その定式の各部について、様々な批判が寄せられている。しかし、ラーレンツの提案においては、そうした点はうかがえない。むしろ、彼の提案においては、裁判手続について言及している点が特徴的である。参事官草案255a条の減責の判断は、通常の訴訟における裁判官の裁量によって行われる[96]。しかしこれでは、裁判所に過度の負担が生じることになり、問題である[97]。そこで、ラーレンツは、裁判所の負担を軽減するため、これを非訟事件に関する手続のなかで扱うべきだとしているのである。

(b) ビドリンスキーの提案

続いて、フランツ・ビドリンスキー(*Franz Bydlinski*)による提案は、次のとおりである[98]。

254a条

その他の場合においては、原則として、すべての損害が賠償されなければならない[99](民法249条)。賠償義務者の損害についての過失が軽微である場合、または、賠償義務者が無過失責任を負う場合で、損害が主として賠償義務者に責任のない事情によって引き起こされた場合、両当事者のそれまでの生活形態を可能なかぎり不利益に変更しないよう、賠償義務者と被害者の経済的負担能力の考慮において減責が要請されるかぎりにおいて、賠償義務は相応に軽減される。

賠償義務者に責任のない事情とは、異常な自然力、損害を著しく助長する人的属性、自己危殆化行為、被害物の一般的に危険な、または瑕疵のある状態、第三者の独立した行為である。

---

96) *Bundesministerium der Justiz*, a. a. O. (Fn. 71), S. 46 f. これは、はっきりとそのように書かれているわけではない。ただ、裁判手続についてとくに言及がない以上、通常の訴訟を念頭においていることは明らかだろう。

97) *Löwe*, a. a. O. (Fn. 74), S. 291; *Schmidt*, a. a. O. (Fn. 85), S. 594; *Esser/Schmidt*, a. a. O. (Fn. 85), § 30 II 3.1.

98) *Bydlinski*, a. a. O. (Fn. 77), S. 331.

99) この冒頭の文言は、協働過失に関する民法254条を受けるかたちとなっている。

ビドリンスキーの提案は、彼の参事官草案255a条に対する批判を反映したものとなっている。彼の提案において特徴的なのは、まず、減責条項の条文番号が「254a条」となっている点である。すなわち、彼が提案する減責条項は、参事官草案とは異なり、損害賠償法の「一般条項」としての位置づけを与えられるものではない。むしろ、原因競合による割合的減責を規定するものとして、協働過失に関する民法254条の直後におかれているのである。

　また、ビドリンスキーの提案においては、損害の異常性要件がおかれていない点も注目されるところである。参事官草案255a条は、損害の異常性を要件としつつ、それが充足される場合として、原因競合のケースをあげている。これに対し、ビドリンスキーは、損害の異常性要件を「困難を引き起こすだけの妄想の産物」であると批判し、条文において競合原因を個別に列挙しているのである。

　最後に、ビドリンスキーの提案においては、「著しい不公平」という文言がおかれておらず、かわりに、「生活形態」の不利益変更の回避という視点が強調されている。このように、彼の提案においては、財産状態を考慮することの趣旨が、明確化されているのである。

　(c)　ローレンツマイヤーの提案

　続いて、ウルリッヒ・ローレンツマイヤー (Ulrich Lorenz-Meyer) による提案は、次のとおりである。[100]

254a条
第1項
　自然力、被害者の特別に弱い体質、第三者の行為、その他これに類する加害者によって引き起こされたのではない事情が、圧倒的な程度において損害の発生に協働した場合、賠償義務は相応に軽減される。
第2項
　第三者の行為が協働した場合においては、加害者が第三者から塡補を受けることができない場合にかぎり、賠償義務を軽減することができる。
第3項　〈省　略〉
第4項

---

100)　*Lorenz-Meyer*, a. a. O. (Fn. 76), S. 129.

保険による保護がある場合、または、公法上の団体が賠償義務を負う場合、本条は適用されない。

　ローレンツマイヤーの提案は、減責条項を「254a条」としている点、損害の異常性要件をおくかわりに競合原因を列挙している点、「著しい不公平」という文言をおかない点において、ビドリンスキーの提案と共通している。

　また、ローレンツマイヤーの提案においては、第2項が特徴的である。参事官草案の理由書は、異常に大きな損害についての賠償義務が、連帯債務者間の求償によって軽減される場合、損害の異常性は、債務者が最終的に負担する額にもとづいて判断されるべきであるとしている。これに対し、ローレンツマイヤーは、これを裁判官の解釈にゆだねるべきではないとして、第2項を提案しているのである。

　次に、第4項も特徴的である。ローレンツマイヤーは、当事者の財産状態を広く考慮することに対して反対の態度をとっているが、保険による保護については、理由書と同様、考慮すべきであるとしている。また、彼は、公法上の団体が責任を負う場合につき、「国家は、税によって社会一般から支出を埋め合わせることができる」と述べ、減責条項の適用を否定している。

　(d)　シュトルの提案

　ハンス・シュトル (*Hans Stoll*) の提案は、これまでの3つの提案とは異なり、すべてにわたって条文のかたちをとっているわけではない。以下では、彼の4項目からなる提案を、ひとつずつみていくことにする。

　まず、1点目は、シュトルによる減責条項の提案である。彼の提案は、次のとおりである。

---

101)　*Bundesministerium der Justiz*, a. a. O. (Fn. 71), S. 44.
102)　*Lorenz-Meyer*, a. a. O. (Fn. 76), S. 117 ff.
103)　*Lorenz-Meyer*, a. a. O. (Fn. 76), S. 128 f. なお、1973年に公表された西ドイツ国家責任法 (Staatshaftungsgesetz) の「委員会草案」は、2条2項において、減責条項をおいていた。同規定に関して、詳しくは、*Werner Futter*, Die Subsidiarität der Amtshaftung: Instrument der Haftungslenkung, 1974, S. 123 ff. を参照。もっとも、同規定は、結局のところ採用されるにはいたらなかった。また、同法自体、施行後まもなくして憲法違反によりその効力を失っていることは、よく知られているところである。*Erwin Deutsch*, Allgemeines Haftungsrecht, 2. Aufl., 1996, Rn. 630を参照。
104)　*Stoll*, a. a. O. (Fn. 82), S. 501 f.

行為者の行為に人的非難可能性がないか、わずかにしかない場合、または、その過誤行為が、被害者に対する好意や、スポーツや遊びへの参加といった特別の事情から、寛大な処遇に値する場合、裁判官には過失責任を相応に軽減するための権利が与えられるべきである。

シュトルの提案は、行為の人的非難可能性、および当事者の人的関係にもとづいた割合的減責を規定したものであり、原因競合による割合的減責を念頭においたものではない。したがって、彼が提案する減責条項は、アカデミー草案8条と同様、公平条項としての色彩が強いということができる。

次に、2点目は、「加害者との内部関係において、損害を負担すべき者が責任を負う場合」、および「損害が他の供給源から塡補されうる場合」についての提案である。ここで、シュトルは、上記いずれの場合においても、減責を行うことができるとしている。一方、彼は、債務者が責任保険による保護を受けている場合や保険加入義務を負っている場合、さらには損害が故意によって引き起こされた場合については、参事官草案と同様、減責を行うことはできないとしている。

次に、3点目は、協働過失制度に関する提案である。ここで、シュトルは、民法254条を、「領域思想（Sphärengedanke）」にもとづいて損害分配を行う、スイス債務法44条1項のようなルールへと改正することを主張している。なお、彼は、過失にはあたらないが、被害者が「引き受けなければならない事情」として、「被害を受けた法益の損害を受けやすい性質」、「被侵害法益の異常に高い価値」、「被害者の異常に高い収入」の3つをあげている。

---

105) シュトルは、原因競合のケース——ただし、被害者の領域内の原因を除く——については、もっぱら相当因果関係説や規範目的説によって解決を導くべきであるとしている。Stoll, a. a. O. (Fn. 82), S. 497.

106) Stoll, a. a. O. (Fn. 82), S. 500 f. ここでは、第一加害者が第二加害者に対して求償権を有している場合における第一加害者の減責、および、被害者が損害保険に加入している場合における加害者の減責が念頭におかれている。

107) Stoll, a. a. O. (Fn. 82), S. 502.

108) スイス債務法44条1項は、次のように規定している。
「被害者が加害行為に同意していた場合、または、被害者が引き受けなければならない事情が損害の発生・拡大に作用し、もしくはその他、賠償義務者の地位を困難にした場合、裁判官は、賠償義務の軽減または賠償義務からの解放を行うことができる」。

109) Stoll, a. a. O. (Fn. 82), S. 498, 502.

最後に、4点目は、財産状態の考慮に関するものである。シュトルは、完全賠償が債務者を窮迫におとしいれるか、または債務者の生計を著しく脅かす場合において、減責を行うことができるとしている。[110]

(3) 1980年代の債務法改正論議における減責条項

減責条項の導入に関する議論は、1980年代の債務法改正論議においても、引き続き行われている。この一連の改正論議のなかで損害法総則――民法249条～255条――部分の鑑定意見書を執筆したゲルハルト・ホーロッホ（Gerhard Hohloch）は、減責条項として、次のような条文を提案している。

254a条
第1項
　損害が賠償義務を基礎づける事情にかんがみて異常に大きい場合、債権者の正当な利益を考慮しても賠償義務が賠償義務者にとって著しい不公平、とりわけ極度の経済的窮迫をもたらすかぎりにおいて、裁判所は、賠償義務を軽減することができる。その際、とりわけ事態の予想される展開も考慮されなければならない。
第2項
　賠償義務者……が故意または重過失によって損害を引き起こした場合、賠償義務の軽減は行われない。
　第3項〈省　略〉[111]

ホーロッホが提案する「254a条」は、参事官草案255a条の定式を大枠で踏襲したものとなっている。もっとも、彼の提案においては、第1項の「損害が……異常に大きい場合」として、具体的にどのようなケースが念頭におかれているかが、かならずしも明らかではない。

すでに述べたように、参事官草案255a条は、このような場合として、素因競合をはじめとする原因競合のケースを念頭においていた。また、シュトルは、自らが提案する減責条項において、好意関係のケースをあげていた。これ

---

110) *Stoll*, a. a. O. (Fn. 82), S. 501 f.

111) *Gerhard Hohloch*, Allgemeines Schadensrecht, Empfiehlt sich eine Neufassung der gesetzlichen Regelung des Schadensrechts (§§ 249‒255 BGB)?, in: *Bundesminister der Justiz* (Hrsg.), Gutachten und Vorschläge zur Überarbeitung des Schuldrechts, Bd. I, 1981, S. 375, 475.

に対し、ホーロッホは、これらのケースを、スイス債務法43条1項が規定する「賠償と過失との均衡」論との関連において取り上げている[112][113]。ただ、ここで注意を要するのは、ホーロッホ自身、自らが提案する「254a条」を、こうした考え方のもとで捉えようとはしていないということである。彼は、原因競合のケースについて述べるなかで、スイス債務法43条1項が、例外的なケースにのみ適用されていることを指摘している[114]。また、彼は、好意関係のケースについて述べるなかで、同条の適用範囲が広がることを警戒している[115]。このように、彼は、「賠償と過失との均衡」論に対して、否定的な評価を下しているのである。

ホーロッホは、「254a条」を提案するにあたって、財産状態の考慮のみを問題にしている。そしてそこでは、現在の状態のほか将来の見とおしをも考慮に入れなければならないこと、加害者の財産状態のほか被害者の財産状態も考慮に入れなければならないこと、故意や重過失の場合には考慮がなされてはならないことが、それぞれ強調されている[116]。しかし、そのような考慮がなぜ必要となるのか、具体的にどのようなケースにおいて必要となるのかについては、鑑定意見書のどこをみても明らかにされていない。

このように、ホーロッホによる叙述を全体としてみるかぎり、彼の提案する減責条項は、その実際上の意義につき不透明なものであったと言わざるをえないのである。

(4) その後の状況

なお、上述のホーロッホによる提案がなされたあたりから、ドイツでは、減責条項に対する関心が急速に衰えていった。第43回ドイツ法曹大会において鑑

---

112) スイス債務法43条1項は、次のように規定している。
「賠償の種類および程度は、裁判官が当該事案の事情および過失の程度を評価することによって決定する」。
113) なお、スイス法との対比において、参事官草案255a条の意義を探究するものとして、Thomas Schwamb, Die schadensersatzrechtliche Reduktionsklausel § 255a BGB Referentenentwurf 1967, 1984.
114) Hohloch, a. a. O. (Fn. 111), S. 456.
115) Hohloch, a. a. O. (Fn. 111), S. 456 f.
116) Hohloch, a. a. O. (Fn. 111), S. 463 f.

第 1 章　公平による割合的減責の妥当性　35

定意見書を提出したランゲは、1979年に出版された著書『損害賠償』のなかで、減責条項について言及している。ただ、そこでは、保険による保護の拡大により減責条項が要請されるケースが稀になったことが指摘されており、ランゲ自身、いくぶん論調を変化させていることがうかがえる[117]。また、クラウスヴィルヘルム・カナーリス（Claus-Wilhelm Canaris）は、1987年に公表された論文のなかで、憲法上の価値の実現のため、一般条項——具体的には、信義誠実の原則（民法242条）——により減責を行うべき場合があることを指摘している[118]。しかし、こうした問題提起が、その後、減責条項に関する新たな立法提案を生むような議論へと発展することはなかったのである[119]。

　2000年以降に公表された2つのヨーロッパ不法行為法草案は、いずれも減責条項をおいている[120]。こうした動きがドイツ法にどのような影響を与えるかは今

---

117) 　*Hermann Lange*, Schadensersatz, 1979, S. 12 f.
118) 　*Claus-Wilhelm Canaris*, Verstöße gegen das verfassungsrechtliche Übermaßverbot im Recht der Geschäftsfähigkeit und im Schadensersatzrecht, JZ 1987, S. 993, 1001 ff. また、同様の問題を扱うものとして、*ders.*, Die Verfassungswidrigkeit von § 828 II BGB als Ausschnitt aus einem größeren Problemfeld, JZ 1990, S. 679.
119) 　この点に関しては、民法828条3項——7歳（自動車事故・鉄道事故については10歳）以上18歳未満の者の賠償責任。なお、法改正以前は同条2項——にもとづき未成年者に生存を否定するほどの賠償責任を課すことが憲法に違反しないかが、問題となっている。この問題をめぐっては、ツェレ上級地方裁判所とデッサウ地方裁判所が、それぞれ連邦憲法裁判所への移送決定を行っている。OLG Celle, JZ 1990, 294; LG Dessau, VersR 1997, 242. なお、連邦憲法裁判所は、後者のケースに関して、同項が憲法以前の法であるとの理由から移送を受理しなかったが、未成年者に無限定的な責任を課すことが、基本法1条1項（人間の尊厳）、2条1項（人格の自由な発展）との関係において、「憲法上の懸念」を抱かせるとの注目すべき見解を表明している。BverfG, NJW 1998, 3557. 以上の問題に関しては、*Canaris*, Verfassungswidrigkeit (Fn. 118)のほか、*Deutsch*, a. a. O. (Fn. 103), Rn. 633 m. w. N.; *Dieter Medicus*, Der Grundsatz der Verhältnismäßigkeit im Privatrecht, AcP 192 (1992), S. 35, 65 ff. m. w. N.; *Hans-Jürgen Ahrens*, Existenzvernichtung Jugendlicher durch Deliktshaftung?, VersR 1997, S. 1064 m. w. N.; *Dirk Looschelders*, Verfassungsrechtliche Grenzen der deliktischen Haftung Minderjähriger: Grundsatz der Totalreparation und Übermaßverbot, VersR 1999, S. 141 m. w. N.; *Hein Kötz/Gerhard Wagner*, Deliktsrecht, 12. Aufl., 2013, Rn. 360 m w N.; *Dieter Medicus/Stephan Lorenz*, Schuldrecht I Allgemeiner Teil, 20. Aufl., 2012, Rn. 624 m. w. N. を参照。なお、こうした問題への対応としては、賠償責任の軽減のほか、社会保険の保険者による求償権の放棄——社会法典第4編（SGB IV）76条2項3号——や、破産免責（Restschuldbefreiung）も考えられる。*Kötz/ Wagner*, a. a. O. (Fn. 119), Rn. 360. 同書第11版の邦訳として、ハイン・ケッツ／ゲルハルト・ヴァーグナー（吉村良一・中田邦博監訳）『ドイツ不法行為法』（法律文化社、2011年）。
120) 　ヨーロッパ私法共通参照枠草案（Draft Common Frame of Reference: DCFR）VI. – 6 : 202条、ヨーロッパ不法行為法原則（Principles of European Tort Law: PETL）10 : 401条。*Christian von Bar/Eric*

後を見守るほかないが、いずれにしても、ホーロッホによる提案以降、ドイツにおいて新たな立法提案が登場していないことはたしかである。ドイツ損害賠償法に減責条項を導入する試みは、失敗におわったのである。[121]

第3節　ドイツ協働過失制度における公平の意義

1　はじめに

ドイツ損害賠償法は、相当因果関係による賠償範囲の画定のあと、協働過失にもとづく割合的減責を許容する。本節では、この協働過失制度において「公平」がいかなる意義を有しているかにつき、検討を行う。そこでまずは、条文を確認することからはじめることにしよう。

民法254条
第1項
　損害の発生に被害者の過失が協働した場合、賠償義務および給付されるべき賠償の範囲は、当該事案の事情、とりわけ損害が主としていずれの当事者により、どの程度引き起こされたかによって決まる。
第2項
　このことは、被害者の過失が、債務者が知らず、知る必要もなかった異常に大きな損害の危険に対して彼に注意を喚起することを怠ったことや、損害を防止または軽減することを怠ったことにとどまる場合においても、同様である。第278条の規定は、これを準用する。

　Clive (Hrsg.), Principles, Definitions and Model Rules of European Private Law: Draft Common Frame of Reference (DCFR) Full Edition, vol. 4, 2009, S. 3784 ff.; *European Group on Tort Law*, Principles of European Tort Law: Text and Commentary, 2005, S. 179 ff. なお、邦語文献による紹介として、若林三奈「共通参照枠草案における『損害』要件の概観」川角由和・中田邦博・潮見佳男・松岡久和編『ヨーロッパ私法の現在と日本法の課題』(日本評論社、2011年) 449頁、456-457頁。また、共通参照枠草案の翻訳として、窪田充見・潮見佳男・中田邦博・松岡久和・山本敬三・吉永一行監訳『ヨーロッパ私法の原則・定義・モデル準則──共通参照枠草案 (DCFR)』(法律文化社、2013年)。

121)　*Deutsch*, a. a. O. (Fn. 103), Rn. 633.

2 協働過失制度の基本枠組み
(1) 民法254条の要件

民法254条が定める協働過失制度は、被害者の過失を根拠にして割合的減責を行うものであり、わが国における過失相殺制度(日本民法418条、722条2項)に相当するものである。同条が規定する被害者の「過失」をめぐっては、自己の損害を回避すべき義務はあるのかという問題設定のもと、これをどのように捉えるかが問題となる。[122] もっとも、こうした問題は、既存の制度の説明以上の意味をもたないため、今ではほとんど取り上げられることはない。いずれにしても、同条はいわゆる「間接義務(Obliegenheit)」を定めたものであること、その判定基準は加害者の義務の場合と同様——鏡像原理(Spiegelbildprinzip)——であることについては、おおむね見解の一致をみたといってよいだろう。[123]

次に、民法254条は、協働過失の態様として、損害発生への協働(同条1項)と、発生した損害の防止・軽減義務違反の協働(同条2項1文)とを区別する。この区別に関しては2つの理解がある。ひとつは、前者を責任根拠における協働、後者を責任充足における協働として理論的に分けて考える立場[124]、もうひとつは、両者ともに責任根拠における協働と位置づけたうえで、後者を、不作為による協働過失について、とくに定めたものだと解する立場である。[125] この2つの理解の対立は、同条2項1文の効果をどのように解するかに一定の影響を与えることとなる。

---

122) この点に関しては、橋本・前掲(注15)「過失相殺法理の構造と射程(2)」3-19頁を参照。
123) *Kötz/Wagner*, a. a. O. (Fn. 119), Rn. 744.
124) Kurt J. *Venzmer*, Mitverursachung und Mitverschulden im Schadensersatzrecht, 1960, S. 66, 177; Ulrich *Weidner*, Die Mitverursachung als Entlastung des Haftpflichtigen, 1970, S. 62 f.; *Esser/Schmidt*, a. a. O. (Fn. 85), § 35 II; Reinhard *Greger*, Haftungsrecht des Straßenverkehrs, 3. Aufl., 1997, § 9 StVG Rn. 69.
125) Staudinger/*Alfred Werner*, § 254 BGB, 11. Aufl., 1959, Rn. 53; BGB-RGRK/*Richard Alff*, § 254 BGB, 12. Aufl., 1976, Rn. 37; Staudinger/*Dieter Medicus*, § 254 BGB, 12. Aufl., 1983, Rn. 33; Hermann *Lange*, Schadensersatz, 2. Aufl., 1990, S. 535 f.; Soergel/*Hans-Joachim Mertens*, § 254 BGB, 12. Aufl., 1990, Rn. 62; *Medicus/Lorenz*, a. a. O. (Fn. 119), Rn. 717 f. なお、責任根拠における協働、責任充足における協働という区別をどこまで意識的に排除しているかは明らかではないが、民法254条1項と同条2項1文とを1つの構成要件として統一的に捉えようとする点においては、次にあげるものも同様である。Werner *Rother*, Haftungsbeschränkung im Schadensrecht, 1965, S. 130 ff.; MünchKomm/*Wolfgang Grunsky*, § 254 BGB, 2. Aufl., 1985, Rn. 38; Palandt/*Christian Grüneberg*, § 254 BGB, 72. Aufl., 2013, Rn. 36.

次に、民法254条2項2文は、条文をみるかぎり、もっぱら同項1文とのみ関連づけられている。しかし、この準用規定は、今日では「独立した第3項のような」ものと解するのが一般的である。[126] したがって、被害者の履行補助者や法定代理人が過失によって損害の発生に関与した場合においても、第1項の効果は発生することになる。[127]

最後に、民法254条は、被害者の過失が協働した場合のみを規定しているが、同条は、被害者による――危険責任規定に該当する――危殆化が協働した場合においても適用される。[128] 被害者は、彼が加害者の立場におかれていたならば、危険責任を負っていたであろうとされるかぎりにおいて、損害の一部を負担しなければならないのである。[129]

(2) 民法254条の効果

民法254条1項によれば、「賠償義務および給付されるべき賠償の範囲」は、「当該事案の事情、とりわけ損害が主としていずれの当事者によりどの程度引き起こされたか」を基準にして決定される。したがってこれをふまえると、同項の効果は割合的損害分配だということになる。

---

126) Staudinger/*Gottfried Schiemann*, § 254 BGB, Neubearbeitung 2005, Rn. 95 m. w. N.; BGHZ 1, 248 = BGH, NJW 1951, 477.
127) *Kötz/Wagner*, a. a. O. (Fn. 119), Rn. 755.
128) こうした考えは、判例上、まずは動物保有者の危険責任(民法833条)のケースにおいて承認された。RGZ 67, 120. 一方、ライヒ裁判所の時代においては、加害者が過失責任を負う場合、被害者の危殆化を斟酌することはできないとされていた。RG, JW 1937 2648; RG, JW 1938, 3052. これに対し、連邦通常裁判所の時代に入ると、こうしたケースにおいても危殆化の斟酌を肯定する判決が登場するにいたった。BGHZ 6, 319.

   なお、1967年に連邦司法省から公表された「損害賠償法の改正および補充のための法律の参事官草案」は、民法254条に次のような条文をおくことを決定している。*Bundesministerium der Justiz*, a. a. O. (Fn. 69), S. 2.

   「民法254条第4項 かりに債務者に損害が発生していたならば被害者が過失なしに債務者に対して賠償義務を負っていたであろうとされるような原因が、損害の発生に協働した場合、第1項……の規定が準用される」。

   またさらに、1980年代の債務法改正論議においても、これとほぼ同様の条文――「民法254条5項」――が、ホーロッホによって提案されている。*Hohloch*, a. a. O. (Fn. 111), S. 475.
129) Staudinger/*Dieter Medicus*, § 254 BGB, 12. Aufl., 1983, Rn. 11; MünchKomm/*Wolf-gang Grunsky*, § 254 BGB, 2. Aufl., 1985, Rn. 10; *Lange*, a. a. O. (Fn. 125), S. 560 f.; Soergel/*Hans-Joachim Mertens*, § 254 BGB, 12. Aufl., 1990, Rn. 25.

ところで、この点に関しては、損害防止・軽減義務違反（民法254条2項1文）の協働においてもこうした効果が妥当するかについて、若干の議論がある。すなわち、一部の学説は、これらの義務違反が協働したケースにつき、これを責任充足における協働過失のケースとしたうえで、被害者によって防止・軽減される損害部分を責任範囲から全面的に除外すべきであると主張する。しかし、こうした理解は、条文に適合的でないため、妥当であるとは言いがたい。そこで、多くの学説は、これらの義務違反が協働した場合においても割合的損害分配を行うべきだと主張している。

次に、割合的損害分配の基準については、条文の文言のうち、「当該事案の事情」に重点をおく立場と、「惹起（Verursachung）の程度」に重点をおく立場が対立している。前者は、当事者の財産状態、保険による保護の有無、行為の好意性など、当該事案の事情を広く衡量要素に取り込むものであるが、今日

---

130) たとえば、*Thomas Honsell*, Die Quotenteilung im Schadensersatzrecht, 1977, S. 111 ff.; Münch-Komm/*Wolfgang Grunsky*, § 254 BGB, 2. Aufl., 1985, Rn. 59; *Werner Filthaut*, Haftpflichtgesetz, 4. Aufl., 1994, § 4 HaftPflG Rn. 81; MünchKomm/*Hartmut Oetker*, § 254 BGB, 4. Aufl., 2001, Rn. 107; Palandt/*Christian Grüneberg*, § 254 BGB, 72. Aufl., 2013, Rn. 63; OLG Bremen, VersR 1976, 558; OLG Koblenz, VersR 1991, 194. なお、こうした考え方は、英米法においては、Avoidable Consequences-Rule と呼ばれている。これについては、*Hans Stoll*, Haftungsfolgen im bürgerlichen Recht, 1993, S. 250 ff. を参照。

131) Avoidable Consequences-Rule に反対するものとして、Venzmer, a. a. O. (Fn. 124), S. 193 f.; *Karl-August Klauser*, Abwägungsgrundsätze zur Schadensverteilung bei Mitverschulden und Mitverursachung, NJW 1962, S. 369, 372; Staudinger/*Dieter Medicus*, § 254 BGB, 12. Aufl., 1983, Rn. 107; Lange, a. a. O. (Fn. 125), S. 623 f.; *Dirk Looschelders*, Die Mitverantwortlichkeit des Geschädigten im Privatrecht, 1999, S. 561 f. なお、このうち、フェンツマーは、セールスマンが被害車両の代車を借りなかったため、収入が減少したという例をあげ、こうしたケースにおける結果発生の蓋然性を、加害者につき0％、被害者につき100％としている。これは、割合的損害分配を維持しながら、Avoidable Consequences-Rule を適用したのと同様の結論を導いたものとみることができる。

132) *Hans Adriani*, Der Schuldbegriff des § 254 BGB, 1939, S. 35; Staudinger/*Alfred Werner*, § 254 BGB, 11. Aufl., 1959, Rn. 70; *Emil Böhmer*, Zum Begriff der „Umstände" i. S. des § 254 BGB, MDR 1962, S. 442, 442; *ders.*, Hat die Schadenverteilung nach § 254 BGB nur nach dem Maß der Verursachung und des Verschuldens zu erfolgen?, VersR 1963, S. 26; *Herbert Schlierf*, Abwägungskriterien bei der Schadensausgleichung nach § 254 BGB, NJW 1965, S. 676, 676 f.; Deutsch, a. a. O. (Fn. 103), S. 583; OLG Celle, NJW 1979, 724.

133) *Böhmer*, Zum Begriff (Fn. 132), S. 442; *Deutsch*, a. a. O. (Fn. 103), S. 583.

134) *Deutsch*, a. a. O. (Fn. 103), S. 583. これを衡量要素とすることに反対するものとして、BGH, NJW 1978, 421.

135) *Schlierf*, a. a. O. (Fn. 132), S. 677.

これを支持する者はかならずしも多くはない。これに対し、後者は、「惹起」や「過失」といった帰責要素のみにもとづいて衡量を行うことを主張するものであり、通説とみなされている。なお、後者の立場においても、被害者側において民法829条——責任無能力者の公平責任——が準用される場合においては、財産状態が衡量要素に入ると解されている。

3 割合的損害分配の衡量

すでに述べたように、通説によると、民法254条による損害分配の衡量は、「惹起」と「過失」を基準にして行われる。しかし、これらの衡量要素がそれぞれどのようなものであり、どのような関係に立つかについては、見解が分かれている。

(1) 惹　起

まず、「惹起」は、衡量要素のなかでもその中核をなすものであり、「過失」に対して優先的な地位を与えられている。

ところで、「惹起」に関しては、これをどのように捉えるかが問題となる。まず、すくなくとも言えるのは、これを行為と結果との条件関係として捉えることはできないということである。というのも、行為と結果とをそのような関係として捉えるかぎり、いずれの行為も結果全体を引き起こしたことになるため、量的判断を行うことができなくなるからである。

(a) 経験的な観点から「惹起」概念を捉える見解

そこで、多くの学説は、「惹起」を量的判断になじむ概念とするため、これを結果発生の蓋然性として捉える。

---

136) *Looschelders*, a. a. O. (Fn. 131), S. 566 m. w. N.
137) *Kötz/Wagner*, a. a. O. (Fn. 119), Rn. 350.
138) *Kötz/Wagner*, a. a. O. (Fn. 119), Rn. 745.
139) *Looschelders*, a. a. O. (Fn. 131), S. 569 m. w. N.
140) 本文で取り上げるもののほか、Staudinger/*Alfred Werner*, § 254 BGB, 11. Aufl., 1959, Rn. 71; Reihe Alternativkommentare/*Helmut Rüßmann*, § 254 BGB, 1980, Rn. 16; Staudinger/*Dieter Medicus*, § 254 BGB, 12. Aufl., 1983, Rn. 92; *Karl Larenz*, Lehrbuch des Schuldrechts, Bd. 1 Allgemeiner Teil, 14. Aufl., 1987, § 31 I e); Soergel/*Hans-Joachim Mertens*, § 254 BGB, 12. Aufl., 1990, Rn. 111; *Erwin Deutsch/Hans-Jürgen Ahrens*, Deliktsrecht, 4. Aufl., 2002, Rn. 164; Staudinger/*Gottfried Schiemann*, § 254 BGB,

たとえば、クルト・フェンツマー（Kurt J. Venzmer）は、この点に関して、次のように述べている。民法254条の「惹起」においては、各行為がいかなる蓋然性をもって結果を促進したかが行為の時点を基準にして判断されなければならない[141]。また、この判断は、相当因果関係説における相当性判断と同様のものと解される[142]。したがって、「惹起」の衡量は、あくまで事実問題として扱われなければならない[143]。

これに対し、ヴァルター・ドゥンツ（Walter Dunz）は、フェンツマーが行為の時点を基準にして——つまり、事前の見地から——蓋然性を評価する点を批判する。そして、結果発生がいずれの因果系列によってもたらされたかを、複数の原因が競合した時点を基準にして評価すべきであると主張する[144]。したがって、ドゥンツのいう「蓋然性」は、相当因果関係における相当性というより、むしろ事実的因果関係の存否にかかわるものだということになる[145]。

一方、ランゲは、ドゥンツを次のように批判する。泥棒運転による交通事故において、ドアロックを怠った自動車保有者の寄与を、ドゥンツの見解にもとづいて判定することはできない。むしろここでは、因果経過の全体を視野に入れたうえで、それぞれの作為または不作為に内在する危険性——「潜在的危険性（Gefahrenträchtigkeit）」——が衡量されるべきである[146]。

(b) 規範的な観点から「惹起」概念を捉える見解

さて、以上の見解は、いずれも、行為の結果に対する寄与の度合いを、経験的なデータにもとづいて明らかにしようとする点において共通している。とこ

　Neubearbeitung 2005, Rn. 113; *Kötz/Wagner*, a. a. O. (Fn. 119), Rn. 745; Palandt/*Christian Grüneberg*, § 254 BGB, 72. Aufl., 2013, Rn. 58など。なお、*Deutsch/Ahrens*, a. a. O. (Fn. 140)の邦訳として、エルヴィン・ドイチュ／ハンスユルゲン・アーレンス（浦川道太郎訳）『ドイツ不法行為法』（日本評論社、2008年）がある。

141) 　*Venzmer*, a. a. O. (Fn. 124), S. 133.
142) 　*Venzmer*, a. a. O. (Fn. 124), S. 139 ff.
143) 　*Venzmer*, a. a. O. (Fn. 124), S. 154.
144) 　*Walter Dunz*, Abwägungskriterien bei der Schadensausgleichung, NJW 1964, S. 2133, 2134 f.
145) 　この点に関して、ドゥンツは、次にように述べている。「結果発生がどの程度、協働する因果系列の一方、または他方に属していると考えられるか」は、「我々が因果経過につきもはや具体的に知ることができないところ、すなわち、我々には見とおすことのできない複数の因果系列の競合の時点において」評価されるべきである。*Dunz*, a. a. O. (Fn. 144), S. 2134.
146) 　*Lange*, a. a. O. (Fn. 125), S. 608 ff.

ろで、学説においては、こうした見解に一定の理解を示しつつも、結果の正当化が十分でないとして、これを批判するものもある。

たとえば、カールアウグスト・クラウザー（*Karl-August Klauser*）は、危険性の程度にもとづく衡量について、次のように述べている。経験的な観点からすると、道路交通に参加する者は、合流地点において右からやって来る者が優先通行権をもっているという交通ルールに無頓着である。したがって、典型的な事実経過の視点からは、右から合流地点に進入した者が自分に優先通行権があると信じることは、危険なことになる。しかし、このような危険性を損害分配の基準にすえることは、相手方の過誤——優先通行権無視——をもって被害者に負担を課すことになり、妥当ではない。[147]

そこで、クラウザーは、衡量要素としての「惹起」を、個々の行為の「不当性（Sachwidrigkeit）」という視点から捉えなおそうとする。彼は、この点に関して、次のように述べている。民法254条の損害分配においては、双方の当事者が責任を負うべき事情——したがって、「許された危険」や危険責任に関連しない危険は除かれる——を対象として、それぞれの因果系列がどの程度不当であるかが評価される。また、こうした義務の序列化にあたっては、社会一般の価値観など、法外在的な評価基準が考慮されなければならない。[148]

続いて、同じく規範的判断を重視するものとして、ディルク・ローシェルダース（*Dirk Looschelders*）の見解がある。彼が提唱する「具体的規範違反性（konkrete Normwidrigkeit）」の衡量とは、次のようなものである。民法254条の損害分配にあたっては、各当事者の行為が具体的な損害との関係においてどの程度危険であるかが、規範的な観点から評価されなければならない。また、ここでの評価は、行為に対してだけでなく、行為と損害との関係に対しても行われる。すなわち、当該行為が規範に適合する行為からどの程度逸脱しているかに加え、「その逸脱が、具体的な損害にとって、いかなる意義を与えられるか」が、評価の対象となるのである。

なお、ローシェルダースは、このような基準の適用に関して、次のような例をあげている。まず、親がほんの一瞬目をはなしたすきに子どもが道路に飛び

---

147) *Klauser*, a. a. O. (Fn. 131), S. 370.

148) *Klauser*, a. a. O. (Fn. 131), S. 371 f.

出し、重大な事故を引き起こしたという場合、親の行為の寄与は、子どもによる危険の創出という危険——「危険創出危険（Gefahrschaffungsgefahr）」——を創出した点に求められる。ところで、このような危険の創出を規範的な観点からみるならば、ここでは、ごくわずかな規範の逸脱が、生じた具体的な損害との関係において重要なものとなることが考えられる。次に、これとは逆に、重大な規範の逸脱が、具体的な損害の発生にとって重要でないとされることもある。たとえば、当該事故が、正常な運転者にとっても回避困難なものである場合、運転者がひどく酔っていたことは、生じた具体的な損害との関係において、それほど重要なものとされなくなるのである。[149]

(2) 過　　失

「過失」は、「惹起」に対し、第二の基準としての意義を有する。[150] もっとも、「過失」の衡量が、具体的にいかなる場面において要請されるかに関しては、学説上、見解が一致しているわけではない。

まず、ランゲは、判例と同様、「惹起」の割合が等しい場合に「過失」の衡量が要請されることを認めたうえで、「惹起」の割合が等しくない場合においても「過失」の衡量が行われる場合があることを指摘する。[151] もっとも、ランゲ自身は、「惹起」の衡量と「過失」の衡量とをどのように関連づけるかについて、具体的な説明を行っていない。そこでは、「惹起」の割合が1対1で「過失」の割合が1対2である場合に、1対2の割合で損害分配が行われるわけではないこと、「惹起」の割合が1対2で「過失」の割合が2対1である場合に、1対1の割合で損害分配が行われるわけではないことが指摘されているにすぎない。ランゲは、「過失」の衡量において、客観的過失のほか、主観的過失にも目を向けるべきであると主張する。したがって、こうした考えをとるかぎり、最終的にいかなる割合で損害分配が行われるかは、裁判官の裁量に広くゆだねられること

---

149) *Looschelders*, a. a. O. (Fn. 131), S. 576 ff.
150) なお、条文に反するが、損害分配の衡量を、もっぱら「過失」のみによって行うべきだとするものとして、*Rother*, a. a. O. (Fn. 125), S. 78 f．ただし、ローターのいう「過失」とは、危険責任にも妥当する広い意味をもったものだという点は、注意を要する。彼による立法提案として、*ders.*, Die „vorwiegende Verursachung", VersR 1983, S. 793, 798.
151) BGH, NJW 1969, 789.

になるだろう。[152]

　続いて、フェンツマー、クラウザー、ドゥンツの三者は、ランゲとは異なり、「過失」の衡量が行われる場面を限定しようとする。

　まず、フェンツマーとクラウザーは、「惹起」の割合が等しい場合、1対1の割合で損害分配が行われるにすぎず、ただちに「過失」が問題となるわけではないと指摘する。そして、「過失」の衡量を、「惹起」の割合と「過失」の割合とが著しく異なる場合において、「惹起」の割合を修正するために行われるものだとしている。[153]

　次に、ドゥンツは、「過失」の衡量が行われる場面を、よりいっそう明確に限定しようとする。彼は、この点に関して、2つの例をあげている。

　第一の例は、次のとおりである。

　自動車保有者が、駐車に際して、ドアロックはしていたが、換気小窓を十分に閉めていなかったところ、窃盗犯が、これをこじ開けて車内に侵入し、無謀運転のすえ、事故を引き起こした。自動車保有者と事故被害者とのあいだで、損害分配はどのように行われるべきか。

　続いて、第二の例は、次のとおりである。

　危険地帯として知られている場所で、2台の自動車のスピードの出しすぎによる衝突事故が発生した。一方の運転者は、事故現場の事情を知っていたが、他方の運転者はこれを知らなかった。このふたりのあいだで、損害分配はどのように行われるべきか。

　さて、ドゥンツは、第一の例においては、「過失」の衡量に反対し、第二の例においては、これを許容する。彼は、この取扱いのちがいを、次のように説明する。第一の例では、自動車保有者の不注意は、事故被害者がその作用を知覚できる時点において、すでに外界の危険に転化している。これに対し、第二の例では、事故現場を知っていた運転者の軽率さは、衝突事故の直前まで外界

---

152) *Lange*, a. a. O. (Fn. 125), S. 612 f. なお、完全賠償の原則の観点から、主観的過失――有責性（Schuld）――を考慮することに反対するものとして、*Klauser*, a. a. O. (Fn. 131), S. 370. これに対し、クラウザーと同様、「惹起」概念のなかに規範的判断を内在させるローシェルダースは、衡量要素としての「過失」を、むしろ、主観的過失を考慮する場として、明確に位置づけている。*Looschelders*, a. a. O. (Fn. 131), S. 581 ff., 643 f.

153) *Venzmer*, a. a. O. (Fn. 124), S. 143 f.; *Klauser*, a. a. O. (Fn. 131), S. 373 f.

の危険に転化していない。「過失」の衡量が要請されるのは、まさにこの後者のような場合なのであって、前者においては「惹起」の割合のみにより損害分配がなされるべきである。[154]

(3) 物の危険と業務上の危険

ところで、多くの学説は、民法254条の損害分配における衡量要素として、「惹起」と「過失」のほか、「業務上の危険 (Betriebsgefahr)」ないし「物の危険 (Sachgefahr)」を取り上げる。もっとも、ここで注意を要するのは、これらの「危険」が、「惹起」や「過失」と同じレベルで位置づけられるべきものではないということである。

すでに述べたように、多くの学説は、民法254条の「惹起」を損害発生に対する危険性と捉えることにより、量的判断を行おうとする。ところで、こうした要素の衡量は、被害者を起点とする因果系列が、過失責任にもとづく場合のほか、危険責任にもとづく場合においても行われなければならない。したがって、「業務上の危険」ないし「物の危険」を第三の衡量要素としてあげる意義は、まさにこの点を確認するところにあるということになる。[155]

4 協働過失制度の要件における公平の意義

民法254条は、損害分配の要件として、被害者の「過失」を要求する。また、同条の効果は、被害者側において、危険責任規定に該当する危殆化がみられる場合においても発生する。したがって、協働過失の要件において公平がいかなる意義を与えられるかは、次の問題を検討することをつうじて明らかにされると考えられる。すなわち、同条の効果は、これらの要件を充たす場合にのみ発生するのか、それとも、当該事案の事情から減責が要請される場合、これらの要件を超えて広く発生しうるものなのかである。

---

154) *Dunz*, a. a. O. (Fn. 144), S. 2135.
155) BGB-RGRK/*Richard Alff*, § 254 BGB, 12. Aufl., 1976, Rn. 26 ff.; Staudinger/*Dieter Medicus*, § 254 BGB, 12. Aufl., 1983, Rn. 95; MünchKomm/*Wolfgang Grunsky*, § 254 BGB, 2. Aufl., 1985, Rn. 64 ff.; *Lange*, a. a. O. (Fn. 125), S. 614 ff.; Soergel/*Hans-Joachim Mertens*, § 254 BGB, 12. Aufl., 1990, Rn. 113; *Looschelders*, a. a. O. (Fn. 131), S. 585 ff.; Staudinger/*Gottfried Schiemann*, § 254 BGB, Neubearbeitung 2005, Rn. 116 f.; Palandt/*Christian Grüneberg*, § 254 BGB, 72. Aufl., 2013, Rn. 60.

(1) 減責のための要件を緩和する見解

ところで、この点に関しては、一部の学説が、民法254条の要件を緩和し、公平な損害分配を実現しようとしている点が注目される。なお、この学説は、要件緩和の程度に応じて、次の2つのものに分けることができる。[156]

(a) 被害者側における危険責任の一般条項化

まず、被害者側において危険責任規定に該当しない危殆化がみられる場合に、これを斟酌して減責を行うことを主張するものがある。

ドイツ不法行為法は、危険責任に関して列挙主義 (Enumerationsprinzip) を採用している。[157] したがって、制定法が規定する危殆化がないかぎり、加害者が無過失責任を負うことはない。そして、この考えは、民法254条の領域においても妥当するものと解されている。すなわち、その行為に過失のない被害者は、制定法が規定する危殆化を行わないかぎり、賠償請求権を縮減されることはないのである。[158]

一部の学説は、以上の考えに疑問を投げかけ、被害者側において危険責任の一般条項を導入すべきであると主張する。スキー、高飛び込み、射撃といった行為による危殆化は、加害者がこれを行ったとしても危険責任を成立させることはない。しかし、被害者がこれを行った場合、これをもって賠償請求権を縮減させるのが、公平な損害分配に資するというのである。[159]

(b) 領域理論による減責要件の拡張

---

156) 以下のいずれの見解も、その基礎において、被害者による損害の一部負担が、加害者に適用される損害負担原理とは別の法原理——所有者危険負担 (*casum sentit dominus*) の原則——によって規律されるという考えをとっている。こうした考えをいち早く打ち出し、のちの学説に影響を与えたものとして、*Joachim Gernhuber*, Die Haftung für Hilfspersonen innerhalb des mitwirkenden Verschuldens, AcP 152 (1952/1953), S. 69, 76 f. また、そこから、民法254条の「過失」を「惹起」として捉えるべきだと主張するものとして、*Hans Josef Wieling*, Venire contra factum proprium und Verschulden gegen sich selbst, AcP 176 (1976), S. 334, 349 f.

157) *Dirk Looschelders*, Schuldrecht Besonderer Teil, 7. Aufl., 2012, Rn. 1442 f. m. w. N.; *Maximilian Fuchs/Werner Pauker*, Delikts- und Schadensersatzrecht, 8. Aufl., 2012, S. 257 m. w. N. を参照。なお、これに批判的なものとして、*Kötz/Wagner*, a. a. O. (Fn. 119), Rn. 514.

158) この点を強調するものとして、Staudinger/*Dieter Medicus*, § 254 BGB, 12. Aufl., 1983, Rn. 16; *Looschelders*, a. a. O. (Fn. 131), S. 393.

159) *Weidner*, a. a. O. (Fn. 124), S. 33 ff.; Reihe Alternativkommentare/*Helmut Rüßmann*, § 254 BGB, 1980, Rn. 7; *Deutsch*, a. a. O. (Fn. 103), Rn. 581.

上記の見解は、減責の要件として、被害者による危殆化を要求する。したがって、こうした考えのもとでは、異常損害が発生したすべてのケースにおいて公平の見地から減責を導くことはできない。そこで、一部の学説は、これに対応するため、民法254条を「領域理論」のもとで捉えようとする。

　領域理論（Sphärentheorie）によれば、被害者は、自己の領域内の危険を自ら引き受けなければならない。アイケ・フォン・ヒッペル（Eike von Hippel）は、この考えを民法254条の解釈論に取り入れ、同条の「類推適用」により、割合的減責を行うことを主張する。ところで、彼がこうした主張を行うのは、いわゆる「ショック損害（Schockschäden）」のケースにおいてである。したがって、ここでは、異常損害を当事者双方にどのように分配するかが、民法254条のもとで問題となっていることになる。次に、領域理論を立法論として受けとめるものとして、シュトルの見解がある。彼は、減責条項の導入に関する一連の議論のなかで、民法254条を、被害者側の事情を広く斟酌することのできるルールへと改正すべきであると主張する。そして、そうしたルールをつうじて、具体的には、被害者の素因や、被害物の異常に高い価値などを斟酌の対象とすることを提案している。

(2) 裁判実務の動向

　では、以上のような減責要件の緩和の動きは、裁判実務において受け入れら

---

160) 実際、注159で取り上げた、ヴァイトナー、リュスマン、ドイチュの三者は、民法254条の要件を緩和するといっても、あくまで被害者の何らかの行為――「危殆化」――を問題にしており、異常損害をもたらす被害者側の原因全般――「危殆化」に解消しえないものとして、たとえば、被害者の素因、被害者の異常な高収入、被害物の異常に高い価値など――の斟酌を主張しているわけではない。

161) こうした考えをはじめて打ち出したものとして、Wilburg, Die Elemente (Fn. 66), S. 40, 58. また、今日これを受け継ぐものとして、Helmut Koziol, Die Mitverantwortlichkeit des Geschädigten: Spiegelbild- oder Differenzierungsthese?, in: Festschrift für Erwin Deutsch zum 80. Geburtstag, 2009, S. 781, 789 ff.

162) たとえば、子どもが車にひかれたのを見て、母親がショック状態におちいったといったケースがこれにあたる。なお、「ショック損害」の実務での取扱いについては、Kötz/Wagner, a. a. O. (Fn. 119), Rn. 138 f., 736 f.; Dirk Looschelders, Schuldrecht Allgemeiner Teil, 10. Aufl., 2012, Rn. 918 ff. を参照。

163) Eike von Hippel, Haftung für Schockschäden Dritter, NJW 1965, S. 1890, 1893.

164) これに関しては、本章第2節4(2)(d)で述べたとおりである。

れているのだろうか。そこで以下、この点に関する判決をいくつかみていくことにしよう。

① カールスルーエ上級地方裁判所1959年3月25日判決[165]

スキー場でスキーヤーどうしの衝突事故が発生した。裁判所は、被害者に衝突事故に関する行為義務違反はないとしながら、次のように述べて、4分の1の減責を行った。「原告は、年配のスキーヤーとして、……日曜日には多くの人々が訪れるスキー場を自らの自由意思で利用したのであり、その危険を認識していた。したがって、彼のスキーへの参加は、公平の見地から被告の損害賠償義務の軽減をもたらす被害者の自己過失として評価されるべきである」。

本判決は、スキーの滑降上の行為義務違反を否定しながら、混雑したスキー場でのスキーへの参加をもって、協働過失を肯定している。したがって、ここでは、被害者の自己危殆化それ自体をもって減責が行われたとみることができるだろう。[166]

② 連邦通常裁判所1961年3月14日判決[167]

被告Aは、原告と被告Bを乗せて自動車を運転していたところ、運転免許をもたないBの再三の要求に屈し、運転を交替することにした。そしてその直後に、Bは、交通事故を引き起こした。裁判所は、原告の「自己の危険にもとづく行為（Handeln auf eigene Gefahr）」につき、これを民法254条の問題として捉えるべきであるとし、そのうえで、同条の適用にあたっては、「被害者が正当な理由もなく認識された危険な状況に身をさらした」かどうかが判断されなければならないと判示した。

本判決は、好意同乗における「自己の危険にもとづく行為」[168]を協働過失による割合的解決とむすびつけた点において、画期的なものである。[169] また、本判決は、民法254条の適用において、「正当な理由もなく認識された危険な状況に身をさらした」かどうかを問題にしているが、これに関しては、判決①が示した基準とのちがいに注意しておくべきだろう。

---

165) OLG Karlsruhe, NJW 1959, 1589.
166) スキー場での事故につき、本件と同様の判断を行ったものとして、OLG Köln, NJW 1962, 1110.
167) BGHZ 34, 355 = BGH, NJW 1961, 655.
168) これについては、Hans Stoll, Das Handeln auf eigene Gefahr, 1961.
169) それまでは、被害者の黙示の同意を認定し、責任を否定するのが判例の立場であった。たとえば、RGZ 141 262.

③　シュトゥットガルト上級地方裁判所1963年10月17日判決[170]

　スキー場でスキーヤーどうしの衝突事故が発生した。裁判所は、次のように述べて協働過失を否定した。「スキーのような広く普及したスポーツに参加することは、道路交通への参加と同様、日常的な事柄に属する。……したがって、スキーに参加する者は、それ相応の場所で滑降するかぎりにおいては、正当な理由もなしに危険な状況に身をおいたということにはならない」。

　本判決は、判決①と同様のケースを扱うものであるが、判決②が示した基準を適用することにより、減責を否定するにいたっている。

④　連邦通常裁判所1981年9月22日判決[171]

　飲食店のウェイターである原告が、店内において被告の犬に腹部をかまれたところ、戦争で負った古傷の影響で、重傷を負うにいたった。裁判所は、原告のコルセット装着義務違反につき、次のように述べて、これを否定した。たとえば、雑踏において第三者と接触したケースにおいては、コルセットを装着しなかったことが協働過失にあたることになる。これに対し、本件損害事故は、もっぱら被告の責任領域に属しており、損害の予防措置を講じるか否かは、原告の自由な決定にゆだねられているのである。

　本判決も、一定の危険をともなう社会への参加を協働過失としない点においては、判決②や判決③と同様である。また、本判決では、協働過失の成否に関して信義誠実の原則（民法242条）——矛盾行為（*venire contra factum proprium*）の禁止——が援用されているのも特徴的である。すなわち、民法254条は、「被害者が、自己の責任領域に属する損害回避を特別に困難にしたにもかかわらず全損害の賠償請求を行い、当事者間に不公平をもたらした」場合において、適用されるのである。[172]

---

170)　OLG Stuttgart, NJW 1964, 1859.
171)　BGH, NJW 1982, 168 = VersR 1981, 1178.
172)　この点を批判するものとして、*Reinhard Greger*, Mitverschulden und Schadensminderungspflicht: Treu und Glauben im Haftungsrecht?, NJW 1985, S. 1130, 1130 ff. なお、協働過失の認定において、信義則ないしその下位命題である矛盾行為禁止の原則に言及するものとして、ほかに、BGH, NJW 1972, 334; BGH, NJW 1978, 2024; BGH, VersR 1978, 1070; BGHZ 96, 98 = BGH, NJW 1986, 775 など。

⑤ 連邦通常裁判所1984年11月20日判決[173]

原告の夫が、被告が経営するレストランを出て、駐車場に向かう途中、路面が凍結していたため転倒した。そしてこれにより、彼は左大腿部を骨折し、死亡した。裁判所は、次のように述べて被害者の協働過失を肯定した。被害者は、とくに緊急の事態が発生していないにもかかわらず、被告に滑り止めの砂をまくことを頼みもせず、あえて危険な状況に身をさらした。そのような者は、合理的な行為者が自らの健康と生命の保護のために果たすべき注意義務に、著しく違反している。

本判決は、被害者が、とくに緊急の事態が発生していないにもかかわらず、あえて危険な状況に身をさらした点をふまえ、協働過失を肯定している。これは、判決②によって打ち出された、「正当な理由もなく認識された危険な状況に身をさらした」という基準をふまえたものだと考えられる。

⑥ コブレンツ上級地方裁判所1986年5月5日判決[174]

友人の小型バイクの後部に同乗した被害者が、深夜、ディスコから帰る途中、交通事故にあい重傷を負った。被害者が血友病患者であったため、原告である地域健康保険組合は、被害者に対し、高額の治療費を負担することとなった。裁判所は、次のように述べて、被害者の協働過失を否定した。道路交通への参加は、それがいかなるものであろうとも、つねに通常の生活形態に属する。したがって、血友病患者に対し、小型バイクに乗ってはならないと要求するならば、それは一般的な行動の自由を制限することになるだろう。

本判決も、判決④と同様、素因競合事例を扱ったものであるが、道路交通への参加がいかなる場合においても「通常の生活形態」に属するものだとしている点が特徴的である。

(3) 検　討

民法254条において危険責任の一般条項を導入する場合、被害者による自己危殆化が、損害の一部負担を広く正当化することになる。一方、民法254条において領域理論を導入する場合、被害者の領域内にある危険が、損害の一部負担を広く正当化することになる。このように、これらの構成は、「自己危殆化」

---

173) BGH, NJW 1985, 482 = BGH, VersR 1985, 90.
174) OLG Koblenz, VRS 72 (1987), Nr. 145 (S. 403).

や「領域」の捉え方しだいで、民法254条を減責条項と同様のルールへと変貌させる可能性をひめている。もっとも、ここで確認しておかなければならないのは、これらの構成が、かならずしも多くの支持を集めているわけではないという点である。これは、法律構成のレベルと具体的な衡量のレベルのそれぞれにおいて、そのようにいうことができる。

　まず、法律構成のレベルでは、被害者側の損害負担を加害者側のそれと同様に捉える立場——鏡像原理ないし同等取扱い原則——が通説としての地位を[175]獲得していることがあげられる。この立場によると、被害者の損害負担は、他者への加害の場合と同様の原理にもとづいて正当化される。したがって、ここでは、被害者の「領域」内に属する危険も、それが対象として認識され、これを回避すべき義務が課されるかぎりにおいて、損害負担を導くことになる。

　続いて、こうした構成のもとで行われる具体的な衡量においては、どの程度内容が特定された義務を肯定しうるかが問題となる。なぜなら、被害者側において他者加害の場合の損害負担原理を適用したとしても、一般生活上の危険を広く回避義務の対象とするならば、領域理論をとった場合と同様の結果が導かれてしまうからである。ところで、この点に関しては、上述の判決②を起点とする一連の動向が、注目に値するだろう。同判決は、協働過失の成否につき、「正当な理由もなく認識された危険な状況に身をさらした」かどうかを問題にする。そして、こうした基準のもと、「通常の生活形態」への参加を協働過失としないという実務が定着しているのである。

　このように、民法254条は、被害者が特定の危険に対する回避義務に違反し

175）　*Heinz Wendt*, Konkurrierende Fremdschädigung und kombinierte Selbst- und Fremdschädigung, 1971, S. 26 f.; *Manfred Wochner*, Einheitliche Schadensteilungsnorm im Haftpflichtrecht, 1972, S. 196; *Esser/Schmidt*, a. a. O. (Fn. 85), § 35 I 2.; *Egon Lorenz*, Die Lehre von den Haftungs- und Zurechnungseinheiten und die Stellung des Geschädigten in Nebentäterfällen, 1979, S. 36; *Thomas Hinrichs*, Die Berücksichtigung des Mitverschuldens bei der Haftung für Personenschäden im französischen und deutschen Recht, 1991, S. 24; *Deutsch*, a. a. O. (Fn. 103), Rn. 575; *Looschelders*, a. a. O. (Fn. 131), S. 118 f. など。なお、このうち、エッサー／シュミットとドイチュは、同等取扱い原則を主張しながら、他方で、減責要件の緩和をも主張している。まず、ドイチュは、斟酌の対象として、射撃、高飛び込み、スキーによる自己危殆化をあげている（*Deutsch*, a. a. O. (Fn. 103), Rn. 581.）。これに対し、エッサー／シュミットは、「すでに危険責任規定によって把握されている危険と実質的に同視しうるような危険」——たとえば、モーターボートや線路上のクレーン車の運行危険——のみを斟酌の対象としている（*Esser/Schmidt*, a. a. O. (Fn. 85), § 35 I 2.3.）。

た場合にのみ、割合的減責を許容する。そして、こうしたことからすれば、同条の要件において公平がいかなる意義を獲得するかも、おのずと明らかとなるだろう。公平は、特定の危険に対する回避義務の判断のなかで考慮されるにすぎないのである。

5 協働過失制度の効果における公平の意義

民法254条は、損害分配の衡量において、「当該事案の事情、とりわけ損害が主としていずれの当事者により、どの程度引き起こされたか」を問題にする。そして、この点に関しては、一部の学説が「当該事案の事情」を広く衡量要素に取り込むのに対し、その他の多くの学説は、「惹起」と「過失」にもとづいた衡量を主張している。したがって、後者の立場を前提とするかぎり、公平は、こうしたかぎられた要素のもとで行われる衡量のなかに内在していることになる[176]。裁判官は、「純粋な公平の衡量に逃げ込む」ことなく、「惹起」や「過失」といった基準の具体化に努めなければならないのである[177]。

第4節 小　括

以上をもって、減責条項および協働過失制度に関する議論の概観を終えることとする。これまでみてきたように、ドイツ法は、減責を行うかどうかに関しても、また、どのような割合でこれを行うかに関しても、一貫して帰責理論の枠内で思考するという態度をとっていた。これは、帰責理論からはなれたところで公平判断を行うことを否定し、その適用のなかでこれを行うということを意味する。

(1) 「公平による割合的減責」論の拒絶

ところで、ドイツ法が公平の意義に関してこのような態度をとっていることは、わが国の解釈論を考えるにあたっても、示唆に富んだものだといえる。す

---

176) ローシェルダースは、民法254条の効果規範を動的システムだと捉えている。*Looschelders*, a. a. O. (Fn. 131), S. 610.
177) *Looschelders*, a. a. O. (Fn. 131), S. 610, 611 f.

でにみたように、わが国では、素因競合をはじめとする原因競合のケースにおいて減責すべきかどうかが争われており、議論に決着がついていない。これは、議論の方向が、結果の当否にばかり向いていることに原因があると考えられる。したがって、こうした状況を打開するには、個々の事案における結果の当否からいったんはなれ、価値中立的なルールなり思考モデルなりを構築することが求められる。これは、わが国とドイツとの法制度のちがいをふまえてもなお妥当する、一般的な事柄だといえるだろう[178]。

さて、以上で述べたことは、本章が到達した知見のなかでも、もっとも重要なものである。そこで次に、それ以外の知見についても、あげておくことにしよう。本章のこれまでの内容をふまえるならば、さらに次の2つのことがいえるのである。

(2) 割合的解決が許容される局面の限定

まず、上述の第一の知見からは、「公平による割合的減責」の考えを価値中立的な枠組みのもとで読み解き、実定化することが求められる。これは、「公平による割合的減責の理論的内実化」とでも呼ぶべきものである。したがって、これを行うにあたっては、何よりもまず、ドイツにおける減責条項や、わが国における「寄与度減責」説が重視する、「責任要件の希薄化と減責による調整」という公平観を、どのようにルール化していくかが、問われなければならない。

ところで、この点に関しては、責任要件のうちのどの要件に関して「減責による調整」を許容するかが、とくに問題となる。たとえば、被害者の素因や自然力が競合したケースでは、主として、過失要件や相当性要件の希薄化が生じているとみることができる。では、これらのほか、「事実的」因果関係の存否が微妙なケースにおいても、割合的解決を行うことはできるだろうか。ここでは、証拠法との関係にも留意した慎重な考慮が求められるだろう。

---

178) また、このほか、公平判断を帰責理論の外側で行うことは、当事者間の人的関係を考慮した割合的減責に道を開くという点でも、問題であるといえるだろう。実際、減責条項の導入に関する一連の議論のなかで、ハウスの提案やシュトルの提案が、原因競合と好意関係のケースとをともに適用対象としていることは、すでにみたとおりである。

いずれにしても、「公平による割合的減責の理論的内実化」を行うにあたっては、「責任要件の希薄化と減責による調整」をどのようなかたちで具体化できるかが、重要な課題となるのである。

(3) いわゆる「領域理論」の採否

次に、「公平による割合的減責の理論的内実化」を行うにあたっては、第3節で取り上げた協働過失制度との関係にも留意しておかなければならない。

協働過失制度——わが国における過失相殺制度（日本民法722条2項）——は、被害者の「過失」を要件として、割合的減責を導く。また、同制度の効果である割合的損害分配は、「惹起」と「過失」とを衡量要素として行われる。このように、協働過失制度は、被害者と加害者の両方から帰責の論理を適用することにより、損害分配を実現する。したがってこれは、公平それ自体を根拠に損害分配を導く減責条項とは本質的に異なる。では、同制度は、被害者の「過失」の競合を超え、原因競合一般に対応した損害分配ルールへと発展する可能性を有しているのだろうか。ここでは、「責任要件の希薄化」というアプローチに加え、被害者側の事情の広範な考慮というアプローチが考えられるかどうかが、問題となる。

領域理論によれば、被害者は、自己の領域内の特別の危険を自ら引き受けなければならない。この命題は、一見すると、原因競合一般において、被害者による損害の一部負担を導くかにみえる。しかし、こうした考えにもとづいて被害者の「過失」を捉えるならともかく、これを用いて原因競合による割合的解決のすべてを基礎づけることは、むずかしいといわざるをえない。

たとえば、歩行者とオートバイによる事故において、オートバイのブレーキに運転者の過失にもとづかない故障があったとしよう。このような場合、その行為につき過失のある歩行者は、オートバイの運転者に生じたすべての損害について、責任を負うべきだろうか。領域理論の支持者のひとりであるヘルムート・コツィオール（*Helmut Koziol*）は、このようなケースにおいて割合的減責を主張する。[179] 被害者は、ブレーキの故障によって著しく高められた自己の領域

---

179) *Koziol*, a. a. O. (Fn. 161), S. 790 f.

第1章　公平による割合的減責の妥当性　55

内の危険を自ら負担しなければならないというわけである。[180] ただ、このような説明に対しては、次の2つの点において、疑問を禁じえない。

まず、このケースにおいて、ブレーキの故障が、何ゆえ被害者の領域内の危険とされるかが問題となる。とりわけ、このケースでは、故障が被害者の過失にもとづかないことが、前提となっている。したがって、故障の原因としては、①被害者による通常のオートバイの使用、②被害者から依頼を受けた業者による修理行為、③第三者による悪質ないたずらなどが、考えられることになる。しかし、領域理論は、これらの原因のうち、どれが被害者の領域に入り、どれがそこからはずれるかについて、十分な説明を行わないのである。[181]

次に、もしかりに、①から③のいずれにおいても、オートバイの故障が被害者の領域内の危険にあたるとするならば、次のような問題が生じてくるだろう。領域理論は、被害者の領域内の危険について、他者による加害の場合とは異なった損害負担原理——所有者危険負担（*casum sentit dominus*）の原則——を導入する。しかし、この原理のもと、加害者への帰責がおよばない損害を、すべて被害者の領域内の危険によるものと捉えるならば、この理論の存在意義は、たちまち失われてしまうだろう。なぜなら、加害者への帰責がおよばない損害は、被害者が自ら負担する。このことは、特別な理論がなくても、当然に導かれる帰結だからである。したがって、こうした批判を回避するためには、この

---

180)　*Koziol*, a. a. O. (Fn. 161), S. 790.
181)　ヴィルブルクは、「領域」を、「人に生起するすべての偶然」と定義する。*Wilburg*, Die Elemente (Fn. 66), S. 40. したがって、これを前提とするかぎり、①から③のいずれの場合も、被害者の領域内の危険とすることになる。ただ同時に、こうした定義のもと、ヴィルブルクが被害者の領域内の危険としてあげるのは、被害者の「身体の故障」や「転倒」といったものである。*Wilburg*, Die Elemente (Fn. 66), S. 40. したがって、これを前提とすると、たとえば、③を被害者の領域内の危険と捉えてよいかどうかが問われることとなるだろう。
　　そもそも、被害者の領域を損害発生の場として捉える場合、加害者の帰責範囲からはずれる事情は、すべて被害者の領域内に入ることになる（上述の「人に生起するすべての偶然」という定義は、このような理解と親和的であろう）。これに対し、個々の危険源に着目する場合には、被害者と加害者のいずれにも属さない「領域」を観念する余地が生じてくる（たとえば、*Wilburg*, a. a. O. (Fn. 49), S. C 13 f. なお、この場合、この「いずれにも属さない『領域』」から発生した損害を、いずれの当事者に負担させるかが、あらためて問われることになる。この点に関して、ヴィルブルク自身は、被害者がこれを負担すべきであるとしているが、はたして本当にそれでよいのかについては、議論の余地があるだろう）。領域理論は、この点に関して、なお不透明な部分を残しているといわざるをえないのである。

「当然に導かれる帰結」を超える論理——加害者の帰責範囲に入るとされた損害のうち、その一部を被害者に負担させるための論理——によって、被害者による損害の一部負担を明確に基礎づけなければならないだろう。しかし、論者の説明をみるかぎり、領域理論は、そうした論理を内包しているとは言いがたいのである。[182]

(4) 結　語

さて、このように、対象を協働過失以外の原因競合に限定した場合、領域理論によって割合的解決を導くのはむずかしいといわざるをえない。したがって、こうしたケースでは、むしろ加害者による損害負担の視点から割合的解決を導くことが、検討に値するだろう。そこで、次章では、そうした視点から割合的解決を導くものとして、「割合的責任（Proportionalhaftung）」と呼ばれる責任形態につき、検討を行うこととしたい。

---

182) コツィオールは、歩行者の責任を軽減するための実質的根拠として、ブレーキの故障と損害発生とのあいだに、条件関係（*conditio sine qua non*）があることを指摘する。*Koziol*, a. a. O. (Fn. 161), S. 791. もっとも、これによって明らかとなるのは、あくまで、歩行者に全損害についての責任を課すことが、妥当ではないという点にとどまる。すなわち、このケースでは、歩行者の過失と結果とのあいだに相当因果関係がないとして、歩行者の責任を全面的に否定することも、十分考えられるのである。このように、被害者の領域内の危険が作用するケースにおいては、①結果との相当因果関係を肯定したうえで、その一部を被害者に負担させるのが妥当なケースと、②帰責を全面的に否定するのが妥当なケースとを、明確に区別する必要がある。しかし、領域理論が打ち出す命題——被害者は、自己の領域内の特別の危険から生ずる損害を自ら負担しなければならない——は、この区別のための手がかりを与えるものではない。したがって、領域理論にもとづく割合的解決を構想する場合、その命題の中身以上に、それが適用される場面を特定することが重要となる。そして、この特定の鍵をにぎるのは、領域理論それ自体ではなく、あくまで加害者側に適用される帰責の論理にほかならないのである。

第2章 ドイツにおける割合的責任論の今日の展開

第1節　は じ め に

1　問題の所在――原因競合をめぐる諸課題

　加害行為に他の原因が競合することによって損害が発生・拡大する事例を、一般に原因競合の事例という。[183] このような事例においては、理論上、次の2つのことが問題となる。第一に、加害行為と結果との因果関係を検討するにあたって、他原因の競合がどのような意味をもってくるのか、第二に、因果関係が肯定された場合、他原因の競合を考慮して責任範囲を限定することはできるのかである。

　このうち、第一の点に関しては、まず、因果関係をどのように捉えるかが問題となる。ここでは、因果関係を不可欠条件関係――「あれなければこれなし（*conditio sine qua non*)」[184]――として捉える立場と、法則に合致した事実経過として捉える立場との対立が重要である。[185]

　しばしば指摘されるように、因果関係を不可欠条件関係とする場合、重畳的

[183) 原因競合に関する基礎的研究として、たとえば、大塚直「原因競合における割合的責任論に関する基礎的考察」星野英一古稀『日本民法学の形成と課題　下』（有斐閣、1996年）849頁。なお、複数の原因が侵害に関与する場合の因果関係の諸形式については、四宮和夫『不法行為』（青林書院、1983年・1985年）418-429頁、沢井裕「不法行為における因果関係」星野英一編集代表『民法講座6　事務管理・不当利得・不法行為』（有斐閣、1985年）259頁、305-319頁を参照。

184) 代表的論者による体系書の叙述として、平井・前掲（注12）『債権各論Ⅱ』82-84頁、森島・前掲（注25）282-283頁。もっとも、前者は、因果関係の本質を「現実に惹起した」という事実にもとめ、その検証手段として不可欠条件公式を用いるのに対し、後者は、まさに「『あれなければ、これなし』の関係があることが事実的因果関係を認めるための要件である」としている。

185) 代表的論者による体系書の叙述として、潮見佳男『不法行為法Ⅰ〔第2版〕』（信山社、2009年）349-350頁、364頁。

競合のケースにおいては、各行為と結果とのあいだの因果関係を肯定することができなくなる。そこで、こうした不都合を回避するため、多くの論者は、因果関係の判断にあたり、他原因の存在を意図的に捨象することを許容する[186]。一方、因果関係を法則に合致した事実経過とする場合においても、これとは別の意味において、困難な問題が生じることとなる。突きつめて考えると、重畳的競合において確証されるのは、加害行為と他原因とがともに損害を引き起こす可能性をもっていること、および、そのいずれかが損害を現実に引き起こしたことの2点にとどまる。したがって、こうした理解のもとでは、原因競合と因果関係の存否不明とが連続性をもったものとなるのである[187]。

次に、第一の点を考えるにあたっては、因果関係の起点を何に求めるかも、重要な意味をもつ。まず、因果関係の起点を行為それ自体――あるいは、管理する工作物・営造物の加害作用それ自体――に求める場合、行為と他原因とは、ともに外界に変化をもたらす諸力として把握される。したがって、この場合、行為と他原因とは、ともに競合しうる関係に立つ。これに対し、因果関係の起点を過失（日本民法709条）や瑕疵（日本民法717条、同国家賠償法2条）に求める場合には、そもそもこうした構成が成り立つかどうかが疑わしくなる。ここでは、義務違反がなければ外界がどのように変化していったか――しなかったか――が問題となる。したがって、そのような問題設定を維持するかぎり、義務違反とは別の因果系列を観念することは、むずかしくなるのである[188]。

---

186) 潮見佳男『債権各論Ⅱ 不法行為法〔第2版〕』（新世社、2009年）43頁を参照。
187) 能見善久「共同不法行為責任の基礎的考察(5)」法学協会雑誌95巻11号（1978年）37頁、58頁。
188) こうした疑問は、たとえば、有名な飛騨川バス転落事故1審判決（名古屋地判昭和48年3月30日判例時報700号3頁）に対する学説の反応のなかにみることができる。同判決は、異常降雨のなか、適時に通行止めを実施しなかった点に道路管理の瑕疵があるとしたうえで、被害者を襲った土石流を競合原因として捉えている。これに対し、学説は、このような自然力も瑕疵の内容を構成するものであるとして、判決の立場を批判している。國井和郎「道路災害と公の営造物責任」判例タイムズ295号（1973年）10頁、22頁、古崎慶長「判批：名古屋地判昭和48年3月30日」判例評論174号（1973年）8頁、12頁、植木哲『災害と法〔第2版〕』（一粒社、1991年）292-293頁。また、同様の指摘として、窪田・前掲（注15）123-124頁（初出：1987年）。
　なお、過失や瑕疵を因果関係の起点に据えるといっても、次のような要件構成をとる場合には、他原因の競合――過失を起点とする因果系列とは別の因果系列――を観念することは可能である。すなわち、行為それ自体につき、まずは、それが過失ありとの評価――禁止規範違反または命令規範違反――に服するかどうかを検討し、これが肯定された場合には、因果関係の問題として、「過失ありと評価された『行為』」と結果との関連づけを試みる。そして、この因果

続いて、上述の第二の点に関しては、次のような主張をどうみるかが、問題となる。

必要的競合のケースでは、加害行為と結果とのあいだに不可欠条件関係——事実的因果関係——を認めることができる。しかし、必要的競合を構成する複数の因子のなかで、加害行為の外力が相対的に小さい場合、加害者に全損害についての責任を負わせるのは公平ではない。むしろ、このような場合には、寄与度に応じた責任を肯定するのが妥当である。[189]

ここでは、要件レベルと効果レベルとで因果関係の捉え方が異なっていることに、注意が必要である。すなわち、前者においては、因果関係を論理的・観念的な関係——とりわけ不可欠条件関係——として捉える立場が、また、後者においては、因果関係を実在的な作用として捉える立場が、それぞれとられている。そして、この2つの立場を使い分けることは、次のような問題をもたらすこととなる。

まず、必要的競合の関係にある複数の因子は、当然のことながら、それぞれ固有の外力をもって存在する。したがって、上述の主張によると、要件レベルにおいて——不可欠条件関係としての——因果関係を肯定できる場合には、つねに部分的な責任しか肯定できなくなる。そこで、このような不都合を回避するためには、減責をもたらす因子ともたらさない因子とを選別することが求められる。

関係の有無については、「行為」から「結果」へといたる経過が法則に合致するものとして復元できるかどうかという視点から判断を行う（そのうえで、規範目的による帰責評価を行う）。潮見・前掲（注185）344-345頁。

ただ、論者も認めるように、ここではあくまで、「過失ありと評価された『行為』」——すなわち、過失ありとの評価を基礎づける外界の事実——を起点とする事実経過が念頭におかれているのであり、過失それ自体と「結果」との論理的な関係の有無が問われているわけではない。したがって、その意味において、この見解は、「義務違反と結果との因果関係」を問題にする立場——窪田充見『不法行為法』（有斐閣、2007年）316-319頁、同「書評 平井宜雄『債権各論Ⅱ 不法行為』」法律時報65巻1号（1993年）104頁、107-109頁、同「判批：最判平成11年2月25日」民商法雑誌121巻4＝5号（2000年）129頁、136-141頁——とは、——作為不法行為と不作為不法行為の差異を克服する試みという点において共通するものの——異なったものだというべきだろう。

189) 本文の内容そのままの主張は、実際にはないのかもしれない。しかし、「寄与度」に応じた割合的責任を主張する一部の論者の思考——代表的論者のものとして、たとえば、野村・前掲（注5）——のなかには、これに近いものがあるように思われる。

次に、この問題は、加害行為が不作為である場合において、よりいっそう深刻なものとなる。一般に、不作為不法行為においては、作為義務違反と結果との不可欠条件関係——違法性連関——が、因果関係を意味するものとされている。また、不作為は、それ自体としては外力を構成しないため、実在的な作用としての原因力は、ゼロとならざるをえない。したがって、これらをふまえると、不作為不法行為においては、要件レベルで責任を肯定しておきながら、効果レベルで責任範囲をゼロにするという、おかしな結果が導かれてしまう。そこで、こうした結果を回避するためには、寄与度の判定にあたって、外力以外のファクターを視野に入れることが必要となる。では、それはどのようなものか。過失を起点とする因果関係において原因競合を観念できるのかという、先ほどの疑問ともあいまって、困難な問題が生じるのである。

このように、原因競合のケースにおいては、様々な理論的課題が未解決のまま残されているのである。

2 本章の目的

本章は、このような問題認識のもと、ドイツにおける割合的責任論の展開を考察の対象とする。

周知のとおり、ドイツ民法は完全賠償の原則をとっており、そこでは加害行為と相当因果関係にあるすべての損害が賠償の対象となる。[190] しかしその一方で、ドイツではかねてから、因果関係の証明が困難なケースにおいて、完全賠償の原則を緩和しようとする動きがみられる。これは、一見すると、原因競合における割合的解決とは理論的に異なったもののようにみえる。しかし、両者は、次の点において、密接に関連していると考えられる。

すでに述べたように、因果関係を法則に合致した事実経過とする立場を突きつめていくと、重畳的競合においては、いずれの原因が結果を引き起こしたかが、わからなくなる。また、因果関係の起点を——行為それ自体ではなく——過失に求める場合、そもそも他原因の競合を観念できるかどうかについて、疑問がわいてくる。このように、一般に原因競合のケースとされるものも、因果

---

190) *Larenz*, a. a. O. (Fn. 140), § 31 I e); *Josef Esser/Eike Schmidt*, Schuldrecht, Bd. 1 Allgemeiner Teil, Teilband 2, 8. Aufl., 2000, § 30 I vor 1 を参照。

関係をどのように捉えるか、その起点を何に求めるかによって、理論的様相は大いに異なりうる。ここに、原因競合と因果関係の存否不明との区別を所与のものとできない事情が、ひそんでいるのである。

そこで、こうした事情をふまえ、本章は、この2つの問題を、広い意味で原因競合の問題と位置づけたうえで、そのようなケースにつき、いかなる根拠にもとづいて割合的解決を導くことができるかを問うこととしたい。なお、当然のことながら、このような作業のあとには、この広い意味で原因競合に属する個々のケースについて、具体的な解釈論が示されなければならない。しかし、これに関しては、本章での考察をふまえつつ、本書第II部において行うこととしたい。本章の考察は、あくまで基礎理論の域を出るものではないということを、ここにお断りするしだいである。

第2節　ドイツにおける割合的責任論の現況

1　はじめに

因果関係の証明が困難なケースにおいて割合的責任を肯定するという考えは、2000年以降、ヨーロッパ諸国の立法提案や判例法において顕著にみられる。

たとえば、2000年に公表されたスイス債務法の改正草案「56d条2項」は、因果関係の証明が証明度に達しない場合、裁判所は、因果関係の蓋然性に応じた賠償給付を命じることができると規定している。[191] また、2005年に公表されたヨーロッパ不法行為法原則（PETL）3：106条およびオーストリア民法改正草案[192]「1294条2項」は、損害の原因として、加害行為のほか、「偶然（Zufall）」や被害[193]

---

[191]　Vorentwurf eines Bundesgesetzes über die Revision und Vereinheitlichung des Haftpflichtrechts vom 9. Oktober 2000, ZEuP 2001, S. 758, 766 f.

[192]　*European Group on Tort Law*, a. a. O. (Fn. 120), S. 4, 56 ff. なお、同規定をめぐる動向については、*Christopher Bolko Ehlgen*, Probabilistische Proportionalhaftung und Haftung für den Verlust von Chancen, 2013, S. 192 f. m. w. N. を参照。

[193]　*Irmgard Griss/Georg Kathrein/Helmut Koziol* (Hrsg.), Entwurf eines neuen österreichischen Schadenersatzrechts, 2006, S. 1 f. 同規定に関しては、*Franz Bydlinski*, Die Verursachung im Entwurf eines neuen Schadenersatzrechts, in: ebenda, S. 37, 42 ff.; *Helmut Koziol*, Schaden, Verursachung und Verschulden im Entwurf eines neuen österreichischen Schadenersatzrechts, JBl 2006, S. 768, 773 f. を参照。なお、オーストリアでは、その後、別のグループによって独自の改正草案が公表されており、それによれ

者の行為が疑われる場合において、因果関係の蓋然性に応じた責任が発生すると規定している。さらに、2006年には、イギリス貴族院が、複数の職場で働いていた労働者がアスベストによって中皮種に罹患し、死亡したというケースにおいて、被告に因果関係の蓋然性に応じた責任を課している[194]。

一方、フランスでは、被害者に有利な結果が発生する可能性が失われた場合、可能性の喪失それ自体を損害とすることにより責任を肯定する法理――「機会の喪失」論[195]――が確立しており、2005年の民法改正草案「1346条」に規定されるにいたっている[196]。これは、厳密には、損害ないしは法益概念に関する法発展とみるべきものであるが、因果関係の証明困難をまえに中間的な解決を行う点で、割合的責任の一形態とみることもできるだろう。

こうしたなか、完全賠償の原則をとるドイツにおいても、割合的責任を主張する動きはみられる。これは、おもに次の2つのコンテクストにおいて議論されている。

第一に、複数の企業活動によって大規模損害（Massenschäden）が発生する環境

ば、「偶然」が原因である可能性が認められる場合、責任は成立しないとされている（同草案「1302条2項」）。Rudolf Reischauer/Karl Spielbüchler/Rudolf Welser (Hrsg.), Reform des Schadenersatzrechts Bd. III, 2008, S. 3, 37. オーストリア法の動向については、このほか、Ehlgen, a. a. O. (Fn. 192), S. 190 ff. m. w. N.を参照。

194) Barker v. Corus UK plc [2006] UKHL 20. もっとも、この判決の立場は、その直後に制定法（Compensation Act 2006）によって否定されている。これに関しては、Gerhard Wagner, Asbestschäden: Bismarck was right, ZEuP 2007, S. 1122, 1128 f.; von Bar/Clive, a. a. O. (Fn. 120), S. 3607のほか、新美育文「アスベスト被曝と中皮腫罹患との因果関係及び疫学的証拠の意義――英国判例を素材に」法律論叢85巻6号（2013年）421頁を参照。なお、アメリカ法の動向に関しては、渡邉知行「アスベスト被害救済と因果関係の認定」山田卓生古稀『損害賠償法の軌跡と展望』（日本評論社、2008年）269頁、275-279頁を参照。

195) これについては、Gerald Mäsch, Chance und Schaden, 2004, S. 162 ff.を参照。また、フランスにおける「機会の喪失」論の邦語文献による紹介として、難波譲治「債務不履行における損害の確実性」國學院法學30巻4号（1993年）249頁、252-255頁、澤野和博「機会の喪失の理論について(1)」早稲田大学大学院法研論集77号（1996年）99頁、高畑順子「『損害』概念の新たな一視点」同『フランス法における契約規範と法規範』（法律文化社、2003年）331頁、高山奈美枝「裁判例にみられる『機会の喪失』(1)〜(3)・完」明治大学法学研究論集21号（2004年）101頁、22号（2005年）95頁、24号（2006年）107頁、住田守道「治癒の機会の喪失の賠償」松川正毅・金山直樹・横山美夏・森山浩江・香川崇編『判例にみるフランス民法の軌跡』（法律文化社、2012年）262頁などを参照。

196) Pierre Catala, Avant-projet de réforme du droit des obligations et de la prescription, 2006, S. 174 を参照。なお、ユニドロワ（UNIDROIT）国際商事契約原則にも、同様の規定がある（7. 4. 3条2項）。これについては、Mäsch, a. a. O. (Fn. 195), S. 224 f. を参照。

責任や製造物責任において、そのような損害の発生に関与したとされる被告に対し、部分的な責任を課すべきであるとするものがある。

民法830条1項2文は、択一的競合の場合において、「関与者」に連帯責任を課している。しかし、この規定は、次の2つの点において、大規模損害の発生事例に対応できていない。第一に、大規模損害の発生事例では、多くの場合、被告らの企業活動以外にも様々な原因が考えられるため、被告らに全損害についての責任を課すことは妥当ではない。しかし、民法830条1項2文は、そもそもそのような場面を想定したルールではない。第二に、大規模損害の発生事例では、加害者だけでなく被害者も複数いるため、被害者側においても択一的な関係がみられる。しかし、民法830条1項2文は、あくまで複数の「関与者」とひとりの被害者との関係を規律するにとどまっており、こうした複雑な事実関係に対応するものではない。

そこで、以上の問題をまえに、損害を合理的に分配するにはどうしたらよいかが、議論されている。そしてその際、論者らがとくに注目したのが、1980年代にアメリカで登場した「市場占有率にもとづく責任 (market share liability)」である。[197] はたして、このようなルールをドイツ法は受け入れることができるだろうか。これが、割合的責任論が問題となる1つめのコンテクストである。

第二に、医療過誤の分野において、割合的責任を主張するものがある。多くの場合、医療過誤においては、医師の過失を起点とする因果関係の存否が問題となる。そしてそこでは、患者の個人差や医学の限界のため、こうした関係の有無を明確に把握できないことが少なくない。そこで、ドイツの判例は、当事者間の公平を図るため、医師に重過失――「重大な治療過誤 (grober Behandlungsfehler)」――がある場合において、因果関係の証明責任を転換する。[198] しかし、

---

197) 藤倉皓一郎「市場占有率にもとづく賠償責任」中川淳還暦『民事責任の現代的課題』(世界思想社、1989年) 3頁、渡邉知行「不法行為における因果関係の統計資料による認定(3)」富大経済論集44巻2号 (1998年) 227頁、新美育文「リスクと民事責任における因果関係」加藤一郎追悼『変動する日本社会と法』(有斐閣、2011年) 321頁などを参照。

198) この判例については、*Erwin Deutsch*, Der grobe Behandlungsfehler: Dogmatik und Rechtsfolgen, VersR 1988, S. 1; *ders.*, Beweis und Beweiserleichterungen des Kausalzusammenhangs im deutschen Recht, in: *Olivier Guillod* (Hrsg.), Kolloquium Neuere Entwicklungen im Haftpflichtrecht, 1991, S. 189, 194 ff.; *Erwin Deutsch/Andreas Spickhoff*, Medizinrecht, 6. Aufl., 2008, Rn. 218 f., 529 ff. を参照。また、これを批判するものとして、たとえば、*Ansgar Staudinger*, Schadensersatzrecht: Wettbewerb der

この立場においては、依然としてオールオアナッシングによる硬直した解決が維持されるため、個々のケースにおいて妥当な結論を導くことはむずかしい。そこで、一部の論者は、こうした状況を克服するため、割合的責任に活路を見出そうとする。

本節では、以上の2つのコンテクストにおいて議論されている、ドイツにおける割合的責任論を概観する。叙述の順序としては、まず先に、医療過誤を取り上げ（本節2）、次いで、大規模損害の発生事例へと進むことにしたい（本節3）。

2 医療過誤における割合的責任論

医療過誤における割合的責任論は、ドイツでは、次の2つの方向から議論されている。ひとつは、フランス法に由来する「機会の喪失」論に倣い、治癒の可能性それ自体を法益と捉えることができるかどうかを問うもの、もうひとつは、医学上のデータによって因果関係の蓋然性を割り出し、これに応じた責任を課すことの当否を問うものである。以下、順にみていくことにしよう。

2-1 「機会の喪失」論への関心
(1) 問題となる事例

先に述べたように、被害者に有利な結果が発生する可能性が失われた場合において、可能性の喪失それ自体を損害とすることにより責任を肯定する法理

　Ideen und Rechtsordnungen, NJW 2006, S. 2433, 2438; *Eike Schmidt*, Der ärztliche Behandlungsfehler im Spannungsfeld zwischen medizinischem Versagen und juristischer Problembearbeitung, MedR 2007, S. 693: *Gottfried Schiemann*, Kausalitätsprobleme bei der Arzthaftung, in: Festschrift für Claus-Wilhelm Canaris, 2007, S. 1161, 1169; *Ralph B. Seifert*, Ärztlicher Behandlungsfehler und schicksalhafter Verlauf, 2008, S. 137; *Gerald Spindler*, Kausalität im Zivil- und Wirtschaftsrecht, AcP 208 (2008) S. 283, 328; *Thomas Steiner*, Der grobe ärztliche Behandlungsfehler in der Praxis, VersR 2009, S. 473, 474; *Christian Pfeiffer*, Die Entwürfe für ein neues österreichisches Schadensersatzrecht: Fortschritt für Österreich und Vorbild für Deutschland?, 2011, S. 122; *Helmut Koziol*, Glanz und Elend der deutschen Zivilrechtsdogmatik: Das deutsche Zivilrecht als Vorbild für Europa?, AcP 212 (2012), S. 1, 53.

　なお、契約責任に関するものであるが、2013年に新設された「医療契約（Behandlungsvertrag）」に関する民法630a条以下は、「重大な治療過誤」がある場合における因果関係の推定について規定している（民法630h条5項）。これについては、服部高宏「ドイツにおける患者の権利の定め方」法学論叢172巻4＝5＝6号（2013年）255頁、278-282頁を参照。

を、「機会の喪失（loss of chance, perte d'une chance, Verlust einer Chance）」論という。[199]
この法理の適用は、おもに次の2つの場面で問題となる。

第一は、被告の過失によって、原告が一定の利益を獲得する可能性を失ったという事例である。たとえば、劇場支配人が新聞紙上で美女コンテストを主催したところ、劇場側の過失により、予選で勝ち残った原告が決勝に出場できなくなったとしよう。[200] このケースにおいて、劇場支配人の過失と原告の損害——賞金を獲得できなかったこと——とのあいだに、因果関係を認めることはできない。しかし、賞金獲得の可能性を独立した利益と捉えることができるならば、そうした可能性の喪失について、賠償責任を肯定することはできるだろう。

第二は、医師の過失行為のあとに患者の病状が悪化したが、過失がない場合にそれが回避されたかどうかがはっきりしないという事例である。これは、たとえば、次のようなケースで問題となる。ある少年が、木から落ちて大腿骨を骨折し、病院に搬送されたところ、医師の過失によって診断が遅れたため、無血管性骨壊死を発症し、股関節に運動障害が残った。もっとも、搬送された時点で大腿骨への血液の供給は阻害されていたため、かりに医師が迅速な対応をとったとしても、無血管性骨壊死を食い止めることができた可能性は25％にとどまる。[201] このケースでは、医師の過失と後遺症との因果関係を肯定することはできない。そこで、このような場合、後遺症回避の可能性が失われたことを理由に責任を肯定することができないかが、問題となる。

---

199) なお、関連文献をみるかぎり、「機会の喪失」論における「機会（Chance）」とは、日本語にいう「機会」（＝〔英〕opportunity、〔独〕Gelegenheit）ではなく、「見込み」・「可能性」を意味するものと考えられる。そこで、本章では、誤解を避けるため、固有名詞である学説名をあげる場合を除き、「Chance」については「可能性」という訳語をあてることとする。

200) *Chaplin v. Hicks* [1911] 2 KB 786. 同事件は、イギリス法における「機会の喪失」論のリーディングケースであるとされている。同事件については、望月礼二郎『英米法〔新版〕』（青林書院、1997年）447-448頁、難波・前掲（注195）256-257頁などを参照。

201) *Hotson v. East Barkshire Area Health Authority* [1987] 2 All ER 909. なお、同事件およびその後の判例の動向については、平野哲郎「イギリス・アメリカ・カナダ・オーストラリアにおける機会喪失論と日本の相当程度の可能性(1)」龍谷法学44巻3号（2011年）79頁、87-92頁を参照。

(2) 損害としての意義の探求

さて、以上の2つの事例において、可能性の喪失それ自体を損害と捉える見解は、ドイツではかならずしも多くはない。そうしたなか、ヴァルター・ミュラーシュトイ（*Walter Müller-Stoy*）は、1973年に公表された論文のなかで「機会の喪失」論を取り上げ、可能性の喪失の損害としての意義について検討している[202]。彼の見解は、以下のとおりである。

(a) ミュラーシュトイの見解

まず、ドイツでは、非財産的損害の賠償可能性が著しく制限されているため（民法253条）[203]、可能性の喪失を賠償の対象とするためには、これを財産的損害として構成することが求められる[204]。そしてそのためには、可能性に財産的価値がそなわっていなければならない。したがってここでは、何をもって財産的価値がそなわっているといえるかが、重要な問題となる。

そこで、彼は、財産的価値を規定するものとして、「財産の増加を目的とした費用や労務の投入」という独自のメルクマールを打ち出している。たとえば、第一級の法律事務所に勤務することを夢見ていた若い弁護士が、事故のため、仕事をつづけることができなくなったとしよう。彼によると、この場合、一般の弁護士よりも高額の収入を得る可能性が損害の算定において考慮されるためには、その弁護士が、大学での勉学やその他の専門教育などをつうじて、このような事務所に入る可能性を、自ら作り出していなければならないことになる[205]。

一方、ミュラーシュトイは、医療過誤における治癒の可能性の喪失に関しては、損害とすることに否定的な見方を示している。彼によると、治癒の可能性は、「財産の増加を目的とした費用や労務の投入」によってもたらされるもの

---

202) *Walter Müller-Stoy*, Schadensersatz für verlorene Chancen, 1973. なお、筆者が知るかぎりでは、同論文が、ドイツにおいて「機会の喪失」論を大々的に取り上げたはじめての論文である。
203) 民法253条（当時）は、次のように規定している。
　「財産的損害以外の損害は、法律に定めのある場合にかぎり、金銭をもって賠償すべきことを請求することができる」。
　なお、今日では、身体、健康、自由、および性的自己決定権の侵害において非財産的損害の賠償を認める、第2項が付加されている。
204) *Müller-Stoy*, a. a. O. (Fn. 202), S. 100.
205) *Müller-Stoy*, a. a. O. (Fn. 202), S. 236 f.

ではなく、生命や健康といった非財産的 (ideell) な価値とむすびついている。したがって、非財産的損害とならざるをえない以上、ドイツにおいて、こうした可能性の喪失による責任を肯定することはできないというのである。[206]

(b) 分　析

可能性の喪失を損害と観念するためには、可能性に何らかの意味で価値がそなわっていなければならない。この価値をどのように把握するかが、ここでの問題である。[207] ミュラーシュトイの見解は、ドイツ法が非財産的損害の賠償可能性を制限していることをふまえ、可能性に財産的価値がそなわるための条件を見出そうとしているところに特徴がある。しかし、そのことは同時に、この説の限界を浮き彫りにしているともいえる。

まず、すでに述べたように、ドイツにおいて割合的解決が求められているのは、何よりも医療過誤の事例である。しかし、この説は、財産的価値を規定するメルクマールにこだわるあまり、医療過誤において割合的解決を否定するという結論にいたっている。これでは、重過失の場合にのみ証明責任を転換するという、判例による硬直した事案の解決を克服することはできない。次に、この説は、可能性の喪失を財産的損害として構成することに主眼をおくため、個々のケースで起こりうる具体的な解釈問題に十分に踏み込めていない。たとえば、「機会の喪失」論においては、ごくわずかな可能性の喪失であっても損害と認めてよいのかどうかが、しばしば問題となる。[208] しかし、この説は、こうした実践的な課題に十分に対応できていないのである。

(3) 法益アプローチと因果関係アプローチとの架橋

さて、そうしたなか、フランス法の「機会の喪失」論に示唆を得ながらも、ドイツ法に適合的な解釈論を展開するものがある。ハンス・シュトル (*Hans*

---

206) *Müller-Stoy*, a. a. O. (Fn. 202), S. S. 233 f.
207) なお、この点に関して、ホルガー・フライシャー (*Holger Fleischer*) は、会計法上の概念である「把握可能性 (Greifbarkeit)」に着目する。*Ders*., Schadensersatz für verlorene Chancen im Vertrags- und Deliktsrecht, JZ 1999, S. 766, 769 f.
208) たとえば、*Fleischer*, a. a. O. (Fn. 207), S. 770は、ごくわずかな可能性や一時的に生じた利益獲得の見とおしには、賠償可能性がないと主張する。

Stoll) の見解が、まさにそれである。

(a) シュトルの見解

シュトルは、フランスの民法学者、フランソワ・シャバス (*François Chabas*) の見解に注目する。シャバスは、医療過誤において因果関係の証明が困難となるケースを、生命や健康に対する危険が当初から生じていたケースと、医師の行為によってはじめて生じたケースとに分け、前者の場合にのみ、「機会の喪失」論の適用を肯定する。このような考え方に対しては、すでに生じている危険を回避しなかったことと、新たに危険を作り出したこととを区別する必然性はないとして、これを批判するものもある。しかし、シュトルは、シャバスの見解のなかに、次のような重要な視点を見出している。すなわち、「患者に差し迫った危険が、その対処に適した基本的な治療措置を強く要請すればするほど、可能性の喪失による責任は、容易に認められるべきである」。したがって、こうした視点をふまえると、「機会の喪失」論が問題となるケースにおいては、因果関係の証明の困難さに加え、医師の義務を実体法上どのように評価するかが、重要なポイントとなる。

ところで、この点に関しては、ドイツの判例が医師に対して特別なサンクションを与える「重大な治療過誤」をどのように捉えるかが、問題となる。シュトルは、これを、基本的で当然の措置がとられなかったことと理解する。また、診断過誤に関しても、治療過誤と同様、重大なものとそうでないものとが考えられる。しかし、シュトルは、事情によっては理解可能な診断ミスと、まったく不可解な診断ミスとを区別すべきでないと主張する。いずれにおいても、基本的で当然の措置がとられなかったことに変わりはないからである。

さて、続いて、以上のような基本的価値判断にもとづき、具体的な解釈論が

---

209) *Stoll*, a. a. O. (Fn. 130), S. 41 f.; *ders.*, Schadensersatz für verlorene Heilungschancen vor englischen Gerichten in rechtsvergleichender Sicht, in: Festschrift für Erich Steffen, 1995, S. 465.

210) *François Chabas*, La perte d'une chance en droit français, in: *Olivier Guillod* (Hrsg.), Kolloquium Neuere Entwicklungen im Haftpflichtrecht, 1991, S. 131, 133 ff. なお、シャバスの見解については、フランソワ・シャバス（野村豊弘訳）「フランス法における機会の喪失（perte d'une chance）」日仏法学18号（1993年）66頁も参照（本文の内容に関連する箇所は76-78頁）。

211) *Patrice Jourdain*, Sur la perte d'une chance, Revue trimestrielle de droit civil 1992, S. 109, 111.

212) *Stoll*, Heilungschancen (Fn. 209), S. 473 f.

213) *Stoll*, Heilungschancen (Fn. 209), S. 474 f.

展開される。

　まず、一般不法行為の規定をもつフランスでは、法益を個別に列挙するドイツとは異なり、治癒の可能性を法益とすることに理論的な障害はない。しかし、だからといって、これを法益と認めることは、生命や身体が侵害されていないにもかかわらず、その可能性が減少したというだけで責任を肯定することに道を開いてしまう[214]。したがって、ドイツ法の解釈論としては、可能性の喪失を独立した法益と捉えるのではなく、これとは別の新たな帰責形態を考えることが求められる。それは、いうなれば、「法益侵害を引き起こした可能性にもとづく帰責（Zurechnung einer möglichen Rechtsgutverletzung）」である[215]。

　ところで、この帰責形態においては、どの程度の可能性があれば帰責が肯定されるかが、重要な問題となる。シュトルによれば、この問題に対する答えはもっぱら実体法の観点から与えられるべきであるという。そこで、彼は、次のような評価枠組みを提示している。「患者に差し迫った危険が大きければ大きいほど、そしてそれが、基本的な処置によって容易に克服できればできるほど、ごくわずかな可能性の喪失であっても、医師の過誤に対する特別なサンクションが要請される」。したがって、これをふまえると、ただちに手術を行っていれば25％の確率で治癒していたとされる、ホトソン対イーストバークシャー地域保健局事件[216]では、請求を棄却すべきでないことになる[217]。

　最後に、以上のような帰責形態において、割合的な賠償をどのように導くかが問題となる。この点に関して、シュトルは、次のように述べている。

　法益侵害を引き起こした可能性のみをもって帰責するということは、医師の過失がなくても損害が発生していた可能性があるかぎりにおいて、被害者を一般生活上の危険から解放することになる。したがって、そのような利益について、損益相殺を行うことが必要となる。このような解決は、現行のドイツ法に適合するものではない。しかし、それは、オールオアナッシングの原則をとる法秩序と可能性に応じた賠償を認める法秩序とのあいだを取りもち、法発展を

---

214)　もっとも、フランスの判例も、そのような場面において「機会の喪失」論を適用することには反対している。これに関しては、シャバス（野村訳）・前掲（注210）78頁を参照。

215)　*Stoll*, Heilungschancen (Fn. 209), S. 475 f.

216)　注201。

217)　*Stoll*, Heilungschancen (Fn. 209), S. 476 f.

もたらすのである。[218]

(b) 分　析

　シュトルは、フランス法の「機会の喪失」論に影響を受けながらも、可能性を法益とすることには反対し、むしろ因果関係論のレベルで割合的解決を基礎づけようとする。しかし同時に、彼は、問題をすべて証明のレベルに解消し、因果関係の蓋然性に応じた責任を主張しているわけではない。そこでは、どの程度の可能性の喪失が責任を正当化するかについて、実体法上の価値判断が重要な意味をもつとされているのである。[219] このように、シュトルの見解は、法益論からのアプローチと因果関係論からのアプローチとを架橋する内容となっている。[220]

　次に、帰責を肯定したあとには、割合的責任をどう導くかが問題となる。ドイツの判例・通説は、加害行為がなくても被害者の素因（Schadensanlage）が確実に損害を引き起こしていたとされる場合、これを考慮することを認める。[221] シュトルは、この考えをさらに一歩進め、被害者の素因が損害を引き起こしていた可能性がある場合において、割合的解決を主張するのである。[222]

　また、シュトルにおいては、このような解決を損益相殺によって導いているのも特徴的である。いわゆる仮定的因果関係の問題を損益相殺によって説明する見解は、これまでにも主張されていたところであるが、[223] シュトルは、この考えをさらに一歩進め、仮定的原因が同様の結果をもたらした・可・能・性・が・ある・場・合において、一般生活上の危険から解放される・可・能・性・を独立した利益と捉えているのである。

---

218)　*Stoll*, Heilungschancen (Fn. 209), S. 477 f.
219)　この点に関しては、*Maria Kasche*, Verlust von Heilungschancen, 1999, S. 261も同様である。
220)　この点に関しては、*Deutsch*, a. a. O. (Fn. 103), Rn. 852も同様である。
221)　これについては、*Hermann Lange/Gottfried Schiemann*, Schadensersatz, 3. Aufl., 2003, S. 191 ff.; *Deutsch/Spickhoff*, a. a. O. (Fn. 198), Rn. 431; RG, JW 1934, 1562; BGH, JZ 1959, 773; BGH, VersR 1985, 60を参照。なお、邦語文献による紹介として、樫見由美子「不法行為における仮定的な原因競合と責任の評価(2)、(3)」判例時報1127号（1984年）17頁、25-26頁、同1134号（1985年）12頁、12-14頁も参照。
222)　この点に関しては、*Kasche*, a. a. O. (Fn. 219), S. 264 f. も同様である。
223)　*Wolfgang Grunsky*, Hypothetische Kausalität und Vorteilsausgleichung, in: Festschrift für Hermann Lange, 1992, S. 469.

(4) 法益アプローチの徹底の試み

ところで、シュトルの言うように、法益を個別に列挙するドイツ法において、治癒の可能性を独立した法益と捉えることはむずかしい。しかし、そうしたなか、あくまで政策論であると断ったうえで、法益アプローチを徹底しようとするものがある。ニルス・ヤンセン（*Nils Jansen*）の見解がそれである。

(a) ヤンセンの見解

ヤンセンは、考察にあたって、次のような設例を提示している。

> 【設例】 Aは突然の心停止に見舞われた。Aがこの時点でただちに治療を受けた場合、80％の確率で救命が可能である。ところが、Aが病院に搬送される途中、歩行者Bが不注意で救急車と事故を起こしたため、病院への到着が10分遅れた。これにより、Aの救命可能性は40％に減少した。その後、内科医Cの過失により、治療がさらに10分遅れた。このため、Aの救命可能性はゼロになってしまった。[224]

伝統的な立場によると、このケースでは、Cの過失がなくてもAの救命可能性が40％にとどまるため、Cの過失とAの死亡とのあいだに因果関係を肯定することはむずかしい。しかし、ヤンセンによれば、証明責任にもとづく事案の解決は、証拠がない場合や事実関係に争いがある場合には妥当であるが、このケースのように事実関係がはっきりしている場合には、合理的なアプローチとは言いがたい。[225] むしろここでは、仮定的事実経過をたどることを許容すべきかどうかが問題となっており、そうした規範的な問題は、「機会の喪失」論によって扱われるべきだという。[226]

そこで、ドイツ不法行為法において「機会の喪失」論をとることができるかどうかが問題となる。この点に関して、ヤンセンは、次のように述べている。

「機会の喪失」論が問題となる古典的なケース——たとえば、有利な契約を締結する機会が奪われたケース——には、民法252条および民事訴訟法287[227]

---

224) Nils Jansen, The Idea of a Lost Chance, Oxford Journal of Legal Studies vol. 19 (1999), S. 271, 272.
225) Jansen, a. a. O. (Fn. 224), S. 278.
226) Jansen, a. a. O. (Fn. 224), S. 287.
227) 民法252条は、次のように規定している。
　　「逸失利益も賠償すべき損害に含まれる。事物の通常の経過にもとづき、または、当該事案の特別の事情、とりわけすでになされた準備ないし措置にもとづき、蓋然性をもって期待される

条が適用される。しかし、これはあくまで損害の算定――責任充足（Haftungs-ausfüllung）――に関する問題である。これに対し、上述の設例では、可能性の喪失が「回復をもたらす損害（harm generating recovery）」といえるかどうか――責任設定（Haftungsbegründung）――が問題となっている。しかし、損害賠償に関する民法249条以下は、この問題に答えてはいない。したがって、可能性の喪失を「損害」と認めるべきかどうかは、政策の問題となる。

もっとも、この問題は、あくまで法的問題であるため、政策の問題といっても、そこでは憲法との関係が注視されなければならない[229]。そこでヤンセンは、この点に関して、さらに次のようにつづけている。

憲法が保障する基本権――生命および身体の完全性――[230]が危険にさらされた場合、私法はその保護に乗り出さなければならない。可能性の保護は、こうした目的にとってなくてはならないものである。なぜなら、被害者のなかには、「可能性以外に失うものがない」者もいるからである。したがって、このような被害者を保護するためには、可能性の喪失を「損害」と捉えることが求められる[231]。

ところで、上述の設例において、BとCは、責任法上、同様の地位に立つのだろうか。この点とかかわって、ヤンセンは、危険の増加（added risk）と可能性の喪失（lost chance）とを明確に区別する。

我々は、道路交通や工場の操業などをつうじて、自己や他人の身を危険にさらしている。このように、危険に身をさらすことは、日常生活のなかでしばしば行われており、それ自体が「損害」となるわけではない。これに対し、可能性の喪失が「回復をもたらす損害」であることは、すでに述べたとおりである。したがって、これをふまえると、上述の設例では、BとCとで取扱いが異なっ

　　利益は、逸失利益となる」。
228)　民事訴訟法287条1項1文は、次のように規定している。
　　「損害が発生したかどうか、およびどの程度の損害または賠償されるべき利益が発生したかにつき、当事者間に争いがある場合、裁判所は、事案のすべての事情を考慮し、自由な心証によってこれを決定する」。
229)　*Jansen*, a. a. O. (Fn. 224), S. 291 f.
230)　基本法1条1項、2条2項。
231)　*Jansen*, a. a. O. (Fn. 224), S. 292 f.

てくるだろう。Cは可能性を奪っているが、Bは危険を増加させたにすぎない。したがって、たとえCの過失がなかったとしても、Bが責任を負うことはないのである。[232]

(b) 分　　析

　ヤンセンは、仮定的事実経過において救命可能性に変化がみられるケースを取り上げ、これを因果関係の証明問題ではなく、「機会の喪失」論によって解決しようとする。そしてそこでは、「可能性以外に失うものがない被害者」において、可能性を法益とする余地があることが指摘されている。[233] たとえば、上述の設例において、Aの救命可能性は、病院に搬送された段階で、すでに40％にまで減少している。したがって、かりにCが適切な対応をとっていたとしても、救命されていたとは言いきることができない。つまり、Aは、生命侵害を根拠にして法的救済を求めることができない被害者だということになる。ヤンセンのいう「可能性以外に失うものがない被害者」とは、まさにこのような者のことをいうのである。

　また、このようなかたちで「機会の喪失」論の適用範囲を限定することは、次のような不都合を回避することにもつながる。すでに述べたように、「機会の喪失」論に対しては、結果が生じていなくても、侵害の可能性が減少しただけで責任を肯定することになりかねず、不当であるとの指摘がなされてきた。しかし、ヤンセンが主張する法益としての可能性は、基本権の保護を私法が支援するという目的のもとでのみ、認められるべきものである。したがって、このような考えを前提とするかぎり、単なる可能性の減少――危険に身をさらすこと――は、責任を発生させないことになる。

　もっとも、以上のような考え方は、ヤンセン自身も認めるように、あくまで

---

232) *Jansen*, a. a. O. (Fn. 224), S. 295 f.
233) もっとも、本文で示したように、ヤンセン自身は、可能性の喪失が「回復をもたらす損害」といえるかどうかという問題の立て方をしている。ただ、これは、彼の論文がイギリスで公表された英語によるものであるという点に原因があると考えられる。彼は、「回復をもたらす損害」が発生したかどうかを「責任設定」の問題とし、「損害の算定」を「責任充足」の問題としている。これがドイツ民法823条1項の要件構成を念頭においたものであることは、いうまでもないだろう。したがって、そこでの「回復をもたらす損害」も、本質的には法益侵害を意味していると解するのが妥当である。

政策論として主張されたものである。したがって、当然のことながら、現行のドイツ不法行為法の解釈論として、可能性を法益とすることはできないと考えることも、十分可能である。[234]

(5) 契約法による解決への収斂

そこで次に、このような認識をもと、問題の解決をすべて契約法の枠内で行おうとするものとして、ゲラルド・メッシュ (Gerald Mäsch) の見解をみていくことにしよう。

(a) メッシュの見解

彼の見解は、要約すると、次のとおりである。

委任契約 (Dienstvertrag)[235] における受任者は、結果の実現ではなく、行為そのものを義務づけられる。これはつまり、相手方が追求する目的が達成される可能性を力のおよぶかぎり促進する義務を負うことを意味する。したがって、一定の可能性を確保する義務を負う者は、その可能性が挫折した場合には、責任を負わなければならない。[236] また、請負契約 (Werkvertrag) においても、可能性の喪失についての責任がまったく問題にならないわけではない。ここでも、注文者が請負人の仕事をつうじて最終的に達成しようとした目的は、合意の対象には含まれないからである。したがって、請負人が、十分な仕事をしないことがどのような結果をもたらすかを知っていた場合には、請負契約においても、可能性の喪失についての責任を問題にする余地がある。[237]

ところで、このような責任を認めるにあたっては、逸失利益に関する民法252条との関係が問題となる。同条は、利益が発生していた蓋然性がある場合

---

234) たとえば、*Andreas Spickhoff*, Folgezurechnung im Schadensersatzrecht: Gründe und Grenzen, Karlsruher Forum 2007, S. 7, 72 f.

235) 「Dienstvertrag」とは、一般には雇用契約を意味する用語であるが、ここでは、当事者間に支配従属関係のないものが念頭におかれているため、本文では「委任契約」とすることとした。したがって、委任契約といっても、ドイツ民法にいう「委任 (Auftrag)」(民法662条以下) ではないということをお断りしておく。

236) *Mäsch*, a. a. O. (Fn. 195), S. 242 ff., 425. なお、医師の手段債務を可能性の確保義務として捉えることに疑問を呈するものとして、*Oliver Dopheide*, Der grobe Behandlungsfehler: eine Beweislastverteilung nach Kollektiven?, VersR 2007, S. 1050, 1053; *Ehlgen*, a. a. O. (Fn. 192), S. 259 f.

237) *Mäsch*, a. a. O. (Fn. 195), S. 248 ff., 425.

にのみ、賠償を肯定する。しかし、このことは、「蓋然性（Wahrscheinlichkeit）」を下回る可能性（Chance）が賠償の対象とならないことを意味するものではない。一定の財産的利益を獲得する可能性は、財産的利益それ自体とは別の損害項目だからである。したがって、民法252条は、利益獲得の可能性についての賠償を否定するものではない。[238]

一方、治癒の可能性が問題となるケースでは、非財産的損害の賠償可能性を制限する民法253条との関係で、そのような可能性の喪失を財産的損害と構成できるかどうかが問題となる。そこで、財産的損害を次のように捉えることが考えられる。すなわち、「反対給付と引き換えに手に入れた（erkauft）過誤のない給付が行われなかったこと」である。なぜなら、ここでは、実際にもたらされた財貨の割り当てが、契約で合意されたものとは一致しなくなるからである。したがって、財産的損害をそのように捉えるかぎり、治癒の可能性の喪失にもとづく責任を肯定することは、十分可能である。[239]

ところで、多くの論者と同様、メッシュも、単なる可能性の減少だけで責任を成立させることには反対している。彼は、このことを、財産的損害に関する上述の理解から導き出している。

たとえば、医師によるガンの診断が遅れたため、治癒の可能性が40％から10％に減少したが、患者は依然として健康であるという場合、そのことを理由として損害賠償請求権を発生させるべきではない。なぜなら、それはスナップショット（Momentaufnahme）のようなものであり、当事者間の財貨の均衡に永続的な影響を与えるものではないからである。[240]

(b) 分　析

メッシュの見解は、可能性の喪失が問題となるケースをすべて契約法によって処理しようとするところに特徴がある。したがって、基本的な要件構成としては、もっぱら義務違反と損害との因果関係が問題となり、法益侵害は検討対象からはずれることとなる。

---

238) *Mäsch*, a. a. O. (Fn. 195), S. 277 ff., 426.
239) *Mäsch*, a. a. O. (Fn. 195), S. 290 ff., 426.
240) *Mäsch*, a. a. O. (Fn. 195), S. 293 f., 426; *ders*., Gregg v. Scott: Much ado about nothing?, ZEuP 2006, S. 656, 671 f.

また、このような要件構成のもと、メッシュにおいては、財産的損害を把握するにあたっても、契約が重要な役割を果たしている。そこでは、合意による財貨の割り当てにもとづいた仮定的な財産状態と、現実の財産状態との差によって、財産的損害が把握されているのである。もっとも、このことが、可能性の喪失を財産的損害と構成することにつながるかどうかに関しては、なお検討の余地があるというべきである。

　すでに述べたように、彼は、「反対給付と引き換えに手に入れた過誤のない給付が行われなかったこと」のなかに、合意された財貨の割り当てと現実のそれとの差を観念する。これは、行為の結果ではなく、その態様の差のなかに財産的なものを見出そうとする試みだといえるだろう。しかしその一方で、彼は、可能性の減少だけで責任を発生させることに反対するくだりでは、いまだ結果が生じていない状態を「スナップショット」にすぎないとして、損害の発生を否定している。つまりここでは、行為の結果として生じる「財産状態（Zustand des Vermögens）」について、仮定と現実との差が問題となっているのである。しかし、この「財産状態」の差によってもたらされるものは、文字どおりの財産であって、財産を獲得する可能性ではないはずである。「一定の財産的利益を獲得する可能性は、財産的利益それ自体とは別の損害項目である」。この命題は、ここではむしろ不利にはたらくのである。

　以上をふまえると、メッシュによる試みは、かならずしも成功しているとはいえなくなるだろう。

---

241)　*Mäsch*, a. a. O. (Fn. 195), S. 294.
242)　以上の点について補足しておくと、メッシュは、より正確には次のように述べている。「実際にもたらされた『財貨の割り当て』が、契約で合意されたものとは一致しないため、また、そのかぎりにおいて（da und soweit）、財産的損害は、反対給付と引き換えに手に入れた過誤のない給付が行われなかったことのなかに見出すことができる」(*Mäsch*, a. a. O. (Fn. 195), S. 426. 傍点筆者)。これは、次の2つの意味において理解することができる。
　　　まず、「実際にもたらされた『財貨の割り当て』が、契約で合意されたものとは一致しないため」という部分を重視して読む場合、そこで述べられている「財貨の割り当て」の差は、――それがどういったものかはともかく――給付の差を財産的損害とするための理由としての意義をもつにとどまる。したがって、この場合、財産的損害はあくまで給付の差として把握されることになるため、本文で述べた批判がそのまま妥当することとなる。
　　　一方、「実際にもたらされた『財貨の割り当て』が、契約で合意されたものとは一致しないかぎりにおいて」という部分を重視して読む場合には、これとは別の理解が導かれうる。すなわ

2-2 因果関係の蓋然性にもとづく責任

これまでみてきた諸見解は、因果関係の証明が困難なケースにおいて、「機会の喪失」論を適用することができるかどうかを問題にするものであった。ところで、学説においては、こうした事例の解決を因果関係論のなかで行おうとするものもある。[243] この見解は、アメリカ法の影響のもと、割合的責任を経済的な観点から正当化しようとする点に特徴がある。

(1) 割合的責任の効率性

たとえば、建築の設計コンペにおいて、原告が期日までに設計案を提出したところ、主催者側の過失により、これが受理されなかったというケース[244]を考えてみよう。このようなケースに関して、「法と経済学」の研究者、ハンスベルント・シェーファー (Hans-Bernd Schäfer) は、次のように述べている。[245]

ち、「財産状態」としての「財貨の割り当て」に差があるかぎりにおいて、給付の差が財産的損害として把握される。したがって、結局のところ、財産的損害を規定するのは、給付の差ではなく、財産状態の差だということになる。このように理解するわけである。

後者の理解をとった場合、結果が発生しておらず、可能性が減少したにすぎないケースにおいて、より明確なかたちで財産的損害の発生を否定することが可能になる。しかし、この理解にも問題はある。すなわち、この場合、実際に生じた――「財産状態」の差としての――財産的損害について、何ゆえ行為者が責任を負わなければならないかが、正面から問われることになる。義務違反と損害との因果関係が確証されるケースにおいては、まさにそのことが、生じた財産的損害についての責任を正当化する。では、因果関係が証明されない場合、行為者は、いかなる根拠にもとづいて、生じた財産的損害につき責任を負うのだろうか。つまり、ここにいたって、可能性の喪失による責任をどのように基礎づけるかという、最初の問題に引き戻されてしまうのである。

なお、以上の指摘ともかかわって、*Helmut Koziol*, Schadenersatz für den Verlust einer Chance?, in: Festschrift für Hans Stoll, 2001, S. 233, 245; *ders.*, Schadenersatz für verlorene Chancen?, ZBJV 137 (2001), S. 889, 905; *Inga Rosenbaum*, Hypothetische Kausalität und Schadensersatz, 2010, S. 189; *Ehlgen*, a. a. O. (Fn. 192), S. 259, 412 は、「機会の喪失」論が、生じた結果との関連につき十分な説明を行わない点を批判している。

243) 数多くの論文が公表されているが、代表的な論者によるものとして、たとえば、*William M. Landes/Richard A. Posner*, Causation in Tort Law: An Economic Approach, The Journal of Legal Studies vol. XII (1) (1983), S. 109; *Steven Shavell*, Uncertainty over Causation and the Determination of Civil Liability, The Journal of Law and Economics vol. 28 (1985), S. 587.

244) BGH, NJW 1983, 442.

245) *Hans-Bernd Schäfer*, Haftung bei unsicherer Kausalität: der Architektenwettbewerb, Diskussionsbeiträge Recht und Ökonomie, Nr. 40 (1999); *Hein Kötz/Hans-Bernd Schäfer*, Judex oeconomicus, 2003, S. 266.

まず、このケースにおいて、被告にコンペの賞金全額についての賠償責任を負わせる場合、主催者は、コンペの開催準備にあたり、いかなる犠牲をはらってでも過失を回避しようとするだろう。しかし、この場合、損害回避のためのコストは、生じるおそれのある損害の大きさにくらべ、著しく大きなものとなる。このことは、過失の前提となる注意の基準が事前にはっきりしていない場合にとくにあてはまる。このように、過剰な責任（Übermaßhaftung）は、過剰な注意を要請する。そしてそれは、加害者の行為水準にも悪影響をおよぼす。なぜなら、加害者は、こうしたコンペをできるだけ企画しないでおこうとするからである。[246]

　では、因果関係が高度な蓋然性をもって証明されなかったとして、責任を完全に否定する場合はどうだろうか。この場合、その発生の有無がパーセンテージでしか把握できないすべての損害類型において、賠償が行われなくなる。そうすると、主催者は、いかなることにも注意しなくなり、不正をはたらくことさえ厭わなくなるだろう。[247]

　そこで、以上の問題を解決するため、因果関係の蓋然性に応じた割合的責任（*pro rata* Haftung）を肯定することが求められる。それによると、主催者は、原告に対し、賞金獲得の可能性に応じた責任を負うことになる。このような解決法は、真の被害者に、生じた損害よりも少ない賠償を与え、それ以外の者に、与えられるはずのない賠償を与えることをもたらす。しかし、加害者は、損害回避コストの確定の時点において、損害の期待値に対応した賠償のみを覚悟するものである。したがって、こうした責任を肯定することは、加害者に対して効率性にかなった注意のインセンティヴを与えることにつながる。[248]

(2) ヴァーグナーの割合的責任論

　もっとも、こうした比較的単純なケースとは異なり、医療過誤のケースでは、もう少し複雑な事情がからんでくる。

---

246) *Schäfer*, a. a. O. (Fn. 245), S. 5; *Kötz/Schäfer*, a. a. O. (Fn. 245), S. 269 ff.
247) *Schäfer*, a. a. O. (Fn. 245), S. 6; *Kötz/Schäfer*, a. a. O. (Fn. 245), S. 273 ff.
248) *Schäfer*, a. a. O. (Fn. 245), S. 7 f.; *Kötz/Schäfer*, a. a. O. (Fn. 245), S. 277 f. また、この点について、より一般的な視点から述べるものとして、*Hans-Bernd Schäfer/Claus Ott*, Lehrbuch der ökonomischen Analyse des Zivilrechts, 5. Aufl., 2012, S. 302 f.

医師は、医療水準にかなった治療を行うことにより、患者の病状を快方に向けて前進させる義務を負う。そこでは、患者の個人差や医学の限界のため、医師が義務をつくしたとしても、侵害を回避できたかどうかがはっきりしないことが少なくない。一方、統計的にみれば、医師の義務違反は、それ自体が侵害を不可避的に引き起こすものではない。したがって、ここでは、義務違反があったにもかかわらず、侵害が生じなかったという場合を想定することが許されてよい。

そこで、これらの点をふまえると、ここでは、次のようなケースを問題にしなければならなくなる。

治療に過誤がない場合には、10人に4人が病気にかかり、6人が健康になる。治療に過誤がある場合には、10人に7人が病気にかかり、3人が健康になる。

(a) 割合的責任の3つの類型

このようなケースについて、ゲルハルト・ヴァーグナー（Gerhard Wagner）は、次のように分析する。[249]

まず、このケースにおいて、治療過誤によって病気になった3人を特定できる場合、この3人は全損害の賠償を受け、残りの4人は何も受け取ることができない。しかし、医療過誤訴訟では、通常、この3人を特定することができない。そこで、次のような解決法を考えることができる。病気にかかった7人は、治療に過誤がなければ60％の確率で健康になることができたのであるから、7人それぞれが、こうむった損害の60％について賠償を受けるべきである。この結論は、次のように説明することもできる。

上述の例において、過誤のある治療を受けた患者が100人いるとした場合、そのうちの70人が病気にかかっていることになる。また、この100人のうちの1人について、過誤のない治療を受けていたら健康になっていたが、過誤のある治療を受けていたら病気になっていたという確率は、42％となる（0.7 × 0.6）。したがって、病気にかかっている70人のうちの42人は、治療過誤が原因で病気

---

249) *Gerhard Wagner*, Schadensersatz: Zwecke, Inhalte, Grenzen, Karlsruher Forum 2006, S. 5, 80 ff.; *ders.*, Neue Perspektiven im Schadensersatzrecht, in: Verhandlungen des 66. Deutschen Juristentages Stuttgart 2006, Bd. I Gutachten, S. A 3, A 58 ff. なお、ヴァーグナーによる割合的責任の主張としては、このほか、*Gerhard Wagner*, Kodifikation des Arzthaftungsrechts?: Zum Entwurf eines Patientenrechtegesetzes, VersR 2012, S. 789, 800.

にかかった者だということになる。ここでもし、この42人を特定できるとした場合、この42人が全損害の賠償を受け、残りの28人は何も受け取ることができない。これに対し、これを特定できない場合には、70人それぞれが、70分の42（60％）の賠償を受けることになる。

　以上のような責任は、「機会の喪失」論をとった場合と同様の結果を導く。ヴァーグナーは、このような責任を「失われた治癒の可能性に応じた割合的責任（Proportionalhaftung in Höhe der vereitelten Genesungschance）」と呼ぶ。[250]

　このほか、割合的責任の類型として、次の2つのものが考えられる。

　まず、上述の例によると、過誤のない治療が行われた場合、10人の患者のうちの4人が病気にかかる。これに対し、過誤のある治療が行われた場合、10人の患者のうちの7人が病気にかかる。したがって、過誤のある治療を行った医師は、追加で生じた3人の損害――「追加的損害（Zusatzschaden）」――について責任を負う。もっとも、この3人を特定できない場合には、病気にかかった7人にこれを配分することになる。つまり、医師は、この7人に対し、生じた損害の7分の3（約43％）について責任を負う。ヴァーグナーは、このような責任を「追加的損害にもとづく割合的責任（Proportionalhaftung auf den Zusatzschaden）」と呼ぶ。

　次に、この「追加的損害」を、実際に病気にかかった7人にではなく、過誤のある治療を受けた10人の患者全員に配分することも考えられる。それによると、医師は、この10人に対して、10分の3（30％）の責任を負うことになる。また、この立場をとった場合、患者は、治療に過誤があったことを立証すれば、それだけで賠償を受けることができるようになる。ヴァーグナーは、このような責任を「すべての患者に対する割合的責任（Anteilshaftung gegenüber sämtlichen Patienten）」と呼ぶ。[251]

　(b)　「失われた治癒の可能性に応じた割合的責任」の優位性

　さて、そこで以上の3つの割合的責任について、ヴァーグナーは、次のよう

---

250)　*Wagner*, Schadensersatz (Fn. 249), S. 83 ff.

251)　*Wagner*, Schadensersatz (Fn. 249), S. 87 f. なお、グレッグ対スコット事件（*Gregg v. Scott* [2005] UKHL 2）では、原告によってこのような責任が追及されていた。しかし、貴族院は、3対2という僅差の決定によって、これを否定している。同判決については、*Mäsch*, Gregg v. Scott (Fn. 240) を参照。

な見方を示している。

　まず、「すべての患者に対する割合的責任」に対しては、実際に損害をこうむった者だけが賠償請求への十分なインセンティヴをもっているとして、否定的な評価が下されている。

　次に、「追加的損害にもとづく割合的責任」に対しては、実行可能性の点に問題があることが指摘されている。この割合的責任は、本来負担すべき損害部分について、医師に責任を負わせるものであり、理論的に異論の余地はない。しかし、これを採用するには、過誤がなかった場合に健康になっていた患者の割合のほか、過誤があった場合に病気になっていた患者の割合が、明らかにされなければならない。しかし、後者の情報を裁判所が入手するのは、実際上、困難であるというのである。[252)]

　では、「失われた治癒の可能性に応じた割合的責任」はどうだろうか。このモデルは、治療過誤によって4.2人分の損害（7人×0.6）が発生したと捉える。これは、他の2つのモデルが3人分の「追加的損害」が発生したと捉えるのとは異なる。そこで、このモデルが過剰な責任とならないかが問題となる。この点について、ヴァーグナーは、次のように述べている。

　「追加的損害にもとづく割合的責任」は、過誤がなくても病気にかかる者は、過誤がある場合にも例外なく病気にかかるということを前提とする。これに対し、このモデルは、過誤がない場合には病気にかかり、過誤がある場合には健康になるというケースがあることを前提とする。この両者の関係は、算術的には次のようにあらわされる。まず、過誤がない場合には健康だが、過誤がある場合には病気になる者の割合は、42％である（0.6×0.7）。一方、過誤がない場合には病気にかかるが、過誤がある場合には健康になる者の割合は、12％である（0.4×0.3）。ここで、10人の患者グループを考えると、前者にあたる4.2人と後者にあたる1.2人の差は、3人になる。これは、「追加的損害」をこうむった者の数と一致する。[253)] つまりここでは、過誤によって病気にかかった4.2人から、

---

252) *Wagner*, Schadensersatz (Fn. 249), S. 88 f. これに対し、アレクサンダー・シュトレミッツァー（*Alexander Stremitzer*）は、こうした情報もアメリカ国立医学図書館（United States National Library of Medicine）のホームページから容易に入手できるとしている。*Ders.*, Haftung bei Unsicherheit des hypothetischen Kausalitätsverlaufs, AcP 208 (2008), S. 676, 690.

253) なぜそうなるかについては、次のように説明することができる。まず、10人の患者グループを

過誤によって健康になった1.2人を控除すべきかどうかが問題となる。結論からいうと、これを控除するのは、妥当ではない。なぜなら、加害者の過誤によって第三者が利益を得たとしても、被害者とのあいだで損益相殺が行われるわけではないからである。[254]

また、ヴァーグナーは、「失われた治癒の可能性に応じた割合的責任」について、次のようにも述べている。

この責任は、理論的には、たしかに過剰な責任となると考えることもできる。しかし、実際上、それによる弊害は生じないといってよい。なぜなら、損害の一部についてしか賠償請求権をもたない患者のなかには、これを行使しない者も多くいるため、こうした請求権の「貫徹不足（Durchsetzungsdefizit）」が、責任の過剰部分を打ち消すからである。[255]

(c) 割合的責任の根拠条文

最後に、ヴァーグナーは、割合的責任の根拠条文として、民事訴訟法287条をあげる。[256] この点に関して、彼は、次のように述べている。

加害行為がなかった場合の仮定的事実経過は、多くの場合、高度の蓋然性をもって明らかにすることができない。民事訴訟法287条の趣旨は、まさに、このことによって生じる苛酷さから被害者を保護するところにある。また、伝統的な理解によると、同条の適用範囲は、責任充足の因果関係にかぎられるとされている。しかし、同条のこのような趣旨は、責任設定の因果関係においても

想定すると、ここでは次の4つの患者群が想定される。
① 過誤がない場合には健康になり、過誤がある場合にも健康になる者　　6／10×3／10×10＝1.8人
② 過誤がない場合には健康になり、過誤のある場合には病気になる者　　6／10×7／10×10＝4.2人
③ 過誤がない場合には病気になり、過誤がある場合には健康になる者　　4／10×3／10×10＝1.2人
④ 過誤がない場合には病気になり、過誤がある場合にも病気になる者　　4／10×7／10×10＝2.8人

そして、これらの患者群を過誤がない場合とある場合のそれぞれに配置し、比較対照すると、右上の図のようになり、「追加的損害」は「②－③」であらわされることが明らかとなる。

254）　*Wagner*, Schadensersatz (Fn. 249), S. 90 f.
255）　*Wagner*, Schadensersatz (Fn. 249), S. 91.
256）　注228を参照。

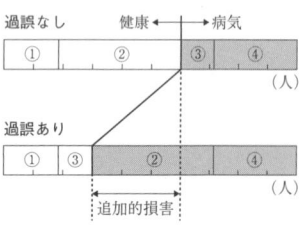

(3) ヴァーグナーの見解に対する反応

　以上が、ヴァーグナーが提唱する割合的責任論のあらましである。ところで、彼がこのような見解をはじめて示したのは、2006年の第66回ドイツ法曹大会 (Deutscher Juristentag) と、同年のカールスルーエ・フォーラム (Karlsruher Forum) においてであった。いずれの大会においても、彼が事前に用意した論稿をもとに、割合的責任の当否について様々な議論が行われている。そこで次に、これらの大会における主要な論客の反応をみていくことにしよう。

　(a)　メディクスの反応

　まず、ディーター・メディクス (Dieter Medicus) は、ヴァーグナーの割合的責任論を次のように批判している。

　医学上の可能性は、時の経過によって変遷するものである。したがって、可能性に関するデータが存在するとしても、毎年のようにこれを更新することが必要となる。こうしたことは、ヴァーグナーが重視する経済的な観点からも好ましい結果をもたらさない。なぜならそれは、訴訟を複雑にし、結果を予測困難なものにするとともに、当事者が自己に有利なデータを主張し合うことによって、和解にも悪影響をおよぼすからである。また、割合的責任論によると、全損害について賠償請求できる可能性が20％しかない者――つまり、現行法上、賠償請求ができない者――でも、損害の20％については、確実に賠償請求を行うことができてしまう。したがって、そのような立場をとると、訴訟がいたずらに増加するおそれがある。これも、経済的な観点からは妥当な結果とは言いがたい。

　(b)　ミュラーの反応

　次に、ゲルダ・ミュラー (Gerda Müller) は、現行法の立場から、ヴァーグナーを次のように批判している。

---

257)　*Wagner*, Schadensersatz (Fn. 249), S. 94; *ders*., Neue Perspektiven (Fn. 249), S. A 58 ff.; *ders*., Reform des Schadensersatzrechts, JBl 2008, S. 2, 9.
258)　Aus der Diskussion, Karlsruher Forum 2006, S. 142 f.
259)　Aus der Diskussion, Karlsruher Forum 2006, S. 143. また、ハンスユルゲン・アーレンス (Hans-Jürgen Ahrens) も同様の指摘をしている。Aus der Diskussion, Karlsruher Forum 2006, S. 145.

現行法では、加害行為が損害の唯一の原因である場合のほか、被害者の行為が協働した場合においても、――民法254条（協働過失）が適用されないかぎり――全損害についての賠償義務が発生する。したがって、医療過誤訴訟において、被害者の従前からの病状を考慮して減責することはできないはずである。ヴァーグナーは、割合的責任を民事訴訟法287条によって導こうとする。しかし、それができるのは、そうした解決が実体法によって正当化される場合にかぎられるのではないだろうか。[260]

　また、ミュラーによれば、割合的責任は、実際上も導入が困難であるという。割合的責任を肯定するためには、本来、治療過誤とその他の原因――たとえば、被害者の病気――とが、民事訴訟法286条によって明確に区別されなければならない。しかし、一般に、医療過誤訴訟において、医学の専門家がパーセンテージを明らかにするのは稀である。したがって、ヴァーグナーが提唱するモデルは、有用性の点において問題があるというのである。[261]

　(c)　タウピッツの反応

　続いて、ヨッヘン・タウピッツ（Jochen Taupitz）も、ミュラーと同様、現行法の解釈論において、ヴァーグナーを批判している。彼の見解は、次のとおりである。

　ドイツ不法行為法は、責任要件として法益侵害を要求する。しかし、ヴァーグナーのモデルをとると、法益の危殆化のみで責任を肯定することになってし

---

260)　*Gerda Müller*, Referat, in: Verhandlungen des 66. Deutschen Juristentages Stuttgart 2006, Bd. II/1, S. L 8, L 28; *dies*., Neue Perspektiven beim Schadensersatz, VersR 2006, S. 1289, 1296. なお、このような批判を受け、ヴァーグナーはその後、割合的責任の実体法上の根拠を明らかにしている。彼があげる根拠は、以下の5点に整理することができる。①現行法上も、民法830条1項2文の関与者間で求償が行われる場合には、自由裁量にもとづく割合的判断が行われている。②判例は、相隣関係法のケースでは、被害者との関係においても割合的解決を行っている（BGHZ 101, 106）。③医療過誤においては、民法830条のケースとは異なり、行為者はひとりである。しかし、そのことがオールオアナッシングによる解決に固執することの理由にはならない。④判例にしたがうと、軽微な過誤の場合は医師の責任は完全に否定され、重大な過誤の場合は医師の責任は全損害におよぶ。しかし、このような極端な解決よりも、割合的解決のほうが現実に即した解決である。⑤重大な治療過誤の場合に証明責任を転換するというルールも、法律で規定されているわけではなく、判例が創造したものにすぎない。*Gerhard Wagner*, Proportionalhaftung für ärztliche Behandlungsfehler de lege lata, in: Festschrift für Günter Hirsch, 2008, S. 453, 465 f.

261)　*Müller*, Referat (Fn. 260), S. L 28 f.; *dies*., Neue Perspektiven (Fn. 260), S. 1296 f.

まい、妥当ではない。また、このモデルは、民法830条1項2文によっても導くことはできない。同規定は、被害者に賠償請求権があることは明らかだが、それが誰に対するものかがはっきりしない場合にのみ、適用されるものだからである。さらに、ヴァーグナーは、このモデルを民事訴訟法287条によって導こうとするが、これも無理である。なぜなら、ここではあくまで責任の成否が問題となっており、むしろ同法286条が適用されるべきだからである。[262]

また、こうした批判のほか、タウピッツは、損害抑止の観点からも、ヴァーグナーを批判している。すでに述べたように、ヴァーグナーのモデルをとった場合、医師は、実際に引き起こした損害——「追加的損害」——をこえる損害について、賠償責任を負うこととなる。したがって、このモデルをとると、抑止効果が過剰に働いてしまい、妥当ではないというのである。[263]

ただ、注意を要するのは、タウピッツ自身、責任充足の領域において割合的判断を行うことに対しては、反対していないということである[264]。これは、具体的には、逸失利益の算定において問題となる。民法252条は、「事物の通常の経過にもとづき、……蓋然性をもって期待される利益」の賠償を認めている。このように、この規定は、可能性の賠償に関する命題を含んではいない。しかし同時に、この規定は、「蓋然性」を下回る利益について、可能性（Chance）に応じた賠償を認めることを禁じているわけではない。そこで、タウピッツは、ヨーロッパ諸国の動向をもふまえ、民法252条および民事訴訟法287条によって

---

262) *Jochen Taupitz*, Referat, in: Verhandlungen des 66. Deutschen Juristentages Stuttgart 2006, Bd. II/1, S. L 57, L 75 f.; *ders*., Proportionalhaftung zur Lösung von Kausalitätsproblemen insbesondere in der Arzthaftung?, in: Festschrift für Claus-Wilhelm Canaris, Bd. I, 2007, S. 1231, 1233 ff.; *Jochen Taupitz/Emily Jones*, Das Alles oder Nichts-Prinzip im Arzthaftungsrecht: Quotenhaftung, in: *Arbeitsgemeinschaft Rechtsanwälte im Medizinrecht e.V.* (Hrsg.), Waffen-Gleichheit: Das Recht in der Arzthaftung, 2002, S. 67, 81. なお、最後の点については、のちにヴァーグナーから再反論がなされている。彼は、立法者の見解およびライヒ裁判所の判例を紹介したうえで、因果関係の存否に関しては、民事訴訟法287条を適用すべきであると主張している。*Wagner*, a. a. O. (Fn. 260), S. 460 f.
263) *Taupitz*, Referat (Fn. 262), S. L 76; *ders*., Proportionalhaftung (Fn. 262), S. 1236 f. なお、タウピッツ自身は、「法の経済分析」に対して、いくぶん懐疑的な態度をとっている。*Jochen Taupitz*, Ökonomische Analyse und Haftungsrecht: Eine Zwischenbilanz, AcP 196 (1996), S. 114, 165 ff. したがって、本文の内容をもって、彼が「追加的損害にもとづく割合的責任」を支持しているとみるのは、誤りであろう。
264) こうした割合的判断は、ヴァーグナーも行うべきであると主張している。*Wagner*, Schadensersatz (Fn. 249), S. 74 ff.; *ders*., Neue Perspektiven (Fn. 249), S. A 55 ff.

可能性に応じた損害算定を導くべきだと主張している。

(d) マイヤーライマーの反応

ところで、以上のものとは異なり、割合的責任に対して好意的な見方を示すものもある。

たとえば、ゲオルク・マイヤーライマー（Georg Maier-Reimer）は、過誤がなくても治療が功を奏するとはかぎらない医療過誤のケースにおいては、むしろ割合的責任を肯定するのが妥当であると主張する。ただし、彼は、ヴァーグナーのモデルには反対している。たとえば、治療が失敗する可能性が過誤によって60％から75％にまで増加したとしよう。この場合、その失敗が過誤によって引き起こされた確率は20％（75分の15）である。したがって、これをふまえると、医師は、治療が失敗におわったすべての患者に対し、損害の20％について責任を負うべきことになる。つまり彼は、上述の3つのモデルのうち、「追加的損害にもとづく割合的責任」を支持するのである。

3　大規模損害の発生事例における割合的責任論

以上のように、ヴァーグナーの割合的責任論に対しては、多くの批判が寄せ

---

265) こうした損害の算定は、すでに判例においても承認されている。BGH, NJW 1995, 2227; BGH, NJW 1998, 810 = BGHZ 137, 142; BGH, NJW 1998, 1634; BGH, NJW 2005, 3348.

266) *Taupitz*, Referat (Fn. 262), S. L 76 f.; *ders*., Proportionalhaftung (Fn. 262), S. 1238 ff. このほか、*Jochen Taupitz/Christian Pfeiffer*, Der Entwurf und der Gegenentwurf für ein neues österreichisches Schadensersatzrecht: eine kritische Analyse, JBl 2010, S. 88, 103.

267) *Georg Maier-Reimer*, Referat, in: Verhandlungen des 66. Deutschen Juristentages Stuttgart 2006, Bd. II/1, S. L 33, L 52.
　このほか、ゴットフリート・シーマン（*Gottfried Schiemann*）も、医療過誤の分野において割合的責任を課すことに好意的な見方を示している（*Ders*., Aus der Diskussion, in: Karlsruher Forum 2006, S. 161; *ders*., Diskussion, in: Verhandlungen des 66. Deutschen Juristentages Stuttgart 2006, Bd. II/2, S. L 153 ff.）。もっとも、彼は、下記の論文では、民事訴訟法287条によってこうした責任を導くヴァーグナーの見解に対して疑問を呈している。ゴットフリート・シーマン（藤原正則訳）「損害賠償法に関する現下のドイツでの議論」同（新井誠編訳）『ドイツ私法学の構造と歴史的展開』（日本評論社、2008年）190頁、203-204頁（初出：2007年）。第66回ドイツ法曹大会当日の議論において、シーマンは、特別な立法措置をとらなくても、同条によって割合的責任を導くことは可能であるという趣旨の発言をしている（義務違反と損害発生との因果関係は、責任充足の因果関係であるとの理解にもとづく。*Ders*.,Verhandlungen (Fn. 267), S. L 154 f.）。それだけに、この論文における彼の叙述は、いくぶん不可解である。

られている。しかしそのことは、割合的責任論がドイツの法学者によって一蹴されていることを意味するものではない。現にドイツでは、ヴァーグナーが上述のモデルを提案する以前から、大規模損害の発生事例を中心として、割合的責任を導入すべきかどうかにつき、議論が行われてきたのである。

このような議論のきっかけとなったのは、1980年にカリフォルニア州の最高裁判所で下されたシンデル対アボット・ラボラトリーズ事件判決[269]（以下、「シンデル事件」とする）であった。これは、妊娠中に流産防止薬であるDES（Diethylstilbestrol）を服用した女性の子どもが、その約20年後にガンを発症したというものである。この事件では、原告の母親がいずれの製薬会社の薬剤を服用したかが不明であったため、裁判所は、「本質的な原因部分（substantial share）」を構成する被告らに対し、製造したDESの市場占有率に応じた賠償を命じている。また、この判決で示された「市場占有率にもとづく責任（market share liability）」は、その後、環境責任の分野において、「汚染率にもとづく責任（pollution share liability）」という新たな責任論を生むこととなった[270]。それによると、「本質的な原因部分」を構成する汚染者は、被害者に対し、大気汚染への寄与度に応じた責任を負うべきこととなる。

以上のようなアメリカ法の動きは、ドイツの法学界に統計データによる損害分配への関心を呼び起こすこととなった[271]。

---

268) なお、第66回ドイツ法曹大会において、割合的責任に関するヴァーグナーの提案は否決されている。Verhandlungen des 66. Deutschen Juristentages Stuttgart 2006, Bd. II/1, S. L 212.
269) *Sindell v. Abbott Laboratories* [1980] 26 Cal. 3d 588. なお、同判決については、新美育文「判批：*Sindell v. Abbott Laboratories*」藤倉皓一郎・木下毅・高橋一修・樋口範雄編『英米判例百選〔第3版〕』（有斐閣、1996年）174頁を参照。また、同判決以降のアメリカ法の動向については、大塚直「判批：*Hymowitz v. Eli Lilly & Co.*」樋口範雄・柿嶋美子・浅香吉幹・岩田太編『アメリカ法判例百選』（有斐閣、2012年）170頁、171頁を参照。
270) *Ellen Friedland*, Pollution Share Liability: A New Remedy for Plaintiffs Injured by Air Pollutants, Columbia Journal of Environmental Law vol. 9 (1984), S. 297; *Patrick J. Scully*, Proof of Causation in a Private Action for Acid Rain Damage, Maine Law Review vol. 36 (1984), S. 117. なお、アメリカの環境訴訟における割合的責任論に関しては、藤倉皓一郎「アメリカ環境訴訟における割合責任論」国家学会編『国家学会百年記念 国家と市民 第1巻』（有斐閣、1987年）255頁を参照。
271) とくにこの問題は、今日にいたるまで博士論文の恰好のテーマとなっている。たとえば、*Karsten Otte*, Marktanteilshaftung: Rechtsvergleich und Alternativen im US-amerikanischen und deutschen Recht, 1990; *Florian Kästle*, Die Haftung für toxische Massenschäden im US-amerikanischen Produkt- und Umwelthaftungsrecht, 1993; *Götz Tobias Wiese*, Umweltwahrscheinlichkeitshaftung, 1997;

3-1 統計データによる損害分配への関心

たとえば、ヨハネス・ケントゲン（*Johannes Köndgen*）は、1983年に公表された環境責任に関する論文のなかで[272]、アメリカにおける「法と経済学」の権威、ウィリアム・ランデス（*William M. Landes*）とリチャード・ポズナー（*Richard A. Posner*）による設例を取り上げている[273]。これは、原子力発電所の事故によって周辺地域が放射能で汚染されたところ、汚染地域のガン患者の数が、20年間で100人から111人に増加したというものである。この設例において、ランデスとポズナーは、111人の患者全員に対して10％――$11 \div 111 \fallingdotseq 0.1$――の賠償を与えるのが最適であるとしている。では、ドイツにおいて、このような責任を肯定することはできるだろうか。

ケントゲンは、まず、環境責任法の特質を、補償に対する抑止の優位に求める。そして、環境に適合した行動へのインセンティヴを与えるものとして、このような責任に関心を寄せる。ただ、結論からいうと、彼は、このような責任に対して、いくぶん慎重な態度をとっている。たとえば、小規模な汚染源においては、抑止目的よりも、配分的正義にしたがった政策目的が優先されるため、抽象的危険犯を広く処罰する刑法とは異なり、民法では、安易に責任の前倒し（Vorverlegung）を行うことは控えなければならない。したがって、どの程度の蓋然性をもって環境損害の帰責を肯定するかは、結局のところ、事案ごとに環境政策上の目的を総合考慮して決めることになるというのである[274]。

また、メディクスもこのような責任に対しては、慎重な態度をとっている。彼は、その問題点を次のように指摘している。

まず、汚染による患者数の増加がわずかである場合、患者がこのわずかな損害の賠償を求めて訴訟を起こすのは、割に合わない。したがって、このような責任の実際上の意義は、それほど大きいものではない[275]。また、理論的には、

Christian Seyfert, Mass Toxic Torts, 2004; *Luidger Röckrath*, Kausalität, Wahrscheinlichkeit und Haftung, 2004. このほか、*Götz Tobias Wiese*, Wahrscheinlichkeitshaftung, ZRP 1998, S. 27.

272) *Johannes Köndgen*, Überlegung zur Fortbildung des Umwelthaftpflichtrechts, UPR 1983, S. 345.
273) *Landes/Posner*, a. a. O. (Fn. 243), S. 123 f.
274) *Köndgen*, a. a. O. (Fn. 272), S. 347 f.
275) *Dieter Medicus*, Zivilrecht und Umweltschutz, JZ 1986, S. 778, 781. また、同様の見方を示すものとして、*Peter Gottwald*, Kausalität und Zurechnung, Karlsruher Forum 1986, S. 3, 28.

個々の原告がこうむった損害を統計上の平均値によって割り出そうとする点が問題である。ある原告の病気が被告の行為に起因する確率は、年齢や遺伝的要因などによって、異なりうるからである。

もっとも、彼は、確率による因果関係の認定を完全に否定しているわけではない。多数の被害者を一括して取り扱う場合には、大数の法則によって、こうした処理にも正当性が担保されるというのである。したがってそれによると、たとえば、保険代位にもとづいて保険者が請求を行う場面では、このようなかたちで因果関係を認定する余地があるということになる。[276]

最後に、ギュンター・ハーガー (Günter Hager) は、割合的責任を導入する際に生じる実際上の困難について、次のように指摘している。

まず、「汚染率にもとづく責任」では、「本質的な原因部分」や個々の汚染者の寄与度をどのようにして決めるのかが問題となる。また、上述の原発事故のようなケースでは、複数の汚染源が考えられる場合において、損害の増加をどのように把握するかが問題となる。

このように指摘したうえで、ハーガーは、割合的責任の導入を、裁判官による法創造の枠を超えた問題であると結論づけている。[277]

以上のように、シンデル事件以降の議論状況をみるかぎり、ドイツの法学者は、統計データによる損害分配に対し、かならずしも好意的でないことがうかがえる。[278]

3-2 民法830条1項2文の解釈論への影響

ただ、その一方で、こうしたアメリカ法の一連の動きが、民法830条1項2文

---

276) *Medicus*, a. a. O. (Fn. 275), S. 781.
277) *Günter Hager*, Umweltschäden, NJW 1986, S. 1961, 1967. また、同様の見方を示すものとして、Willibald Posch, Multikausale Schäden in modernen Haftungsrechten, in: *Attila Fenyves/Hans-Leo Weyers* (Hrsg.), Multikausale Schäden in modernen Haftungsrechten, 1988, S. 153, 180 f. もっとも、その後、ハーガーは、被告の排出行為とその他の原因――「一般的な環境負荷」――とが競合して損害が発生した場合に関して、民事訴訟法287条により、後者の原因部分を差し引いた責任を肯定するのが妥当であると述べている。*Ders.*, Neue Umwelthaftungsgesetz, NJW 1991, S. 134, 140; *ders.*, Europäisches Umwelthaftungsrecht, ZEuP 1997, S. 9, 26. ただ、これが、統計データを重視するアメリカ法由来の割合的責任論に連なるものかどうかは定かではない。
278) なお、統計データにもとづく損害の分配に明確に反対するものとして、たとえば、*Christian von Bar*, Zur Dogmatik des zivilrechtlichen Ausgleichs von Umweltschäden, Karlsruher Forum 1987, S. 4, 16.

の解釈論に影響を与えているのも事実である。

(1) 民法830条1項2文の要件

民法830条1項2文によれば、「複数の関与者（Beteiligte）のうち、いずれの者が損害を引き起こしたかが明らかでない場合」、これらの者は、発生した全損害について連帯責任（民法840条1項）を負う。通説によると、この規定は、次の2つの事例に適用されると考えられている。

まず1つめは、条文が本来的に想定する加害者不明（Urheberzweifel）である。これは、次の要件を充たす場合とされている。

① 複数の者を「関与者」として一括することができること
② 各関与者の行為が、因果関係を除く責任要件を充たしていること
③ 複数の行為のうちのひとつが損害を引き起こしたこと
④ どの行為が損害を引き起こしたかが明らかでないこと[279]

次に2つめは、寄与度不明（Anteilszweifel）である。これは、次の要件を充たす場合とされている。

⑤ 複数の者が被害者に対して不法行為を行ったこと
⑥ 1つないし複数の行為が損害を引き起こしたこと
⑦ 各行為がそれぞれ全損害を引き起こすことができること
⑧ 各行為の損害への寄与度が明らかでないこと[280]

さて、この2つの類型を前提とした場合、大規模損害の発生事例は、民法830条1項2文が想定するケースとは異なった特徴をもっていることが明らかとなる。

まず第一に、大規模損害を引き起こした複数の加害者間の関係が問題となる。上述のように、民法830条1項2文では、連帯責任を負う者のことを「関与者」と呼んでいる。判例によると、この要件（上記①）は、複数の行為が時間的・空間的に一体性のあるものと認められる場合にはじめて充たされる。[281] これに

---

279) Staudinger/*Christina Eberl-Borges*, BGB § 830, Neubearbeitung 2008, Rn. 67; *Johannes Hager*, Die Kausalität bei Massenschäden, in: Festschrift für Claus-Wilhelm Canaris, 2007, S. 403, 406.

280) Staudinger/*Christina Eberl-Borges*, BGB § 830, Neubearbeitung 2008, Rn. 68; *Hager*, a. a. O. (Fn. 279), S. 406.

281) RGZ 357, 361; RGZ 98, 58; RG, JW 1909, 136; RG, JW 1909, 687; RG, JW 1937, 462; BGHZ 25, 271;

対し、大規模損害の発生事例では、複数の加害行為が、かならずしもそのような関係に立っているわけではない。[282] そこで、このような事例に民法830条1項2文を適用できるかどうかが問題となる。

第二に、大規模損害の発生事例では、被告らが原告らに生じたすべての損害を引き起こしているわけではない。これは、加害者不明との関係では、要件③にかかわる問題である。たとえば、シンデル事件では、ある原告の母親が服用したDESのメーカーが、被告らのなかにいるとはかぎらない。したがって、ここでは、民法830条1項2文が要求する厳格な択一性が充たされないことになる。[283] また、寄与度不明との関係では、要件⑦が問題となる。たとえば、大気汚染のケースでは、被告ら以外にも多くの汚染源が存在する。したがって、原告らを一体として捉えるかぎり、いずれの被告も発生した損害のうちの一部分しか引き起こしていないことになる。

第三に、大規模損害の発生事例では、加害者だけでなく、被害者も複数いるため、被害者側においても1人の加害者とのあいだで択一的な関係がみられる。そこで、この点をどう考えるかが問題となる。この問題への対応策としては、被害者を一体として捉え、複数の加害者と対置させるという処理が考えられる。ただ、ではそのような処理はどのような考えにもとづいて正当化されるかとなると、別途検討が必要となる。

以上のうち、第一の点は、実際上大きな問題とはならない。判例および学説は、関与者の範囲を広く解する傾向にあるため、[284] これを前提とするかぎり、[285] 被告らを関与者と捉えることに理論的障害はないと言ってよいからである。[286]

BGHZ 33, 286; BGHZ 55, 86; BGH, NJW 1969, 2136.

282) *Christian von Bar*, Empfehlen sich gesetzgeberische Maßnahmen zur rechtlichen Bewältigung der Haftung für Massenschäden?, in: Verhandlungen des 62. Deutschen Juristentages Bremen 1998, Bd. I Gutachten A, S. A 1, A 69は、この点を捉えて、シンデル事件のようなケースに民法830条1項2文を適用することはできないとする。

283) *Deutsch*, a. a. O. (Fn. 103), Rn. 152を参照。

284) たとえば、BGHZ 33, 286; BGH NJW 1994, 932; BGHZ 55, 86。

285) *Franz Bydlinski*, Aktuelle Streitfragen um die alternative Kausalität, in: Festschrift für Günther Beitzke, 1979, S. 3, 14; *Karl Larenz/Claus-Wilhelm Canaris*, Lehrbuch des Schuldrechts, Bd. II: Besonder Teil, Halbband 2, 13. Aufl., 1994, § 82 II 2. b); *Johann Braun*, Haftung für Massenschäden, NJW 1998, S. 2318, 2320.

286) *Hager*, a. a. O. (Fn. 279), S. 409.

したがって、問題は、むしろ第二、第三の点に絞られることになる。

(2) 汚染監視義務による割合的責任の基礎づけ

まず、第二の点に関するものとして、ゲルト・ブリュゲマイヤー (Gert Brüggemeier) の見解がある。[287] 彼は、複数の加害者が損害を引き起こした事例を次のように整理する。

複数の行為が発生した全損害について重畳的に競合する場合、行為者はその損害について連帯責任を負う。一方、複数の行為がそれぞれ損害の一部分を引き起こした場合、各行為者は自ら引き起こした損害部分について責任を負う。これに対し、環境責任の分野では、このいずれとも異なったケースが問題となる。すなわち、複数の行為がそれぞれ損害の一部に寄与しているが、その寄与した部分がはっきりしないというケース (unaufklärbare Teilschadensverursachung) である。現行法によると、このような場合、被害者は誰に対しても賠償を請求することができなくなる。しかし、この結論は妥当ではない。

そこで、ブリュゲマイヤーは、このようなケースにおいても部分的な責任を肯定すべきであると主張する。ただ、このケースでは、上述の第二のケースとは異なり、各行為者が引き起こした損害部分が明らかではない。そこで、彼は、民事訴訟法287条による証明度の軽減に加え、加害者が負担する義務の性質によってこの点を克服しようとする。すなわち、環境責任の分野において、各事業者は、汚染状況を監視すべき義務 (Emissionsbeobachtungspflicht) を負うところ、この義務は、被害者の情報開示請求権を基礎づけ、ひいては寄与度の判定を容易にするというのである。[288]

(3) 被害者の一体化による問題の解決

ところで、ブリュゲマイヤーによる上述の見解は、もっぱら被害者が1人の

---

287) *Gert Brüggemeier*, Die Haftung mehrerer im Umweltrecht, JbUTR 1990, S. 261. また、*ders.*, Prinzipien des Haftungsrechts, 1999, S. 163 ff.; *ders.*, Haftungsrecht Struktur, Prinzipien, Schutzbereich, 2006, S. 193 ff. も参照。

288) *Brüggemeier*, Die Haftung mehrerer (Fn. 287), S. 278. なお、このような方法によっても寄与度が明らかとならない場合には、故意または過失による汚染監視義務の違反を要件として、全損害についての連帯責任を関与者に課すべきことが主張されている。

場合を念頭においたものである。しかし、すでに述べたように、大規模損害の発生事例では、上述の第二の点に加え、第三の点をも視野に入れなければならないだろう。そこで次に、こうした視点から解釈論を展開するものとして、テオ・ボーデヴィッヒ (*Theo Bodewig*)[289] とヨハネス・ハーガー (*Johannes Hager*)[290] の見解をみてみることにしよう。

(a) ボーデヴィッヒの見解

まず、ボーデヴィッヒは、ある企業が自然界にも存在する発ガン性物質を周辺地域に排出したという事例を、次のような設例を使って説明する。

【設例】　AとBが登山中に落石によって負傷した。落石のうちのひとつは、彼らより高い位置にいたCの過失によって引き起こされ、もう一方の落石は自然現象によって引き起こされたものである。しかし、どちらの落石がどちらに怪我を負わせたかは、はっきりとしない。[291]

このケースで、AとBに発生した損害事故を個別に扱うと、いずれにおいてもCの行為との因果関係を証明することができないため、Cは責任を負わなくてよいことになる。しかし、この結論は妥当ではない。なぜなら、AとBに生じた損害を一体として捉えた場合、Cがそのうちの50％を引き起こしたことに疑いはないからである。そこで、ボーデヴィッヒは、競合原因が自然力であることをふまえ、民法830条1項2文の類推適用によって、Cの責任を肯定すべきであると主張する。[292]

次に、シンデル事件のように複数の企業が関与するケースでは、各企業が損害の一部を引き起こしていることに疑いはない。そこで、ボーデヴィッヒは、このようなケースにおいても被害者を一体として捉え、各企業の責任を肯定すべきであると主張する。[293]

---

289)　Theo Bodewig, Probleme alternativer Kausalität bei Massenschäden, AcP 185 (1985), S. 505.
290)　Hager, a. a. O. (Fn. 279).
291)　Bodewig, a. a. O. (Fn. 289), S. 538.
292)　Bodewig, a. a. O. (Fn. 289), S. 538 ff.
293)　Bodewig, a. a. O. (Fn. 289), S. 548. なお、ボーデヴィッヒは、ここでは、複数の企業の行為以外の原因――被告とならなかった企業の行為や原告の側の事情など――を考慮していない。ただ、このような原因については、落石事故のケースにおける自然力と同視することが考えられるだ

さて、そこで次に、このようにして基礎づけられた請求権を、複数の被害者にどのように割り当てていくかが問題となる。ボーデヴィッヒはここで、「被害者側の択一性（Alternative Opferschaft）」という独自の視点を導入する。たとえば、上述の落石事故のケースにおいて、Cは、発生した損害のうちの50％を引き起こしている。彼によると、この50％の損害についての賠償請求権は、AとBに平等に割り当てられるべきであるという。つまりこれによると、AとBは、Cに対し、それぞれ50％の割合的責任を追及できることになる。彼は、こうした処理を次のような考えによって正当化する。

このケースにおいて、Cによる加害のリスクが実現する可能性は、AとBとで平等であり、どちらがCの行為の被害者となるかは、完全に偶然によって左右される。ここに、「危険の平等性（[die] Gleichheit des Risikos）」にもとづく被害者の共同体が形成される。しかし同時に、この共同体は、あくまで「危険の平等性」によってもたらされたものにすぎず、連帯債権にもとづく法的処理（民法428条、430条）を正当化するものではない。したがって、AとBは、対外的関係において、それぞれ50％の請求権を取得することになる。

ろう。

294）　つまり、「加害者側の択一性」——民法830条1項2文、840条1項によって連帯債務となる——とは、法的取扱いにおいてパラレルな関係には立たないことになる。Bodewig, a. a. O. (Fn. 289), S. 545.

295）　Bodewig, a. a. O. (Fn. 289), S. 543 ff. また、このような考えを支持するものとして、Larenz/Canaris, a. a. O. (Fn. 285), § 82 II 3. d); Helmut Koziol, Österreichisches Haftpflichtrecht, Bd. I, 3. Aufl., 1997, Rn. 3/39 ff.; ders., Grundfragen des Schadenersatzrechts, 2010, Rn. 5/105 ff.; Otte, a. a. O. (Fn. 271), S. 115 ff.

これに対し、アンドレアス・クヴェンティン（Andreas Quentin）は、ボーデヴィッヒがこのような発想をシンデル事件にも適用する——Bodewig, a. a. O. (Fn. 289), S. 548 f. ——ことに、疑問を投げかける。彼によると、「被害者側の択一性」の論理が妥当するのは、——筆者なりに、落石事故のケースを例にとって説明すると——あくまでCが引き起こした損害の範囲がAまたはBの損害にとどまる場合にかぎられる。ところが、シンデル事件をはじめとする大規模損害の発生事例においては、Cが、Aのみならず、Bの損害をも引き起こしたという場合も考えられるというのである。Andreas Quentin, Kausalität und deliktische Haftungsbegründung, 1994, S. 258 f.

なお、ヨーロッパ不法行為法原則（PETL）は、「市場占有率にもとづく責任」を導くものとして、次のような規定を提案している。「多数の被害者がいる場合、或る1つの行為がすべての被害者の損害を引き起こしたのではない蓋然性がある一方で、特定の被害者の損害がその行為によって引き起こされたかどうかが不確実である限り、その行為は、特定の被害者の損害を引き起こしたかもしれない蓋然性の割合において、すべての被害者が蒙った損害の原因とみなされる」（同原則3：103条2項）（福田清明訳）。European Group on Tort Law, a. a. O. (Fn. 120), S. 3, 49 f., 231.

(b) ヨハネス・ハーガーの見解

続いて、ヨハネス・ハーガーも、複数の被害者がいるケースを単純なモデルを使って検討する。ハーガーの設例は次のとおりである。

【設例】　AとBが銃を発砲し、Cの車のバンパーとDの車のフロントガラスを損傷させた。しかし、どちらの弾がどちらの車に命中したのかは、明らかではない。なお、バンパーの損害は300ユーロ、フロントガラスの損害は1200ユーロにのぼる。

この場合、AもBも300ユーロの損害を引き起こしていることは確実である。また、Dに発生した残り900ユーロの損害は、AとBのいずれかが引き起こしたことになる。したがって、この部分に関しては、民法830条1項2文が適用される。もっとも、ハーガーによると、こうした手法はシンデル事件には通用しないという。「約200社のうちの1社による薬剤の製造と、……個々の原告に発生した損害とのあいだの因果関係を明らかにすることは、もはや不可能」だからである。そこで、ハーガーは、複数の被害者を一体として捉えることに活路を見出す。具体的には、社会法典第10編116条や保険契約法86条が規定する保険代位を活用して、賠償請求権をひとつの主体に集約することが構想されている。そして、そうした基盤のうえにもたらされる被害者の共同体に対し、個々の製薬会社は、寄与度に応じた責任を負うべきであるということが、主張されている。

また、ハーガーは、シンデル事件判決が設定した「本質的な原因部分」という要件について、不要であるとしている。「市場占有率によって、加害者が賠償すべき損害の範囲がはっきりするため、生産量の少ない企業に対しても、それぞれの寄与度に応じた請求をすることは可能だからである」。

(c) 小　括

ボーデヴィッヒもハーガーも、複数の被害者を一体として捉えることによっ

---

296)　*Hager*, a. a. O. (Fn. 279), S. 413. もっとも、この説明はやや説得力に欠ける。上述のモデルケースの場合と本質的にどこがどのようにちがうのかについて、もう一歩踏み込んだ説明がのぞまれるところである。

297)　*Hager*, a. a. O. (Fn. 279), S. 414 f. なお、上述したように、同様の見解は、すでにメディクスによっても主張されているところである（注276）。

298)　*Hager*, a. a. O. (Fn. 279), S. 415 f.

て、因果関係の証明困難を克服しようとする点において共通している。ただ、注意を要するのは、ボーデヴィッヒの考える被害者の共同体とハーガーの考えるそれとは、質的に異なっているという点である。前者は、集団に対する寄与度に応じた賠償請求権を個々の被害者に割り当てるために考え出された観念にすぎないが、後者は、法定の債権移転 (*cessio legis*) をつうじてもたらされる債権の集合体としての実体をそなえているのである。

3-3 経済分析を重視する論者からの反応

ところで、アメリカ法に由来する統計データにもとづいた損害の分配に対して、ドイツの法学者の多くが慎重な態度をとっていることは、すでに述べたとおりである。では、ドイツのなかでも、とりわけ「法の経済分析」を重視する論者は、こうした手法をどうみているのだろうか。

「法の経済分析」によれば、不法行為法のはたすべき役割は、損害賠償請求権の肯定または否定をつうじて、市民を社会的厚生に適合した行為水準へと導くところにある。[299] したがって、ある活動について当事者間に利害の対立がみられる場合、不法行為法は、最適な資源配分の観点から要請される注意措置の懈怠を放置することで、被害者に損害を与えてはならない。[300] また、不法行為法は、引き起こしていない損害について責任を課すことで、加害者に損害を与えてはならない。[301] ところで、以上のうち、後者の点に関しては、因果関係の存否がはっきりしないケースへの対応が問題となる。こうしたケースでは、責任を完全に否定するのも、完全に肯定するのも妥当ではない。前者はサンクションの欠如を、後者は過剰な責任をもたらすからである。したがって、ここ

---

299) *Michael Adams*, Ökonomische Analyse der Gefährdungs- und Verschuldenshaftung, 1985, S. 165; *ders*., Zur Aufgabe des Haftungsrechts im Umweltschutz, ZZP 99 (1986), S. 129, 155; *Kötz/Wagner*, a. a. O. (Fn. 119), Rn. 72 ff.

300) これは、有名なラーネッド・ハンド (*Learned Hand*) の公式が示すように、損害回避コストと損害の期待値——損害額×発生率——との関係によって決定されるべき問題である。それによると、前者が後者を下回る場合、注意措置の懈怠は過失を構成することになる。詳しくは、*Norbert Horn*, Zur ökonomischen Rationalität des Privatrechts: Die privatrechtstheoretische Verwertbarkeit der ‚Economic Analysis of Law', AcP 176 (1976), S. 307, 325; *Kötz/Wagner*, a. a. O. (Fn. 119), Rn. 65 ff. を参照。

301) *Adams*, Zur Aufgabe des Haftungsrechts (Fn. 299), S. 154.

では、因果関係の確率に応じた責任を課すことによって、加害者の行為水準を最適なものにすることが求められる。[302]

　以上で述べたことは、一般論としては、経済分析の論者が等しく認めるところである。ただし、大規模損害の発生事例において、具体的に割合的責任論をとるべきかどうかということになると、論者のあいだでも見解が微妙に異なってくる。

　(a)　アダムスの見解

　たとえば、ミヒャエル・アダムス (Michael Adams) は、環境責任の分野に割合的責任を導入することに対して、慎重な態度をとっている。彼の見解は、要約すると次のとおりである。

　一般に、生態系においては、損害は、一定の汚染量で急激に増大し、飽和点に達すると急激に減少する。また、環境損害の発生には数多くの汚染物質が関与するため、個々の物質の作用機序を明らかにすることはきわめてむずかしい。これらのことは、企業が損害回避措置について正しい決定を行うことを困難にする。したがって、こうした情報入手の困難さをふまえると、環境責任の分野において、割合的責任を課すことにより加害者の行為水準をコントロールすることは、むずかしくなる。[303]

　(b)　シェーファーの見解

　これに対し、シェーファーは、割合的責任に対して、アダムスよりも寛容な態度をとっている。彼は、個々の加害行為が損害を比例的に (linear) 増加させる場合においては、割合的責任を課すのが妥当であるとする。この場合、各行為者は、引き起こした損害の期待値に対応する責任を課されることになるため、効率的な損害抑止が実現されるというのがその理由である。なお、彼は、このような場合として、アメリカ法における「市場占有率にもとづく責任」をあげている。[304]

　一方、個々の加害行為が損害を比例関係を超えて (überproportional) 増加させ

---

302)　*Adams*, Zur Aufgabe des Haftungsrechts (Fn. 299), S. 156 ff.; *Schäfer/Ott*, a. a. O. (Fn. 248), S. 296 ff.; *Gerhard Wagner*, Proportionalhaftung bei mehreren möglichen Schadensursachen, in: Festschrift für Hans-Bernd Schäfer, 2008, S. 193, 196 f.

303)　*Adams*, Zur Aufgabe des Haftungsrechts (Fn. 299), S. 158 ff.

304)　*Schäfer/Ott*, a. a. O. (Fn. 248), S. 309 f.

る場合、割合的責任は、十分な威嚇効果を発揮しない。彼は、このことを次のような例を使って説明する。

　たとえば、損害を100とし、加害者AおよびBの行為をそれぞれ5とする場合、当然のことながら、AとBは、それぞれ50の損害を負担することになる。では、Aがその活動を5から10に拡大したことにより、損害が100から300になったという場合はどうだろうか。この場合、増加した200の損害は、本来、Aがすべて負担すべきものである。しかし、割合的責任論のもとでは、300の損害を寄与度にもとづいて分配することになるため、Aは、この増加した200の損害のうちの150のみを負担すればよいことになってしまう。

　彼は、このような場合として、煙害による森林損害のケースと航空機の離着陸による騒音損害のケースをあげている。そして、これらのケースでは、割合的責任ではなく、公法上の規制によって効率的な損害抑止を実現するのが適当であるとしている。[305]

　(c)　ヴァーグナーの見解

　最後に、ヴァーグナーは、上述のシェーファーよりさらに積極的に、割合的責任の妥当性を主張している。[306] 彼の見解は、要約すると次のとおりである。

　いわゆる「長期損害 (Langzeitschaden)」[307]のケースでは、個々の原因の寄与を判別することも、潜在的加害者の大部分を特定することもできない。したがって、このようなケースにおいて、加害者らに全損害についての連帯責任を課すのは妥当ではない。そのような解決をとると、求償が確保されないかぎり、一部の加害者が倒産の危険にさらされるからである。一方、割合的責任は、被害者保護を後退させるものではない。特定された加害者全員に対して賠償請求を行うかぎり、このような考えをとったとしても、被害者に不利にはたらくこと

---

305)　*Schäfer/Ott*, a. a. O. (Fn. 248), S. 310 ff.
306)　なお、ヴァーグナーも、1990年に公表された環境責任に関する博士論文においては、割合的責任に対し、いくぶん慎重な態度をとっていた。この論文において、彼は、損害発生に決定的な影響を与えた汚染者が、全損害を賠償すべきであると主張している。*Gerhard Wagner*, Kollektives Umwelthaftungsrecht auf genossenschaftlicher Grundlage, 1990, S. 126 ff. もっとも、この主張が、特定された汚染者集団と、それ以外の汚染源との関係について述べたものであるとするならば、彼のその後の主張とのあいだに矛盾はないと言ってよいだろう。
307)　日本法において「蓄積損害」や「潜伏損害」と呼ばれているものが、これに対応するものと思われる。

はないからである。[308]

第3節　割合的責任論の正統性

1　はじめに

　前節では、ドイツにおける割合的責任論の現在の状況を概観した。そこで本節では、これをもとに、割合的責任論の正統性を検証する。もっとも、ひとくちに正統性を検証するといっても、その方法には様々なものが考えられる。そこでまずは、本節の方法を明らかにすることからはじめることにしよう。

　まず、ひとつの方法として次のようなものが考えられる。すなわち、民法典の制定当初よりドイツ法がとってきた完全賠償の原則の起源をたどり、その正統性を明らかにしたうえで、それとの関係において割合的責任論を理論的に位置づけるというものである。しかし、すぐにわかるように、これでは割合的責任論に正統性はないとの結論を導くだけで、それ以上の議論を生むことはないだろう。また、前章で概観した様々な見解が考慮する個別の課題が、こうした大きな原則のまえに、等閑に付されてしまうのも問題である。これは、前章で取り上げた減責条項の導入をめぐる一連の動きをみれば明らかである。この試みが失敗におわったのは、一方に完全賠償の原則をおき、他方に公平による割合的減責論をおくという、あまりに素朴な対立図式を描いたからにほかならない。これでは、減責条項を支持する論者が問題にしていた個別の課題も、「ドイツ法の伝統」のまえに、視野の外におかれてしまうのである。[309]

---

308) *Gerhard Wagner*, Deliktsrecht, in: *Reiner Schulze/Christian von Bar/Hans Schulte-Nölke* (Hrsg.), Der akademische Entwurf für einen Gemeinsamen Referenzrahmen: Kontroversen und Perspektiven, 2008, S. 161, 196 ff. また、こうした考えから、ヴァーグナーは、割合的責任を規定するオーストリア民法改正草案「1294条2項」に対して、好意的な評価を下している。*Wagner*, Reform des Schadensersatzrechts (Fn. 257), S. 9.

309) たとえば、前章でみたように、第43回ドイツ法曹大会の報告者のひとりであるフリッツ・ハウス (*Fritz Hauß*) は、交通事故の加害者が「ごくわずかな落ち度」から「生計を破綻させるほどの責任」を負わされることを問題視していた。*Ders*., a. a. O. (Fn. 48), S. C 34 f. こうした指摘は、現代的な事故の特質をふまえたものであり、それ自体として一定の合理性を認めることができるだろう。しかし、減責条項の導入をめぐる一連の議論においてはそうした指摘も、結局は、完全賠償の原則のまえに等閑に付されてしまったのである。

では次に、フランスやイギリスなどでさかんに議論がなされている「機会の喪失」論を不法行為法理論として確立したものとみなし、割合的責任論を導入するための有力な根拠とするのはどうだろうか。しかし、これもまた、方法論としてはうまくいかないだろう。これは、「機会の喪失」論が、外国法の動向として注目されることはあっても、多くの支持を集めるにはいたっていないことをみれば明らかである。[310] 保護法益を限定的に解するドイツ法において、こうした新たな法益を前提とする理論の妥当性を主張する場合、否が応にも、それによってもたらされる結果にばかり関心が集まってしまう。しかしこれでは、割合的責任論の必要性を説くことにはなっても、その正統性を問うことにはならないのである。

　したがって、割合的責任論の正統性を検証するためには、以上のものとは別の方法をとらなければならないだろう。それは、ドイツ不法行為法における様々な解釈理論のなかから、割合的責任の理論的基礎となりうるものを選び出し、そうした考え方のもとで割合的責任論を読み解くというものである。ただ、このような方法をとる場合に注意しなければならないのは、この基礎となる考え方自体、不法行為法理論としての正統性を獲得しているとは断言しがたいということである。したがってまずは、この基礎となる考え方につき、すくなくともそれが理論として妥当なものかどうかを明らかにすることからはじめなければならない。そして、そうした作業をつうじて得られた妥当な理論のもとで割合的責任論を捉え直すなかで、理論的に正統なものを見出していくこととしたい。

　なお、本節は、この基礎となる考え方として、動的システム論と危険増大論を取り上げる。そこでまずは、この2つの考え方につき、その概要を把握することからはじめることにしよう。

2　動的システム論による割合的解決
(1) ヴィルブルクの動的システム論
　まず、「動的システム（bewegliches System）論」とは、「複数の要素（Elemente）」

---

310)　フランスの判例に対する実務家の反応として、たとえば、*Herbert Kleinewefers/Walter Wilts*, Die Beweislast für die Ursächlichkeit ärztlicher Kunstfehler, VersR 1967, S. 617, 623.

の協働作用という視点から、法律効果の発生およびその量定を正当化する試みのことをいう。提唱者であるオーストリアの民法学者、ヴァルター・ヴィルブルク（*Walter Wilburg*）は、1941年に出版された著書『損害法の要素』のなかで、損害賠償法の「要素」を取り出し、それらの協働作用によって責任の有無と程度が決定されることを明らかにしている。また、彼によれば、これらの「要素」は、つねに全部がそろっている必要はなく、一部が欠けていても、他の「要素」の強度がこれを補完するとされている。つまり、複数の「要素」を、その数と強度において把握し、衡量の指針とするというのが、ヴィルブルクによる構想の眼目であるといえるだろう。

ところで、本章のテーマとの関係で注目されるのは、ヴィルブルクが、因果関係それ自体ではなく、その可能性（Möglichkeit）を独立した「責任要素」と捉えている点である。民法830条1項2文は、複数の行為者のうちのいずれかが加害者であるという場合にかぎって、因果関係の可能性にもとづいた責任を肯定する。しかし、彼によると、このような責任は、行為と「偶然」が競合し、そのいずれかが損害を引き起こしたという場合にも、肯定されるべきだという。そして、そのような場面においては、「行為者の行為態様」および「因果関係の可能性の程度」にもとづいて、責任の有無と程度が決定されるべきだというのである。

(2) 民法830条1項2文と民法254条との重畳適用

ただ、ここで確認しておかなければならないのは、民法830条1項2文が、被害者に損害賠償請求権があることがはっきりしている場合を念頭においているということである。したがって、そのような場合を飛び越え、「偶然との択一

---

311) 本文の叙述は、提唱者であるヴィルブルクの比較的初期の論稿をふまえたものである。これに対し、動的システム論は、その後、彼の門弟や支持者らによって、様々なかたちで応用され理論的深化を遂げている。そうした動的システム論をめぐる議論の全体像について、詳しくは、山本敬三「民法における動的システム論の検討」法学論叢138巻1＝2＝3号（1995年）208頁を参照。
312) *Wilburg*, Die Elemente (Fn. 66).
313) *Wilburg*, Die Elemente (Fn. 66), S. 28 ff.; *ders*., Entwicklung (Fn. 66), S. 12 f.
314) *Wilburg*, a. a. O. (Fn. 49), S. C 11.
315) *Wilburg*, Die Elemente (Fn. 66), S. 74 f.; *ders*., a. a. O. (Fn. 49), S. C 16.
316) *Staudinger/Christina Eberl-Borges*, BGB § 830, Neubearbeitung 2008, Rn. 83 ff.; MünchKomm/*Ger-*

的競合」の場合にも責任を肯定するのであれば、それを理論的に正当化することが求められる。そこで、この問題に取り組んだのが、ヴィルブルクの門弟のひとりであるフランツ・ビトリンスキー（Franz Bydlinski）である。彼はまず、現行法の立場を次のように批判している。

「偶然との択一的競合」において被害者に損害賠償請求権を認めると、「偶然」が原因であるかぎりにおいて、被害者に不当な利益を与えることとなる。現行法は、これを回避するため、責任が成立する場面を過失行為の択一的競合に限定した。しかし、これでは、行為に有責性のない被害者に生じうる利益を回避しようとするあまり、行為に有責性のある加害者に生じうる利益——損害を引き起こしたにもかかわらず免責されること——を受け入れることになってしまう[317]。

そこで、このような価値判断にもとづいて、具体的な解釈論が展開される。彼はまず、1964年に公表された論文[318]のなかで、ヴィルブルクの考えを継承し、個々の事案に作用する責任根拠の総量を問題にする。それによると、「責任要素」のひとつである「因果関係の可能性（Möglichkeit）」は、つねにその蓋然性（Wahrscheinlichkeit）によって把握される。しかし、損害の分配にあたっては、それだけでなく、行為者の過失の程度や被害者の自己過失の有無が、考慮されなければならない。つまり、過失の程度と因果関係の蓋然性の総量が、被告の免責を不当と感じさせるほどに大きくなる場合にはじめて、損害の分配が要請されるのである[319]。

ただ、以上の考えは、「行為態様」と「因果関係の可能性」にもとづいて責任の有無と程度を決定するという、上述のヴィルブルクの主張を、ほぼそのまま繰り返したものにすぎない。そこで問題となるのが、因果関係の不存在が明らかでない場合において、何ゆえ被害者が損害の一部を負担しなければならない

---

hard *Wagner*, BGB § 830, 5. Aufl., 2009, Rn. 39.

317) *Franz Bydlinski*, Haftung bei alternativer Kausalität, JBl 1959, S. 1, 13; *ders*., Mittäterschaft im Schadensrecht, AcP 158 (1959/1960), S. 410, 426 f.; *ders*., a. a. O. (Fn. 285), S. 31; *ders*., Haftungsgrund und Zufall als alternativ mögliche Schadensursachen, in: Festschrift für Gerhard Frotz, 1993, S. 3, 4.

318) *Franz Bydlinski*, Probleme der Schadensverursachung nach deutschem und österreichischem Recht, 1964.

319) *Bydlinski*, a. a. O. (Fn. 318), S. 89 f.

かである。

　彼は、この問題とかかわって、ツェレ上級地方裁判所のある判決[320]に注目している。これは、複数の者による投石行為において、原告に命中した石が原告自身が投げたものである可能性が否定できないというケースである。このケースにおいて、裁判所は、民法830条1項2文に加え、民法254条を適用することにより、被告らに対して割合的責任を課している[321]。そこで、ビドリンスキーは、この判決の考えをさらに広げ、競合原因のひとつが「偶然」である場合においても同様の解決を導くことを提案する。「偶然」は、被害者の危険領域に属する。したがって、択一的行為者の内部関係において損害分配が行われるのと同様、ここでも、行為者と被害者とのあいだで損害分配が行われるべきだというのである[322]。

　また、同様の見解は、ヴィルブルクのもうひとりの門弟である、ヘルムート・コツィオール（*Helmut Koziol*）によっても主張されている。彼は、1973年に出版された責任法の体系書のなかで、次のように述べている。

　択一的競合に関するオーストリア民法1302条──ドイツ民法830条1項2文に相当[323]──は、行為に「具体的な危険性（konkrete Gefährlichkeit）」があるかぎり、行為者は、因果関係が証明されていなくても責任を負うという考えにもとづい

---

320)　OLG Celle, NJW 1950, 951. なお、これについては、MünchKomm/*Gerhard Wagner*, BGB § 830, 5. Aufl., 2009, Rn. 41 m. w. N. も参照。

321)　なお、ツェレ上級地方裁判所のケースのように、被害者に協働過失がある場合にかぎって割合的責任を支持するものとして、*Wiebke Buxbaum*, Solidarische Schadenshaftung bei ungeklärter Verursachung im deutschen, französischen und anglo-amerikanischen Recht, 1965, S. 124 f.; *Thomas Weckerle*, Die deliktische Verantwortlichkeit mehrerer, 1974, S. 146 ff. これに対し、過失のある被害者が証明負担を軽減されるのは問題であるとの理由から、こうした割合的責任に反対するものとして、*Spickhoff*, a. a. O. (Fn. 234), S. 78, 87; *Heinz-Dieter Assmann*, Multikausale Schäden im deutschen Haftungsrecht, in: *Attila Fenyves/Hans-Leo Weyers* (Hrsg.), Multikausale Schäden in modernen Haftungsrechten, 1988, S. 99, 131.

322)　*Bydlinski*, a. a. O. (Fn. 285), S. 33; *ders*., a. a. O. (Fn. 318), S. 87; *ders*., Literatur (*Buxbaum*, Solidarische Schadenshaftung (Fn. 321)), AcP 167 (1967), S. 437, 442; *ders*., Haftungsgrund und Zufall (Fn. 317), S. 6. なお、これは、オーストリアの判例の立場でもある。OGH, JBl 1990, 524; OGH, JBl 1996, 181（ただし、前者の判決は、医師が適切な処置を行っていれば損害が軽減されていたというケースを扱うものであり、厳密には「偶然との択一的競合」と局面が異なる）。

323)　なお、オーストリア民法1302条2文は、条文の文言上は、寄与度不明の場合の連帯責任を規定しており、択一的競合の場合の連帯責任は、同条の類推適用によって導かれると解されている。Kurzkommentar/*Ernst Karner*, ABGB § 1302, 2005, Rn. 4 を参照。

ている。ところで、この考えは、競合原因の一方が被害者の危険領域に属している場合にも妥当すると考えるべきである。たとえば、AとBが銃を発射し、そのいずれかが損害を引き起こしたとしよう。このとき、Aは、Bの行為が違法かつ有責なものである場合には、全損害についての責任を負う。これに対し、Bが精神疾患にかかっているため賠償義務を負わない場合において、Aがまったく責任を負わないというのは理解できないことである。また、不適切な行為を行った者が、因果関係がはっきりしないことによる負担をすべて被害者に押しつけることができるとしたら、それは、抑止や制裁の思想にも反することになる。したがって、行為者の行為と「被害者の負担に帰すべき事実」のいずれか一方によって損害が引き起こされた場合には、オーストリア民法1302条および同法1304条――ドイツ民法254条に相当――によって、割合的責任を肯定するのが妥当である。[324)]

(3) 適用領域の限定

ところで、以上であげたビドリンスキーとコツィオールの見解に対しては、これを支持するものもあるが、批判するものも多い。[325)] たとえば、ルドルフ・ヴェルザー (*Rudolf Welser*) は、ビドリンスキーを次のように批判している。

この見解をつらぬくと、民法823条1項は、次のように書き換えられることとなる。「故意または過失によって他人の権利を違法に危殆化した者は、生じた侵害結果につき、因果関係の蓋然性に応じた責任を負う」。つまり、違法か

---

324)　Helmut *Koziol*, Österreichisches Haftpflichtrecht, Bd. I, 1. Aufl., 1973, S. 50 f.
325)　Peter *Gottwald*, Schadenszurechnung und Schadensschätzung, 1979, S. 119 ff.; *ders*., a. a. O. (Fn. 275), S. 21 f.; *Assmann*, a. a. O. (Fn. 321), S. 131; *Larenz/Canaris*, a. a. O. (Fn. 285), § 82 II 3. c); *Tobias Müller*, Wahrscheinlichkeitshaftung von Alternativtätern, 2001, S. 129 f.; *Thomas Schobel*, Hypothetische Verursachung, Aliud-Verbesserung und Schadensteilung, JBl 2002, S. 771, 777 f.; *Olaf Riss*, Hypothetische Kausalität, objektive Berechnung bloßer Vermögensschäden und Ersatz verlorener Prozesschancen, JBl 2004, S. 423, 431 f.; *Rüdiger Wilhelmi*, Risikoschutz durch Privatrecht, 2009, S. 309 f.

　なお、請負契約における積極的債権侵害のケースではあるが、BGH, NJW 2001, 2538は、地下室への漏水の原因として、請負人の過失――水道管の敷設のためにあけた穴を閉じわすれたこと――のほか、他の事情も考えられるという事案において、「民法830条1項2文の法思想」により責任を肯定するとともに、民法254条によって割合的減責を行っている。もっとも、この判決がビドリンスキーらの見解をとったものかどうかは定かではない。同判決については、*Tobias Müller*, Beteiligungshaftung bei Konkurrenz mit einer Zufallsursache, JuS 2002, S. 432, 433 f. を参照。

つ有責な行為を行った者は、損害を引き起こした可能性があるかぎり、つねに――部分的にではあれ――責任を負うことになってしまう。しかし、このような責任ルールの変更は、民法254条によっても、一応の推定による責任 (prima facie Haftung) によっても、導くことはできない。まず、民法254条は、加害者と被害者がともに、侵害結果に対して一定の関与をしていることを前提とする。したがって、択一的競合のケースに同条を適用することはできないと言うほかない。次に、一応の推定による責任は、因果関係に関して相当程度の蓋然性がある場合にかぎって認められるものである。したがって、「単なる可能性」があるにすぎない択一的競合のケースにおいて、このような責任を認めることはできないのである。[326]

以上のヴェルザーによる批判に対し、コツィオールは、次のように反論している。「因果関係の可能性」にもとづく責任は、証明困難が生じればいつでも肯定されるというものではない。それは、択一的に競合する2つの原因がともに「具体的な危険性」をもつ場合にかぎって肯定される。したがって、行為の「危険性」が小さい場合、行為者と被害者とのあいだで損害を分配することはできないことになる。[327]

3 危険増大論による割合的解決

続いて、危険増大論に移ることにしよう。

「危険増大 (Gefahrerhöhung) 論」とは、加害行為と侵害結果との因果関係が証明されない場合において、加害行為が法益を危殆化したことに着目し、責任を

---

326) *Rudolf Welser*, Zur solidarischen Schadenshaftung bei ungeklärter Verursachung im deutschen Recht, ZfRV 1968, S. 38, 42. ビドリンスキーとコツィオールの見解に批判的なものとしては、ほかに、*Ernst A. Kramer*, Multikausale Schäden, in: *Attila Fenyves/Hans-Leo Weyers* (Hrsg.), Multikausale Schäden in modernen Haftungsrechten, 1988, S. 55, 89; *Thomas Mehring*, Beteiligung und Rechtswidrigkeit bei § 830 I 2 BGB, 2003, S. 101 ff.; *Spickhoff*, a. a. O. (Fn. 234), S. 76 ff., 87; *Andreas Kletečka*, Alternative Verursachungskonkurrenz mit dem Zufall: Die Wahrscheinlichkeit als Haftungsgrund?, JBl 2009, S. 137, 141 ff.

327) *Koziol*, Haftpflichtrecht (Fn. 295), Rn. 3/38; *ders.*, Grundfragen (Fn. 295), Rn. 5/90. なお、「危険性」が因果関係を補完するという考えは、すでにビドリンスキーによっても主張されている。*Ders.*, a. a. O. (Fn. 318), S. 74 ff.

肯定するという考え方である。そこでまずは、提唱者であるエルヴィン・ドイチュ (Erwin Deutsch) の見解をみていくことにしよう。

(1) ドイチュの見解

ドイチュは、不法行為のなかでも、社会生活上の義務（民法823条1項）や保護法規（民法823条2項）の違反を念頭におき、そこで問題となる因果関係がしばしば証明困難におちいることを指摘する。たとえば、トラック運転手が法令に違反し、自転車のすぐ横を通過しようとしたところ、自転車がよろめいたため、これを轢いてしまったとしよう。この場合、トラック運転手が法令を遵守し、十分な間隔をとっていたとしたら、こうした事故は防げたかどうかが問題となる。ここでは、侵害の対象が、法益からこれを保護するために設定された行為規範へと前倒しされている。したがって、ドイチュによると、この因果関係――違法性連関――は、責任充足の領域に属することとなる。

ところで、違法性連関に関しては、これまでにも、表見証明など、原告の証明負担を軽減するための措置が講じられてきた。しかし、ドイチュによると、事案の解決法としてもっとも正義にかなっているのは、危険の程度に応じた損害分配であるという。そこで、彼は、次のようなルールを提案する。「行為規範の違反によって損害発生の危険が増大した場合、違反者は、増大した危険の程度に応じた賠償義務を負うべきである」。

もっとも、このルールを適用するためには、危険の増大の程度が明らかでなければならない。そこで、これが明らかでない場合に関しては、次のようなルールが提案されている。「損害が、違反した規範が防止しようとしていたものであり、それがいずれにしても発生したということが明らかでないかぎり、違反者は責任を負うべきである」。つまり、ここでは、危険の増大それ自体を

---

328) 本節では、「危険増大論」に関するものとして、以下、ドイチュ、シュピックホフ、シュトルの三者の見解を取り上げる。ただ、このうち、自説を「危険増大論」と称しているのは、実はドイチュのみである。したがって、シュピックホフやシュトルの見解を危険増大論と呼ぶことには異論の余地もあるだろう。いずれにしても、本節では、本文で定義したかぎりでの共通性が認められることから、この三者を一括して取り上げていることを、あらかじめお断りしておく。

329) BGHSt 11, 1 = BGH, NJW 1958, 149. 本件では、被害者が事故当時、酒に酔って蛇行運転をしていたため、こうした関係があるかどうかが問題となった。

根拠として証明責任の転換を行うことが、主張されているのである。[330]

(2) シュピックホフの見解

続いて、ドイチュと同様、危険の程度に応じた責任を主張するものとして、アンドレアス・シュピックホフ (Andreas Spickhoff) の見解がある。

彼はまず、民法823条1項において責任設定と責任充足とを区別することに疑問を呈し、むしろ義務違反と「結果」との因果関係を問うべきであると主張する。[331] そして、そのような因果関係においては証明度の軽減が求められるところ、[332] 損害回避の可能性が信頼できるデータによって示されている場合には、むしろ割合的解決を行うのが妥当であるとする。したがって、彼によれば、損害回避の可能性がたとえ10％でも、それが信頼できるものであるかぎり、1割の責任を課すべきことになる。[333]

このように、シュピックホフは、データの信頼性という視点から、証明責任による解決と割合的解決との棲み分けを明確化する。その点において、彼の見解は、ドイチュの考えを徹底したものだといえるだろう。[334]

(3) シュトルの見解

さて、以上の見解は、義務違反による法益の危殆化を責任要件の中核にすえ

---

330) Erwin Deutsch, Gefahr, Gefährdung, Gefahrerhöhung, in: Festschrift für Karl Larenz zum 70. Geburtstag, 1973, S. 885, 899 ff.; ders., Rechtswidrigkeitszusammenhang, Gefahrerhöhung und Sorgfaltsausgleichung bei der Arzthaftung, in: Festschrift für Ernst von Caemmerer, 1978, S. 329, 335; ders., Neuere internationale Entwicklungen des Arztrechts und der Arzthaftung, VersR 1982, S. 713, 716; ders., a. a. O. (Fn. 103), Rn. 322 ff.
331) Spickhoff, a. a. O. (Fn. 234), S. 82. シュピックホフは、これが民法823条1項における責任設定の因果関係であるとしている。したがって、この点は、ドイチュと捉え方が異なる。
332) シュピックホフは、「重大な治療過誤」のため証明責任が転換される場合も含め、優越的蓋然性 (民事訴訟法287条) が妥当するとしている。Spickhoff, a. a. O. (Fn. 234), S. 82 ff., 87.
333) 実際、シュピックホフは、専門家の鑑定により、医師が義務を遵守していたとしても90％の確率で患者の病状に変化はなかったとされた、BGH, VersR 2004, 909 = NJW 2004, 2011について、むしろ1割の責任を課すべきであったと主張している。Spickhoff, a. a. O. (Fn. 234), S. 85. なお、この判決については、Andreas Spickhoff, Grober Behandlungsfehler und Beweislastumkehr, NJW 2004, S. 2345 も参照。
334) ただし、割合的解決が妥当しない場合の取扱いに関しては、ドイチュが一律に証明責任の転換を主張するのに対し、シュピックホフは、あくまでこれを重過失の場合に限定している。

ることによって、公平判断——証明度の軽減、証明責任の転換、危殆化の程度に応じた責任——の領域を広げようとするものであった。これに対し、同じく義務違反を起点とする責任要件を構想しながら、こうした傾向に一定の歯止めをかけようとするものがある。シュトルの見解がそれである。

彼はまず、責任要件の基本構成として、義務違反から法益侵害までを責任設定とし、法益侵害から損害発生までを責任充足とする。そして、それぞれにおいて、次のような判断を行う。

(a) 責任設定の因果関係

まず、責任設定の因果関係では、その法益侵害が、規範——社会生活上の義務、保護法規——が防止すべき危険のあらわれといえるかが問題となる。[335] また、この因果関係——違法性連関——は、規範の目的によっては推定されることがある。[336] たとえば、規範が、身体に対する保護に加え、証明困難の回避をも目的としている場合がある。[337] この場合、違法性連関の証明責任は、被告側に転換される。したがって、シュトルによると、証明責任の転換が起こるかどうかは、過失の重大さではなく、規範の目的にかかっていることになる。[338]

また、これとは別に、医療過誤の分野では、法益の危殆化のみで帰責を肯定することが要請される場合がある。これは、——前節でふれたように——次の命題によって具体化される。「患者に差し迫った危険が大きければ大きいほど、そしてそれが、基本的な処置によって容易に克服できればできるほど、ごくわずかな可能性の喪失であっても、医師の過誤に対する特別なサンクション

---

335) *Hans Stoll*, Kausalzusammenhang und Normzweck im Deliktsrecht, 1968, S, 14 ff. なお、同論文の紹介として、前田達明「付録　Hans Stoll著『不法行為法における因果関係と規範目的』(紹介)」同『判例不法行為法』(青林書院新社、1978年) 40頁 (初出：1970年)。

336) *Stoll*, a. a. O. (Fn. 335), S. 23 f. なお、シュトルは、ドイチュのように危険の増大のみを根拠として一律に証明責任の転換を行うことに対して、疑問を呈している。*Hans Stoll*, Haftungsverlagerung durch beweisrechtliche Mittel, AcP 176 (1976), S. 145, 176 f.

337) たとえば、——雇主の安全配慮義務 (民法618条) に関するものであるが——地方自治体が、雇用する医師に対し、結核患者の診療のため十分な施設環境をととのえなかったという場合、自治体は、医師が結核に感染することのほか、感染した場合には医師がいつどこで感染したかについて、著しい証明困難におちいることにも配慮しなければならない。*Hans Stoll*, Die Beweislastverteilung bei positiven Vertragsverletzungen, in: Festschrift für Fritz von Hippel, 1967, S. 517, 550 f.

338) *Stoll*, a. a. O. (Fn. 337), S. 558 f.

が要請される」[339]。

(b) 責任充足の因果関係

続いて、帰責が肯定されたあとには、損害の算定が行われる。これは、体系的には、責任充足の因果関係にかかわる問題である[340]。ここでは、次の2つの点において割合的判断が行われる。

まず第一は、将来の利益獲得の可能性に応じた損害の算定である[341]。これは、被害者がその可能性を追求していたかどうかや、その可能性の追求が通常の生活形態の枠内にあるのかどうかを考慮して行われる。したがって、たとえば、建設作業員が事故で負傷したため、仕事を休んでいたところ、代わりの作業員が現場で財宝を掘りあてたという場合、休職中の作業員は、財宝獲得の可能性を損害として主張することはできない[342]。

続いて、第二は、仮定的原因の考慮である。これは、法益の危殆化をもって帰責を肯定した場合にとくに問題となる。ドイツの判例・通説は、仮定的原因が同様の損害を確実に引き起こしていたとされる場合にのみ、これを考慮する[343]。しかし、一般生活上の危険から解放される可能性をひとつの利益とみるならば、仮定的原因が同様の結果をもたらした可能性がある場合においても、これを考慮することが求められる[344]。ただし、ここでも、すべての仮定的原因が考慮の対象となるわけではない。たとえば、火災で燃えている農場から家畜が盗まれたという場合、火災による家畜の死亡可能性を考慮して減責を行うのは妥当ではない。窃盗犯は、家畜の価値を侵害したのであって、家畜の救命可能性を侵害したわけではないからである。このように、被害者の危険領域に属

---

339) 前節2-1(3)を参照。
340) *Stoll*, a. a. O. (Fn. 335), S. 33.
341) *Stoll*, a. a. O. (Fn. 130), S. 41 f.; *ders.*, a. a. O. (Fn. 337), S. 559.
342) *Stoll*, a. a. O. (Fn. 335), S. 41 f.
343) *Hubert Niederländer*, Schadensersatz bei hypothetischen Schadensereignissen, AcP 153 (1954), S. 41, 59 ff.; *Horst Neumann-Duesberg*, Einzelprobleme der überholenden Kausalität, JZ 1955, S. 263; *Ernst von Caemmerer*, Das Problem der überholenden Kausalität im Schadensersatzrecht, 1962, S. 19 ff.; RGZ 169, 117; BGH, JZ 1959, 773; BGH, VersR 1966, 737を参照。
344) *Stoll*, a. a. O. (Fn. 335), S. 42; *ders.*, „The Wagon Mound": eine neue Grundsatzentscheidung zum Kausalproblem im englischen Recht, Festschrift für Hans Dölle, Bd. I, 1963, S. 371, 398 f.; *ders.*, Heilungschancen (Fn. 209), S. 447 f.

するものでも、「外的危険」とされるものは、考慮の対象とすべきではない。これに対し、被害物の性質や被害者の素因のように、侵害された法益に内在する危険は、考慮の対象とすべきである。[345]

4 考　察

さて、では以上の内容をふまえ、割合的責任論の正統性を検証する作業へと移ることにしよう。なお、考察は、動的システム論、危険増大論の順に行うこととする。

4-1 動的システム論の妥当性

まず、ビドリンスキーとコツィオールが提唱する動的システム論に関しては、次の2点が検討課題となる。第一に、「偶然」を択一的原因のひとつとし、これに起因する損害の負担を協働過失によって基礎づけようとする点、第二に、そうした枠組みにおいて「危険性」を衡量ファクターとする点である。そこでまずは、第二の点から検討することにしよう。

(1)　「危険性」の衡量の当否

因果関係の証明が困難な場合において、オールオアナッシングによる硬直した解決を避け、割合的解決を行うべきだとする見解は、証明論のレベルでは、これまでにもしばしば主張されてきた。[346] これに対し、動的システム論は、そ

---

345) *Stoll*, a. a. O. (Fn. 335), S. 42 f. なお、これに対し、ビドリンスキーは、シュトルが「外的危険」と呼ぶ仮定的原因が確実に同じ結果を引き起こしていたとされる場合——たとえば、雌牛が事故で死亡していなくてものちに家畜小屋の火災で死亡していたというケースや、被害者が第一事故で死亡していなくても第二事故で死亡していたというケース——につき、これを考慮のうえ損害分配を行うのが妥当であるとする。これは、被侵害法益に内在する危険が、もっぱら被害者の領域に属するものであり、したがって、被害者が全面的に負担すべきものであるのに対し、上述の危険は、いずれの当事者にも属さない「偶然 (Zufall)」であるとの考えによって、正当化されている。*Bydlinski*, a. a. O. (Fn. 318), S. 100 ff.

346) *Alois Zeiler*, Die vermittelnde Entscheidung, RheinZ 1919, S. 177; *ders*., Die richterliche Überzeugung, DRiZ 1929, S. 133, 136; *Carl Leo*, Wahrscheinlichkeit und Rechtsfindung, HansRZ 1923, S.41, 44; *Albert Ehrenzweig*, Die freie Überzeugung des Richters, JW 1929, S. 85, 88; *Eduard Böttcher*, Die Gleichheit vor dem Richter, 1954, S. 18; *Gerhard Kegel*, Der Individualanscheinsbeweis und die Verteilung der Beweislast nach überwiegender Wahrscheinlichkeit, in: Festschrift für Heinrich Kronstein, 1967, S. 321, 337

うした議論とは一線を画し、あくまで行為の「危険性」——「具体的な危険性」（コツィオール）——によってそうした解決を正当化しようとするところに特徴がある。

ところで、ここでの「危険性」がどのようなものかについては、一定の注意が必要である。たとえば、コツィオールは、この「危険性」を、損害惹起に対する「相当性（Adäquität）」、ないしは「適性（Eignung）」という言葉で言いかえている[347]。したがって、これは、危険増大論の論者が問題にする「危険」性とは根本的に異なったものだということになる。危険増大論は、義務違反と損害との因果関係がはっきりしない場合において、「危険の増大」を観念する。つまり、ここでは、発生した具体的な結果との関係が強く意識されている。これに対し、動的システム論のいう「危険性」は、あくまで損害惹起に対する一般的な傾向を問題とするにとどまっているのである[348]。

そこで次に問題となるのが、そのような意味における「危険性」が、因果関係を補完する衡量ファクターとなりうるかどうかである。この点を明らかにするためには、このような意味における「危険性」が、不法行為法理論のどの部分において問題となるかを明らかにする必要がある。これに関しては、次の3つの可能性を考えることができる。

まず第一は、損害結果の帰責を正当化する尺度としての「危険性」——「相当性」——である。ただ、結論からいえば、このような意味での「危険性」が、「責任要素」として因果関係と並列の関係に立つと考えるのはむずかしいだろう。なぜなら、それは、因果関係が確証されていることを前提とするからである。したがって、これをふまえると、「危険性」が因果関係を補完するという衡量のあり方は、ここでは成り立たないことになる[349]。

---

f.; *Bernhard M. Maassen*, Beweismaßprobleme im Schadensersatzprozeß, 1975, S. 165 ff. 一方、これに反対するものとして、*Christian Katzenmeier*, Beweismaßreduzierung und probabilistische Proportionalhaftung, ZZP 117 (2004), S. 187, 210 f.

347) *Koziol*, Haftpflichtrecht (Fn. 295), Rn. 3/38; *ders.*, Grundfragen (Fn. 295), Rn. 5/90.

348) たとえば、ビドリンスキーは、可能的加害者の責任のほか、仮定的原因の設定者の責任をも「危険性」によって基礎づけようとするが（*Ders.*, a. a. O. (Fn. 318), S. 74）、後者が損害を引き起こしていないことははっきりしている。ここでの「危険性」が発生した損害との関係を問題にしないことは、このことからも明らかである。

349) この点について補足しておくと、特定の行為にそなわっている損害惹起への一般的傾向が、因

次に第二は、択一的行為者の連帯責任——ドイツ民法830条1項2文・オーストリア民法1302条類推適用——において問題となる「危険性」である。オーストリアの通説によると、択一的行為者が連帯責任を負うためには、各行為者の行為が「具体的に危険な」ものでなければならない。[350] しかし、このような意味での「危険性」も、因果関係の存否不明を補完するものではない。なぜなら、ここでは、行為の「危険性」ではなく「択一性」が、因果関係の存否不明を補完していると考えられるからである。[351] したがって、ここで要求される「危険性」は、そうした決定のうえに規範的な観点から設定された付加的要件として位置づけるのが適当である。

　第三は、「帰責要素」としての「危険性」である。[352] ただ、この意味における「危険性」が、因果関係の存否不明を補完するものでないことは、いうまでもないだろう。ここでは、無過失責任をどのように基礎づけるかが問題となっている。つまり、過失と「危険性」とのあいだで衡量が行われているのである。[353]

　　果関係の認定に際して一定の役割をはたす場合があることは否定できない。しかし、これは、そうした傾向が証拠として作用した結果そうなったにすぎないのであって、実体法レベルで「複数の要素の協働作用」が生じたものと解すべきではない。

350) Kurzkommentar/*Ernst Karner*, ABGB § 1302, 2005, Rn. 4を参照。
351) 民法830条1項2文においては、「関与者」のなかに原因者がいるが、それが誰であるかがはっきりしないこと——つまり、被害者に賠償請求権があることはたしかであること——が要件となっている（注316）。したがって、これを前提とするかぎり、因果関係の存否不明を補完しているのが行為の択一性であることは間違いないだろう。

　なお、これに対し、カナーリスは、同規定の趣旨とかかわって次のように述べている。「関与者の行為が原因である可能性があり、しかもそれが具体的な損害傾向をもったものである場合、ほかにも原因が考えられるというだけで責任を否定するのは、彼に不当な利益を与えることを意味するだろう」(*Larenz/Canaris*, a. a. O. (Fn. 285), § 82 II 3. b))。これが動的システム論の論者と同様の考えに立ったものであることは、いうまでもない。しかし、すくなくともドイツにおいては、こうした理解は一般的ではないのである。

352) *Koziol*, Grundfragen (Fn. 295), Rn. 6/139 ff.
353) コツィオールによると、「危険性」の程度は、まず、過失責任のもとで注意義務の確定において意味をもつ。また、「危険性」の程度が危険責任を基礎づけるほどに大きくない場合には、過失の証明責任が転換された責任が妥当することがある。さらに、「異常な危険性」ないし「高度の危険性」がある場合には、過失を要件としない厳格な責任が妥当する。ヘルムート・コツィオール（山本周平訳）「ヨーロッパにおける損害賠償法の改革Ⅰ(1)」民商法雑誌143巻4 = 5号（2011年）1頁、19頁。一方、危険責任においては、「危険性」が大きくなればなるほど免責事由がなくなっていき、責任がますます厳格なものとなっていくとされている。*Koziol*, Grundfragen (Fn. 295), Rn. 6/141. このように、コツィオールにおいては、「帰責要素」としての「危険性」を軸

こうしてみると、「危険性」と因果関係とを「責任要素」として相互補完的な関係に立たせるのは、むずかしいと言わざるをえないだろう。

(2) 協働過失との重畳適用の当否

続いて、協働過失——ドイツ民法254条・オーストリア民法1304条——との重畳適用について、検討することにしよう。

すでに述べたように、動的システム論の論者は、因果関係の存否不明における被害者による損害の一部負担を、協働過失によって導こうとする。ここでは、2つの操作が行われている。ひとつは、被害者を択一的行為者のひとりとして位置づけること、もうひとつは、被害者の損害負担を基礎づける原理として、所有者危険負担 (*casum sentit dominus*) の原則を適用することである[354]。

このうち、第一の点に関しては、学説上種々の議論があるものの、理論的には大きな問題とはならない[355]。なぜなら、すくなくとも民法254条における損害負担の原理を他者への加害 (Fremdschädigung) の場合と同様に解するかぎり、理論的にはそうした構成も十分に考えられるからである。したがって、むしろ問題となるのは、第二の点である。

協働過失における被害者の損害負担を、他者への加害とは別の原理によって説明する見解は、一部で有力に主張されている。それによると、被害者は、自己の領域内の危険を、自ら引き受けなければならない。このような考え方を、一般に「領域理論 (Sphärentheorie)」という[356]。また、同様の結果は、被害者側において他者への加害を維持する立場からも、導くことができる。たとえば、危険責任に関する列挙主義 (Enumerationsprinzip) を被害者側において放棄するならば、被害者による自己危殆化を広く損害負担の対象とすることができるだろ

に、過失責任と危険責任とが連続性をもったものとして捉えられている。したがって、ここでは、「危険性」が過失を補完する「要素」として位置づけられているとみることができる。

なお、責任要件レベルでの動的システム論による衡量につき、検討を行うものとして、山本周平「不法行為法における法的評価の構造と方法(1)～(5)・完」法学論叢169巻2号 (2011年) 26頁、169巻3号 (2011年) 25頁、169巻4号 (2011年) 45頁、169巻5号 (2011年) 36頁、169巻6号 (2011年) 36頁。

354) *Koziol*, Grundfragen (Fn. 295), Rn. 5/91.
355) これについては、注321を参照。
356) これについては、第1章第3節4(1)(b)を参照。

う。

　ただ、こうした発想がかりに妥当するとしても、動的システム論との関係では、次の点に疑問が残る。

　すでに繰り返し述べてきたように、ビドリンスキーとコツィオールは、因果関係の存否不明を「偶然との択一的競合」として捉える。つまり、ここでは、行為者の行為に対置される択一的原因として、それ以外のすべての事情——「偶然」——が考慮されている。そして、これを受けとめるための制度的受け皿として、協働過失法理が援用されているのである。しかしはたして、同法理は、このような事情を広く受けとめることができるのだろうか。たとえば、領域理論の提唱者でもあるヴィルブルクは、「領域」概念を、「人に生起するすべての偶然」と、きわめて広く定義する。ただ、これに対しては、そこで彼が念頭においているのが、「身体の故障」や「転倒」など、被害者の支配領域内で生じた危険であるということを忘れてはならない。[358] また、被害者側において危険責任の一般条項を導入する一部の見解も、「偶然」ではなく、あくまで被害者によって作り出された「特別の危険」のみを考慮していることに、注意が必要である。[359]

　したがって、以上をふまえると、ビドリンスキーとコツィオールが提唱する判断枠組みは、因果関係の証明困難に広く対応できるものとは言いがたくなるのである。[360]

　このように、動的システム論が提示する枠組み——「偶然との択一的競合」という構成——には、いくつかの点で問題がある。したがって、割合的責任論

---

357) これについては、第1章第3節4(1)(a)を参照。
358) Wilburg, Die Elemente (Fn. 66), S. 40. もっとも、そもそも何をもって支配領域内と捉えるか自体、不透明さが拭い去れない。この点については、注181を参照。
359) たとえば、Deutsch, a. a. O. (Fn. 103), Rn. 581. このほか、領域理論の支持者であるコツィオールも、「被害者の領域内にある著しく高められた危険」（傍点筆者）を斟酌の対象としている。Koziol, a. a. O. (Fn. 161), S. 790 f.
360) この点について補足しておくと、協働過失法理を加害行為以外のすべての事情——いわゆる「偶然」——について被害者に負担を課す制度と捉えることは、結局は、同法理の存在意義を否定することにつながる。なぜなら、加害者に帰責されるべき損害——相当因果関係がおよぶ損害——以外の損害は被害者が負担すべきであるというのは、同法理を持ち出さずとも当然に導かれる帰結だからである。因果関係の存否不明を理由とする割合的解決を、民法830条1項2文と民法254条の重畳適用によって導く試みは、この点において無理があるといわざるをえない。

の正統性を検証するにあたり、この理論をその手がかりとすることはむずかしいと言わざるをえないだろう。

4-2 危険増大論の妥当性
(1) 危険増大論の基本的特徴

では、危険増大論はどうだろうか。そこで、検討に入るまえに、まずは、この理論の基本的特徴をおさえておくことにしよう。これまでの叙述をふまえると、危険増大論は、次の2つの特徴をもったものだといえる。

まず第一に、この理論は、義務違反が法益を危殆化したことに着目し、これをもって帰責を肯定する。つまりここでは、もっぱら義務違反を起点とする因果関係——違法性連関——が問題となっている。これは、行為それ自体を起点とする因果関係をも適用射程に含める動的システム論とは大きく異なる。[361]

第二に、この理論が問題とする法益の危殆化は、裏を返せば、法益を侵害されない可能性の喪失を意味する。したがって、危険増大論と「機会の喪失」論とは、そのかぎりにおいて共通した面をもつ。しかし、その一方で、両者のあいだには相違する点もある。「機会の喪失」論は、可能性の喪失それ自体を——損害ないし——法益侵害と捉えるため、理論的には、死亡や負傷といった結果が発生していないケースにおいても責任を肯定する方向に道を開きかねない。これに対し、危険増大論は、あくまで義務違反と結果との因果関係が明らかでない場合を念頭におく。したがって、この理論においては、結果が発生していることが大前提となる。

さて、そこで、以上の特徴をもった危険増大論が、割合的責任を基礎づける理論として妥当かどうかが問題となる。これは、上記の2つの特徴をそれぞれ

---

361) コツィオールは、ここに「機会の喪失」論に対する動的システム論の優位性を認める。*Helmut Koziol*, Schadenersatz für den Verlust einer Chance? (Fn. 242), S. 247 ff.; *ders.*, Schadenersatz für verlorene Chancen? (Fn. 242), S. 908 ff.; *ders.*, „10. Loss of Chance" „29. Comparative Report", in: *Benedict Winiger/Helmut Koziol/Bernhard A. Koch/Reinhard Zimmermann* (Hrsg.), Digest of European Tort Law vol. 1: Essential Cases on Natural Causation, 2007, Rn. 7 f.; *ders.*, Grundfragen (Fn. 295), Rn. 5/97. なお、ビドリンスキーの見解を採用したとされるOGH, JBl 1996, 181 は、原告に生じた奇形が、出生以前から存在していたものか、分娩時に医師によって引き起こされたものかがはっきりしないというケースである。

どう評価するのかという問題として、捉えることができる。以下、第一の点（下記(2)・(3)）、第二の点（下記(4)）の順にみていくことにしよう。

(2) 違法性連関の存否不明への適用範囲の限定

まず、この理論が違法性連関の存否不明のみを問題とする点については、次のように考えることができる。

すでに述べたように、因果関係の証明が困難な場合において、オールオアナッシングによる解決を避け、割合的解決を行うべきだとする見解は、証明論のレベルでは、これまでにもしばしば主張されてきた。[362] しかし、こうした主張は、今日にいたるまで多くの支持を集めているとは言いがたい。これは、そのような主張が証明責任による事案処理に真っ向から対立するものであることに原因があると考えられる。したがって、これを克服するためには、割合的解決のなかに、証拠法の要請を超えた、実体法独自の正当性を見出すことが求められるべきだろう。

ところで、動的システム論が、因果関係の存否不明を「偶然との択一的競合」と構成するのも、まさにそのような意図によるものだと考えられる。[363] ただ、すでにみたように、これに対しては、ヴェルザーが有力な批判を展開している。したがってここでは、そうした構成にもかかわらず、なぜ批判を受けてしまうかが問題となる。これに関しては、ひとつには、この理論が前提とする民法830条1項2文や民法254条の理解に原因があると考えられる。しかし、より根本的には、次のように言うことができるだろう。

動的システム論が様々な説明を駆使して割合的解決を行おうとしているのは、因果関係の存否が明らかでないケースの全般にわたる。そしてこのうち、いわゆる「事実的」因果関係——行為それ自体が結果を引き起こしたという関係——の存否不明は、問題の性質上、もっぱら証明責任の原則によって対応すべき事柄に属する。したがって、こうしたケースを念頭におくと、動的システム論は、本来的には証拠法が規律すべき問題領域に実体法による説明を持ち込

---

362) 注346を参照。

363) この点を強調するものとして、*Helmut Koziol*, Literatur (*Gottwald*, Schadenszurechnung und Schadensschätzung (Fn. 325)), AcP 180 (1980), S. 415, 417.

むことにより、証明責任の原則とは異なった解決法を提示するものだということになる。しかしこれは、割合的解決のなかに、証拠法の要請を超えた、実体法独自の正当性を見出すということを意味するものではない。

では、危険増大論が対象とする局面はどうだろうか。ここでは、行為者が義務を遵守していれば、損害は発生しなかったといえるかどうかが問題となる。ところで、この問題を考えるにあたっては、次の2つの点に留意する必要があるだろう。

まず、たとえば医療過誤のように、すでに侵害の過程にある被害者に対して、結果の回避に向けた一定の措置を行う義務が課される場面では、多くの場合、義務の遵守によって結果が回避されたかどうかがはっきりしない[364]。このように、義務違反を起点とする因果関係は、行為者に課される義務の内容ないし目的によって、不明確なものとなりうる[365]。

次に、義務違反を起点とする因果関係は、ヤンセンのいうように[366]、過去の事実——経験的事実——の有無を問うものではなく、与えられた事実関係のもとで仮定的事実経過をたどることができるかどうか——ないし、それが許されるかどうか[367]——を問うものである。したがって、ここでは、仮定的事実経過としてどのようなものを想定するかについて、必然的に規範的判断が介入してくることになる[368]。

---

364) あるいは逆に、結果回避の可能性が不明確であるからこそ、結果の回避に向けた一定の措置を行う義務が課されているとみることもできるだろう。つまり、次のように言うことができる。法益保護のあり方は、行為規範の目的との関係において相対的に決まるが、その当の行為規範は、生じた侵害結果によって規定されるのである。こうした行為規範と被侵害法益との相互依存関係を指摘するものとして、*Karl-Heinz Matthies*, Schiedsinstanzen im Bereich der Arzthaftung: Soll und Haben, 1984, S. 95 f.

365) そこで、マティエスは、治療過誤の結果、患者の法益に対してポジティブな作用が生じなかった場合には、それだけで違法性連関を肯定すべきであると主張する。*Matthies*, a. a. O. (Fn. 364), S. 96 f.

366) *Jansen*, a. a. O. (Fn. 224), S. 287.

367) たとえば、シュトルが主張する「外的危険」の排除（本節3(3)(b)）は、まさにこうした規範的判断の結果であると言うことができるだろう。

368) *Helge Großerichter*, Hypothetischer Geschehensverlauf und Schadensfeststellung, 2001, S. 265. なお、「事実的」因果関係の認定にあたっても、一定の価値判断が介入してくることは、大いに考えられる。しかし、これは、本来的には「事実」の存否の問題であるところ、その確定が困難であるため、判断者が実体法上の価値判断によってこれを克服しようとしたものにすぎない。これに

このように、違法性連関においては、証明問題に解消することのできない実体法固有の考慮が不可避的に要求される。すでに述べたように、シュピックホフは、義務違反と「結果」との因果関係において、証明度の軽減を主張する。[369] これは一見すると大胆な発想にうつるが、以上の点をふまえるならば、それほど違和感もなく受け入れられるだろう。

(3)　割合的責任の理論的基礎
　さて、そこで次に、このような特質をもった違法性連関の認定において、割合的解決をどのようなかたちで基礎づけるかが問題となる。
　これに関しては、まず、違法性連関が仮定的事実を扱うことそれ自体を根拠として、こうした解決を導くことが考えられる。違法性連関は、その性質上、仮定的事実を扱うものであるため、厳密には、あらゆる場合においてその可能性を明らかにすることしかできない。そこで、この可能性に対応した責任を肯定するのが妥当であるというわけである。[370] ただ、これでは、違法性連関の認定において、証明責任の原則が機能する領域が著しく制限されることとなる。そこで、これを回避するため、割合的解決を行う領域を別の視点からさらに限定していくことが求められる。この限定の論理としては、次の2つのものが考えられる。
　第一は、可能性が信頼できるデータとして把握できるかどうかである。これは、すでにみたように、ドイチュやシュピックホフが重視する視点である。
　第二は、規範目的による判断である。これは、いうまでもなく、シュトルが重視する視点である。[371]
　前者を重視する場合、医療行為のように可能性のデータを比較的容易に入手

　　対し、違法性連関においては、概念それ自体が規範的判断を要請しているのである。
369)　*Spickhoff*, a. a. O. (Fn. 234), S. 87.
370)　*Hans Jürgen Kahrs*, Kausalität und überholende Kausalität im Zivilrecht, 1969, S. 22 ff., 65, 179. なお、損害賠償における補償機能の低下を理由に、こうした考えに反対するものとして、*Peter Hanau*, Die Kausalität der Pflichtwidrigkeit, 1971, S. 132.
371)　同様の見解として、*Matthies*, a. a. O. (Fn. 364), S. 99. マティエスは、「規範目的が責任充足の領域に反映され、その結果、賠償すべき損害の軽減が生じる」と述べている。

できる分野では、割合的解決を広く行うことが可能になる。これに対し、後者を重視する場合には、そうしたデータにかかわりなく、当該規範の目的をどのように解するかによって、様々な取扱いが可能になる。

(4) 法益アプローチと因果関係アプローチ

続いて、可能性の保護を実現させる手段として、「機会の喪失」論と危険増大論のいずれをとるべきかについて、考えていくことにしよう。

すでに述べたように、「機会の喪失」論は、可能性の喪失それ自体を法益侵害と捉えるため、理論的には、死亡や負傷といった結果が発生しなくても責任を肯定するという事態を招きかねない。もっとも、前節でみたように、「機会の喪失」論に好意的な論者は、この結果を避けるため、様々な説明を試みている。なかでも注目に値するのが、ヤンセンの説明である。彼は、生命や身体といった憲法で保障されている基本権の保護という視点から、「可能性以外に失うものがない被害者」にかぎって可能性を法益とすることに賛成する。ただ、こうした説明は、可能性を法益とすることを正当化するというより、むしろ端的に、「可能性以外に失うものがない被害者」の保護の必要性を説いたものだというべきだろう。したがって、そうだとするならば、こうした目的を達成するための手段としては、保護される者に一定の制限を加える必要のある「機会の喪失」論よりも、危険増大論のほうが適しているということになる。なぜなら、危険増大論は、まさにヤンセンのいう「可能性以外に失うものがない被害者」を保護しようとするものにほかならないからである。

したがって、以上のように考えると、危険増大論は、基本権保護の観点からも、妥当な考え方だということになる。

4-3 考察のまとめ

さて、そこで以上の考察をふまえつつ、割合的責任論の正統性について考え

---

372) *Stremitzer*, a. a. O. (Fn. 252), S. 677 は、その情報源のひとつとして、アメリカ国立医学図書館（United States National Library of Medicine）のホームページをあげている。
373) 前節2-1(4)を参照。
374) すでに述べたように、ヤンセンは、「危険の増加」（＝可能性の減少）と「可能性の喪失」とを区別し、後者の場合にかぎって被害者を保護する。前節2-1(4)を参照。

ていくことにしよう。

(1) 危険増大論の要点

まず、本節が取り上げてきた危険増大論の要点をいま一度整理しておくと、次のようになる。

① 「義務違反がなければ法益侵害はなかった」という関係、すなわち違法性連関は、その性質上、仮定的事実を扱うものであるため、「事実的」因果関係とは異なり、つねに可能性のかたちでしかその有無を判断することができない[375]。したがって、ここでは、価値判断を介在させながら、仮定的事実経過を構成していくことが求められる。ここに、証明問題には解消することのできない、実体法固有の問題領域を観念することができる。

② 違法性連関のこのような特質をふまえるならば、次に、実体法上の態度決定として、法益に対する危殆化の程度に応じた責任を肯定することができるかどうかが問題となる。これに関しては、次の2つの立場が考えられる。ひとつは、可能性が明確に把握されるかぎり、これに応じた責任を肯定するのが正義にかなっているというもの、もうひとつは、個々のケースごとに、行為規範の目的の観点から、責任の有無と程度を決定するというものである。

(2) 割合的責任論と危険増大論

では、以上の内容をもった危険増大論と割合的責任論との関係について、考えていくことにしよう。

前節で概観したように、ドイツでは、2006年の第66回ドイツ法曹大会を契機として、割合的責任論を導入すべきかどうかについて、さかんに議論が行われるようになった。これは、医師の過失と患者の損害とのあいだの因果関係がはっきりしない場合において割合的解決を行おうとするものであり、その点において、本節が取り上げてきた危険増大論と問題意識を同じくする。

---

375) なお、実在的な損害惹起の作用を意味する「事実的」因果関係においても、不可欠条件関係の有無が問題となる。しかし、これは、そうした関係の有無によって「事実的」因果関係の有無が検証されることを意味するものにすぎない。これに対し、違法性連関においては、不可欠条件関係そのものが証明の対象となるのである。

ただ、ひとくちに割合的責任といっても、そこにはいくつかの異なったタイプのものを考えることができる。たとえば、ヴァーグナーは、割合的責任のモデルとして、「失われた治癒の可能性に応じた割合的責任」と「追加的損害にもとづく割合的責任」とを対置させる。はたして、これらは、危険増大論とどのような関係に立つのだろうか。

まず、「失われた治癒の可能性に応じた割合的責任」は、治療過誤によって損害をこうむった患者全員に対し、過誤がなかった場合に健康であった可能性に対応する賠償を与える。したがって、これは、ヴァーグナーも認めるように、「機会の喪失」論を適用した場合と同様の結果を導くことになる。ところで、このモデルが基準とする「治癒の可能性」は、そのすべてが医師の過誤によって奪われたものとはかぎらない。なぜなら、医療過誤のケースにおいては、統計上、義務違反があったにもかかわらず、侵害は生じなかったという場合が想定されうるため、そのかぎりにおいて、医師が治癒の可能性を奪う余地が制限されるからである。[376]したがって、このような場面を念頭におくかぎり、「失われた治癒の可能性」は、法益に対する危殆化の程度と一致するものではないことになる。

一方、「追加的損害にもとづく割合的責任」は、過誤によって増加した被害者の数を割り出したうえで、これらの者に発生した損害——いわゆる「追加的損害」——についての賠償請求権を、被害者全員に割り当てるというものである。これは、言いかえると、義務違反によって増加した損害の危険性を明らかにしたうえで、これに応じた賠償請求権を個々の被害者に与えることを意味する。したがって、このモデルは、まさに危険増大論の考えと一致することになる。このように、「追加的損害にもとづく割合的責任」は、危険増大論によっ

---

376) このような考慮が行われるか否かは、次の2つの事情に左右される。まず、交通事故のように、(過失ありとの評価を受けた)行為それ自体を起点とする因果関係が問題となるケースでは、そもそもこうした考慮を行うことが考えられない。ここでは、あくまで、当該行為の外力が結果を「引き起こした」か否かが問題となるにすぎないからである。次に、義務違反を起点とする因果関係が問題となるケースにおいても、義務違反の場合の結果不発生に関するデータが十分に開示されていない分野においては、義務が遵守された場合の結果不発生に関するデータのみによって、因果関係判断が行われることになる。

て正当化することが可能である。[377]

(3) ま と め

では、このようなかたちで正当化される「追加的損害にもとづく割合的責任」は、不法行為法理論として正統なものだといえるだろうか。これに関しては、何よりもまず、この責任論がよりどころとする「法の経済分析」の観点を受け入れることができるかどうかが、大きな問題として立ちはだかる。ただ、その一方で、先に述べたような違法性連関の特質をふまえるならば、その認定にあたって広く公平判断を行うこと自体は、違和感なく受け入れられるものと思われる。これは、違法性連関をめぐるドイツ法のこれまでの対応をみれば明らかだろう。

歴史的にみれば、プロイセン一般ラント法 (Allgemeines Landrecht für die Preußischen Staaten) は、違法性連関——有責性 (Schuld) と損害発生との因果関係——の証明責任を被告に課していた。[378] これに対し、ドイツ民法は、こうした立場をとることを明確に拒否している。[379] しかし、交通事故や医療過誤などの現代

---

[377] なお、「失われた治癒の可能性に応じた割合的責任」が妥当でないことは、次のようなケースを考えれば明らかである。たとえば、過誤のない治療が行われた場合の治癒の可能性が50％、過誤のある治療が行われた場合のそれが49％という場合、このモデルによると、被害者は損害の50％を請求できることになる。しかし、この場合、医師が引き起こした損害は、——「追加的損害にもとづく割合的責任」のモデルが示すように——被害者に発生したもののうちの約2％と解するのが妥当だろう（100人の患者グループを考えた場合の「追加的損害」：51人－50人＝1人分の損害。1÷51人≒0.02）。また、ここで自覚される責任の過剰さがヴァーグナーのいう請求権の貫徹不足（前節2-2(2)(b)）によって打ち消されるかどうかは、そもそも証明不可能である。同様の指摘を行うものとして、Stremitzer, a. a. O. (Fn. 252), S. 697.

[378] プロイセン一般ラント法第1部第6章「不法行為から生じる義務および権利について」は、次のように規定している。
  損害惹起における法律上の推定
  24条　ある者が他人の有責性によって損害をこうむったということは、推定されない。
  25条　しかし、不法行為を行った者は、その際に発生した損害が彼の有責性によって引き起こされたものであるとの推定を受けなければならない。
  26条　とりわけ、損害の防止を目的とする警察法規 (Polizeygesetz) に違反した者は、その法規の遵守によって回避できたすべての損害につき、それが彼の行為から直接発生した場合のように責任を負わなければならない。

[379] Motive zu dem Entwurfe eines Bürgerlichen Gesetzbuches für das Deutsche Reich, Bd. 2: Recht der Schuldverhältnisse, 1888, S. 729.

的な事故においてその証明がしばしば困難となることが認識されると、一部の有力な論者によって証明責任の転換が主張されるようになった。[380] また、同様の趣旨から、違法性連関に関しては、証明度の軽減を主張する学説も、今日まますます有力になりつつある。[381] このように、ドイツ法は、違法性連関において、実体法上の価値判断を広く受け入れてきたということができる。

したがって、こうした状況をふまえるならば、「追加的損害にもとづく割合的責任」論に正統性がもたらされる余地は、十分にあるといえるだろう。本章が明らかにしたように、違法性連関においては、その性質上、規範的判断が不可避的に要求される。この判断のなかで「経済分析」の観点を考慮することができるのか、またどの程度できるのかが、ドイツ法のこの分野における今後の課題となるだろう。[382]

---

380) *Uwe Diederichsen*, Zur Beweislastverteilung bei Schadensersatzansprüchen aus Vertrag, Delikt und Gefährdungshaftung, Karlsruher Forum 1966, S. 21, 25; *Ernst von Caemmerer*, Die Bedeutung des Schutzbereichs einer Rechtsnorm für die Geltendmachung von Schadensersatzansprüchen aus Verkehrsunfällen, DAR 1970, S. 283, 290.

381) *Hanau*, a. a. O. (Fn. 370), S. 122 ff., 134 f.; *Maassen*, a. a. O. (Fn. 346), S. 98 f.; *Gottwald*, Schadenszurechnung (Fn. 325), S. 78 ff.; *Großerichter*, a. a. O. (Fn. 368), S. 265; *Spickhoff*, a. a. O. (Fn. 234), S. 87; *Wagner*, a. a. O. (Fn. 260), S. 459 ff.

　ところで、これは、責任設定の因果関係と責任充足の因果関係とで証明度に差をもうける——前者には民事訴訟法286条が適用され、後者には同法287条が適用される——という、ドイツ法特有の事情ともかかわる問題である。それによると、たとえば、医療過誤において不法行為構成がとられる場合、法益侵害までの因果関係には民事訴訟法286条が適用される（たとえば、BGH, NJW 2004, 777）。これに対し、同様の事例において債務不履行構成がとられる場合、義務違反と損害発生との因果関係には同法287条が適用される（*Wagner*, a. a. O. (Fn. 260), S. 463 f. を参照）。もっとも、これに関しては、一部の判決が、債務不履行構成においても何らかの「被害（Betroffenheit）」をこうむったことは、同法286条によって証明されなければならないと判示している点に、注意が必要である（たとえば、BGH, NJW 1983, 998; BGH, NJW 1987, 705. 詳しくは、*Mäsch*, a. a. O. (Fn. 195), S. 378 ff. m. w. N. を参照）。そこで、以上の状況をふまえ、学説上、次の2つの見解が示されるにいたっている。第一は、債務不履行構成においても、不法行為構成と同様、法益侵害を境に証明度に差をもうけるべきだとするもの——*Taupitz*, Proportionalhaftung (Fn. 262), S. 1240 f.——、第二は、不法行為構成においても、債務不履行構成と同様、義務違反と損害発生との因果関係を問題にし、同法287条を適用すべきだとするもの——*Spickhoff*, a. a. O. (Fn. 234), S. 82——である。なお、最近の研究によれば、判例は、債務不履行構成のケースにおいて「被害」のメルクマールを問題にしない傾向にあるとされている（*Stremitzer*, a. a. O. (Fn. 252), S. 682 ff. m. w. N. を参照）。

382) 「法の経済分析」の観点から「追加的損害にもとづく割合的責任」の正当性を主張する最近の研究として、*Stremitzer*, a. a. O. (Fn. 252), S. 691 ff.; *Kristoffel Grechenig/Alexander Stremitzer*, Der Ein-

いずれにしても、現時点において「追加的損害にもとづく割合的責任」論に正統性がそなわっていないことは事実である。

4-4 補　論

ところで、本節では、前節で概観した割合的責任論のうち、医療過誤における割合的責任論を念頭におきながら、考察を行ってきた。では、大規模損害の発生事例における割合的責任論も、これと同様に考えてよいのだろうか。ドイツ法の検討を終えるにあたって、最後に、この点について付け加えておくことにしよう。

まず、ここで注意を要するのは、大規模損害の発生事例においては、あくまで——実在的な作用としての——「事実的」因果関係の存否が問題となっているという点である。したがって、このような事例における割合的責任論は、違法性連関の存否不明を対象とする危険増大論によっては導くことができない。ただ、ここでも、危険増大論とは別の意味において、証明問題に解消できない実体法固有の問題領域を観念することはできる。

大規模損害の発生事例において因果関係の証明が困難となるのは、被害者と加害者の双方において当事者が複数存在し、また加害行為以外にも損害発生の原因が考えられるからである。しかし、ここでは、そのような事情によって因果関係が証明されないことを、放置することはできない。なぜなら、事案を全体としてみた場合、個々の加害者が被害者集団に対して一定の損害を引き起こしていることに、疑いはないからである。そこで、ボーデヴィッヒは、「被害者側の択一性」という新たな視点を導入し、個別的因果関係の証明困難を克服しようとするのである。

このように、大規模損害の発生事例では、事案の全体像を視野に入れることが要請されるかぎりにおいて、個別的因果関係の証明問題が大きく後退することになる。[383] これは、何をもって1つの社会的事象——「損害事故」——と捉え

---

wand rechtmäßigen Alternativverhaltens, RabelsZ 73 (2009), S. 336. これに対し、*Ehlgen*, a. a. O. (Fn. 192), S. 331, 413は、統計上は過剰な責任とならなくても、割合的責任の導入による責任成立範囲の拡大により、防衛医療（Defensivmedizin）への傾向が強まるなどとして、このような責任の導入に反対している。

383)　*Otte*, a. a. O. (Fn. 271), S. 117; *Wiese*, Umweltwahrscheinlichkeitshaftung (Fn. 271), S. 43 f.; *Röckrath*,

るかにかかわる評価問題だといえる。したがって、この要請に応えるべきかどうかの判断は、あくまで実体法の領域に属するものというべきである。

大規模損害の発生事例における割合的責任論は、以上の考えにもとづいて、実体法理論としての地位を獲得するのである。

第4節　小　　括

さて、以上をもって、ドイツにおける割合的責任論の検討を終えることとする。そこで、以下では、本章の締めくくりとして、これまでの検討から得られた知見を整理しておくこととしたい。

(1)　「原因競合」の理論的内実

まず最初に、割合的責任が問題となるケースである「原因競合」について、その理論的内実を明らかにしておこう。

一般に、原因競合とは、加害行為に他の原因が競合することによって損害が発生・拡大する事例のことをいうものとされている。ただ、この定義は、一見明快であるが、責任判断の基礎におくには、なおあいまいな点を残しているといわざるをえない。

たとえば、加害行為p_1に他の原因p_2が競合して結果qが発生したという説明は、qの原因として、p_1のほか、p_2のみを取り上げる点において、恣意的である。[384] また、そもそも、こうした2つの原因が競合して1つの結果を引き起こしたと説明すること自体、自明のことではない。結果発生の原因を突きつめて考えると、いずれか一方の原因が決定的な役割を果たしたと解することも、十分可能だからである。[385] また、かりに2つの原因の競合が可能であるとの前提に立ったとしても、p_1が引き起こした結果が、q全体におよぶかどうかに関して

---

a. a. O. (Fn. 271), S. 136 f.
384)　割合的因果関係説に対する批判として、第1章第1節2(2)(a)において取り上げたもの（注24）は、まさにこの点を指摘する。この世の中の事象の生起には、無数の因子が作用しているのである。
385)　この点に関しては、第1節1（注187に関連する箇所）において指摘したとおりである。また、注145で取り上げたドゥンツによる指摘もこの点と無関係ではない。

は、因果関係の捉え方しだいで結論がかわってくる。[386]

　このように、原因競合をめぐっては、具体的な法的処理に入るまえに、そもそもそれをどのように捉えるかについて、不明な点が多く残されている。

　ただ、本書は、こうした問題に関して、哲学的・論理学的な突きつめを行うものではない。むしろ、個々の事案において公平な損害分配を実現するため、その基盤となる思考枠組みを見つけ出すことが、本書の課題である。そこで、こうした視点からあらためて本章を振り返ると、そこでは、主として義務違反を起点とする因果関係——違法性連関——が念頭におかれていた点が、重要な意味をもつということができる。

　一般に、このようなケースでは、義務の遵守によって外界がどのように変化していったかが問題となる。これは、与えられた条件のもとで、義務が遵守された場合の事実経過をたどることを意味する。したがって、「原因競合」をこのようなものと捉えるならば、そこで問題となる競合原因とは、この与えられた条件のなかに含まれる、結果回避を阻止しようとする因子のことをいうことになる。[387]

(2)　「競合原因の斟酌」の意味

　そして、以上をふまえるならば、競合原因を斟酌するということがどのような内実をもつかも、明らかとなるだろう。

　「原因競合」においては、義務が遵守された場合の結果回避可能性が問題となる。したがって、そこで行われる競合原因の斟酌とは、この「可能性」に対応した割合的判断を行うことを意味することになる。また、ここにいう割合的判断は、過去の事実の存否にかかわるものでない。むしろ、義務が遵守された場合の「可能性」をどのように評価し、責任判断へと結びつけていくかが、ここでは問題となる。したがって、そのような判断は、証拠法の論理に左右されることなく、実体法の論理のみによって導くことができると考えられる。[388]

---

386)　これは、「あれなければこれなし」のテストをとるか、「重要な要素」のテストをとるかという点（第1章第1節2(1)(a)）にかかわる問題である。
387)　医療過誤でいうならば、患者の病状やその他の素因がこれにあたるだろう。
388)　なお、「責任要件の希薄化と減責による調整」の許容範囲に関する問題（第1章第4節）とのかかわりでいうと、本章での考察から、すくなくとも義務違反を起点とする因果関係——違法性

(3) 「法の経済分析」に対する評価

 ところで、以上のような割合的判断──「割合的責任」──に関しては、「法の経済分析」の観点からこれを正当化しようとする動きがある。そこで、こうした立場をどのように評価するかが、次に問題となる。

 「法の経済分析」によれば、不法行為法のはたすべき役割は、損害賠償請求権の肯定または否定をつうじて、市民を社会的厚生に適合した行為水準へと導くことにある。そして、本章が扱ってきた「割合的責任」は、因果関係──とりわけ違法性連関──の存否不明の局面において、こうした目的に適合する結果を導くことになる。ただ、この点に関しては、次の2点をふまえておかなければならない。

 まず第一に、こうした責任判断がつねに可能かどうかが問題となる。上述した「法の経済分析」の目的からすれば、不法行為法による行為水準のコントロールは、「追加的損害にもとづく割合的責任」によって、理想的なかたちで実現される。ただ、この「割合的責任」を肯定するためには、義務が遵守された場合の結果不発生に関するデータのほか、義務違反の場合の結果不発生に関するデータが必要となる。これに関しては、医療行為のように、一定の行為に関するデータが整備されている分野では、こうした責任を導くことに特段の支障はない。[389] しかし、その他の多くのケースをも視野に入れるならば、あらゆる場合にこうした責任を課すことは、現実的であるとは言いがたい。とくに、義務違反はあったものの結果は発生しなかったというケースは、潜在的には、たしかに発生しているかもしれない。しかし、一般的に言って、これに関するデー

　　連関──については、こうした「調整」を行うことができるということになる。そして、これは、わが国における「寄与度減責」説（前章第1節2(1)(c)）の主張を、そのかぎりにおいて正当化することを意味する。

389)　これについては、注252を参照。ただし、請求権の貫徹不足（Durchsetzungsdefizit）──部分的な賠償しか認められない場合、完全な賠償が認められる場合とくらべて、賠償請求へのインセンティヴが低下する──をも視野に入れるならば、割合的責任が効率的であるともにわかに言いがたくなるだろう。なお、請求権の貫徹不足については、*Gerhard Wagner*, Haftung und Versicherung als Instrumente der Techniksteuerung, VersR 1999, S. 1441, 1447; *ders*., Prävention und Verhaltenssteuerung durch Privatrecht: Anmaßung oder legitime Aufgabe?, AcP 206 (2006), S. 352, 391; *Ina Berg-Winters*, Der Anscheinsbeweis im Arzthaftungsrecht, 2005, S. 215; *Spindler*, a. a. O. (Fn. 198), S. 330; *Ehlgen*, a. a. O. (Fn. 192), S. 108 f. を参照。

タを入手することは、——医療行為など統計データが整備された分野を除けば——ほとんど不可能に近いと言ってよい。このように、「法の経済分析」の目的を「割合的責任」によって達成することができるのは、ごく一部のケースにかぎられるといわざるをえない。[390]

　第二に、そもそも、市民を社会的厚生に適合した行為水準へと導くことを不法行為法の主要目的とすること自体、議論の余地がある。不法行為法は、一定の要件のもと、発生した損害を加害者に転嫁することによって被害者救済を達成しようとする。これは、「法の経済分析」の是非を超えて妥当する、不法行為法の究極の目的であるといってよいだろう。ところで、こうした目的のもと、個々のケースにおいて考慮される要素には、多種多様なものが含まれる。そのなかには、当事者の個別的事情に対応したものもあれば、統計データにもとづき類型的に把握されるものもある。つまり、こうした様々な要素を複合的に考慮し、被害者救済を実現させようとするのが、損害賠償訴訟の本来の姿であるということができる。したがって、これをふまえると、割合的解決の局面において「経済分析」の観点を過度に強調することは、差し控えなければならない。むしろ、当事者間の公平をいかに図るかという視点のもと、双方を説得する論拠のひとつとして「経済分析」の観点が参照されるというのが、現実に即した対応だといえるだろう。[391]

　以上をふまえると、割合的責任論のあるべき姿としては、ハンス・シュトルが提示する判断枠組みこそが、示唆に富んだものとなるだろう。「患者に差し迫った危険が大きければ大きいほど、そしてそれが、基本的な処置によって容易に克服できればできるほど、ごくわずかな可能性の喪失であっても、医師の

---

390)　実際、本章のこれまでの叙述からも明らかなように、ドイツにおいて、「法の経済分析」の観点から割合的責任の当否が論じられる場合、そのほとんどは、医療過誤か大規模損害の発生事例を念頭においたものだと言ってよい。

391)　具体的な法適用の場において「法の経済分析」がいかなる意義をもちうるかに関しては、タウピッツによる指摘が興味深い。彼は、「法の経済分析」を科学的認識のための原資料（Urmaterial）であるとしたうえで、そうした視点を導入することがむしろ法の倫理的基礎を強固なものにすると指摘する。すなわち、そうした視点を導入することで法の倫理的基礎が合目的的思考から明確に切り離されるため、そのことが権利設定（Rechtssetzung）や法発見（Rechtsfindung）において恣意的な判断が行われるのを防ぐというのである。Taupitz, Ökonomische Analyse (Fn. 263), S. 166 f.

過誤に対する特別なサンクションが要請される」[392]。「可能性」にもとづく割合的責任の成否は、こうした実体法上の価値判断をつうじて個別的に判断されるのが妥当である。

(4) 日本法における解釈論との関係

なお、このような内実をもった割合的責任論に関しては、これをわが国の解釈論において適切に位置づけることができるかどうかが、問われなければならない。そこで次に、この点について触れておきたい。

これまでみてきたように、原因競合における割合的責任は、義務が遵守された場合の結果回避可能性に対応した責任として捉えることができる。したがって、ここでは、この「可能性」の要保護性が、問題となる。ところで、この問題は、理論的には、法益論と因果関係論の双方において、受けとめることができる。では、これらに関するわが国の法状況をふまえた場合、こうした責任論をとることは、はたして可能だろうか。

日本民法709条は、被侵害法益として、権利のほか、「法律上保護される利益」をあげる。したがって、これをふまえると、わが国において「可能性」を独立した法益として捉えることに、理論的障害はない。また、同条は、賠償範囲の画定に関して、完全賠償の原則やオールオアナッシングの原則（Alles-oder-nichts-Prinzip）を採用しているわけではない。したがって、因果関係論のレベルで可能性に応じた責任を課すことに対しても、理論的障害はないといってよいだろう。

以上をふまえると、本章で取り上げた割合的責任論は、ドイツ法以上に、日本法において、正統性を獲得することが容易であるといえるのではないだろうか。

(5) 残された問題

ところで、不法行為のなかには、医療過誤のように、義務違反を起点とする因果関係が妥当するケースのほか、行為それ自体を起点とする因果関係が妥当

---

392) 第2節2-1(3)(a)。

するケースがある。では、この後者のケースにおいて、原因競合を観念することはできるだろうか。ここでは、次の2つのケースを分けて考えておく必要がある。

　まず第一は、被害者側と加害者側の双方において、当事者が複数いるケース——たとえば、大規模損害の発生事例——である。このようなケースでは、個々の行為を起点とする因果関係——実在的な作用を本質とする、いわゆる「事実的」因果関係——を証明することが、きわめて困難となる。もっとも、事案を全体としてみた場合、この点に関する証明困難は、大幅に解消されるだろう。というのも、このようなケースにおいて、加害者集団が被害者集団に損害を与えたことに、疑いはないからである。[393] そして、この、事案を全体として捉えるかどうかの判断は、あくまで実体法上の価値判断に属する。したがって、こうした判断により事案を全体として捉えることが許容されるかぎり、このようなケースでは、証拠法の論理に左右されることなく、責任を導くことができるだろう。[394]

　第二は、被害者と加害者がそれぞれ1人ずついるケース——たとえば、交通事故——である。すでに述べたように、このようなケースでは、そもそも2つの原因が「競合する」と捉えること自体、自明のことではない。したがって、ここでは、加害行為と他の原因との「競合」をどのように捉えるかが、正面から問われることになる。もっとも、この問題に関しては、本章の考察からは、何も言うことができない。したがって、これに関しては、個々の原因競合事例を検討するなかで、明らかにしていくほかないだろう。

(6) 結　語

　原因競合における割合的解決は、以上の基本構想にもとづいて行われる。そこで、第Ⅱ部では、第Ⅰ部で得られた知見をふまえつつ、個々のケースについて、より具体的な検討を行うこととしたい。「可能性」にもとづく責任では、

---

393) たしかに、加害者集団による行為以外の原因——「一般的な環境負荷」(注277)——のみが被害者集団に損害を与えた場合においては、この因果関係は、否定される。しかし、多くの場合、大規模損害の発生事例においては、このような可能性を考慮に入れる必要はないと言ってよいだろう。

394) 第3節4-4。

具体的にどのようなかたちで法的価値判断が行われるのか。行為を起点とする因果関係が妥当するケースにおいて、割合的解決を行う余地はどの程度あるのか。この2つが、第II部での検討の重要な柱となるだろう。

第Ⅱ部
割合的責任の判断構造

　第Ⅱ部では、第Ⅰ部で得られた知見をもとに、個々の原因競合事例における割合的責任の判断構造を明らかにする。なお、取り上げる事例は、次のとおりである。
① 医療過誤事例（第1章）
② 営造物・工作物責任の領域における自然力競合事例（第2章）
③ 公害・環境責任の事例（第3章）
④ 交通事故の領域における素因競合事例（第4章）
⑤ 交通事故と医療過誤の競合事例（第5章）
⑥ 被害者の自殺事例（第6章）

　原因競合事例の抽出の仕方としては、競合原因の種類に着目し、ⓐ素因の競合、ⓑ自然力の競合、ⓒ第三者の行為の競合、などといった分類法をとることも考えられる。しかし、第Ⅰ部で述べたとおり、原因競合における割合的解決を考えるにあたっては、義務違反を起点とする因果関係が妥当するケースかどうかといったことが、問題となる。したがって、同じ素因の競合でも、医療過誤と交通事故では、その理論的様相が大きく異なることになる。そこで、第Ⅱ部では、裁判例でしばしば問題となる事例を中心に、上記のような分類を行ったわけである。

　なお、このような分類を行うことにより、事例の取りこぼしが生じることは否定できない。ただ、これに関しては、本書が取り上げる6つの事例からも、その他の事例を考える際の指針を得ることはできるということを、まずは述べておきたい。また、その他の事例に固有の個別的問題について、本書が扱いきれていないのではないかとの指摘に対しては、これを率直に認め、今後の課題として受けとめることにしたい。

第1章　医療過誤における割合的責任

第1節　はじめに

1　因果関係の証明困難と割合的解決の現状

一般に、医療過誤訴訟においては、因果関係の証明に困難がともなうといわれている。これには、次のような要因があることが指摘されている。

① 医療過誤においては、基本的に因果の流れが身体内部で進行するため、これを外部から把握することはむずかしい。

② 医療行為に対する生体反応は、患者によって様々であるため、当該医療行為と結果とのあいだに法則性を見出すことはむずかしい。

③ 多くの場合、医療の現場では、病状の進展にともないいくつかの行為が規則的または不規則的に繰り返されるため、ある結果について、その原因行為を特定することはむずかしい。

④ 当該医療行為が試行的なものである場合、一般的な医療行為とは異なり、過去の同種のケースを参考にして当該行為と結果との法則性を見出すことはむずかしい。

⑤ 自然科学の分野では、ある結果を引き起こした原因を探るため同じ条件のもとで追試が行われるが、医療の分野では、人体実験を容認しえない以上、こうした検証手段をとることはできない。

⑥ 当該病気に関して医学上解明されていない部分がある場合には、まさにそのことによって、医療行為と結果との因果関係を把握することがむずかしくなる。[395]

---

[395] 中村哲「医療事故訴訟における因果関係について」同『医療訴訟の実務的課題——患者と医師のあるべき姿を求めて』(判例タイムズ社、2001年) 253頁、255-260頁。

ところで、以上の6つの要因は、いずれも医療行為から結果へといたる事実経過を把握する際の困難を指摘したものである。これに対し、不法行為責任——ないし債務不履行責任——の要件としての因果関係を考えるにあたっては、これらの要因のほか、次の点にも留意する必要がある。

医師は、すでに侵害の過程にある患者に対して、医療水準にかなった措置を講じることにより、症状の緩和や病因の除去を行わなければならない。したがって、こうした責任法上の地位の特殊性から、医師の責任においては、交通事故などとは異なった要件構造を問題にしなければならない。一般に、交通事故においては、過失ありとの評価を基礎づける行為が、結果を引き起こしたかどうかが問題となる。したがって、そこでは、加害行為のうち過失ありとの評価に対応する部分が独立したかたちで観念されることはあまりない[397]。これに対し、多くの場合、医療過誤において結果を引き起こしたのは、病気であって医療行為ではない。したがって、医療行為と結果との因果関係という場合、そこでは、医師が医療水準にかなった措置を行うことにより、結果を回避できたかどうかが問題となる[398]。これは、医師の過失と結果との因果関係を意味することになるだろう。

ところで、この因果関係——違法性連関——を判断するにあたっては、義務が遵守された場合の仮定的事実経過を、法則に依拠しながら構成することが試みられる。したがって、ここでは、上述の6つの要因による事実の確定困難性

---

396) 本章が取り上げる裁判例のなかには、不法行為構成をとるものと債務不履行構成をとるものとが混在している。しかし、本章は、いずれの構成をとるものに対しても、不法行為法上の理論的課題に即して分析を行うこととする。また、本章が取り上げる裁判例のなかには、医師個人の責任（民法709条・415条）を追及するものと病院の責任（民法715条・415条）を追及するものとがある。しかし、本章は、事案の簡略化のため、いずれにおいても医師の責任を問題にすることとする。考察をはじめるにあたって、以上の点をお断りしておく。

397) ただし、この点には争いがある。たとえば、橋本佳幸「不作為不法行為」同『責任法の多元的構造——不作為不法行為・危険責任をめぐって』（有斐閣、2006年）5頁、55-56頁は、交通事故を例にとりつつ、次のように述べている。「作為不法行為の場合、……違法性連関要件は、因果関係ないし義務の保護目的と並ぶ積極的成立要件としては登場してこない」。これに対し、四宮・前掲（注183）412-413頁、沢井・前掲（注183）269-270頁は、こうしたケースにおいても、義務違反を起点とする因果関係を要件とすべきだとしている。

398) ただし、医療過誤のなかでも、手技上のミスや投薬上のミスのケースでは、手技や投薬それ自体が結果を引き起こしたかどうかが、問題とされる傾向にある。この点に関しては、第4節1-1(1)も参照。

のほか、仮定的事実を扱うことからくる不確定性にも向き合わなければならない。かくして、医療過誤における因果関係の判断においては、過去の事実の復元作業には解消しえない、実体法固有の価値判断が不可避的に介入してくることとなる。[399]

　以上をふまえるならば、医師の義務の遵守により結果が回避されたかどうかがはっきりしないケースにおいて、オールオアナッシングによる解決に固執することは、かならずしも妥当な結果を導くとはかぎらない。そこで、裁判実務では、かねてから割合的解決が行われてきた。これはさらに、次の3つのタイプに分類することができる。

　まず第一に、医師の過失と結果との因果関係が証明されない場合において、患者の病状を競合原因と捉え、これを考慮することにより割合的減責を行うものがある。[400]これは、交通事故などにみられる素因減責の考えを、医療過誤に適用するものである。[401]

　第二に、医師の過失と結果との因果関係が証明されない場合において、適切な治療が行われなかったこと――「期待権」の侵害――を根拠に責任を肯定するものがある。[402]これは、因果関係の証明困難をまえに、問題を法益論のレベルにおいて処理しようとするものである。

　第三に、がん治療のように、適切な治療が行われても根治が期待できない場合において、一定期間の生存が奪われたこと――「延命利益」の侵害――を根

---

399) この点を指摘するものは多いが、さしあたり、石川寛俊「13　延命利益、期待権侵害、治療機会の喪失」太田幸夫編『新・裁判実務大系　第1巻　医療過誤訴訟法』（青林書院、2000年）288頁、305頁。

400) これに関しては、橋本英史「21　因果関係(2)――患者の特異体質」根本久編『裁判実務大系　第17巻　医療過誤訴訟法』（青林書院、1990年）347頁、野田寛「14　医療事故と患者側の事情」林良平・甲斐道太郎編『谷口知平先生追悼論文集　第3巻　財産法　補遺』（信山社、1993年）305頁、草野真人「12　異常体質と医療過誤」太田幸夫編『新・裁判実務大系　第1巻　医療過誤訴訟法』（青林書院、2000年）257頁、橋本佳幸「医療過誤訴訟における割合的解決――医師責任の割合的前進」同『責任法の多元的構造――不作為不法行為・危険責任をめぐって』（有斐閣、2006年）113頁を参照。

401) 最判昭和63年4月21日（民集42巻4号243頁）、最判平成4年6月25日（民集46巻4号400頁）、最判平成8年10月29日（民集50巻9号2474頁）。

402) 裁判例の動向については、中村哲「医療過誤訴訟における損害についての二、三の問題」同『医療訴訟の実務的課題――患者と医師のあるべき姿を求めて』（判例タイムズ社、2001年）299頁、314-322頁を参照。

拠に責任を肯定するものがある。[403] これも、因果関係の証明困難を法益論のレベルで解決しようとするものであり、その点において第二のタイプと共通する。ただ、そこで問題となる法益は、一定期間における逸失利益と捉えることもできる。したがって、この点に着目すれば、ここではむしろ、損害の算定が問題となっていることになる。

さて、以上の3つのタイプが示されるなか、最高裁は、平成11年以降、これらの問題を次のように整理することとした。

まず、第三のタイプに関するものとして、最判平成11年2月25日（民集53巻2号235頁）（以下、本章において「平成11年判決」とする）がある。これは、医師の過失がなければ患者は延命していたが、その期間は明らかでないというケースを扱うものであるが、次のような注目すべき判断を行っている。

「医師が注意義務を尽くして診療行為を行っていたならば患者がその死亡の時点においてなお生存していたであろうことを是認し得る高度の蓋然性が証明されれば、医師の右不作為と患者の死亡との間の因果関係は肯定されるものと解すべきである」。

このように、平成11年判決は、「患者の死亡」を「死亡の時点において生存できなかったこと」と捉えることにより、「延命利益」[404]の侵害ケースとされてきたものを、生命侵害の領域に組み入れることとした。そしてこれにより、この種のケースにおける割合的判断は、損害算定のレベルで扱われることが明らかとなった。

続いて、第一のタイプと第二のタイプに関しては、次のような動きがみられる。

---

403) 裁判例の動向については、中村・前掲（注402）308-313頁を参照。
404) 「延命利益」の捉え方としては、①医師の過失がなければ患者は延命していたとされる場合における患者の法益とするもの——佐々木寅男「延命利益の侵害と損害」山口和男・林豊編『現代民事裁判の課題9　医療過誤』（新日本法規、1991年）575頁、589頁、稲垣喬「延命利益の評価と検討」同『医事訴訟理論の展開』（日本評論社、1992年）210頁、216頁など——と、②医師の過失がなければ患者は延命していた可能性があるとされる場合の患者の法益とするもの——大塚直「不作為医療過誤による患者の死亡と損害・因果関係論」ジュリスト1199号（2001年）9頁、11頁、新美育文「判批：最判平成11年2月25日」星野英一・平井宜雄・能見善久編『民法判例百選Ⅱ　債権〔第5版新法対応補正版〕』（有斐閣、2005年）168頁、169頁など——とがある。なお、本文の叙述は、①の理解を前提としている。

まず、最判平成12年9月22日（民集54巻7号2574頁）（以下、本章において「平成12年判決」とし、同判決と下記最判平成15年11月11日において示された法理を、「『相当程度の可能性』法理」と呼ぶ）[405]は、次のように判示する。

　「医療行為と患者の死亡との間の因果関係の存在は証明されないけれども、医療水準にかなった医療が行われていたならば患者がその死亡の時点においてなお生存していた相当程度の可能性の存在が証明されるときは、医師は、患者に対し、不法行為による損害を賠償する責任を負う」。

　このように、平成12年判決は、平成11年判決によると生命侵害についての責任を肯定できないケースにおいて、法益論による割合的解決を行う。また、同判決が提示する法益は、それまで下級審裁判例で広く採用されてきた法益とは内容が異なる点にも注意が必要である。ここでは、適切な治療に対する期待ではなく、「死亡の時点においてなお生存していた相当程度の可能性」を法益と捉えている点が、特徴的である[406]。

　次に、平成12年判決が提示した「相当程度の可能性」という法益は、その後、身体侵害の領域においても承認されるにいたっている。最判平成15年11月11日（民集57巻10号1466頁）は、医師の転送義務違反と患者の「重大な後遺症」との因果関係が証明されないケースについて、次のように判示している。

　「適時に……転送が行われ……ていたならば、……重大な後遺症が残らなかった相当程度の可能性の存在が証明されるときは、医師は、患者が上記可能性を侵害されたことによって被った損害を賠償すべき不法行為責任を負う」[407]。

---

405)　「相当程度の可能性」法理を適用した裁判例については、橋口賢一「『相当程度の可能性』をめぐる混迷」富大経済論集53巻2号（2007年）29頁、46-62頁、石川寛俊・大場めぐみ「医療訴訟における『相当程度の可能性』の漂流」法と政治61巻3号（2010年）81頁、89-103頁に網羅的な紹介がある。

406)　もっとも、ここにいう「相当程度の可能性」も、主体とのかかわりについて考えるならば、「可能性」に対する期待を法益としたものと捉えることができる。したがって、平成12年判決が提示した法益を、広い意味において期待権の一種とみることも、できないではない。

407)　なお、本判決以降、下級審裁判例においては、かならずしも重大とはいえない後遺症のケースにおいても、同様の法理が適用されている。米村滋人「『相当程度の可能性』法理の理論と展開」法学74巻6号（2011年）237頁、258-259頁。

2 本章の目的

 以上のように、医療過誤における割合的解決は、法益論による解決と、損害算定論による解決とによって受けとめられることとなった。そこで、こうした状況をふまえ、本章では、以下の点につき検討を試みたい。

 まず、前者に関しては、そこで示された法益――「相当程度の可能性」――が、患者の法益として真に内実をともなったものかが、しばしば疑問視されている[408]。そこで、本章では、「相当程度の可能性」侵害をあくまで割合的解決のための二次的な構成とみなし、問題を「割合的責任」論のなかで捉えることとしたい。医師の過失がなければ法益侵害は回避されていたとは言いがたいケースにおいて、割合的責任(以下では、これを「責任設定における割合的解決」と呼ぶ)を肯定すべき場合とは、どのような場合か。その際に問題となる衡量ファクターには、どのようなものが含まれるか。こうした問題を裁判例の分析をつうじて明らかにしていくのが、本章の第一の目的である。

 次に、後者に関しては、平成11年判決をふまえ、かつて「延命利益」の侵害とされていたものを、生命侵害における損害算定の問題として位置づけなおすこととしたい[409]。そのうえで、このような問題領域において割合的判断(以下では、これを「責任充足における割合的判断」と呼ぶ)がどのように行われるかを、裁判例の分析をとおして明らかにし、そこでの損害算定のあり方ついて検討することとしたい。これが本章の第二の目的である。

---

408) 実際、平成12年判決以降の議論をみてみると、「相当程度の可能性」法理に関しては、その機能の面に着目し、因果関係論との関連でこれを論じるもの――たとえば、溜箭将之「『相当程度の可能性』のゆくえ」ジュリスト1344号(2007年)47頁、55頁、野々村和喜「医療過誤における『相当程度の可能性』法理」同志社法学60巻7号(2009年)575頁、576-577頁など――が多く、新たな人格的法益の生成というコンテクストのなかでこれを論じるもの――たとえば、大塚直「公害・環境、医療分野における権利利益侵害要件」NBL936号(2010年)40頁など――は相対的に少ないといえる。なお、中原太郎「機会の喪失論の現状と課題(1)」法律時報82巻11号(2010年)95頁、98頁は、「相当程度の可能性」法理に関して、「医師の高度な職責」と「技術的不確実性」による損害分配を実現するための「手段としての色彩が強い」と評する。

409) 平成11年判決に対しては、生命侵害ではなく、むしろ「延命利益」の侵害ケースとして位置づけなおすべきだとする見解がある。たとえば、橋本・前掲(注397)71-72頁。しかし、本章は、この問題に立ち入ることはせず、同判決の立場を前提とすることとしたい。

第2節　責任設定における割合的解決

　本節では、責任設定における割合的解決に関する裁判例を取り上げ、分析を行う。なお、裁判例の紹介および分析は、医療過誤の多様さを考慮し、検査義務違反、治療上の判断ミス、経過観察義務違反、説明義務違反、転送義務違反の5つに分けて行うこととする。

1　検査義務違反

　医師が行う検査は、その後の治療方針を決定づけるものとして、きわめて重要な意味をもつ。また、適切な検査の不実施は、その後の患者の容態に決定的な影響を与えることが少なくない。しかしその一方で、検査義務によって保護される患者の利益は、本来的には、検査結果にもとづいた適切な治療が行われることにとどまるとみることもできる。はたして、検査義務違反のケースにおいて、医師は、生じたすべての損害につき責任を負うべきだろうか。これがここでの問題である。

(1)　広島高判平成6年2月7日（判例タイムズ860号226頁）
　本件は、極小未熟児であるXが、未熟児網膜症に罹患し、両眼を失明したという事案である。裁判所は、昭和49年度に厚生省研究班が作成した報告書――「未熟児網膜症の診断および治療基準に関する研究」――にもとづき、医師には「生後3週以降3ヶ月までの間に週1回の定期的眼底検査を施行し」、適切な時期に光凝固法を実施すべき義務があるとした。そのうえで、裁判所は、生後110日になってはじめて検査を実施した点に医師の過失を認め、過失相殺の類推により5割の減責を行った。なお、減責を行うにあたって、裁判所は、以下の3点を考慮している。
　①　極小未熟児は、保育器に収容して酸素投与を行っても、その生存率はきわめて低く、かろうじて生存できたとしても脳性小児麻痺に罹患する蓋然性が高い。しかも、酸素を与えすぎると、今度は未熟児網膜症に罹患して失明するおそれもある。しかし、医師は、何よりもまず生命の維持と脳障

害の防止に努める義務を負うのであり、いたずらに酸素投与を中止すべきでない。したがって、かりにXにおいて眼底検査が実施され、未熟児網膜症の発症ないし悪化が懸念されたとしても、酸素投与を中止しえたかどうかは疑問である。
② Xの全身状態からみて、同人に眼底検査を行えるようになるのは、生後35日以降であるが、この時期になって未熟児網膜症の病変を的確に把握できたかどうかは疑問である。また、光凝固法の適期は生後50日が限度であり、それ以降になれば網膜剥離が避けられない。
③ 未熟児網膜症に関しては、酸素投与をしない場合であっても発症した例が報告されている。したがって、Xの本症への罹患は、X自身の網膜の未熟性と酸素投与とが重なって生じたものと考えられる。

以上のうち、③は、素因競合による割合的減責を基礎づけるものである。もっとも、医師は、患者の病状をまえに医療水準にかなった治療を行う義務を負う。[410] したがって、この点をふまえると、患者の病状である網膜の未熟性を医師の過失に競合する原因と捉えることはできないはずである。このように、③は、事態の本質を捉えたものとは言いがたい。そこで問題となるのが、①と②である。

まず、②は、検査義務の遵守と光凝固法の実施による失明の回避との関係——違法性連関——について述べたものである。それによると、裁判所は、厚生省研究班による報告書の内容を医療水準と定めながら、Xの全身状態との関係では、生後35日以降になってはじめて眼底検査を行うことができると判示している。そして、この場合において、結果が回避されたかどうかについては、未熟児網膜症の病変を的確に把握できたかどうかが明らかでない以上、明確には言えないとしている。この違法性連関が不明確であるという点が、本件において割合的解決を基礎づける第一の根拠である。

もっとも、違法性連関の存否不明だけでは、因果関係が証明されなかったとして、責任を否定することも十分考えられたであろう。そこで次に、こうした場合において、何ゆえ割合的解決が妥当するのかが問題となる。この点に関し

---

410) 橋本佳幸・前掲（注400）116頁。

ては、医師の過失について判示した①が手がかりを与えることになる。

①によれば、医師は、極小未熟児に対する対応として、何よりもまず、生命の維持および脳障害の防止に努めなければならない。したがって、かりに眼底検査の結果から、未熟児網膜症の発症ないし悪化が疑われたとしても、あらゆる場合に医師に対して酸素投与の中止を期待することはできない。この事情は、割合的解決に関して、2つの意味をもつと考えられる。1つめは、先に述べた違法性連関の存否不明に関して、これを支えるもうひとつの事情を提示している点である。2つめは、医師の眼底検査義務の保護目的に関して、一定の言及を行っている点である。すなわち、本件における医師の義務は、眼底検査の実施による未熟児網膜症の完全な回避を目的とするものではない。むしろ、ここでは、極小未熟児の生命の維持と脳障害の防止に万全を期すなかで、可能な範囲でこれを回避すべき義務──回避に努める義務──が課されている。[411] つまりここでは、失明が回避される可能性が、医師の義務によって保護されているのである。[412]

このように、本件における割合的解決は、違法性連関の存否不明と検査義務の保護目的の両面から正当化することができる。[413]

(2) **東京地判平成19年8月24日**（判例タイムズ1283号216頁）

本件は、高血圧と糖尿病の治療のため、Y病院の循環器内科に通院していた

---

411) このほか、たとえば、抗結核剤エタンブトールの副作用により患者が失明した事案に関する、神戸地判平成3年4月22日（判例時報1415号122頁）は、割合的責任の根拠として、違法性連関の存否不明に加え、次の点をあげている。「結核が個人的にも社会的にも害を及ぼすことを防止するために、……結核の治療にあたる医師は、その治療薬に副作用が知られていても、なお……これを使用しなければなら」ない。ここでも、医師に対し、結果の回避に努める義務が課されているとみることができるだろう。

412) 契約法構成を前提とした議論ではあるが、手段債務（obligation de moyens）の不履行事例と可能性（Chance）の保護とを関連づけて理解するものとして、Mäsch, a. a. O. (Fn. 195), S. 242 ff.

413) 本判決と同様、未熟児網膜症のケースにおいて割合的責任が問題となったものとして、①静岡地判昭和52年6月14日（判例時報860号39頁）、②福岡地小倉支判昭和53年10月3日（判例タイムズ368号153頁）、③釧路地網走支判昭和54年1月19日（判例時報924号92頁）、④福島地判昭和60年12月2日（判例時報1189号87頁）がある。なお、このうち②は、光凝固法の有効性につき「奏効例が相当数報告されている」として、眼底検査義務違反を起点とする違法性連関を肯定したうえで、網膜の未熟性を理由とする減責については、これを否定している（ただし、慰謝料額の算定において、こうした事情が考慮されている）。

Aが、血便等の症状のため、同病院の外科にも通院するようになったところ、それからしばらくして、転移性の肝がん——原発巣は大腸がん——により死亡したという事案である。本件で裁判所は、Aが外科を受診した平成14年5月17日の時点で、下部消化管検査など大腸がんの発見に有効な検査を実施しなかった点に医師の過失を認めたうえで、これと死亡との因果関係についてはこれを否定し、「相当程度の可能性」法理を適用した。裁判所の判断は、以下のとおりである。

① 平成14年7月16日のCT画像からすると、同年5月17日の時点ですでに手術の適応がなかった可能性がきわめて高い。したがって、Aに対する治療方法は、生存期間の延長を目的とした化学療法のみとなる。

② 平成14年当時、大腸がんに対する化学療法としておもに行われていた「5－FU＋LV」の奏功率は21％と低率であり、日本人の場合さらに奏功率が低くなると予測されていた。したがって、同療法によってAの生存期間が延長された可能性は、高いとはいえない。

③ 平成14年当時、わが国において大腸がんに対する化学療法は標準的治療となっておらず、Aにも化学療法が実施されなかった可能性がある。

④ 平成14年6月24日の循環器内科の外来診療録からすると、Aの全身状態は、同年6月ごろから悪化しつつあり、化学療法に耐えられない状態となっていたことは否定できない。

⑤ したがって、医師が平成14年5月17日の時点で大腸がんを疑い、ただちに大腸内視鏡等の検査を実施していたとしても、Aが死亡した平成14年8月20日の時点でなお生存していた高度の蓋然性があったとは認めがたい。しかしながら、鑑定人によれば、本件の場合、平成14年5月の段階で上記化学療法を実施していれば、せいぜい数ヶ月程度ではあるが、20％の確率で生存期間が延長された可能性がある。したがって、平成14年5月17日の時点で大腸がんを疑い、ただちに検査を実施していれば、Aが平成14年8月20日の時点でなお生存していた「相当程度の可能性」はあったものと認められる。

①にあるように、本件では、手術によるがんの根治はほぼ望めないといってよい。したがって、医師の行為によってもたらしうる結果は、「せいぜい数ヶ

月程度」の生存期間の延長にとどまる。ただ、平成11年判決を前提とするならば、こうした比較的短期間の生存の延長であっても、医師の義務の遵守によってこれが生じることが確証されるかぎり、あくまで生命侵害についての責任が肯定されることになる。したがって、これをふまえると、本件では、このような意味における生命侵害について、「相当程度の可能性」法理が適用されたということになる。414)では、このような解決は、どのようにして正当化されるのだろうか。

　まず、⑤にあるように、本判決が割合的解決に踏み切ることができたほぼ唯一の手がかりは、化学療法により20％の確率で生存期間が延長されたという鑑定人の意見である。しかし、③にあるように、平成14年当時の医療水準からは、Aに対して化学療法が実施されなかった可能性が否定できない。したがって、平成14年5月17日の時点で検査を実施していたとしても、生存期間が延長された可能性はきわめて低かったといわざるをえない。では、このきわめて低い可能性を基礎として、割合的解決を導くことはできるだろうか。

　これに関しては、本件検査義務がこのきわめて低い可能性の保護を目的としたものかどうかが、鍵をにぎっていると考えられる。ただ、結論からいえば、本件検査義務がそうした保護目的を有していたと解するのは、むずかしいといわざるをえない。たとえば、先ほどの未熟児網膜症のケースにおいて、眼底検査の実施は、その後にひかえている光凝固法の実施と不可分一体の関係にある。したがって、眼底検査義務は光凝固法の実施による治癒の可能性をも保護するとの解釈は、比較的容易に導くことができた。これに対し、本件における下部消化管検査は、本来的には大腸がんの発見それ自体を目的とするものと考えられる。したがって、このような検査の実施により確実に結果が回避された場合はともかく、回避された可能性があるにとどまる場合においては、そう415)

---

414) なお、学説においては、これと異なった捉え方をするものもある。これはさらに、次の2つの見解に分かれる。第一は、まさにこのような場合を「延命利益」の侵害ケースと捉えるもの——注404の②の立場——、第二は、「延命利益」とは別の「救命利益」が侵害されたと捉えるもの——中村・前掲（注402）301-308頁。ただし、「救命率」と一定期間の延命の可能性を混同しているきらいがある——である。この2つの立場のちがいは、「延命利益」概念の理解のちがいによってもたらされる（これについては、注404を参照）。

415) 検査の実施により結果が確実に回避されたといえる場合には、検査義務の保護目的を結果の回

した可能性を検査義務の保護目的に含めることはむずかしくなる。

本判決は、「相当程度の可能性」法理を適用することにより、割合的解決を行ったものだが、医師の義務が「相当程度の可能性」をも保護しようとするものかどうかにつき、まったくと言っていいほど関心を示していない。このように、本判決に対しては、規範的見地からの正当化が欠落していると言わざるをえないのである。[416]

2 治療上の判断ミス

続いて、治療上の判断ミスのケースをみてみよう。医師が医療水準にかなった治療措置を実施していたら、結果は回避されただろうか。医師に課された義務は、結果の回避のみならず、結果回避の可能性をも保護しようとするものだろうか。これがここでの問題である。

(1) 京都地判昭和62年7月17日（判例時報1268号117頁）

本件は、乳児Aがビタミン K 欠乏症による頭蓋内出血によって死亡したという事案である。本件で裁判所は、診療当時、ビタミン K 欠乏症の診断基準は確立していなかったとして、医師が同症を看過してもこれをもって過失があったとはいえないと判示した。しかしその一方で、裁判所は、Aが出血傾向にあり、重度の貧血であったことから、医師にはビタミン K ――当時の医療水準でも凝血作用が知られていた――を投与するか、輸血を行う義務があるとし、これを怠った医師の過失を認定した。そのうえで、裁判所は、次のように述べて、Aの両親である原告の請求を一部認容した。

① ビタミン K 欠乏症の場合、ビタミン K の投与や輸血を行うことによって

避に求めても、問題はないだろう。

[416] なお、本文であげたもののほか、検査義務違反のケースで割合的解決を行ったものとして、①横浜地判平成7年3月14日（判例時報1559号101頁）、②東京地判平成13年7月4日（判例タイムズ1123号209頁）、③東京地判平成15年5月28日（判例タイムズ1147号255頁）、④東京高判平成15年8月26日（判例時報1842号43頁）、⑤大阪地堺支判平成16年12月22日（判例時報1902号112頁）、⑥名古屋地判平成18年3月29日（判例時報1956号139頁）、⑦東京地判平成19年1月25日（判例タイムズ1267号258頁）、⑧東京地判平成21年10月29日（判例タイムズ1335号175頁）。なお、①は、素因競合等を減責の根拠としている。これに対し、それ以外の判決は、「相当程度の可能性」法理を適用している。

出血傾向の改善が認められる。しかし、同症は発症した時点で9割近くの患者が頭蓋内出血をおこしているため、止血管理が適切に行われたとしても、予後は不良である。ただそれでも、死亡率は20％ないし30％前後にとどまるとされる。したがって、本件において、医師が輸血義務を遵守していれば、特段の事情がないかぎり、Aの死という結果は「十分回避できた」と推認することができる。
② 医師の義務違反の態様、医療水準からの逸脱の程度、救命可能性の程度など、本件における諸般の事情を総合考慮すれば、Aの死亡による原告らの慰謝料額は、各自500万円とするのが相当である。

一般に、治療上の判断ミスのケースでは、医師に課される義務は、当該疾患の治癒を目的とする。たとえば、本件における医師の義務――ビタミンKの投与義務または輸血義務――は、ビタミンK欠乏症による死亡の回避を目的とする。したがって、本件では、医師の過失がなければAの死亡は回避されたといえるかぎり、Aの死亡が賠償範囲に入ることに疑いはない。では、このような関係を確証することができない場合、医師は、結果回避の可能性について、責任を負うことになるのだろうか。

まず、①は、ビタミンKの投与義務または輸血義務が遵守された場合の救命率について述べている。それによると、医師が義務を遵守した場合の救命率は、70％から80％とされる。これは、生命侵害についての責任を肯定できる水準をやや下回る値ということができる。したがってここでは、責任を否定するよりも、割合的解決を行うのが妥当であるとの評価が導かれる。もっとも、本判決では、医師の義務が生命侵害の回避可能性をも保護するものかどうかについて、ほとんど説明がなされていない。したがって、本判決に対しては、割合的解決を正当化する根拠が十分に示されていないというほかない。

次に、②は、損害の算定について述べたものである。ここでは、裁判所が、慰謝料の算定にあたり、「義務違反の態様」と「医療水準からの逸脱の程度」を考慮している点が注目される。すでに述べたように、本件当時、ビタミンK欠乏症に対する診療基準は、いまだ確立していない。しかしそうしたなか、裁判所は、医師に対しビタミンKの投与または輸血による出血傾向の改善を命じている。これは、医師にとっては厳しい判断といえるだろう。つまり、本判決は、

過失において厳しい判断を行うかわりに、慰謝料額を一定程度おさえたとみることができる。[417]

このように、本判決における割合的解決は、因果関係と過失に関する微妙な判断から導き出されたものとみることができる。

(2)　**大阪高判平成13年7月26日**（判例タイムズ1095号206頁）

本件は、患者Aが顔面けいれんの根治手術である脳神経減圧術を受けたところ、手術後に脳内血腫が発生し、死亡したという事案である。本件で裁判所は、脳内血腫への対応として小脳半球切除術の実施を怠った点に医師の過失を認めたうえで、これとAの死亡との因果関係を否定し、「相当程度の可能性」法理を適用している。裁判所の判断は、以下のとおりである。

① 証拠にもとづき検討すると、本件では小脳半球切除術によりAを救命できた高度の蓋然性があるとまではいえないが、救命できた「相当程度の可能性」はあったと認められる。

② 本件においては、脳室ドレナージおよび減圧開頭術によって十分な治療効果が得られなかったのであるから、担当医師としては、Aの家族の同意を得たうえで、救命可能性のある小脳半球切除術を実施すべきであったといえる。

本件で原告は、適応のない手術を実施した点や、その危険性について説明をつくさなかった点についても、医師の過失を主張していたが、これらはすべて、裁判所によって否定されている。したがって、医師の過失については、もっぱら手術後に発生した脳内血腫への対応のあり方が問題となる。この点につき、裁判所は、脳室ドレナージおよび減圧開頭術が効果を発揮しない場合の対応として、医師に対し、救命可能性のある小脳半球切除術を実施すべき義務を課している。つまり、ここで医師に課される義務は、患者の生命それ自体ではなく、救命可能性を保護しようとするものだということができる。このように、本判決の結論は、規範的見地から正当化することが可能である。[418]

---

417)　このような判断を積極的に評価するものとして、能見・前掲（注1）231-232頁、錦織成史「講演　医療過誤訴訟における賠償の減額事由について」司法研修所論集93号（1995年）1頁、27-28頁。
418)　本文であげたもののほか、治療上の判断ミスのケースで割合的解決を行ったものとして、①福

3 経過観察義務違反

患者の病状が明らかでなかったり安定しない場合、医師は、ただちに診断を行って、治療に踏み切ることはできない。しかし、そうした場合においても、医師は病状の推移を見守り、具体的な治療を行うための態勢を整えておかなければならない。医師の経過観察義務は、第一次的にはこうした態勢整備を目的とする。では、このような義務が遵守されていれば結果が回避された可能性があるという場合、医師の責任はどうなるだろうか。

(1) 岡山地判昭和58年8月31日（判例時報1099号116頁）

本件は、頭部を舗装道路に強打したAが、病院に搬送され、軽い脳挫傷と診断されたところ、入院中に硬膜外血腫のため死亡したという事案である。本件で裁判所は、医師が経過観察を十分に行っていたら、緊急の開頭手術によってAを救命できた可能性があるとして、6割の責任を肯定している。裁判所の判断は、以下のとおりである。

① Aの頭部外傷について軽い脳挫傷と診断した点に、医師の過失はない。しかし、だからといって、硬膜外血腫の可能性がないとまではいえず、むしろその可能性は大である。したがって、本件医師には、硬膜外血腫の可能性を念頭においた経過観察を行う義務がある。

② Aは受傷後12時間で死の転帰をとっているため、遅くとも受傷後6時間の時点で硬膜外血腫を示す症状が現れていたと考えられる。そして、かり

岡地判昭和51年3月9日（判例タイムズ348号276頁）、②横浜地判平成2年4月25日（判例時報1385号93頁）、③札幌高判平成6年1月27日（判例時報1522号78頁）、④那覇地判平成12年10月17日（判例タイムズ1111号172頁）、⑤東京高判平成13年7月19日（判例時報1777号51頁）、⑥東京高判平成13年11月5日（判例時報1778号69頁）、⑦東京地判平成16年3月25日（判例タイムズ1163号275頁）、⑧青森地八戸支判平成18年10月2日（判例タイムズ1244号250頁）、⑨大阪地判平成20年2月13日（判例タイムズ1270号344頁）、⑩福岡高判平成20年4月22日（判例時報2028号41頁）、⑪名古屋地判平成20年10月31日（判例時報2061号65頁）、⑫大阪地判平成21年3月25日（判例タイムズ1297号224頁）、⑬大阪地判平成21年9月29日（判例タイムズ1319号211頁）。なお、このうち①～③は、公平の見地から割合的解決を行っている。また、④は期待権侵害構成をとるのに対し、⑤～⑨・⑪～⑬は「相当程度の可能性」法理を適用している。さらに、⑩は、適切な治療が行われていれば「後遺障害の程度はもっと軽減されていた可能性は相当程度ある」としたうえで、後遺障害が軽減された割合（50％）と軽減された可能性の割合（50％）を掛け合わせて、25％の責任を肯定している。

に医師が経過観察を怠っていなければ、この時点で硬膜外血腫を疑い、ただちに血腫除去手術を実施できる病院にAを転送することができたはずである。したがって、同手術が実施された場合の救命率が約70％であることをも考えあわせると、Aを救命できた可能性は多分にあったということができる。

③　転送できた時点におけるAの意識障害の程度は軽くなかったため、かりに救命できたとしてもその予後はかならずしも良好だとはいえないこと、Aの頭部外傷について硬膜外血腫と診断することはかならずしも容易ではなかったこと、本件医師は開業医であり脳神経外科に関して専門的に教育されているとはいえないことなどからすると、本件では6割の責任を肯定するのが相当である。

　すでに述べたように、医師の経過観察義務の目的は、第一次的には病状の推移を見守り、具体的な治療を行うための態勢を整える点にある。したがって、同義務の違反によって患者が死亡したとしても、医師がこれにつき責任を負うかどうかは、義務の内容から当然に出てくるわけではない。もっとも、経過観察義務を遵守した場合に要請される具体的な治療行為が、経過観察と一体性のあるものと認められる場合には、生命侵害についての責任を基礎づけることも十分可能である。このような視点からみた場合、本件医師による経過観察は、その後に行われる血腫除去手術と一体性をもったものと解することができる。したがって、経過観察義務の遵守により患者の死亡が回避されたという場合、医師が生命侵害についての責任を負うことに問題はない。

　もっとも、②で示したように、血腫除去手術による救命可能性は、実際には約70％とされており、患者の死亡が回避されたとまでは言うことができない。したがって、硬膜外血腫の可能性を念頭においた経過観察義務は、血腫除去手術による救命可能性のみを保護目的とすることになる。本判決における割合的解決は、このような考慮によって正当化することができる。

　ところで、本判決における責任割合は6割であり、救命可能性の割合よりやや低い値となっている。これは、③にあるように、硬膜外血腫と診断することの困難さや、本件医師が開業医であることを考慮したものと考えられる。したがってここでは、救命可能性の程度のほか、医師に対する非難可能性——すな

第1章　医療過誤における割合的責任　151

わち過失——の程度が衡量ファクターとなっていると考えられる。

(2)　東京地八王子支判平成17年1月31日（判例時報1920号86頁）

　本件は、A（91歳）の死亡につき医師が褥瘡——いわゆる「床ずれ」——の管理を十分に行わなかったとして、遺族が損害賠償を請求した事案である。本件で裁判所は、褥瘡の治療として栄養管理と感染症対策を十分に行わなかった点に、医師の過失を認めている。また、認定された事実によると、Aが死亡した直接の原因は、痰詰まりによる呼吸不全であるが、これには2つの原因が関与しているとされている。ひとつは、医師の過失にかかる褥瘡部の感染から気道感染が生じ、これが喀痰の増加をもたらしたというもの、もうひとつは、Aが心不全の既往を有していたためもともと喀痰量が多く、その排出能力が低下していたというものである。以上をふまえ、裁判所は、医師の過失とAの死亡との因果関係を否定し、「相当程度の可能性」法理を適用している。裁判所の判断は、以下のとおりである。

　　「証拠……によれば、抗生剤としてバイコマイシンの投与が開始されて以降、Aに解熱の兆しがみられるとともに、胸部所見も軽快傾向にあったことが認められ、バイコマイシンがある程度功を奏し、肺の感染がコントロールされつつあったことは被告医師本人が供述するところである。そうであれば、Aの年齢、免疫力の低下その他本件の臨床経過を考慮してもなお、1月26日の時点で培養検査を行い、早期にバイコマイシンの投与を開始していれば、多少なりともAの延命の可能性があったものと認められる」。

　本件における医師の義務は、褥瘡の治療に向けられたものであり、その内容は、栄養管理と感染症対策——具体的には、培養検査をふまえた適時の抗生剤投与——にある。また、この義務を遵守した場合にAの死亡が回避された可能性は、判決文をみるかぎり、かならずしも高くない。したがって、本件においては、まず、このような可能性をもって責任を肯定すべきかどうかが問われなければならない。また、Aは高齢者であるため、薬剤の副作用に対しては、とくに慎重な対応が求められる。[419] したがって、医師の義務として上記の内容

---

419)　判例時報1920号96頁。

のものを設定するにあたっては、期待可能性の有無にも配慮しなければならないだろう。

しかし、本件において重要なのは、むしろ次の点である。[420] すなわち、本件Aが死亡した原因は、痰詰まりによる呼吸不全であり、これには、褥瘡による気道感染のほか、既往症である心不全も関与しているとされる。したがって、帰責評価を行うにあたっては、本件医師の義務が、このような要因によってもたらされた死亡の回避をも目的としたものかどうかが、問われなければならない。しかし、判決文をみるかぎり、裁判所はこの点に関して、まったくと言っていいほど関心を示していない。このように、本判決に対しては、これを正当化する根拠が欠落しているといわざるをえないのである。[421]

4 説明義務違反

医師と患者との情報格差を是正し、患者による自己決定の機会を保障するため、医師は患者に対し、治療の内容やそこから生じるリスクについて、説明を行わなければならない。そして、こうした義務に違反した場合、医師は、それによって生じた損害を賠償しなければならない。

(1) 説明義務違反と割合的解決

ところで、本章のテーマとの関係で説明義務違反のケースをみた場合、そこで割合的解決が問題となる場面は、かなり限定的であるといってよい。これは、次の2つの点を考慮すれば明らかである。

第一に、このケースの多くは、自己決定権を被侵害法益とする。そして、そこでは、説明義務違反が、そのまま法益侵害をも基礎づけることとなる。し

---

420) なお、本件に関しては本文であげたもののほか、より根本的な理由から、そもそも「相当程度の可能性」法理による解決が妥当しないケースではないかとの疑問を投げかけることができる。これについては、注440を参照。
421) 本文であげたもののほか、経過観察義務違反のケースで割合的解決を行ったものとして、①広島地判昭和56年10月16日（判例時報1051号130頁）、②岐阜地判昭和60年9月30日（判例時報1186号120頁）、③名古屋地判平成17年4月14日（判例タイムズ1229号297頁）、④大阪地判平成20年2月27日（判例タイムズ1267号246頁）。なお、このうち、①は寄与度にもとづく割合的解決を、②は期待権侵害構成を、③と④は「相当程度の可能性」法理を、それぞれとっている。

がって、このような要件構造をとるかぎり、過失から法益侵害へといたる過程——責任設定の因果関係——において割合的判断を行う余地は、まずないといってよい。

　第二に、このような要件構造をとる場合、法益侵害から損害発生へといたる過程——責任充足の因果関係——においても割合的判断を行う余地はない。なぜなら、自己決定権侵害による損害は、慰謝料をおいてほかになく、その額の決定はもっぱら裁判官の裁量にゆだねられているからである。

　もっとも、同じ説明義務違反のケースでも、次の場合には割合的解決が問題となりうる。すなわち、医師の説明義務違反によって患者による自己決定の機会が奪われ、そのような状況のもとで治療が行われたところ、これによって患者の生命や身体が侵害されたというケースである。ここでは、説明義務違反から生命・身体侵害までの全過程をもって、責任設定の因果関係と捉えることになる。[422] したがって、その存否に関して割合的判断を行うことは、十分に考えられる。たとえば、次にあげる事案は、そのような場合のひとつとして考えることができる。

(2)　東京地判平成16年2月23日（判例タイムズ1149号95頁）
　本件は、冠動脈に狭窄病変があるAが、一般的適応とされる冠動脈バイパス手術（CABG）ではなく、先進的で侵襲性の低い経皮的冠動脈形成術（PTCA）を受けたところ、死亡したという事案である。本件で裁判所は、PTCAよりもCABGのほうが危険性が低いことなど、2つの選択肢のうちの一方を選択するために必要な情報が十分に提供されなかったとして、担当医師の説明義務違反を肯定している。そのうえで、説明義務違反と死亡との因果関係については、次のような判断が行われている。
① 「治療効果や危険性の点から、本件PTCAの危険性やCABGの利点などについて十分に説明がされていれば……、Aが本件PTCAの実施に同意しなかった可能性は相当に高いものと認められるが、本件PTCAを選択した可能性を否定することもできないので、本件説明義務違反がなければ、A

---

422) つまりこの場合、自己決定権侵害は、過失から生命・身体侵害にいたる因果経過の通過点として位置づけられ、責任要件論上、独自の地位をもたないことになる。

が本件PTCAを受けることはなく、死亡という結果を免れたと断定することはできない」。

② 「したがって、……本件説明義務違反とAの死亡との間の因果関係は認めることができないので、本件説明義務違反の不法行為による損害賠償として、Aの死亡による逸失利益や慰謝料等を認めることはできないが、Aは、本件説明義務違反によって、長期間にわたって通常の生活を送ることを可能とするようなCABGを選択する機会を奪われ、しかも、正当な医療行為と認められるための有効な同意を欠いたまま本件PTCAを実施されたのであるから、これによって多大な精神的苦痛を被ったものというべきであり、それに対する慰謝料は、本件説明義務違反の不法行為による損害賠償として認められる」べきである。

②にあるように、本判決は、CABGの選択に関する自己決定権の侵害から医師の責任を導いている。したがって、そのかぎりにおいて、本判決は、割合的解決を行ったものとは言いがたい。もっとも、こうした自己決定権侵害による責任が、説明義務違反と生命侵害とのあいだの因果関係を検討するなかで導かれたものであることは、①をみれば明らかである。したがって、この点に着目すると、割合的解決を行ったものとみることも可能だろう。

ところで、本件における自己決定は、侵襲の度合いは小さいが失敗のリスクが高い治療方法と、侵襲の度合いは大きいが一般的適応とされる治療方法との選択に関するものである。したがって、かりに説明がつくされたとしても、Aが後者を選択したと断定することはできない。一般に、義務が遵守された場合の仮定的事実経過を構成するにあたって、人の意思決定を問題にしなければならない場合、違法性連関の存否を明らかにすることがむずかしくなる。これは、人の意思決定が個々人によって多様であるため、外界の事実経過に認められるような法則性を観念することがむずかしくなることに原因がある。[423] したがって、こうした事情をふまえるならば、本件においては、割合的解決こそが

---

423) 結果発生にいたる過程で人の意思決定が介在するケースにおいて、因果関係の判断がどのように行われるかについては、水野謙『因果関係概念の意義と限界』(有斐閣、2000年) 263-295頁。なお、本文で取り上げたケースでは、医師の過失がなかった場合の仮定的事実経過において人の意思決定が介在しているのに対し、同書が取り上げるケースでは、加害行為を起点とする事実経過において人の意思決定が介在している。

事態に適合した解決だということになる。

では、このような解決を規範的見地から正当化することは、可能だろうか。②でみたように、本判決は、責任の実質的根拠として、「長期間にわたって通常の生活を送ることを可能とするようなCABGを選択する機会」の喪失をあげている。これは、患者の自己決定それ自体というより、むしろ、そうした決定をつうじてもたらされる治癒の可能性を保護するものだといえるだろう。したがって、本件説明義務の保護目的は、自己決定の機会から、治癒の可能性にまで伸長していると考えられる。このように、本判決の割合的解決は、規範的見地からも正当なものだということができる。

5　転送義務違反

医師は、診断の結果、当該医院において治療を行う技術や設備がないことが明らかとなった場合、患者を治療が可能な医療施設へと転送する義務を負う。このように、医師の転送義務は、検査義務や診断義務といった病状の解明に関する義務の存在を前提とする。したがって、転送義務違反のケースの多くは、検査義務違反や診断過誤の結果、適時に転送が行われなかったことを問題とする。ところで、転送義務違反と患者に生じた結果との因果関係を検討するにあたっては、転送先での治療の奏功率が重要な意味をもつ。そこで以下では、この点に関して興味深い判断を行った判決を、2件取り上げることにしよう。

(1)　広島地判昭和62年4月3日（判例時報1264号93頁）

本件は、クモ膜下出血のため被告の医院に救急搬送されたAが、適時に脳神経外科の専門医療施設に転送されなかったため、植物状態となり、その約2年8ヶ月後に死亡したという事案である。本件で裁判所は、Aの意識が回復した入院2、3日目に髄液検査を行っていれば、医師は、クモ膜下出血であるとの診断を下すことができたとして、検査義務違反および診断過誤を認めるとともに、「市民病院」への転送を怠ったとして、転送義務違反を認めた。そのうえで、因果関係に関しては、入院2、3日目のAの病状をグレードⅡまたはⅢの状態にあるとしたうえで、そのあいだに手術を受けられなかったことがAの植物状態とその後の死亡に対して「起因力」を与えたとして、35％の割合的責任

を肯定している。裁判所の判断は、以下のとおりである。

① 「本件においては、被告がAの入院後早期……に転院させ手術を受けさせていれば、同人の死亡……を避け得たか否かが問題とされるのであるから、因果関係の有無を判断するにあたっては、……急性期手術によって具体的、数量的にどの程度の救命ないし社会復帰の蓋然性があったか、急性期手術の機会を与えなかったことにより、その蓋然性が具体的にどの程度失われたかを吟味する必要がある」。

② クモ膜下出血の症度と社会復帰率との関係についてみると、まず、グレードⅠおよびⅡの場合、第1病日ないし第3病日までに手術を行えば、90％ないしそれ以上の確率で社会復帰が可能である。また、グレードⅢの場合、同様の時期に手術を行えば、79.5％の確率で社会復帰が可能である。これに対し、グレードⅣの患者に対して第4病日以降に手術を行った場合の社会復帰率は、47.3％にとどまる。

③ 「これらの数値を比較すると、グレードⅡの患者に対する第3病日までの手術成績と、グレードⅣの患者に対する第4病日以後の手術成績……に著しい相違があることはもとより、グレードⅢとⅣ……の手術成績を比較してもその間に無視できない数字上の差のあることが認められるのであって、AがグレードⅡまたはⅢの状態（第2病日から第3病日夜まで）で手術を受けることができなかったことにより、その社会復帰の蓋然性は相当程度失われた……といわざるを得ない。したがって、被告の前記債務不履行ないし不法行為と、Aの植物状態化及びその結果としての死亡との間には、相当因果関係がある」。

④ 「上記の数値の比較に加えて、Aが発症当時60歳であったこと……や、手術後の救命率ないし予後の良否は、基本的に出血の量自体によって大きく左右される……ところ、Aには相当量の出血がみられたこと」に照らすと、被告の行為の起因力を35％と評価し、その限度で責任を肯定するのが相当である。

転送義務違反と結果との因果関係を考えるにあたっては、転送義務の遵守に

よって結果が回避されたかどうかが問題となる。[424]

　本件では、Aの家族が、独自の判断で救急搬送から5日目にAを「市民病院」に転院させている。また、このときのAの症度はグレードIVであり、手術による社会復帰はかならずしも容易ではなかった。②および③にあるように、本判決は、転送義務が遵守された場合として、第3病日までにグレードIIまたはIIIの症度で手術が行われた場合を想定し、これと現実とのあいだの社会復帰率の差から、相当因果関係を肯定している。また、被告の行為の「起因力」に関しては、義務が遵守された場合の社会復帰率――グレードIIIであれば79.5％、グレードIIであればそれ以上――と、違反があった場合のそれ――47.3％――との差をふまえつつ、最終的にはAの年齢や出血の量を考慮して、35％としている。[425]

　ところで、転送義務違反のケースでは、転送後の病状の推移は、転院先での治療行為に広範に依存する。したがって、これをふまえると、多くの場合、転送義務の保護目的は、転送後の治療による病気の治癒ではなく、治癒の可能性にあるということになる。[426] このように、本判決における割合的解決は、規範的見地からも正当なものだということができる。

(2)　**福井地判平成元年3月10日**（判例時報1347号86頁）
　本件は、クモ膜下出血により軽度の発作を起こしたAが、その後、再発作を起こして死亡したという事案である。本件で裁判所は、1回目の発作の時点で診療を担当した開業医について転送義務違反を認め、80％の割合的責任を肯定している。裁判所の判断は、以下のとおりである。
　①　2回目の発作が起こる前のAのグレードは、Iにまで回復していた。そうすると、Aが1回目の発作のあと、2回目の発作のまえに脳神経外科の

---

424) なお、転送義務違反のケースでは、これに加えて、転送後の医療行為により「因果関係の中断」がおこるかどうかも問題となるだろう。「因果関係の中断」に関しては、四宮・前掲（注183）428-429頁、沢井・前掲（注183）318-319頁。
425) なお、この35％という値が、社会復帰率の差をもとに算出されたのだとすれば、これは「起因力」を示したものとはいえないだろう。この点に関しては、第4節1-2(3)も参照。
426) 転送義務の保護目的が病気の治癒にまでおよぶのは、転送後の治療内容がおおむね確定しており、しかもその治療による治癒の可能性が確実に近い場合にかぎられるべきだろう。

診療を受け、根治手術が行われていれば、Aが社会復帰をはたしていた蓋然性は、かなり高かったと考えられる。
② グレードⅡよりⅠのほうが社会復帰率が高いことや、時代が新しくなるにつれ手術の成功率および予後が向上していること、さらには、Aが当時53歳という根治手術の適応の年齢であったことなどを考慮すると、本件転送義務違反の「起因力」は、80％を下らないというべきである。

本件も、クモ膜下出血の患者が死亡した事案について、医学上のデータにもとづき、割合的責任を肯定している。もっとも、先ほどのケースとは異なり、本判決では、もっぱら過失がなかった場合の社会復帰率にもとづいて責任割合が決定されている。これは、先ほどのケースが時期を逸しながらも手術を実施したケースであるのに対し、本件が手術を実施しなかったケースであることによるものと考えられる。[427]

第3節　責任充足における割合的判断

平成11年判決によると、医師の過失がなければ患者が死亡の時点でなお生存していた「高度の蓋然性」が認められる場合、過失と生命侵害との因果関係——責任設定の因果関係——は肯定される。したがって、この場合、生命侵害による損害をどのように算定するかが問題となる。本節では、このような局面において割合的判断——「責任充足における割合的判断」——を行った裁判例を取り上げる。

(1) 東京地判平成13年2月27日（判例タイムズ1124号241頁）

本件は、Aが肺がんのため左肺の全部摘出手術を受けたところ、入院中に呼吸不全による多臓器不全によって死亡したという事案である。本件で原告は、呼吸機能検査を十分に行わないまま手術を実施した点に医師の過失があり、こ

---

[427] 本文であげたもののほか、転送義務違反のケースで割合的解決を行ったものとして、東京高判平成13年10月16日（判例時報1792号74頁）、大阪地判平成16年4月28日（判例タイムズ1175号238頁）、大阪地判平成19年11月21日（判例タイムズ1265号263頁）。なお、これらはいずれも、「相当程度の可能性」法理を適用している。

れによってAが死亡したと主張した。これに対し、被告である病院側は、原告の主張を認めたうえで、死亡損害の算定について争った。裁判所の判断は、以下のとおりである。
① 放射線療法等の施行については、その効果を認める文献があるものの、重篤な副作用が生じるなど、その後の生活に与える影響は小さくない。したがって、Aが退院しても、稼働することはできなかったのだから、Aに逸失利益があるということはできない。
② 医師が外科手術を実施せず、適切な延命治療を行っていた場合の予想される生存期間およびその蓋然性や、放射線療法等の延命治療が行われた場合のAの予後の状況などを総合考慮すると、Aが被った精神的損害に対する慰謝料は、500万円とするのが相当である。

裁判所によると、Aのがんの進行度（ステージIIIA）において放射線療法と化学療法を併用した場合の中間生存期間――生存率が50％である生存期間――については、これを16.5ヶ月とする報告例や、8.5ヶ月とする報告例がある。そこで、裁判所は、医師の過失がなかった場合のAの生存期間を「8.5ヶ月ないし16.5ヶ月」とし、過失と死亡との因果関係を肯定している。[428] もっとも、①および②にあるように、裁判所は、放射線療法等を実施した場合の副作用が重篤であることを考慮して、逸失利益の発生を否定している。このように、本判決は、死亡逸失利益の発生を否定しており、すくなくとも形式上は、割合的判断を行ったものではない。[429]

---

[428] なお、過失がなければ延命できたが、その期間が明らかでないというケースに関しては、平成11年判決が登場してもなお、死亡との因果関係を否定したうえで――たとえば、期待権侵害構成をとるなどして――慰謝料の支払いを命じるものがある。東京地判平成15年6月3日（判例タイムズ1157号227頁）、名古屋高判平成15年11月5日（判例時報1857号53頁）。

[429] 同様のケースとしては、注428であげたもののほか、次のものがある。大阪高判昭和40年8月17日（判例時報428号61頁）、東京地判昭和51年2月9日（判例時報824号83頁）、東京地判昭和58年1月24日（判例時報1082号79頁）、福岡地小倉支判昭和58年2月7日（判例時報1087号117頁）、東京高判昭和58年6月15日（判例タイムズ509号217頁）、東京地判昭和58年2月17日（判例時報1070号56頁）などがある。
　ところで、以上のものとは別に、過失がなければ延命できた可能性があるというケースにおいて、延命可能性が失われたことによる慰謝料の支払いを命じたものがある（ちなみに、これは、かつて一部の論者により「救命利益」の侵害ケースとされていたものである。注414を参照）。宇都宮地足利支判昭和57年2月25日（判例タイムズ468号124頁）、名古屋地判昭和62年5月8日（判

(2) **大阪地判平成7年3月24日**（判例タイムズ881号222頁）

　本件は、S字結腸がんの切除手術を受けたAが、縫合不全により敗血症を発症し、死亡したという事案である。本件で裁判所は、Aに縫合不全が発生していることを疑い、経口摂取の禁止など必要な措置をとるべきであったとして、医師の過失を認定している。そのうえで、過失と死亡との因果関係については、これを肯定したうえで、5年分の逸失利益につき賠償を認めている。裁判所の判断は、以下のとおりである。

① 大腸癌研究会編『大腸癌取扱い規約』によると、壁深達度のみからすれば、Aの5年生存率は29.8％となる。しかし、その他の4つの要素のほか、臨床症状や治療経過をもふまえるならば、Aの5年生存率は「50ないし60％」となる。

② 損害賠償訴訟においては、余命の「確定的証明」がなされていないからといって、損害の算定を不可能だとすべきではない。むしろ、「相当程度確実な蓋然性」をもって余命年数が明らかとなる場合には、その範囲での控え目な余命年数を推認するのが相当である。

　鑑定人のひとりによれば、『大腸癌取扱い規約』にもとづく患者の予後の予測は、同規約があげる5つの要素——壁深達度、リンパ節転移、腹膜播種、肝転移、腹腔外遠隔他臓器転移——のうちの最悪のものによって行われるとされる。これに対し、裁判所は、これによることなく、5つの要素のほか、臨床症状や治療経過をも考慮することによって、Aの5年生存率を「50ないし60％」としている。ここでは、このような確率のもとで5年分の逸失利益を認めることが妥当かどうかが問題となるだろう。

第4節　割合的責任の理論的内実

　本節では、第2節および第3節で行った裁判例の分析をふまえ、割合的責任の理論的内実を解明する。叙述の順序としては、まず、「責任設定における割

例タイムズ654号210頁）など。もっとも、平成11年判決と平成12年判決をつうじて行われた理論的整序をふまえるならば、これらは「相当程度の可能性」法理——つまり、責任設定における割合的解決——によって対応すべき事案ということになるだろう。

合的解決」について検討を行い（本節1）、次いで、「責任充足における割合的判断」について検討を行うこととしたい（本節2）。

1　責任設定における割合的解決──狭義の割合的責任

　本章の冒頭でも述べたように、医師は、侵害の過程にある患者に対して医療水準にかなった措置を講じることにより、症状の緩和や病因の除去を行わなければならない。したがって、こうした責任法上の地位の特殊性から、医師の責任においては、義務違反と法益侵害との因果関係が問題となる。第2節で取り上げた裁判例は、まさにこのような意味での因果関係──違法性連関──に関して、割合的判断を行ったものだということができる。
　ところで、医療過誤において割合的解決を行ったもののなかには、これとは異なるものもいくつかみられる。そこでまずは、これらの裁判例を取り上げ、その妥当性を検討することにしよう。

1-1　違法性連関の存否不明以外の理由による割合的解決
(1)　「事実的」因果関係の存否における割合的解決
　まず、医療過誤ではあまり多くはないが、行為に過失があることを前提としつつ、その行為を起点とする因果関係──「事実的」因果関係──を問題にするものがある。[430] これは、とりわけ手技上のミスや投薬上のミスにおいてよくみられる。ところで、このような要件構成においては、次の2つのタイプの割合的解決が考えられる。
　まず、医師の行為と患者の素因とが合わさってひとつの結果が生じた場合において、素因を考慮することにより割合的減責を行うものがある。たとえば、横浜地判昭和61年10月9日（判例時報1225号94頁）は、椎間板ヘルニアの根治手術において手技上のミスがあり、患者の両下肢が麻痺したという事案である。本件で裁判所は、患者の性格的要因とヘルニアが両下肢の麻痺に影響を与えてい

---

[430]　なお、行為全体が過失ありとの評価に対応する観念的部分と一致する場合、「事実的」因果関係と違法性連関とは実質的に重なり合うことになる。たとえば、投薬上のミスのケースにおいて、投薬することそれ自体が過失と評価される場合、義務違反を起点とする因果関係は、投薬を起点とする「事実的」因果関係と実質的に同じものとなる。しかし、手技上のミスにしても投薬上のミスにしても、多くの場合、過失ありとの評価を受けるのは行為の一部分にとどまる。

るとして、8割の責任を肯定している。[431]

　次に、生じた結果を医師の行為によって引き起こされた部分とそれ以外の部分とに分け、前者についてのみ、医師の責任を肯定するものがある。[432] たとえば、高知地判昭和47年3月24日（判例タイムズ277号199頁）は、抗がん剤の副作用によって再生不良性貧血におちいった患者に対し、医師が約半年にわたって鉄剤を過剰投与したという事案である。本件で裁判所は、患者に生じた損害——休業損害等——のうち、その一部は抗がん剤の副作用による造血機能障害が原因であるとして、残部についてのみ医師の責任を肯定している。[433]

　以上のうち、後者に関しては、理論上とくに問題はない。というのも、ここでの割合的解決は、加害行為と「事実的」因果関係のない結果が責任範囲から除外されたことによって、導かれたものにすぎないからである。[434]

　これに対し、前者の割合的解決が妥当かどうかに関しては、次のようにいうことができる。まず、ここで問題となっている競合原因——被害者の素因——は、すくなくとも単独では結果を引き起こす外力を有していない。したがって、因果関係を実在的な惹起の関係と捉えるかぎり、このような原因は、加害行為を起点とする因果関係のなかに吸収されることになる。そして、このような理解をとるならば、ここでは「原因競合」を語ることはできないと言うほかない。[435] では、このようなケースにおいて割合的解決を導くには、どうしたら

---

[431]　このほか、理論的に同様の割合的責任を肯定したものとして、東京高判平成6年10月20日（判例時報1534号42頁）、東京地判平成7年9月18日（判例タイムズ914号225頁）。

[432]　なお、これに類するものとして、生じた結果を義務違反と関連のある部分と、義務の遵守によっても回避しえなかった部分とに分け、前者についてのみ責任を肯定するものもある。たとえば、福岡地小倉支判昭和55年6月5日（判例時報998号90頁）、東京地判昭和58年12月21日（判例時報1128号77頁）、名古屋地判平成元年2月17日（判例タイムズ703号204頁）。

[433]　理論的に同様の割合的責任を肯定したものとして、名古屋地判昭和56年3月6日（判例時報1013号81頁）、東京高判昭和63年3月11日（判例時報1271号3頁）、京都地判平成6年2月25日（判例時報1524号93頁）。

[434]　ただし、生じた結果のうちのどこまでが加害行為によって引き起こされた部分かを特定するにあたっては、一定の困難が生じる。この点につき、本文で取り上げた高知地判昭和47年3月24日は、鉄剤の過剰投与によって生じた損害部分と、抗がん剤の副作用によって生じた損害部分との「範囲・量的割合を否認せしめるに足る資料がない」として、最終的な解決としては、慰謝料の支払いを命じている（判例タイムズ277号224頁）。

[435]　もちろん、社会的にみれば、加害行為と素因とが競合するという捉え方は、十分可能である。実際、学説においても、因果関係を法則に合致した事実の連鎖と捉えつつ、その判断にあたっ

よいだろうか。これに関しては、公平の見地から減責を行う制度の導入が、鍵をにぎっていると考えられる[436]。そして、そのような制度を導入しないかぎり、ここでは割合的解決を行うべきではないだろう。

(2) 結果発生原因の不明による割合的解決

続いて、医療過誤において割合的解決を行ったものとしては、次のようなものもある。

福岡地判昭和52年3月29日（判例時報867号90頁）は、妊娠5ヶ月のAが人工妊娠中絶手術を受けたところ、それからしばらくして容体が急変し、死亡したという事案である。本件で裁判所は、術前の検査と術後の看視体制に懈怠があったとして医師の過失を認定する一方、過失と死亡との因果関係については、死因が特定されていないとしてこれを否定し、かわりに「十分な患者管理のもとに診察・診療してもらえる」権利の侵害にもとづく責任を肯定している。

本件では、術前に検査が行われ、術後の看視体制も万全であったとしたならば、Aは死亡しなくてすんだかどうかが問題となった。したがって、そのかぎりにおいて、本件を違法性連関の存否不明を扱ったケースと捉えることはできないではない。しかし、本件における割合的解決を、第2節で取り上げたケースと同列に扱うことはできない。

ある研究によれば、不作為不法行為においては、因果関係の存否を判断する際に問題となる前提事実が「非明示的であることが多い」[437]。たとえば、麻酔事故に関する最判平成8年1月23日（民集50巻1号1頁）では、かりに能書きどおり2

ては、自然科学的法則のほか、歴史的・経験的な知見をも考慮するという立場がある。潮見・前掲（注185）343-346頁、349-351頁。たしかに、こうした立場をとる場合、様々なケースにおいて、行為——作為・不作為の別を問わない——と、他原因——それ自体としては加害作用をもたない被害者の素因も含む——との「競合」を語ることはできるだろう。しかし、本章は、種々のケースを統一的に理解することをめざすものではない。むしろ、本章の目的のもとでは、特定の視角から事例を分析することにより、「原因競合」とされる様々なケースの差異を浮き彫りにすることこそが、有益であるといえる。本章が、行為と結果との因果関係を「『事実的』因果関係」と呼び、実在的な意味での損害惹起をイメージするのも、まさにそうした意図によるものである。

436) 第I部第1章第2節で取り上げた減責条項（Reduktionsklausel）が、まさにこれにあたる。
437) 水野・前掲（注423）319頁。

分ごとの血圧測定が行われていれば、患者が「腰麻ショック」に陥ることはなく、結果——脳機能低下症——が回避されたといえるかどうかが問題となった。しかし本件では、実際には5分ごとの血圧測定しか行われておらず、厳密な意味でこのような関係があるかどうかを明らかにすることはできない。つまりここでは、仮定的事実経過を構成するにあたって問題となる「事実」——血圧低下がいつ起こったか——が明らかでなかったことになる。では、上述の福岡地判昭和52年3月29日の場合はどうだろうか。ここでも、因果関係の存否とかかわって一定の「事実」が明らかとなっていない。もっとも、このケースで問題となっているのは、仮定的事実経過の構成にかかわる「事実」ではない。むしろここでは、現実に結果を引き起こした原因の特定にかかわる「事実」が、問題となっているのである。

このように、過失と結果との因果関係——違法性連関——が問われるケースにおいて、一定の「事実」が明らかでないという場合、そこには性質の異なる2つのものが含まれることになる。ひとつは、仮定的事実経過の構成にかかわる「事実」の不明、もうひとつは、結果を引き起こした原因の特定にかかわる「事実」の不明である。そしてこのうち、前者に関しては、今日では「相当程度の可能性」法理が確立しており、割合的解決を行うことに対して、とくに異論はないと考えられる。これに対し、後者のケースにおいて、「相当程度の可能性」法理を適用することはできない。ここでは、結果の回避可能性を問題にする前提が、そもそも欠けているからである。したがって、このようなケースにおいては、原因事実の不明それ自体から割合的解決を導くことができるかど

---

438) したがってここに、帰責に関する評価的思考が介在する余地が生じる。水野・前掲（注423）326頁。

439) たとえば、本文で取り上げた最判平成8年1月23日を例にとると、腰麻剤の注入後に血圧低下が生じ、「腰麻ショック」を経て脳機能低下症にいたったという一連の経過は、原因の特定にかかわる「事実」、血圧低下がいつ起こったかは、仮定的事実経過の構成にかかわる「事実」ということになる。

440) なお、こうした区別をふまえるならば、第2節3(2)で取り上げた東京地八王子支判平成17年1月31日は、そもそも「相当程度の可能性」法理を適用すべき事案ではなかったという疑いが生じることとなる。たとえば、本件において、かりに痰詰まりに関与したとされる2つの要因——褥瘡部の感染による喀痰の増加と心不全による喀痰の増加——が択一的な関係にあるのだとすれば、これはまさに、原因の特定にかかわる「事実」の不明を意味することになるだろう。

うかが、問われなければならないだろう[441]。そして、現時点における判例および学説の状況をふまえるかぎり[442]、こうした局面において割合的解決を行うことは、むずかしいといわざるをえない[443]。

1-2 違法性連関の存否不明を理由とする割合的解決
(1) 割合的解決の妥当領域

さて、以上において、医療過誤における割合的解決の妥当領域が明らかとなった。そこで以下、その内容を整理しておくことにしよう。

医療過誤においては、多くの場合、義務違反と結果との因果関係——違法性連関——が問題となる。割合的解決は、このような意味における因果関係が不明の場合にかぎって行われるべきである。ところで、ここにいう違法性連関の存否不明は、次の2つの要因によってもたらされると考えられる。

---

[441] 問題の行為が具体的な危険性（konkrete Gefährlichkeit）を帯びたものである場合に、これを根拠として責任を導くことができるならば、このような場面においても割合的解決が可能になる。たとえば、フランツ・ビドリンスキーとヘルムート・コツィオールは、こうした解決を択一的競合に関するドイツ民法830条1項2文と協働過失に関する同法254条——「加害行為と偶然（Zufall）との択一的競合」——によって導こうとする。*Bydlinski*, a. a. O. (Fn. 318), S.86 ff.; *ders.*, Haftungsgrund und Zufall (Fn. 317), S. 3; *Koziol*, a. a. O. (Fn. 324) S. 50 f.; *ders.* Grundfragen (Fn. 295), Rn. 5/86 ff.; ヘルムート・コツィオール（若林三奈訳）「ヨーロッパにおける損害賠償法の改革Ⅱ(1)」民商法雑誌144巻4=5号（2011年）1頁、10-11頁。これに関しては、第Ⅰ部第2章第3節2を参照。また、最近の立法提案では、ヨーロッパ不法行為法原則（PETL）3：106条とオーストリア民法改正草案「1294条2項」が、同様のルールを規定している。*European Group on Tort Law*, a. a. O. (Fn. 120), S. 4, 56 ff.; *Griss/Kathrein/Koziol*, a. a. O. (Fn. 193), S. 1 f.

[442] たとえば、「加害行為と偶然との択一的競合」（注441）を根拠とする割合的解決を日本民法719条1項後段および同法722条2項の重畳適用によって導くことに対しては、次の2点が障害となる。第一に、719条1項後段は——すくなくとも条文に依拠するかぎり——択一的行為のあいだに関連共同性があることを要件としており、個々の行為の「具体的な危険性」を問題にしているわけではない。第二に、722条2項に関しては、被害者による損害の負担を「所有者危険負担（*casum sentit dominus*）の原則」——被害者は加害行為以外の原因（=「偶然」）によって生じた損害を負担しなければならない——によって基礎づけることが要請される。しかし、わが国の過失相殺法理をめぐるこれまでの議論をみるかぎり、こうした制度理解はかならずしも一般的であるとはいえない。

[443] なお、本文で取り上げた福岡地判昭和52年3月29日のように、期待権侵害構成をとることができれば、こうした局面においても責任を肯定することはできる。ただし、この場合、過失に関して要件の加重が行われることとなるだろう。これについては、最判平成23年2月25日（判例時報2108号45頁）を参照。

第一に、違法性連関は、義務が遵守された場合の結果回避可能性を問うものである。したがって、そこでは、仮定的事実を扱うことによる不確定性が問題となる。

　第二に、違法性連関の存否を判断するにあたっては、仮定的事実経過の構成にかかわる「事実」が明らかでない場合が少なくない。これは、不作為不法行為において顕著にみられるが、理論的には、義務違反を起点とする因果関係全般において妥当するものと考えられる。

　一方、患者に生じた結果がいかなる原因によって生じたかが明らかでない場合、割合的解決を行うことはできない。ここでは、結果回避可能性を問題にする前提が、そもそも欠けているからである。したがって、このようなケースでは、証明責任にもとづいた事案の処理が妥当することになる。

(2)　規範的正当化のための判断枠組み

　もっとも、このようなかたちで割合的解決の妥当領域が明らかとなったとしても、これですべての問題が解決したわけではない。可能性にもとづく割合的解決を行うためには、これを正当化する根拠が示されなければならないからである。つまり、可能性の保護を規範的に正当化できるかどうかが、割合的解決と証明責任による解決とを分けることになる。そこで以下では、可能性にもとづく割合的解決の正当化がどのように行われるかを、整理しておくことにしよう。第2節で行った裁判例の分析をふまえるならば、可能性にもとづく割合的解決は、以下の枠組みをつうじて正当化される。

　①　まず、検査義務、経過観察義務、転送義務は、それ自体が治癒の可能性を保護しようとするものではない。これらはいずれも、検査、経過観察、転送をつうじて、適切な治療が行われることを確保しようとするものにすぎないからである。したがって、これらの義務においては、まず第一に、検査、経過観察、転送とその後に行われる治療行為とが一体性を有し、ひ

---

444)　「相当程度の可能性」法理において、「可能性」の保護を医師の義務の側面から正当化することを主張するものとして、寺沢知子「相当程度の可能性侵害における損害に関する一考察——行為義務からのアプローチ」産大法学43巻2号（2009年）1頁、8-10頁、米村・前掲（注407）251-253頁。

とつの措置として観念できるかどうかが問題となる。[445] そして、これが肯定される場合、検査義務、経過観察義務、転送義務の保護目的は、その後に行われる治療に関する義務の保護目的にまで伸長することになる。このように、検査義務、経過観察義務、転送義務の違反が治癒の可能性にもとづく割合的解決を導くかどうかは、治療行為との一体性の有無と、治療義務の保護目的にかかっていることになる。[446]

② 次に、治療義務——治療上の判断ミスのケースで問題となる義務——は、多くの場合、患者が罹患した病気の治癒を目的とする。これに対し、治療義務が治癒の可能性を保護目的とする場合は、次の2つの場面にかぎられる。第一は、その治療を行うことによって病気の治癒が見込まれる一方、それによって生じる弊害も無視しえないため、病気を確実に治癒させることを医師に期待することができない場合である。[447] 第二は、その治療による治癒の可能性が医学上の知見ないしデータによって示されているため、医師に対して、そのような可能性を保護するための義務が特別に課される場合である。[448] これらの場合、医師の義務違反は、患者に生じた結果——生命・身体侵害——ではなく、失われた治癒の可能性についての責任を導くこととなる。

③ 最後に、説明義務は、本来的には、患者の自己決定を保護することを目的とする。これに対し、説明義務が、その後の治療による治癒の可能性をも保護するかどうかについては、微妙な判断が求められる。なぜなら、説明義務においては、説明とその後の治療行為とのあいだに患者の意思決定が介在するため、両者の一体性を観念することがむずかしくなるからであ

---

445) 一般に、医療過誤では、検査や経過観察の段階で医師に課される予見義務が「結果回避義務」にまで高められ、予見後の注意義務と連続性をもったかたちで行為義務を形成するとされる。潮見佳男『民事過失の帰責構造』(信山社、1995年) 92頁。本文であげた「一体性」というメルクマールは、そうした帰責構造を支えるものとして、位置づけることができるだろう。
446) したがって、たとえば、第2節1(2)で取り上げた東京地判平成19年8月24日は、検査と治療行為との一体性の欠如から、割合的解決を断念すべき事案であったということになる。
447) 第2節1(1)で取り上げた広島高判平成6年2月7日の割合的解決は、検査と治療行為との一体性とともに、このようなことからも正当化することができる。
448) 第2節2で取り上げた京都地判昭和62年7月17日と大阪高判平成13年7月26日の割合的解決は、このようなことから正当化することができる。

る。したがって、説明義務が患者の自己決定のみならず、治癒の可能性をも保護するかどうかは、患者による意思決定の合理性——その治療を選択するのももっともであるとの評価——にかかっていることになる。

(3) 医学上のデータにもとづく責任割合の決定

さて、以上の枠組みをつうじて治癒の可能性を保護することが明らかとなった場合、次に、可能性にもとづく割合的解決の内容を具体化する作業へと移行することになる。これは、平成12年判決を経た今日においては、「相当程度の可能性」侵害による慰謝料の算定というかたちをとってあらわれる[451]。これに対し、因果関係論のレベルで割合的解決を捉える立場からは、因果関係——違法性連関——の存否のレベルで可能性概念を捉え、これに応じた責任を肯定することになる。いずれにしても、ここでは裁判官の裁量が広範に発揮されることはいうまでもない。

ところで、医療の分野においては、特定の治療行為に関する奏功率のデータが数値のかたちで存在することが少なくない。したがって、このような場合、当該事案における様々な事情とならんで、こうしたデータを衡量ファクターとすることが考えられてよいだろう[452]。たとえば、第2節5で取り上げた広島地判昭和62年4月3日において、医師の過失がなかった場合の「社会復帰率」は79％、医師の過失があった場合の「社会復帰率」は47％であった。ここでは、医師の過失があった場合でも、47％の患者が社会復帰を遂げるという前提を

---

449) 第2節4(2)で取り上げた東京地判平成16年2月23日においても、そのような評価が行われているとみることができる。

450) なお、この場合、適切な説明が行われた場合に選択されていた治療行為の奏功率は、確実に近い高さを示していなければならないだろう。というのも、もしこれが低い場合には、患者の意思決定の不安定性と奏功率の低さとが重なり、当該説明義務が治癒の可能性をも保護目的とするとの評価がむずかしくなるからである。

451) もっとも、「可能性」侵害による損害を精神的損害に限定する論理的必然性はない。大塚・前掲（注404）15頁、窪田充見「判批：最判平成12年9月22日」平成12年度重要判例解説（ジュリスト1202号）（2001年）69頁、70頁、澤野和博「判批：最判平成12年9月22日」名経法学10号（2001年）187頁、197-198頁。実際、フランス法における「機会の喪失」論も、機会の喪失によって生じる損害を精神的損害としているわけではない。加藤雅之「不法行為法における意思決定の機会の保護について」tâtonnement 8号（2006年）45頁、67頁を参照。

452) 林道晴「判批：最判平成15年11月11日」NBL 792号（2004年）68頁、74頁。

とっている点に、注意が必要である。

さて、以上のデータをもとにした場合、責任割合はどのようにして算出されるのだろうか。これに関しては、次の3つの方法が考えられるだろう。[453]

第一に、医師の過失がなければ79％の確率で損害を回避できた点をふまえ、被害者に対し、生じた損害の79％の賠償を与えるという方法が考えられる。[454]

第二に、医師の過失によって「社会復帰率」が32％低下したことをふまえ、この32％分の損害を、被害者全員に均等に分配することが考えられる。たとえば、100人の患者グループを想定すると、ここでは医師の過失によって被害者が32人増加することになる。ここで、実際に損害を被った53人のうち、医師の過失によって損害を被った32人が特定できる場合、これらの者が100％の賠償を請求できる。これに対し、これが明らかでない場合には、53人全員が53分の32（約60％）の損害について賠償請求権を取得することになる。

第三に、医師の過失によって32人分の損害が増加した点をふまえ、この損害を100人全員に均等に分配することが考えられる。ここでは、すべての患者が32％（100分の32）の賠償請求権を取得することになる。

さて、以上の3つの方法を「法の経済分析」の視点からみた場合、次のような見方が妥当することになる。

まず、第一の方法は、100人の患者グループのうち、53人の被害者全員に対して79％の賠償請求権を与える。これは、医師に対して、引き起こした損害を超える責任を課すことを意味する。したがって、ここでは、医師に過剰な注意を要求することになるため、効率的な行為コントロールが実現しなくなる。[455]

次に、第二の方法と第三の方法は、ともに医師の過失によって増加した32人分の損害——追加的損害（Zusatzschaden）——について責任を肯定するものであるため、そのかぎりにおいて、医師の行為を適正にコントロールすることができる。[456] もっとも、このうち、第三の方法は、損害を被っていない47人に対して

---

453) *Wagner*, Schadensersatz (Fn. 249) S. 80 ff.; *ders*., Neue Perspektiven (Fn. 249) S. A 58 ff.
454) 　第2節5(2)で取り上げた福井地判平成元年3月10日は、このような方法をとったものと推察される。
455) *Taupitz*, Referat (Fn. 262), S. L 76; *ders*., Proportionalhaftung (Fn. 262), S. 1236 f.
456) 　ただし、実損害を被っていない患者は、賠償請求へのインセンティブを十分にもっていない。*Wagner*, Schadensersatz (Fn. 249), S. 88. したがって、この点を考慮に入れると、第三の方法は、

も賠償請求権を与えてしまう点に問題がある。したがって、以上をふまえると、効率的な行為コントロールの点からも、実損害の填補の点からも、第二の方法が最も妥当な考え方だということになる。

(4) 法益アプローチと因果関係アプローチ

ところで、本章はこれまで、割合的解決を導くための理論として、「相当程度の可能性」法理と因果関係レベルでの割合的責任論のいずれをとるかにつき、積極的な主張を行ってこなかった。いわば、両者を一括して割合的責任論と捉えてきたわけである。本章がこのような態度をとってきたのは、割合的解決が問題となる多くのケースにおいて、両者のちがいが理論構成上の意味しかもたないと考えたからである。もっとも、この2つのアプローチのいずれをとるかでまったくちがいが出てこないかというと、かならずしもそうとは言いきれない。そこで、最後に、この点について2点指摘をし、本章の立場を明確にしておこう。

まず、損害分配のあり方として、医学上のデータを衡量ファクターとする場合、法益アプローチと因果関係アプローチとでちがいが生じうる。すなわち、法益アプローチは、あくまで「医療水準にかなった医療が行われていたならば」

医師に過小な責任を課すことになり、効率的な行為コントロールが実現しなくなるおそれがある。

457) たとえば、グレッグ対スコット事件 (*Gregg v. Scott* [2005] UKHL 2) では、医師の診断過誤によって、がんの治療が遅れたため、患者の10年生存率が42％から25％に低下した。そこで、患者は、損害の17％について賠償請求を行った（判決は責任を否定している）。ゲラルド・メッシュは、こうした請求を、シェークスピアの戯曲に引っかけて、「空騒ぎ (Much ado about nothing)」と評している。Ders., Gregg v. Scott (Fn. 240), S. 656.

なお、これに対して、米村・前掲（注407）244-246頁は、「結果不発生事例」においても「『可能性』法理」を適用すべきであると主張している。

458) *Stremitzer*, a. a. O. (Fn. 252), S. 691 ff.

459) 一般に、過失判断は事前的観点から、因果関係判断は事後的観点から行うこととされている。潮見・前掲（注185）280頁、364-365頁。これを前提とした場合、法益アプローチが問題にする「可能性」は、事前的見地から判断されるものであり、因果関係アプローチが問題にする「可能性」とは異なるとの理解が可能になる。寺沢・前掲（注444）9-10頁。ただ、この点を考慮に入れても、すくなくとも要件レベルにおいては、両アプローチのあいだで大きなちがいが生じるとは考えにくい。本章が強調してきたように、因果関係アプローチをとる場合においても、割合的解決を導くためには、規範目的による帰責評価が行われなければならない。ここでは、「可能性」が規範の保護目的に含まれるかどうかが、事前的見地から問題となっているのである。

生命・身体侵害が生じなかった「相当程度の可能性」を保護しようとするものである。したがって、これは、上記(3)の第一の方法とは親和的であるものの[460]、第二の方法とは相容れないものとなる[461]。これに対し、因果関係アプローチは、保護法益に関する上述のような概念規定を行わないため、過失がない場合の「可能性」のほか、過失がある場合の「可能性」をも考慮に入れることができる。このように、効率的な行為コントロールを実現する損害分配は、因果関係アプローチをとることによってはじめて可能になると考えられる。

次に、要件レベルでも、両アプローチのあいだでちがいがみられる。法益アプローチをとる場合、責任要件の中軸は、過失と「可能性」侵害との因果関係によってになわれるため、原告は、このような関係があることを、「高度の蓋然性」をもって証明しなければならない[462]。しかし、実際上、これを厳密な意味で行うのは、かならずしも容易なことではない[463]。そこで、この点に関する証明困難を克服するため、一部の論者は、過失と「可能性」侵害との因果関係につき、証明責任の転換を行うべきだと主張する[464]。しかしこれでは、生命・身体侵害との因果関係に関する証明負担の軽減に関して、屋上屋を重ねることにならないだろうか。したがって、割合的解決を導くための理論枠組みとしては、「可能性」侵害との因果関係を問題としない因果関係アプローチこそが、妥当な構成だといえるだろう。

---

460) 実際、ヴァーグナーは、第一の方法と「機会の喪失（loss of chance）」論との同質性を強調する。Wagner, Schadensersatz (Fn. 249), S. 83.

461) 米村・前掲（注407）254-255頁は、第二の方法に関して、「①判決〔平成12年判決―筆者注〕とは異なる一般的準則が定立される必要があろう」と述べる。この指摘は、それ自体として妥当なものである。ただその一方で、そこでいわれる「一般的準則」は、法益アプローチから導き出すことができないということも、事実ではないだろうか。

462) 最判昭和50年10月24日（民集29巻9号1417頁）「東大ルンバール事件判決」。

463) 米村・前掲（注407）257頁。

464) 杉原則彦「調査官解説：平成12年判決」『最高裁判所判例解説 民事篇 平成12年度（下）』（法曹会、2003年）855頁、863-864頁は、「医療水準を下回る診療がされた場合には、『可能性』の侵害が事実上推認され、これに対して、医師の側から、『可能性』がなかったことを主張立証することになる」とする。また、一般にこのような立場をとったとされる最高裁判決として、最判平成16年1月15日（判例時報1853号85頁）。同様の立場をとった下級審裁判例として、高松高判平成18年1月19日（判例時報1945号33頁）。

2 責任充足における割合的判断

医師の過失がなければ患者が死亡の時点でなお生存していた「高度の蓋然性」がある場合、医師は生命侵害によって生じた損害について賠償責任を負うことになる。もっとも、がん治療のように、適切な治療によっても根治を期待することがむずかしい分野では、生命侵害による損害といっても、それは平均稼働可能年数に対応する逸失利益のごく一部のみを指すことになる。したがって、まずここに、「責任充足における割合的判断」を観念する余地が生じることとなる。

(1) 5年生存率にもとづいた逸失利益の算定としての割合的判断

ところで、がん治療の分野では、治療の予後に関する指標として、「5年生存率」——治療開始から5年後に患者が生存している確率——が用いられるのが一般的である。たとえば、「全がん協部位別臨床病期別5年相対生存率(1997-2000年)」[465]によると、卵巣がんの5年生存率は、ステージⅠが92.6％、ステージⅡが63.2％、ステージⅢが44.9％、ステージⅣが29.6％であるとされている。これを基準とした場合、ステージⅠの患者について5年分の逸失利益を認めることに、異論の余地はないと思われる。では、ステージⅡの患者についてはどうだろうか。

第3節で取り上げた大阪地判平成7年3月24日によれば、余命年数につき「確定的証明」がなくても「相当程度確実な蓋然性」が認められる場合には、逸失利益の算定を行うことができるとされる。一般に、損害算定においては、金額レベルでの損害の発生が問題となるため、原則的証明度を維持することは、現実的ではない。しかも、逸失利益の算定は、侵害がなかった場合との比較を問題とするため、そこでは、仮定的事実を扱うことからくる不明確さが必然的にともなう。したがって、これらをふまえると、同判決が「50ないし60％」の確率をもって5年分の逸失利益を認めたのは、理論的にみて妥当な判断だったといえるだろう。[466]

---

465) これは、「全国がん(成人病)センター協議会」のホームページからアクセスすることができる。
466) このほか、第3節で取り上げた東京地判平成13年2月27日が、生存期間を検討するにあたって、「中間生存期間」に関するデータに依拠したのも、同様の理由から妥当であったといえるだろう。

(2) 5年分の逸失利益の算定における割合的判断

では、こうした手法によっても生存期間を明らかにできない場合は、どうだろうか。たとえば、上述の「全がん協」のデータによると、ステージIVの5年生存率は29.6％である。したがってこれを前提とした場合、損害算定の方法としては、次の2つのものが考えられる。第一は、逸失利益の算定を断念し、慰謝料の支払いのみを命じるというもの、第二は、5年分の逸失利益を算出したうえで、これに29.6％を乗じた額の賠償を命じるというものである。このうち、前者は、これまでにも延命利益や期待権の侵害といった構成のもと、実務においてしばしば行われてきた手法である[467]。しかし、こうした局面における損害の算定をすべて慰謝料の領域で行うのは、算定根拠の明確化・客観化の点から妥当であるとは言いがたい。したがって、医学上のデータにより確率が明らかである以上は、後者の方法をとるのが望ましいといえる。ところで、このような発想は、次の点からも要請されていると考えられる。

最判平成23年2月25日（判例時報2108号45頁）によれば、期待権侵害による不法行為責任は、「当該医療行為が著しく不適切」である場合にかぎって、成立するとされる。これは、適切な治療に対する期待を法益として保護する一方、責任成立範囲を限定するため、行為態様に関して要件の加重を行ったものとみることができる[468]。ところで、この判決をふまえるならば、延命期間が不明のケースにおいても、同様のかたちで要件を加重することが起こりかねない。というのも、この場合の責任は、「相当期間の延命を可能にする治療」が行われなかったことを実質的根拠とするため、損害算定においても、そうした治療に対する期待の要保護性が焦点とならざるを得ないからである[469]。しかし、平成11年判決をふまえるならば、こうした局面において期待権侵害による責任を成立させるのは、適当ではない。ここでは、延命が確実である以上、責任設定のレベル

---

467) 注428および注429を参照。たとえば、胃がんを胃かいようと誤診した事案に関する福岡地小倉支判昭和58年2月7日（判例時報1087号117頁）は、医師の過失がなければ、患者は「何ヶ月かあるいは5年のうちで何年かは延命できた」としたうえで、「相当な時期における胃ガンの発見および手術の機会を逸し、死期を早められた」ことによる慰謝料の支払いを命じている。
468) 吉田邦彦「判批：最判平成23年2月25日」判例評論632号（2011年）26頁、30頁。
469) 平成11年判決以降も、このような局面において――生命侵害ではなく――期待権侵害構成をとる裁判例があることについては、注428を参照。

において、すでに生命侵害による責任が基礎づけられているからである。[470] したがって、慰謝料請求権を導くため、そのうえさらに要件を加重するならば、それは、責任成立範囲を不当に限定することを意味するだろう。このように、生命侵害による責任を適切に位置づけるためにも、可能なかぎり逸失利益による解決を行うのが妥当である。[471]

　一定期間の逸失利益につき、その発生率にもとづいた割合的判断を行うという手法は、すでに確率的心証論の提唱者によって主張されている。[472] また、こうした判断に対してとりわけ警戒感が強いとされるドイツにおいても、最近では同様の手法に対する関心が高まりつつあるといわれている。[473] 平成11年判決以降、患者の「死亡」による損害をどのように算定するかは、実務上重要な課題として認識されている。本章が主張する算定方法は、この点において有用なものだといえるだろう。

---

470)　もちろんこの場合、死亡時点での生存としての生命に関して、規範目的による帰責評価を行う必要がある。本文の叙述は、このことを当然の前提としている。

471)　ここで問題となっている期待権は、「相当期間の延命を可能にする治療」に対する期待を保護するものである。これに対し、最判平成23年2月25日が問題にする期待権は、「適切な治療」に対する期待それ自体を保護するものである。したがって、これらは局面が異なるため、本文で述べたようなことは起こらないとの指摘が考えられる。しかし、この指摘はかならずしも妥当しない。第一に、平成11年判決を前提とするかぎり、前者の局面において「延命利益」を観念することは、もはやできない。したがって、「相当期間の延命が可能である」との内容部分は、「治療」の修飾語でしかなくなり、そうした「治療」に対する期待が法益の中核にすえられることになる。第二に、実際問題としても、ここで見込まれる延命期間は、せいぜい「何ヶ月かあるいは5年のうちで何年か」──福岡地小倉支判昭和58年2月7日（判例時報1087号117頁）──にすぎない。したがって、こうした期間の短さと不明確さから、「延命が可能である」との内容部分が希薄化し、「治療」に対する期待ばかりが強調されるという事態が起こりうる。以上の点を考慮すると、本文で述べたことに対しては、十分警戒しておく必要があるだろう。

472)　倉田卓次「交通事故訴訟における事実の証明度」鈴木忠一・三ヶ月章監修『実務民事訴訟講座3 交通事故訴訟』（日本評論社、1969年）101頁、133頁は、「従来は平均余命の範囲内である限り当然生存しうることを仮定して計算されてきた逸失利益額に、その稼働年限時迄の生存の確率を乗じることにより、損害発生の確率を、したがって心証度を、高めることができる」とする。一般に「確率的心証論」とは、責任設定における「心証度」に応じた割合的解決を導くための理論であるとされている。しかし、提唱者が当初「確率的心証」の問題として考えていたのは、むしろ、責任充足における上述のような考慮であった。ここでは、「心証度」に応じた割合的解決ではなく、「確率」を考慮することにより「心証度」を高めることが企図されている点に、注意が必要である。

473)　*Wagner*, Schadensersatz (Fn. 249), S. 74 ff.; *ders*., Neue Perspektiven (Fn. 249), S. A 55 ff.; *Taupitz*, Referat (Fn. 262), S. L 76 f.; *ders*., Proportionalhaftung (Fn. 262), S. 1238 ff.

第2章 営造物・工作物責任における自然力競合による割合的減責

第1節 問題の所在

1 飛騨川バス転落事故1審判決の当否に関する議論

　営造物・工作物責任においては、自然力の競合を理由として割合的減責を行うべきかどうかが、しばしば問題となる。たとえば、このような解決の先駆けとなった、飛騨川バス転落事故1審判決[474]——名古屋地判昭和48年3月30日（判例時報700号3頁）。以下、本章において、【判決1】とする——は、被告である国の営造物責任（国家賠償法2条）について、次のように判示している。

　「このように不可抗力と目すべき原因とその他の原因が競合して事故が発生し、それによって損害を生じた場合には、……賠償範囲は、事故発生の諸原因のうち、不可抗力と目すべき原因が寄与している部分を除いたものに制限されると解するのが相当である」。

　以上の考えに対し、学説は、これを支持するものと支持しないものとに分かれる。
　まず、割合的因果関係説の提唱者である野村好弘は、次のように述べて、判決の考えを支持している。従来、「不可抗力」と呼ばれてきたものには、「免責的不可抗力」[475]と「斟酌的不可抗力」という、性質の異なる2つのものが含まれ

---

[474]　本件訴訟の概要、訴訟提起までの経緯、事故現場付近の地図については、加藤一郎・宮原守男・野村好弘「座談会　災害による自動車事故と補償——飛騨川バス転落事故を機縁として」ジュリスト410号（1968年）14頁、國井・前掲（注188）14-17頁を参照。

[475]　「不可抗力」を理由に責任を否定したものとして、①名古屋地判昭和37年10月12日（判例時報313号4頁）、②東京高判昭和37年5月30日（下民集13巻5号1099頁）、③高松高判昭和44年6月27日（訟務月報15巻7号762頁）。なお、①は、営造物責任のケース、②と③は、工作物責任のケー

る。このうち、後者の競合による割合的減責に関しては、鉱業法113条や大気汚染防止法25条の3が、これを定めている。しかし、これは、特別法上の特殊な考えにもとづくものではなく、国家賠償法や民法においても等しく認められるルールだといえる。

次に、野村は、こうした解決の妥当性を、次の2つの観点から明らかにしている。

① 被害者・加害者間のバランス――共同不法行為の場合には、加害者が全損害を賠償しても、他の加害者に求償することができる。しかし、自然力競合の場合には、自然力に求償することはできないため、減責を行うのが妥当である。

② 他の被害者とのバランス――自然力と不法行為が競合したケースにおいて全損害の賠償を認めると、自然力が寄与した部分も含めて加害者が損害を負担することになる。これは、不法行為が関与しない純然たる自然災害の被害者が全損害を負担しなければならないこととの均衡上、妥当な解決とは言いがたい。

スである。
　また、学説上、営造物・工作物責任の分野において、「不可抗力」免責を主張するものとして、五十嵐清「第717条」加藤一郎編『注釈民法(19) 債権(10)』(有斐閣、1965年) 302頁、312-313頁、古崎慶長『国家賠償法』(有斐閣、1971年) 222-223頁。このような免責事由をもうけることに批判的なものとして、遠藤博也『国家補償法 中巻』(青林書院新社、1984年) 506頁。

476)　野村好弘「判批：名古屋地判昭和48年3月30日」ジュリスト534号 (1973年) 27頁、31頁。
477)　野村・前掲 (注476) 29-31頁。それによると、これらの規定は、「確認的規定」にすぎず、「損失分担の公平の原則」からは、明文規定のない国家賠償法や民法においても、同様の考え方が妥当するとされている。なお、【判決1】が登場する以前からこうした公平観を打ち出していたものとして、加藤一郎『不法行為』(有斐閣、1957年) 197頁、加藤一郎・野村好弘『経営法学全集18 企業責任――事故責任』(ダイヤモンド社、1968年) 28-29頁、51頁、野村好弘「道路の安全性の欠如による交通事故とその賠償責任」ジュリスト413号 (1969年) 106頁、117頁。
478)　野村・前掲 (注476) 30-31頁。なお、同様の公平観から割合的 (部分的) 因果関係説を支持するものとして、村重慶一「天災が加わった事故と国家賠償請求訴訟」鈴木忠一・三ヶ月章監修『新・実務民事訴訟講座6 不法行為訴訟Ⅲ』(日本評論社、1983年) 175頁、192頁、佐藤康「瑕疵と天災の競合」村重慶一編『裁判実務大系18 国家賠償訴訟法』(青林書院、1987年) 653頁、661-662頁。
　このほか、営造物・工作物責任の分野において、自然力競合による割合的減責を主張するものとして、次のものがある。これらはいずれも、因果関係ではなく、法的評価のレベルでこうした問題を捉える点において、共通している。川井健「判批：名古屋地判昭和48年3月30日」同『現代不法行為法研究』(日本評論社、1978年) 65頁、70-71頁 (初出：1974年)、加藤雅信「土地工作物責任」同『現代不法行為法学の展開』(有斐閣、1991年) 68頁、73-74頁 (初出：1975年)、

一方、【判決1】に対しては、これを批判する見解も有力である。

まず、減責することに疑問を呈するものとして、次のような指摘がある。共同不法行為の分野では、不法行為にわずかしか関与していない加害者に対して分割責任を課すという考え方がある。しかし、被害者は自然力に賠償請求できない以上、自然力競合のケースにおいて、このような考え方をとるのは、妥当ではない。[479]

また、より根本的な批判として、営造物責任の要件である瑕疵と自然力とが競合すると捉えること自体に対する疑問もある。営造物の管理者に瑕疵にもとづく責任を課す場合、そこで問題となる自然力は、瑕疵の存否を判断する際のひとつの因子として扱われる。したがって、この点をふまえるならば、瑕疵と自然力が競合すると捉えることは、できなくなるというのである。[480]

2　本章の視角

以上のうち、最後にあげた点は、ここでの問題を考えるにあたって、避けてとおることができないだろう。なぜなら、もしかりに、この指摘が当たっているとするならば、自然力競合による割合的減責という発想自体が成り立たなくなるからである。そこで、こうした点をふまえ、以下ではまず、【判決1】がどのような事案であったかを確認することからはじめることにしたい。

(1)　飛騨川バス転落事故1審判決における認定事実

飛騨川バス転落事故は、豪雨のなか国道を走行中の観光バスが、土砂の崩落

　能見善久「土地工作物責任についての一視点」NBL 167号（1978年）6頁、12頁。
479)　古崎・前掲（注188）12頁。また、同様の見方を示すものとして、國井・前掲（注188）24頁、吉村良一「原因競合」池田真朗・吉村良一・松本恒雄・高橋眞『マルチラテラル民法』（有斐閣、2002年）382頁、389頁。なお、幾代通・徳本伸一『不法行為法』（有斐閣、1993年）151-152頁は、自然力競合による割合的減責について、「全額責任を負ったあとで求償によって負担を拡散・転嫁する余地がないYにも全額責任を負わせることを、苛酷に過ぎると考えるべきか、それとも、ともかくも過失あるYによって惹起された損害の一部を、咎むべき事情のない被害者に負担させることを不当とみるかという、結局は、1つの政策的判断にかかる難問である」としている。
480)　【判決1】を念頭におきつつ、このようなことを指摘するものとして、國井・前掲（注188）22頁、古崎・前掲（注188）12頁、植木・前掲（注188）292-293頁。また、より一般的な視点から、窪田・前掲（注15）101頁、123-124頁は、「『自然力寄与分に相当する損害部分を不法行為による損害と切り離すことができる』という思想」に、疑問を投げかける。

のため前後の行く手を阻まれ、立ち往生していたところ、深夜2時ごろに、土石流の直撃を受けて河川に転落したという事案である。裁判所は、このような事案に関して、次のような事実を確定している。

① 本件土石流の発生を予見することはできない。[481]
② 本件事故当夜、本件国道においては、19箇所で崩落が発生しているが、そのうちの4箇所は、通常予測しうる降雨によって発生したものと考えられる。したがって、この4箇所を含む2つの道路区間——「1の区間」・「2の区間」——において適時に通行規制を実施しなかったことは、道路管理の瑕疵にあたる。[482]
③ 「2の区間」では、23時に雨量が規制対象の値に達している。したがって、23時10分に、この区間の手前の「飛泉橋」において通行規制が行われていれば、23時19分に同所に到達したバスは、23時39分には、来た道を引き返していたことになる。したがってこの場合、バスは、土石流が発生する前に、本件事故現場を無事に通過することができたはずである。

また、かりに、上記の通行規制が23時20分に完了していた場合、バスは、「飛泉橋」を通過することになる。しかし、この場合においても、0時には「1の区間」が規制対象雨量に達していたため、0時5分に「モーテル飛騨」で引き返しをはじめたバスは、「飛泉橋」で行く手を阻まれることになる。したがってこの場合、バスが本件事故現場に到達することは、なかったはずである。[483]

このように、本件では、要求される通行規制の開始時刻と、規制地点——「飛泉橋」——へのバスの到達時刻との先後関係から、「瑕疵なければ損害なし」の関係が確証されている。裁判所が、本件を瑕疵と「不可抗力」との競合事例であると判示するのは、そのすぐあとのことである。[484]

---

481) 判例時報700号62頁第3段-63頁第2段。
482) 判例時報700号63頁第3段-65頁第4段（右側）。
483) 判例時報700号65頁第3段（左側）-66頁第2段。
484) 判例時報700号67頁。

(2) 判決の新たな理解

【判決1】がこのような事案であったとするならば、同判決が行った割合的解決は、次のようなものと解されるだろう。

先に述べたように、【判決1】では、瑕疵と損害との不可欠条件関係が確証されている。もっとも、①にあるように、本件土石流は、道路管理の瑕疵によって通常生ずべき事態とは言いがたい。ところで、このような認識は、次の事情によって支えられていると考えられる。もしかりに、本件と同様の状況下で適時の通行規制が行われなかった場合、同じようにバスが土石流の直撃を受けていたかといえば、かならずしもそうとは言いきれない。本件損害は、本件土石流が発生した際、そのすぐ下にバスがいたことを決定づける無数の因子の組み合わせによって生じたものだといえるからである。したがって、この点をふまえると、本件では、瑕疵と損害との不可欠条件関係はあるものの、因果関係を観念できるだけの十分な反復性・法則性があったかどうかは、微妙であったといわざるをえない。[485]【判決1】の割合的解決は、まさにこのような考慮にもとづいて導かれたものだと考えられる。[486]

(3) 本章の検討課題

以上をふまえると、本章においては、次の2つの課題が浮かび上がってくるだろう。

まず、自然力競合による割合的減責の嚆矢とされる【判決1】は、瑕疵と自然力——「不可抗力」——とがそれぞれ独立した因果系列を形成し、損害に関与している事案ではない。したがって、自然力競合のケースを扱う場合、まずは、それが判決のいうような構造をもったものかどうかを明らかにすることか

---

485) 本件バスは、事故の約2時間前に土砂崩落現場に遭遇している。そして、このとき、バスの運転手は、土砂を取り除いたうえで、バスを先に進めるという決断を行っている。したがって、その意味において、本件では、「心理的に媒介された因果関係(psychisch vermittelte Kausalität)」が問題となっていることになる。

486) たとえば、遠藤きみ「判批：名古屋地判昭和48年3月30日」法律のひろば26巻10号(1973年) 49頁、54頁は、本判決につき、「相当因果関係」を要求すると請求棄却となってしまい、「自然的因果関係」——ここでは瑕疵と損害との不可欠条件関係のことを指している(同52頁)——でよいとすると国の責任が過大なものとなるなかで、両者の中間の道が選択されたと理解する。

らはじめなければならない。これが、本章の第一の課題である。

　次に、こうした作業によって各ケースの構造が明らかとなったならば、それを基礎にして、割合的減責の理論的内実が解明されなければならない。すでにみたように、【判決1】では、瑕疵と損害とのあいだに因果関係を観念できるだけの反復性・法則性があったかどうかが微妙である。こうした事情が、他の裁判例においても当てはまるかどうか、当てはまらないとして、そこではいかなる事情が割合的減責を要請しているのか。こうした点を明らかにするのが、本章の第二の課題である。

第2節　裁判例の動向

　そこで、まずは、自然力競合による割合的減責に関する裁判例を概観することからはじめることにしよう。

(1)　【判決2】横浜地小田原支判平成15年4月17日（LEX/DB 28081832）
　　〈事実の概要〉
　　台風による集中豪雨のなか国道を走行していた自家用車が、土石流の直撃を受け、河川に転落した。そこで、死亡した運転者の遺族が、道路管理者である国に対し、国家賠償法2条の責任を追及した。
　　〈判　　旨〉
　　裁判所は、「異常気象時通行規制区間」の入口地点で適時に通行規制を行わず、被害車両を同区間に進入させてしまったことを道路管理の瑕疵としたうえで、次のように述べて、被告に対し1割の責任を肯定した。「本件事故が発生したのは、極めて異常な降雨により本件土石流が……発生したことが原因になっている部分も非常に大きいのであり、その部分については被告に賠償責任を負わせることは相当ではないから、賠償額はそれに伴って大きく減額されるべきである」。

　本件では、時間雨量が50ミリを超えた14時20分の時点で通行規制が実施されなかったことが、道路管理の瑕疵にあたるとされた。また、かりにこれが実施された場合、本件事故は防げたかどうかについては、次のような事実が認定されている。
　①　被告——具体的には小田原土木事務所——が観測所からの雨量データを

受信するのに、「約8分」かかる。したがって、被告が通行規制を決断できるのは、14時28分ごろとなる。
② 被告が規制を決断してから現地でこれが実施されるまでに、通常、「5分程度」の時間がかかる。したがって、規制の準備が完了するのは、14時33分ごろとなる。
③ 被害車両が「規制区間」の入口地点を通過してから事故現場に到達するまでにかかる時間は、時速30キロで走行した場合、「約6分」となる。

さて、以上をふまえると、本件事故が14時40分に発生した場合、被害車両が「規制区間」の入口に到達するのは、14時34分となる。したがって、この想定のもとでは――わずか1分ではあるが――通行規制が先に行われるため、被害車両の同区間への進入は阻止されることになる。しかし、本件では、事故の発生時刻が「14時35分から14時40分」と分単位で特定されていないため、この想定はひとつの可能性にすぎない。このように、本件は、瑕疵と損害との不可欠条件関係がはっきりしないケースだということになる。[487]

(2) 【判決3】静岡地判平成4年3月24日（判例時報1428号42頁）
「浅間山リフト第二次訴訟1審判決」
〈事実の概要〉
　昭和49年7月7日から翌8日にかけて静岡県一帯で発生した集中豪雨――いわゆる「七夕豪雨」――により、静岡市大岩にある賤機山の斜面が崩壊し、土砂とともに観光リフトの道床が落下して、住宅街を直撃した。この事故により、住宅13戸が全半壊の

---

[487] これは、裁判所による次の説示をみれば、明らかである。
「前示のとおり、14時20分での直前1時間の時間雨量によって通行規制の実施が決定されていたとすれば、本件事故を未然に防止し得た可能性のあることは否定することができないのであり、なによりも本件事故の発生時刻を明確に立証することが、事柄の性質上極めて困難であることを考慮すると、不法行為法における損害の公平な分担の理念から、本件のような事例においては、例えば、前示の道路管理の瑕疵と本件事故との間の相当因果関係の存在について原告に厳格な立証の責任を負わせることとしたり、あるいは、逆に前示のような道路管理の瑕疵があった以上、本件事故の回避可能性が全くなかったことについて被告に立証の責任を負わせることとするなど、ある事柄について一方当事者にほとんど完全に立証の責任を負担させるべきものとし、それによって賠償責任の存否を決することは相当ではないというべきである」。
　本判決における割合的解決の本質は、〈判旨〉で取り上げた説示ではなく、こちらの説示のなかにあるというべきだろう。

被害にあい、8名が死亡、4名が負傷した。そこで、被災したXらは、観光リフトを設置するYに対し、民法717条の責任を追及した。

〈判　旨〉

裁判所は、まず、Yによるリフト設置上の瑕疵につき、道床谷側の法面を支える擁壁として、コンクリート製の土留でなく、プレハブ製の柵板工土留が設置された点を捉え、急斜面の土留として通常有すべき安全性を欠いているとした。また、瑕疵と損害との因果関係については、本件斜面崩壊を、Yの瑕疵にかかる上部斜面の崩壊と、自然現象――「アップリフト」――による中下部斜面の崩壊とに分け、本件損害を、これら2つの原因が寄与して発生したものだと判示した。そして、各斜面からの崩壊土砂量を主要な衡量因子としたうえで、Yが賠償すべき損害の範囲を全損害の5割にあたるとした。

本判決は、その結論部分をみるかぎり、損害発生に関与した2つの原因――上部斜面の崩壊と中下部斜面の崩壊――のうち、瑕疵にかかる原因の寄与度に応じた責任を肯定している。したがって、そのかぎりにおいて、本判決は、割合的因果関係説にしたがったものだということになる。しかし、判決文を詳細に検討すると、このように一見明白に「割合的因果関係」の問題とされる本判決の別の側面が、浮き彫りとなる。

裁判所は、本件を2つの斜面崩壊の競合と捉えるに際し、その先後関係に着目している。そしてそこでは、中下部斜面の一連の崩壊が、上部斜面の一連の崩壊の前後に順次起こっていることが、強調されているのである。[488] これは、次のような事情による。

本件において、2つの斜面崩壊の先後関係は、斜面崩壊全体の発生機構をどのように解するかと密接にかかわっている。この点については、XとYの双方から、それぞれ次のような理解が示されている。

① Yによる理解――本件では、アップリフトによる中下部斜面の崩壊がまず先に発生し、これによって足場を失った上部斜面が、その後に崩壊するにいたった。[489]

② Xによる理解――本件では、Yが設置した柵板工土留が、降雨による土圧・水圧に耐えきれず、ついには上部斜面の崩壊をもたらし、これがXら

---

488) 判例時報1428号69頁第1段。
489) 判例時報1428号52頁第2-3段。

の損害を引き起こした。したがって、中下部斜面の崩壊は、損害の発生とは直接関係がない。[490]

②によると、中下部斜面の崩壊は、上部斜面の崩壊の影響下で発生したことになる。したがって、この場合、中下部斜面の崩壊は、上部斜面の崩壊――Yの瑕疵――を起点とし、損害発生へといたる一連の経過のなかで、その通過点としての意義をもつにとどまる。一方、①によると、むしろ中下部斜面の崩壊こそが原因となり、上部斜面の崩壊は、これを起点とする因果経過のなかに吸収されることになる。

さて、こうした2つの理解が示されるなか、裁判所は、まず、Yの主張を採用し、中下部斜面の崩壊が、上部斜面のそれとは別の独立した発生機構――アップリフト――を有していたと認定している。[491] そのうえで、2つの崩壊の先後関係については、すでに述べたように、3回にわたる上部斜面の崩壊に前後するかたちで、中下部斜面が順次崩壊していったとしている。つまり、①であるとも②であるとも一概にはいえないというのが、裁判所の結論である。そして、このことは、Xらのうちの特定の被害者について、生じた損害が、①の発生機構によってもたらされたものか――瑕疵との因果関係なし――、②の発生機構によってもたらされたものか――瑕疵との因果関係あり――がはっきりしないことを意味する。

以上をふまえると、本判決における割合的解決は、2つの斜面崩壊の競合を前提とした寄与度にもとづく責任というより、むしろ、瑕疵と損害との因果関係の存否につき難問に直面した裁判所が、公平の見地から導き出したものだということになる。

(3) 【判決4】神戸地判平成11年9月20日（判例時報1716号105頁）
〈事実の概要〉
平成7年1月17日の阪神・淡路大震災により、Yが所有し、賃貸するマンションが倒壊し、その1階の各室に居住する住民らが死傷した。そこで、被害者の相続人であるXら――うち1名は本件建物に居住し、負傷している――が、本件建物の構造上の欠

---

490) 判例時報1428号49頁第2-3段。
491) 判例時報1428号67頁第2段。

陥を指摘して、Yに対し、民法717条の責任を追及した。

〈判　　旨〉

裁判所は、本件建物につき、設計上の問題点――補強コンクリートブロック造を採用しながら壁厚や壁量の不足を軽量鉄骨で補強するという考え方の不当性――、および施工上の問題点――鉄筋量の不足、鉄筋が柱や梁の鉄骨に溶接されていないことなど――を指摘し、通常有すべき安全性を有していないとして、工作物の設置瑕疵を肯定した。そのうえで、本件地震の異常性を指摘し、次のように述べて、Yに5割の責任を課した。

「本件のように建物の設置の瑕疵と想定外の自然力とが競合して損害発生の原因となっている場合には、損害の公平な分担という損害賠償制度の趣旨からすれば、損害賠償額の算定に当たって、右自然力の損害発生への寄与度を割合的に斟酌するのが相当である」。

上記の説示をみるかぎり、本判決は、本件建物の設置瑕疵と自然力との原因競合を前提に、自然力の寄与を斟酌して減責を行ったものと解される。もっとも、裁判所が原因競合と構成するにいたる判断過程に着目するとき、本判決の別の側面が明らかとなる。

まず、裁判所は、本件を原因競合と構成するにあたって、次のように述べている。

① 「本件地震は現行の設計震度をも上回る揺れの地震であったのであるから、本件建物が仮に建築当時の設計震度による最低限の耐震性を有していたとしても、本件建物は本件地震により倒壊していたと推認することができるし、逆に、本件地震が建築当時想定されていた水平震度程度の揺れの地震であったとしても、本件建物は倒壊していたと推認することができる」[492]。

①は、瑕疵と本件建物の倒壊との因果関係――瑕疵なければ倒壊なし――を否定したものである[493]。しかし、Yの損害賠償責任にとって重要なのは、厳密には、瑕疵と損害との因果関係であって、瑕疵と倒壊との因果関係ではない。

---

492) 判例時報1716号113頁第1段。

493) ①の説示は、実は不可解なものである。この説示は、2つの推認からなり、両者が「逆に」という接続詞で結ばれている。しかし、この2つの推認は「逆」の関係に立つものではない。第二の推認は、本件工作物の瑕疵を明らかにするものであり、第一の推認は、瑕疵と倒壊との因果関係――あれなければこれなし――を否定するものにほかならない。したがって、この説示は、原因競合とは何ら関係ないものだということになる。

そこで、裁判所は、①に引き続き、瑕疵と損害との関係について、次のように述べている。

② 「しかし、本件建物は、結局は本件地震により倒壊する運命にあったとしても、仮に建築当時の基準により通常有すべき安全性を備えていたとすれば、その倒壊の状況は、壁の倒れる順序・方向、建物倒壊までの時間等の点で本件の実際の倒壊状況と同様であったとまで推認することはできず、実際の施工の不備の点を考慮すると、むしろ大いに異なるものとなっていたと考えるのが自然であって、本件賃借人らの死傷の原因となった、1階部分が完全に押しつぶされる形での倒壊には至らなかった可能性もあ」る。[494]

裁判所が本件を原因競合のケースであるとするのは、そのすぐあとのことである。ところで、②は、瑕疵がなければ本件建物の倒壊状況がより軽微なものとなった可能性があるとするものである。そしてそこには、かならずしも明瞭ではないものの、倒壊状況と損害——「本件賃借人らの死傷」——との影響関係に関する一定の指摘が含まれているとみることができる。そうすると、本判決は、競合原因を斟酌して割合的減責を行ったものだというよりは、むしろ、瑕疵と損害の拡大との因果関係——瑕疵なければ損害が軽減されていた——につき、その可能性が指摘されるなか、この可能性に対応した割合的解決を行ったものだということになる。営造物・工作物の瑕疵とこれに作用する自然力とを別原因として捉えることが説得力を失っていることをふまえるならば、本判決に対しては、このように理解するのが適当であろう。

(4) 【判決5】大阪高判昭和52年12月20日（判例時報876号16頁）
「大東水害訴訟控訴審判決」
〈事実の概要〉
昭和47年7月10日から13日にかけて大阪府を襲った豪雨——「7月豪雨」——により、大東市の低湿地帯において、長時間にわたる床上浸水の被害が発生した。そこで、この水害により「家庭生活利益の総合的侵害」による損害や営業上の損害——精肉店の肉類の腐敗など——を被った住民Xらが、浸水の原因は付近を流れる谷田川および水路の管理上の瑕疵にあったとして、谷田川の管理者である国Y_1、管理費用の負担者

---

494) 判例時報1716号113頁第1-2段。

である大阪府Y_2、水路の管理者である大東市Y_3のそれぞれを相手どり、国家賠償法2条——ただし、Y_2については同法3条——の責任を追及した。1審判決がXの請求を認容したため、Y側が控訴。

〈判　旨〉

裁判所は、本件水害の原因につき、谷田川の未改修部分「c点」からの溢水と、自然力である雨水の滞留（内水）とがともに寄与したものであるとし、そのうえで、瑕疵と自然力とが寄与した場合の割合的減責の可能性について、次のような一般論を述べている。

① 「競合関係」の場合——「各原因が競合して1つの被害結果を発生させている場合」、各管理者は、その結果が予見可能性の範囲にあるかぎり、結果全体について責任を負担しなければならず、自然力の競合をもって減責することはできない。

② 「併存関係」の場合——「各原因が併存して全体としての被害結果を拡大させている場合」、その被害結果は、部分的もしくは数量的に分割して把握できるため、各管理者は、それぞれの瑕疵から生じた損害部分についてのみ、責任を負えばよい。

以上をふまえ、裁判所は、次のような解決を行った。

まず、Xらが受けた「家庭生活利益の総合的侵害」による損害については、このような損害は「長時間床上浸水」にいたってはじめて発生したものであり、これに寄与した3つの原因——ⓐY_1・Y_2の管理瑕疵（「c点」の狭窄部分を放置して溢水を発生させた）、ⓑY_3の管理瑕疵（水路の堆積土砂を放置して排水機能を低下させ、浸水時間を長期化させた）、ⓒ自然的外力（内水）——は「競合関係」に立つとして、Yらに全損害についての連帯責任（民法719条）が課されている。

次に、Xらのうちの1人が受けた営業上の損害については、ⓐとⓑが寄与したために発生したものであり、両者は「併存関係」に立つとして、Y_1とY_2のそれぞれに5割の責任が課されている。

本判決は、瑕疵と自然力がともに関与するケースを「競合関係」と「併存関係」とに分け、割合的減責が行えるのを後者の場合に限定している。前者の場合とは、「いずれか1つが欠けても結果が発生しない場合」であり、たとえば、本件瑕疵と7月豪雨との関係がこれにあたるとされる。[495] 従来、瑕疵とそれに作

---

[495] 判例時報876号25頁第1段。もっとも、本件瑕疵——谷田川「c点」の狭窄——と7月豪雨との関係を裁判所が定義する「競合関係」の一例とするのが妥当かどうかについては、なお検討を要するところだろう。裁判所は、競合関係の例として、ほかに、①A液とB液が流水中で混合・化合することによって有害物質C液となり、下流に被害を及ぼす場合（判例時報876号25頁第1段）と、②谷田川「c点」からの溢水と内水によって「長時間床上浸水」が生じた場合（本件）とをあげて

用する自然力とを別原因として切りはなすことに対しては、一部で疑問の声があがっていたが、本判決は、こうした指摘を意識してか、瑕疵と他原因との競合——本判決にいう「競合関係」ではない——を観念できる場合を限定的に解し、これに「併存関係」という名称を与えている。

また、このような一般論をふまえて行われた具体的解決についてみてみると、本判決は、「c点」からの溢水と内水との関係を、いったんは「併存関係」と捉えておきながら、「家庭生活利益の総合的侵害」との関係では「競合関係」にあたるとしている。「c点」からの溢水と内水は、本来的には「併存関係」に立つ。しかし、裁判所は、損害の捉え方しだいではこれを「競合関係」に転化し、割合的減責を否定することができるとしたのである。

第3節　自然力競合による割合的減責の理論的内実

本章ではこれまで、営造物・工作物責任の分野において自然力競合による割合的減責を行った裁判例を取り上げ、適宜分析を行ってきた。ここであらためて、各判決を理論的観点から整理し、自然力競合による割合的減責の理論的内実を明らかにするための準備作業としたい。

1　類型化の試み

まず、これまでの内容をふまえると、自然力競合による割合的減責は、次の

　　いる。もっとも、これらが外界の諸力の関係を問題とするのに対し、瑕疵と7月豪雨とは、両者が一体となって単一の外力を構成している（たとえば、①における、A液の存在・性質という因子と「水の流れ」という因子との関係がこれに対応する）。したがって、ここでは原因の抽出の仕方が異なるというべきだろう。

496)　注480を参照。
497)　植木・前掲（注188）295頁は、この点を評価する。
498)　判例時報876号25頁第3-4段。
499)　なお、「併存関係」のケースで【判決5】とはちがった手法によって割合的減責を否定したものとして、津地判昭和56年11月5日（判例時報1026号43頁）「志登茂川水害訴訟1審判決」がある。本件は、被告・三重県が管理する志登茂川からの溢水と、訴外・津市が管理する毛無川からの溢水とが競合したというものであるが、裁判所は、両河川管理の関連共同性（民法719条1項）を肯定することにより、割合的減責を否定している（同76-77頁）。なお、裁判所は、——被告となっていないこともあってか——津市による河川管理の瑕疵について、検討を行っていない。

3つの類型に分けることができる。[500]

① 第一類型——瑕疵と損害との反復性・法則性が微妙なケース

瑕疵と損害とのあいだに不可欠条件関係は認められるが、因果関係を観念できるだけの十分な反復性・法則性があるのかどうかが微妙なケースがある。ここでは、この反復性・法則性が微妙であることが、割合的解決を導くことになる。なお、この類型に属するものとして、【判決1】がある。

② 第二類型——瑕疵と損害との不可欠条件関係が微妙なケース

瑕疵と損害とのあいだに不可欠条件関係があるのかどうかが微妙なケースがある。ここでは、この不可欠条件関係の存否不明が、割合的解決を導くことになる。なお、この類型に属するものとして、【判決2】、【判決3】、【判決4】[501]がある。[502]

③ 第三類型——瑕疵と損害の一部との因果関係が存在しないケース

損害の一部が瑕疵とは無関係の自然的外力によってもたらされたというケー

---

500) なお、以下、本文で取り上げる3つの類型のほか、次のようなものもある。

まず、①福岡地判昭和53年3月23日（判例時報909号76頁）は、被告が管理する道路の瑕疵と原告が所有する石垣の瑕疵とが損害発生に関与したケースにおいて、前者の寄与度に応じた責任を被告に課している。次に、②岡山地判昭和48年10月1日（判例時報736号72頁）は、被告が管理する道路の瑕疵——コンクリート造の暗渠の埋設工事において、砂状の土質であるにもかかわらず、矢板を施さなかった——によって原告の土地が地盤沈下を起こし、建物が損傷したというケースにおいて、建物の老朽化等を理由として、被告に5割の責任を課している。

以上のうち、①の割合的解決は、過失相殺法理（民法722条2項）——ただし、被害者側において民法717条を準用することができることを前提とする——によって導くことができる。窪田・前掲（注15）105-106頁。これに対し、②の割合的解決を正当化できるかどうかは、被害物の性質それ自体を根拠として割合的減責を行うことができるかどうかにかかっている。

いずれにしても、①と②の割合的解決は、自然力競合による割合的減責とは問題が異なるというべきだろう。

501) すでにみたように、【判決4】は、建物に瑕疵がなくとも倒壊は避けられないなか、瑕疵がなければ損害がいくらか軽減された可能性があるというケースであった。したがって、ここでは、瑕疵と損害の拡大との不可欠条件関係が微妙であることが問題となっていることになる。ただ、本章では、このようなケースも、瑕疵と損害との不可欠条件関係が微妙なケースに含めて考えることとする。

502) このほか、①長崎地佐世保支判昭和61年3月31日（判例タイムズ592号38頁）「平戸市道崩壊損害賠償訴訟判決」、②東京地判昭和49年10月2日（判例タイムズ320号207頁）、③新潟地判昭和50年7月12日（判例時報783号3頁）「加治川水害訴訟1審判決」、④鹿児島地判昭和53年11月13日（判例時報939号90頁）。なお、このうち、③と④は、【判決4】と同様、瑕疵と損害の拡大との不可欠条件関係が問題となったケースである。

スがある。ここでは、瑕疵と損害の一部とのあいだに「事実的」因果関係が存在しないことが、割合的解決を導くことになる。なお、この類型に属するものとして、【判決5】がある。

次に、自然力競合による割合的減責の理論的内実を明らかにするためには、対象となるケースを類型化するだけでなく、それらを分析する視点を明らかにすることが重要である。とくに、営造物・工作物責任をめぐっては、その中心的な要件である「瑕疵」の理解につき、客観説と義務違反説とのあいだで激しい論争――いわゆる「瑕疵論争」――が行われてきた。これは、「瑕疵」とは何かを問うことにより、営造物・工作物責任の法的性質を明らかにしようとするものであるが、そこでの態度決定は、個々の事案の分析にあたっても一定の意味をもつと考えられる。そこで、本題に入るまえに、まずは、この論争に対する本章のスタンスを明確にすることからはじめることにしよう。

2 「瑕疵論争」に対する本章のスタンス

営造物責任における客観説とは、営造物が通常有すべき安全性を欠いている状態にウエイトをおきつつ、その安全性の欠如が営造物の設置・管理の不完全さにもとづく場合に瑕疵を肯定する立場である。これに対し、義務違反説とは、営造物の設置・管理の瑕疵を管理者の「損害回避義務違反」、ないしは「安全確保義務違反」として捉える立場である。この2つの説は、営造物・工作物

---

503) このほか、①鹿児島地判昭和53年8月31日（判例時報927号221頁）「平佐川水害訴訟1審判決」、②福岡高判昭和55年7月31日（判例時報992号71頁）。

504) 古崎慶長『国家賠償法の理論』（有斐閣、1980年）198-199頁。

505) 國井和郎「道路の設置・管理の瑕疵について(16)・完」判例タイムズ481号（1983年）23頁、30頁、植木・前掲（注188）8-9頁。なお、説の名称について付け加えておくと、前者は自説を「義務違反的構成」と称し、後者は自説を「義務違反説」と称している。しかし、本章では、これらを一括して「義務違反説」と呼ぶこととする。

506) このほか、「瑕疵」を営造物の客観的性状をあらわしたものと解する立場――営造物瑕疵説。木村実「道路の欠陥と賠償責任」ジュリスト543号（1973年）42頁、45頁、西埜章「国家賠償法2条の『瑕疵』の意味について」法政理論17巻1=2号（1984年）91頁、117頁――もある。この点も含め、学説を整理するものとして、古崎慶長「営造物管理責任」『民商法雑誌創刊50周年記念論集Ⅰ 判例における法理論の展開』（有斐閣、1986年）373頁、381-394頁、森宏司「国家賠償法2条からみた『瑕疵』」國井和郎編『新・現代損害賠償法講座4 使用者責任ほか』（日本評論社、1997年）169頁、171-174頁。

責任を無過失責任と捉えるか、過失責任と捉えるかという点で鋭く対立しており、また、具体的な結論においても、「可能性の原則」が適用されるかどうかという点で、決定的なちがいをもたらすといわれている。

　もっとも、これらの説は、対象を一定範囲のケースに限定するかぎりにおいて、それほど異なったものではない。

　まず第一に、客観説は、上述のとおり、営造物の客観的性状に「ウエイトをおく」ものであって、営造物の設置・管理作用をまったく度外視するものではない。したがって、「行為」の側面に否が応にも関心が集まる「外在的瑕疵」のケースは、この説によっても捉えることが可能である。

　第二に、「可能性の原則」の採否にかかわっては、とりわけ工作物責任の領域において、客観説の側から、次のような指摘がなされている。たとえば、前所有者のもとで生じた建物の瑕疵によって、第三者に損害が発生した場合、現所有者は、瑕疵を知っていると否とにかかわらず、無過失責任を負うべきである。そして、この結論は、結果の予見可能性と回避可能性を問題にしない客観説によってはじめて、導くことができる。このような指摘に対しては、本章が対象とするケースを念頭におくかぎり、次のように言うことができる。まず、営造物責任のケースでは、実際上、営造物の管理者が交替することは考えられないため、上述のような場面はそもそも想定されず、かえって、結果の予見可能性が、「通常有すべき安全性」の有無を判断する際の基準となっているのが、実情である。次に、工作物責任のケースに関しても、本章で取り上

---

507)　四宮・前掲（注183）733頁。四宮によれば、過失責任とは、法益侵害の結果を生じさせないよう行動すべしとの法秩序の要求にしたがいうる状態にありながら、これにしたがわなかったことに由来するものであり、理論的には、行為に対する一般的非難可能性——違法性——と、行為者に対する人的非難可能性——有責性——とによって構成される。そしてこのうち、前者を基礎づけるものとして、結果の予見可能性と回避可能性が、また、後者を基礎づけるものとして、違法性の認識可能性と結果回避への意思形成可能性が、それぞれ割り当てられる（同283-284頁）。

508)　古崎は、この点を捉えて、自説と営造物瑕疵説——注506を参照——とのちがいを強調する。古崎・前掲（注506）395頁。

509)　森島・前掲（注25）65頁。また、これとよく似たケースを使って同様の指摘を行うものとして、四宮・前掲（注183）728-729頁。

510)　森島・前掲（注25）65頁。

511)　たとえば、最判昭和45年8月20日（民集24巻9号1268頁）「高知落石事故上告審判決」は、問題

げたものにおいては、結果の予見可能性をふまえて瑕疵を認定したと解する余地がある。したがって、そのような事案を念頭におくかぎり、「可能性の原則」の採否に関する上述の指摘は、問題にならないといえる。

このように、結果の予見可能性があることを前提に、そのような結果に対する回避措置の懈怠が問題となるケースを念頭におくかぎり、当該事案における帰責構造は、客観説によって読み解くことも、義務違反説によって読み解くことも、同様に可能である。[512] したがって、そのかぎりにおいて、本章は、両説のいずれが妥当かを問題にするものではない。もっとも、瑕疵の代表的な分類法のひとつである、内在的瑕疵と外在的瑕疵の区分[513]に関しては、両説の対立にも一定の意味があると考えられる。

まず、外在的瑕疵のケースにおいては、営造物とは別の危険源に対する安全措置の懈怠が責任の本質をなすことから、営造物の管理行為に着目する義務違反説に依拠するのが適当である。この点、たしかに、このようなケースにおいて、客観説に依拠することも十分可能である。しかし、そこで瑕疵とされるものは、外在的危険源に対する安全措置がとられていないという営造物の性状となり、説明方法として、迂遠なものとならざるをえない。

これに対し、内在的瑕疵のケースにおいては、危険が内在する営造物の存在それ自体が責任の本質をなすことから、客観説に依拠するのが適当である。この点、たしかに、このようなケースにおいて、義務違反説に依拠することも十分可能である。しかし、そこで問題となる義務違反が、通常有すべき安全性を

の道路において従前から落石や崩土がみられたことをふまえ、これに対する十分な回避措置――防護柵や金網の設置など――がとられなかったことをもって、「本件道路は、その通行の安全性の確保において欠け」ていると判示している。これは、損害発生の抽象的危険に対する予見可能性を前提として、「通常有すべき安全性」の欠如を認定したものとみることができる。

512) たとえば、客観説の代表的論者である古崎慶長は、【判決1】が一定区間の道路の危険性を問題にしている点を捉え、「本判決も、客観説によったと考えられる」とする。古崎・前掲（注188）14頁。これに対し、義務違反説の代表的論者である植木哲は、【判決1】が土石流の危険についての予見可能性を問題にしている点をふまえ、「義務違反説に立脚して管理責任を捉えていることの証左である」としている。植木・前掲（注188）137頁。なお、原龍之助『公物営造物法〔新版〕』（有斐閣、1974年）205頁は、【判決1】における「瑕疵」が、上記2つの側面をそなえている点を捉えて、「折衷説に近いともいえる」としている。

513) 森・前掲（注506）203-205頁を参照。なお、森は、現象面でこれらを区別できない場合があるとして、このような区分を行うことに否定的な評価を下している。

欠いた営造物の存在を徴表とすることからすれば、客観説による説明のほうが自然であるといえる。

そこで、以下では、外在的瑕疵のケースについては義務違反説にもとづいた分析を、また、内在的瑕疵のケースについては客観説にもとづいた分析を、それぞれ行うこととしたい。

3 外在的瑕疵のケースにおける割合的減責

まずは、外在的瑕疵のケースから、検討することにしよう。

これまでに取り上げた裁判例のうち、外在的瑕疵のケースとされるものは、第一類型に属する【判決1】と、第二類型に属する【判決2】である[514]。以下では、これらの判決につき、割合的減責を導く帰責構造を明らかにしたうえで、そのような構造のもと、いかなる要件において減責が要請されているかにつき、検討を行うこととする。

---

[514] 内在的瑕疵・外在的瑕疵という区分に関しては、「危険性」が営造物・工作物に内在するのかどうかといった説明はなされるものの、それ以上の厳密な概念規定はなされていないのが実情である。四宮・前掲(注183) 734-735頁を参照。そうしたなか、本章が外在的瑕疵のケースを【判決1】と【判決2】に限定することにおいては、次の2点が考慮されている。

第一に、営造物によってもたらされる単一の外力——物の存在とこれに作用する力によって構成される加害作用——のうち、営造物の存在に作用する自然力を切りはなし、営造物に外在する危険源とすることは否定される。たとえば、【判決4】において、建物を襲った大地震を取り上げ、外在的危険源としてはならない。これを認めると、営造物・工作物責任のケースはすべて外在的瑕疵のケースとなり、外在的瑕疵・内在的瑕疵という区分そのものが成り立たなくなるからである。

第二に、営造物によってもたらされる外力と別の外力とがある場合に、この別の外力を外在的危険源とすることも、否定される。たとえば、【判決3】において、工作物を含む上部斜面の崩壊による外力——物の存在+力——とは別の、中下部斜面の崩壊による外力——物の存在+力——を取り上げて、外在的危険源としてはならない。つまり、営造物が一定の外力を構成する——加害作用に関与する——かぎり、そのケースは、内在的瑕疵のケースとなる。

したがって、結局のところ、次の場合のみが外在的瑕疵のケースだということになる。すなわち、それ自体としては外力を構成しない単なる営造物の存在——いわば、損害発生の「場」としての営造物——に対し、一定の外力——物の存在+力——が作用する場合である。ここでは、営造物の管理者が、その利用者・接近者の法益を予見可能な外力からいかにして保護すべきかが、瑕疵要件のもとで問題となるのである。

(1) 割合的減責を導く帰責構造

【判決1】と【判決2】の帰責構造を読み解くためには、これらと同様のケースを扱いながら、割合的減責を行わなかった裁判例との比較を試みるのが、有用であろう。そこで、そうしたケースのひとつとして、以下では、大阪高判平成7年10月27日（判例タイムズ914号136頁）を取り上げることにしよう。

本件は、県道脇の斜面が崩落して自動車に直撃し、運転者が死亡したという事案であるが、裁判所は、次のような順序で責任判断を行っている。まず、①斜面の地質構造や当日の気象条件から、本件崩落の発生機構が明らかにされている。そのうえで、②過去の防災点検において本件斜面が危険箇所に指定されていたことから、本件事故は予見可能であること、および、③斜面安定化のための工事を行うことで、これを防止することはできたことを理由として、道路管理の瑕疵が認定されている。[515]

本件では、瑕疵判断に先行して、因果関係判断（上記①）が行われている。ここで注意を要するのは、この因果関係が、瑕疵を起点とするものではなく、斜面の客観的性状それ自体を起点とするものであるという点である。一方、瑕疵判断においては、本件崩落事故についての予見可能性（上記②）と回避可能性（上記③）が、それぞれ肯定されている。このように、本件では、生じた具体的結果についての回避義務違反をもって瑕疵が認定されており、これをもって全損害についての責任が肯定されている。つまり、本件において、要求される回避措置による結果回避可能性——上記③——は、瑕疵要件内部の要素として位置づけられているのである。

では、割合的減責が行われた【判決1】と【判決2】の場合は、どうだろうか。ここでは、まず、崩落事故の危険性についての予見可能性が肯定され、このような危険を回避するための措置——適時の通行規制——が行われなかったことをもって、瑕疵が認定されている。そして、これをふまえ、次に、要求される回避措置による結果回避可能性が、瑕疵と損害との因果関係の問題として検討されている。つまりここでは、瑕疵判断が、因果関係判断に先行するかたちとなっている。

---

515) 判例タイムズ914号138頁第1段-139頁第3段。

以上をふまえると、外在的瑕疵のケースでは、次の2つの帰責形態を想定することができるだろう。
　(a)　具体的結果についての回避義務の違反
　まず、生じた具体的結果についての予見可能性と回避可能性が肯定されることを前提に、そのような結果に対する回避措置の懈怠をもって瑕疵を肯定するという形態がある。この形態においては、瑕疵要件の内部において、すでに具体的結果に関する帰責評価が行われている。したがって、ここでは、因果関係が瑕疵要件から独立したかたちで問題となることはなく、瑕疵の存否が責任の成否に直結するかたちとなる。[516]
　ところで、このような帰責形態において瑕疵が肯定される場合、自然力競合による割合的減責は、もはや問題となりえない。というのも、ここでの瑕疵は、生じた具体的結果についての回避可能性を前提に、その発生それ自体をもって肯定される。[517] これは、このような意味での瑕疵が肯定される場合、そこに作用する自然力は、すべて営造物の管理者に支配可能な危険として位置づけられることを意味する。したがって、ここでは、自然力の「競合」を語る余地はないため、生じたすべての損害を管理者に帰責してよいことになる。[518]

---

516)　潮見・前掲（注445）103頁をふまえると、このような帰責形態は「伝統的責任体系」に即したものだということになる。それによると、伝統的責任体系においては、客観的責任要件を吟味し、そのあとで主観的責任要件の検討を行うという思考順序になる。したがって、これを過失と因果関係についてあてはめると、まず最初に、特定の結果と事実的因果関係のある行為群を抽出し、確定するという「過去の事実の復元」作業があり、そのうえで、行為義務違反の確定のための規範的判断が行われることになる。
　なお、工作物責任の領域において、一部で、瑕疵と損害との因果関係を、独立した要件としては不要であるとする見解がみられるが──平井・前掲（注12）『債権各論Ⅱ』65-66頁。また、中井美雄「土地工作物責任」乾昭三編『現代損害賠償法講座6　使用者責任・工作物責任・国家賠償』（日本評論社、1974年）137頁、163頁は、不要としないまでも、「因果関係と瑕疵の存在の認定とは原則的には相即不離の関係にある」とする──、このような帰責形態を念頭においたものと推察される。これは、論者自身、「問題とすべきなのは〔瑕疵との因果関係ではなく──筆者注〕瑕疵の判断をもたらす個々の事実との因果関係のみである」──平井・前掲（注12）『債権各論Ⅱ』66頁──と述べていることからも、明らかであろう。
517)　したがって、この帰責形態は、法益に対する「直接侵害」の類型に属することとなる。なお、直接侵害と間接侵害の区別に関するドイツ法の議論動向については、錦織成史「民事不法の二元性(3)・完」法学論叢98巻4号（1976年）68頁、69-78頁、前田達明『不法行為帰責論』（創文社、1978年）117-165頁を参照。
518)　橋本・前掲（注397）48-50頁、68-69頁。

(b) 抽象的危険段階における結果回避義務の違反

次に、結果発生の抽象的危険についての予見可能性を前提に、要求される回避措置がとられなかったことをもって、瑕疵を肯定するという形態がある。[519] この形態においては、瑕疵要件内部において具体的結果との関連が問われることはない。したがって、ここでは、具体的結果についての帰責の可否を問うため、瑕疵と損害との因果関係を措定する必要がある。自然力競合による割合的減責は、まさにこの因果関係とかかわって問題となるのである。

(2) 2つの帰責形態を分かつ契機

そこで次に、個々のケースにおいて、この2つの帰責形態のうちのいずれが妥当するかが問題となる。そして、この問題については、次のように考えることができるだろう。

まず、生じた具体的結果につき、その予見可能性を比較的容易に肯定できるケースでは、これについての回避措置を考えることになる。そして、そのような措置をもって確実に結果を回避できる場合には、具体的結果の発生をもって瑕疵を肯定することになる。これに対し、具体的結果についての予見可能性を肯定することがかならずしも容易でないケースにおいては、いったん具体的結果からはなれ、営造物の管理態様の側面から瑕疵の有無を判断することが要請されることとなる。

以上の思考順序は、【判決1】や【判決2】においてもみられるところである。これらの判決において、裁判所は、まず最初に、具体的結果――「本件土石流」の発生――を予見の対象とする瑕疵について、検討を行っている。そして、これを肯定することができないとなると、次に、抽象的危険――周辺道路区間における土砂崩落の危険性――を予見の対象とする瑕疵に、問題を切り替えているのである。[520]

---

519) したがって、この帰責形態は、法益に対する「間接侵害」の類型に属することとなる。
520) このほか、国道横の斜面で土砂崩れが発生し、通行する乗用車が転落した事案に関する、大阪地判昭和52年3月25日（判例時報853号31頁）「高取峠土砂崩れ事件判決」も、本件土砂崩れの発生についての予見可能性を否定したうえで、事故現場を含む高取峠全域の危険性に関する予見可能性を認めることによって、道路管理の瑕疵を肯定している。

(3) 割合的減責を要請する帰責要件

さて、以上において、自然力競合による割合的減責を導く帰責構造が明らかとなった。そこで次に、このような帰責構造のもと、いかなる要件において割合的減責が要請されているかが問題となる。これまでの内容をふまえると、【判決1】では、瑕疵と損害との反復性・法則性についての微妙な判断が、割合的解決を要請している。一方、【判決2】では、瑕疵と損害との不可欠条件関係についての微妙な判断が、割合的解決を要請している。この反復性・法則性と不可欠条件関係がそれぞれいかなる帰責要件に関するものかを明らかにするのが、ここでの課題である。

(a) 不作為不法行為における因果関係要件の肯否

すでに述べたように、外在的瑕疵のケースにおいては、義務違反説にもとづく瑕疵概念を用いるのが有用である。したがって、これをふまえると、外在的瑕疵のケースは、不作為不法行為としての性格を有していることになる。ところで、不作為不法行為においては、因果関係要件の肯否をめぐって、次の2つの見解が対立している。

まず、不作為そのものは、外界を支配操縦し、損害を引き起こすものではないとの認識をもとに、不作為を起点とする因果関係を否定する見解がある。[521] それによると、不作為不法行為における帰責は、何らかの原因から結果へといたる因果系列の進行を作為義務の遵守によって阻止することができた場合に正当化される。また、ここで問題となる「作為義務違反なければ損害なし」の関係は、作為義務違反と結果との規範的関連性を示すものと解される。したがって、この関係は、因果関係というより、むしろ違法性連関としての内実を有していることになる。[522]

これに対し、作為と不作為との差異を過度に強調しない立場からは、不作為

---

[521] 不作為不法行為において、因果関係要件を明確に否定するものとして、前田達明『民法Ⅵ₂ 不法行為法』(青林書院新社、1980年) 109頁、橋本・前掲 (注397) 45-48頁。これに対し、四宮・前掲 (注183) 414頁は、不作為自体に原因力はないとしながらも、「期待される作為がなされたとすれば、結果の発生が防止されたであろう」と判断されるときは、「作為の場合に擬して」因果関係が観念されるとする。

[522] 橋本・前掲 (注397) 48頁、橋本佳幸・大久保邦彦・小池泰『Legal Quest民法Ⅴ 事務管理・不当利得・不法行為』(有斐閣、2011年) 179頁。

不法行為においても、作為不法行為の場合と同様、過失と損害との因果関係を問題にすることとなる。不作為不法行為においては、「作為義務違反なければ損害なし」というかたちで不可欠条件公式(conditio sine qua non)が適用される。したがって、これが肯定される場合、不作為と損害との因果関係が確証されたことになるというのである。[523]

上記いずれの見解も、「作為義務違反なければ損害なし」の関係を帰責要件とする点では共通している。ただ、そのような要件を、因果関係の問題とすべきかどうかにおいて、対立がみられるのである。両者の対立は、「行為」や「事実」といった基本概念の捉え方のちがいによってもたらされたといえるが、本章は、この点について、本質論を展開するものではない。むしろ、こうした議論状況から得られる示唆をもって、自然力競合による割合的減責の理論的内実を明らかにすることが、本章の目的であるといえる。そこで、こうした視点に立った場合、次のような指摘が可能となる。

(b)【判決2】における割合的減責の理論的内実

まず、「作為義務違反なければ損害なし」の関係は、因果関係を実在的な作用——「事実的」因果関係——として捉えるかぎり、因果関係の問題とはいえなくなる。[524] したがって、これをふまえると、【判決2】の割合的減責は、違法性連関の存否不明によって説明されることとなる。

次に、違法性連関は、その存否が不可欠条件公式にもとづき判断される点において、「事実的」因果関係と共通する。したがって、そのかぎりにおいて、違法性連関の存否は、事実問題として位置づけることが可能である。しかしその一方で、違法性連関の存否は、作為義務が遵守された場合の事実経過としてどのようなものを想定するかに依存する。そして、そのような想定を行うにあたっては、帰責に関する評価的思考が不可避的に介在してくる。[525] したがって、この点をふまえると、【判決2】の割合的減責は、単なる事実の存否不明によって導かれたものとは言いがたくなる。

---

523) 森島昭夫「因果関係」不法行為法研究会『日本不法行為法リステイトメント』(有斐閣、1988年) 40頁、44頁、窪田・前掲 (注188)「書評 平井宜雄『債権各論Ⅱ 不法行為』」108頁。
524) たとえば、橋本・前掲 (注397) 44頁は、不作為不法行為における不作為と法益侵害との関係について、「単なる観念的・論理的関係」にすぎないとする。
525) 水野・前掲 (注423) 314-327頁。

以上をふまえると、【判決2】の割合的減責は、事実問題における確定困難と帰責問題における評価困難の両面から説明されることになるだろう。

(c) 【判決1】における割合的減責の理論的内実

続いて、【判決1】に移ることにしよう。

本章の理解によれば、【判決1】は、作為義務違反と損害とのあいだに不可欠条件関係はあるものの、反復性・法則性があるかどうかが微妙であるようなケースを扱うものである。したがって、ここでは、この反復性・法則性をどのように捉えるかが問題となる。

ところで、因果関係における不可欠条件関係と合法則性との関係をめぐっては、因果関係とは何かという根本問題ともかかわって、不透明な議論状況が続いている。

因果関係を不可欠条件公式によって確証される関係、あるいはそのような公式そのものと捉える立場は、平井宜雄による損害賠償法理論の提唱以降、すくなくとも民法学の領域においては、広範な支持を獲得したということができる。しかし、その一方で、因果関係を、不可欠条件公式の適用によって明らかにされる関係ではなく、法則に合致した事実と事実との結合関係として捉える立場も、かねてから有力に主張されているところである。このように、因果関係の本質に関する今日の議論をみるかぎり、基本的な因果関係観として、

---

526) 以上をふまえると、「事実」と呼ばれるものには、次の2つのものが含まれることになる。まず1つめは、実在としての事実であり、これは観念と対置される。次に2つめは、「事実問題」としての事実であり、これは評価と対置される。違法性連関は、義務違反と結果との不可欠条件関係を問題にする。そしてそこでは、各種の法則に依拠した論理的思考が不可避的に要求される。したがって、ここでは、もっぱら後者の意味での事実が問題となっていることになる。違法性連関の判断が「過去の事実の復元」作業に解消しえないことは、この点において明らかだろう。

527) 平井・前掲（注16）135-137頁。

528) 代表的な体系書・教科書を取り上げてみても、幾代・徳本・前掲（注479）118-119頁、加藤雅信『新民法大系Ⅴ 事務管理・不当利得・不法行為〔第2版〕』（有斐閣、2005年）235頁、窪田・前掲（注188）『不法行為法』159頁、森島・前掲（注25）282-283頁、吉村良一『不法行為法〔第4版〕』（有斐閣、2010年）101頁などにおいて、行為と損害との不可欠条件関係をもって事実的因果関係が確証される、あるいは、そのような関係そのものが事実的因果関係であるとされている。

529) 前田達明『判例不法行為法』（青林書院新社、1978年）43-44頁、潮見・前掲（注185）349-350頁、364頁、橋本・前掲（注397）51-52頁。このほか、四宮・前掲（注183）409-411頁、沢井・前掲（注183）269-270頁は、（事実的）因果関係の本質を、反復性・法則性に求めつつ、その発見のための簡便な手段として、不可欠条件公式があるとしている。

不可欠条件関係を重視する見方と合法則性を重視する見方とがあることは、まちがいないだろう。

　もっとも、この2つの見方は、本来的には対立しあうものではない。しばしば指摘されるように、不可欠条件公式の適用にあたっては、行為から結果へといたる一連の経過を、自然科学的・経験的知識を手がかりにして、明らかにすることが求められる。[530] 一方、2つの事実のあいだに因果法則を見出すためには、過去に発生した事実の連鎖を単に受動的に眺めているだけではたりず、不可欠条件公式による能動的な問いかけを行うことが求められる。[531] そうすると、2つの事実のあいだに法則性が認められることと、前者が後者の不可欠条件であることとは、ともに因果関係を特徴づけるものとして、相互依存の関係にあるということになる。

　もっとも、このような理解をふまえてもなお、この2つの側面を別個に観念すべき場合があることは、たしかである。すなわち、行為から結果へといたる一連の経過のなかで、細かな事実と事実との関係を、合法則的な結合関係として把握できたとしても、そのような小さな結合関係からなる一連の経過を、社会法則に適合した事態として捉えることが、むずかしい場合がある。この場合、小さな合法則的結合関係の連鎖をたどったうえで、行為と結果につき不可欠条件関係を肯定することは可能であるが、それでもなお、行為と結果とのあいだに、因果関係を観念できるだけの反復性・法則性を認めることができるかどうかが問題となる。【判決1】において問題となる反復性・法則性は、まさに、こうした社会法則のレベルに属する。本件では、「飛泉橋」における通行規制の不実施から転落事故へといたる一連の経過のなかで、微細なひとつひとつの事実の連鎖を合法則的な関係として捉えることは可能である。[532] しかし、これらを全体としてみた場合、両者のあいだに社会法則を見出すことは、むずかしいといえるだろう。

---

530) 前田・前掲（注529）44頁は、不可欠条件公式の適用が、すでに法則に関する知識を前提としていることを指摘する。
531) 水野・前掲（注423）81頁。
532) ただし、注485でも指摘したように、【判決1】では、瑕疵から損害へといたる一連の経過において、人の意思決定が介在している。したがって、その部分に関しては、すくなくとも自然科学的な意味での法則は、存在しないことになる。

ところで、こうした社会法則との適合性は、損害賠償法理論においては、純然たる帰責評価の問題——相当因果関係における相当性の問題——として扱われるのが一般的である。したがって、これをふまえると、【判決1】の割合的減責は、こうした意味での帰責評価が微妙であることから導かれたものだということになる。

(4) 【判決1】における割合的減責の今日的評価

　なお、【判決1】以降、このようなことを理由に割合的減責を行った裁判例は報告されていない。むしろ、瑕疵と損害との不可欠条件関係が認められる以上、全損害についての責任を肯定するというのが、裁判実務の一般的な傾向であるといってよい。したがって、このような状況をふまえるならば、これまで一般に、自然力競合による割合的減責の代表的なケースとされてきた【判決1】に対しては、次のような評価が妥当するだろう。

　今日の裁判実務では、瑕疵と損害との不可欠条件関係が認められる以上、全損害についての責任を肯定するのが一般的である。【判決1】は、被害者保護の水準がこのような段階に達するまでの過渡的判断の一例として、歴史的意義をもつものにすぎず、割合的減責を導く法理としての一般的妥当性をもはや失っているのである。[533]

4　内在的瑕疵のケースにおける割合的減責

　続いて、内在的瑕疵のケースについて検討を行う。なお、すでに述べたように、ここでは、分析視角としての有用性から、客観説にもとづく瑕疵概念を念頭におくこととする。

(1) 内在的瑕疵のケース内部における類型化

　前節で取り上げた判決のうち、内在的瑕疵のケースにあたるものは、第二類型に属する【判決3】、【判決4】と、第三類型に属する【判決5】である。もっ

---

533)　たとえば、【判決1】の控訴審判決である、名古屋高判昭和49年11月20日（判例時報761号18頁）は、割合的減責を行っていない。また、注520で取り上げた大阪地判昭和52年3月25日も、瑕疵と損害との違法性連関をもって、全損害についての責任を肯定している。

とも、このうち【判決5】は、独自に分析を行う意義にとぼしいものだといえる。なぜなら、同判決における割合的解決は、瑕疵——営造物の加害作用——と損害の一部との「事実的」因果関係が否定されることによって、必然的にもたらされたものにすぎないからである。したがって、ここでは、第二類型に属する2つの判決に対象をしぼるのが、妥当であろう。

さて、そこで、これらを対象とした場合、内在的瑕疵のケースは、次の2つのものに分類することができる。

(a) 瑕疵ある営造物・工作物と損害との因果関係

まず、【判決3】では、損害の原因として、工作物——観光リフトの道床——の瑕疵にもとづく上部斜面の崩壊と、自然力にもとづく中下部斜面の崩壊とが考えられ、認定された事実のもとでは、いずれが本当の原因かを特定することができなかったため、割合的解決が行われたものと解される。このように、ここでは、瑕疵ある営造物・工作物が損害を引き起こしたかどうかが、問題となっている。[534]

(b) 営造物・工作物の瑕疵と損害との因果関係

次に、【判決4】では、設置・保存に瑕疵のある工作物——マンション——が、損害——住民らの死傷——を引き起こしたことに、疑いはない。むしろ、ここでは、瑕疵の不存在によって、損害が回避されたかどうかが問題となっており、この点が明らかでなかったため、割合的解決が行われたものと解される。このように、ここでは、営造物・工作物の瑕疵が損害を引き起こしたかどうかが、問題となっている。[535]

(2) 因果関係の起点をめぐる問題

ところで、これまで、かならずしも十分に意識されてきたとはいえないが、一般不法行為の要件である因果関係に関しては、その起点を、行為それ自体に求める立場と、行為のうちの過失にかかる観念的部分に求める立場とのあいだで、対立がみられる。そして、このような議論を営造物・工作物責任の分野[536]

---

534) このほか、注502であげた①、②、③の各判決も同様である。
535) このほか、注502であげた④の判決も同様である。
536) この2つの立場の対立については、個々の論者がいずれの立場をとっているかにつき態度を明

に持ち込むならば、【判決3】においては、営造物の存在を起点とし、これが損害を引き起こしたという関係——「事実的」因果関係——の有無が問題となっていることになる。一方、【判決4】において問題となる「瑕疵なければ損害なし」の関係は、「事実的」因果関係ではなく、違法性連関であると解される。したがって、この点をふまえると、同判決の割合的解決は、【判決2】の割合的解決と連続性をもつことになる。

第4節　ま　と　め

　以上で、営造物・工作物責任における自然力競合による割合的減責の検討を終える。そこで、以下では、本章で得られた知見をあらためて整理しておくことにしよう。

① まず、この分野における割合的減責の嚆矢とされる【判決1】は、外在的瑕疵のケースにおいて、瑕疵と損害との反復性・法則性が微妙であることから割合的解決を行ったものとみることができる。もっとも、このようなケースにおいては、不可欠条件関係——違法性連関——の存否の判断において、すでに帰責評価が行われていることを忘れてはならない。したがって、そのうえさらに、反復性・法則性の観点から帰責評価を行うことは、必要ではない。以上をふまえると、【判決1】における割合的減責は、妥当なものとはいえないだろう。

② 次に、こうした点をふまえると、この分野における割合的解決は、因果関係の存否が明らかでないケースにおいて、行われることになる。なお、ここでは、帰責構造のちがいから、次の2つのものを区別しなければならない。

確にしていないことがすくなくないため、議論状況を把握することはむずかしい。ただ、そういったなかにあって、四宮・前掲（注183）413頁は、実在としての行為ではなく、そのうちの違法評価にかかる観念的部分を、因果関係の起点に据えるべきだと主張する。また、窪田・前掲（注188）「書評　平井宜雄『債権各論Ⅱ　不法行為』」108頁も、作為不法行為における義務違反と損害との因果関係を問題にしている。一方、以上に対して、平井・前掲（注12）『債権各論Ⅱ』83頁、幾代・徳本・前掲（注479）118頁は、外界を変化させる行為それ自体を因果関係の起点に据えている。

③ 第一は、営造物・工作物の瑕疵と損害との因果関係――違法性連関――が問題となるケースである。このようなケースにおける割合的解決は、不作為不法行為としての実質を有する外在的瑕疵のケースにおいて、典型的にあらわれる（【判決2】）。しかし、内在的瑕疵のケースにおいても、営造物・工作物の加害作用全体ではなく、その観念的一部分を因果関係の起点とすべき場合においては、同様の解決を行う余地がある（【判決4】など）。

④ 第二は、瑕疵ある営造物・工作物と損害との因果関係が問題となるケースである。ここでは、瑕疵ある営造物・工作物の加害作用を本質とする因果関係――「事実的」因果関係――が措定される。したがって、ここでの割合的解決は、いわゆる確率的心証論によって説明されることになる（【判決3】など）。

⑤ なお、以上であげたもののほか、営造物・工作物の加害作用と損害の一部とのあいだに「事実的」因果関係がないことから、割合的解決を行ったものがある（【判決5】など）。

以上の整理を前提とした場合、本章の検討によってもなお、次の2つの問題が残されることとなる。

第一に、③の割合的解決に関しては、そのような解決をどのように正当化できるかが、個々の事案において重要になってくる。ここでは、営造物・工作物の管理者に課された義務が、当該結果の回避のみならず、回避可能性をも保護するものかどうかが、問題となる。[537]

第二に、④の割合的解決に関しては、確率的心証論をどのように評価するかが、問題となる。ここでは、証明責任による解決を断念し、割合的解決に乗り出すことを、実体法上どのように正当化できるかが、鍵をにぎっていることになる。

以上のうち、第一の点は、事案ごとの個別的判断にゆだねられるべき問題である。これに対し、第二の点は、今後とも学説が取り組むべき理論的課題であ

---

537) 一般に、第1章で扱った医療過誤のケースと異なり、営造物・工作物責任のケースでは、この点に関する説明が判決文において十分になされない傾向にある。もっとも、そうしたなかにあって、【判決2】は、この点に関して、一定の言及を行っていると考えられる。同判決の割合的解決は、道路法46条1項が定める規範目的――「交通の危険」の防止――が、わずかな損害回避の可能性をも保護しようとした結果、導かれたものと解することができる（LEX/DB 28081832）。

る。ここでは、「事実的」因果関係の存否不明を理由に公平の見地から割合的解決を導くことができるかどうかが問題となる[538]。そして、この問題を考えるにあたっては、証拠法との関係にも留意しなければならないのである[539]。

---

538) たとえば、第Ⅰ部第1章第1節2(1)で取り上げた、「寄与度減責」説は、「責任要件の希薄化と減責による調整」の必要性を説くにあたり、「事実的」因果関係の希薄化を視野に入れている。能見・前掲（注1）250-251頁。
539) なお、とりわけ【判決3】についていうと、同判決における割合的解決は、公平を根拠にもち出さずとも、「被害者側の択一性（Alternative Opferschaft）」──第Ⅰ部第2章第2節3-2(3)──の論理によって説明することができる。落石事故との対比でいうと、ここでは、中下部斜面のアップリフトを起点とする崩落が、自然現象による落石に対応するのである。

第3章 公害・環境訴訟における割合的責任

第1節 問題の所在

　公害・環境訴訟では、企業活動や自動車の運行によってもたらされた汚染物質が、被害者の疾病の原因なのかどうかが、大きな問題となる。この問題は、加害行為と損害発生――権利侵害事実の発生――とのあいだに、前者が後者を引き起こした関係があるかどうかを問うものであり、「事実的」因果関係の問題として位置づけられる。[540] ところで、公害・環境訴訟において、とりわけこの問題が大きく取り上げられるのは、この種のケースにおいては、加害行為から損害発生へといたる経路が複雑であるため、原告がこれを立証することが困難となるからである。たとえば、大気汚染訴訟において、疾病が被告の企業活動によるものであることを証明するためには、原告は、次の4つの関門をくぐり抜けなければならない。

① 被告は、汚染物質の排出によって、周辺の大気を汚染したかどうか。
② その汚染物質は、原告の居住地に到達したかどうか。
③ 到達した汚染物質は、原告の居住地で疾病をもたらすだけの濃度を示していたかどうか。

---

540) 「事実的因果関係」という用語は、様々な意味で用いられるが、公害・環境訴訟で問題となる事実的因果関係は、行為それ自体――または営造物の存在それ自体――を起点とする実在的な惹起の関係を意味する。事実的因果関係をこのような意味で捉えるものとして、前田・前掲（注521）108-110頁、126-127頁、平井・前掲（注12）『債権各論Ⅱ』82-84頁など。一方、義務違反と結果との不可欠条件関係は、この分野では、因果関係の判断のあとに、過失や瑕疵の問題――結果回避可能性の問題――として取り上げられる（もっとも、過失論・瑕疵論によっては、これが重視されないこともある）。なお、公害・環境訴訟でこのような判断手順となることについては、潮見・前掲（注445）103頁を参照。

④　原告の疾病の原因として、大気汚染以外のものを考えることはできるかどうか。

　そこで、こうした困難に対応するため、学説上、様々な理論が提唱されてきた。[541] なかでも、因果関係の認定に疫学の知見を活用する、いわゆる疫学的因果関係論は、イタイイタイ病訴訟——富山地判昭和46年6月30日（判例時報635号17頁）——を皮切りに、数多くの公害判決で採用され、今日にいたっている。[542] もっとも、よく言われるように、損害賠償訴訟では、最終的には、個々の患者についての因果関係——個別的因果関係——が問題となるため、集団現象を扱う疫学では解明しきれない部分が残ることは否定できない。とくに、疾病が、閉塞性肺疾患のようないわゆる非特異性疾患の場合、④の問題とかかわって、立証上の困難が生じうる。ある特定の原告の疾病が大気汚染によるものかどうかは、集団に関する統計データをいくら眺めても、明らかにすることはできないからである。

　一方、集団現象のレベル（①～③）においても、因果関係に関して、次の2つの点が問題となりうる。

　まず、一般に大気汚染訴訟では、汚染源は被告の工場や道路以外にも様々なものが考えられる。したがって、こうしたことから、汚染経路を明らかにすることが困難となる。とくに、いわゆる都市型複合汚染の場合、原告は都市に内在する大小様々な汚染源から主要なものを選び出し、賠償請求を行うことになる。そうしたなか、裁判所は、被告の行為と損害との因果関係を明らかにしなければならないのである。

　次に、被告が複数いる場合の責任関係も、問題となる。共同不法行為に関する民法719条は、生じた損害について、共同行為者に連帯責任を課している。一方、被告らの行為に関連共同性がない場合、それらの行為は競合的不法行為と解される。したがって、この場合、責任判断は、行為者ひとりひとりについ

---

541)　公害・環境訴訟における因果関係論の展開については、吉村良一「公害裁判における因果関係論の展開」同『公害・環境私法の展開と今日的課題』（法律文化社、2002年）218頁（初出：2001年）を参照。

542)　疫学的因果関係に関する論稿は多いが、裁判例の分析をとおして疫学的推論の構造を解明しようとするものとして、たとえば、瀬川信久「裁判例における因果関係の疫学的証明」加藤一郎古稀『現代社会と民法学の動向 上』（有斐閣、1992年）149頁。

て行うことになる。ここでは、個別の行為を起点とする因果関係の絡まりを、集団現象としてどのように捉えるべきかが、民法719条との関連において、問題となっているのである。

　このように、公害・環境訴訟では、因果関係の立証に関して、様々な困難が生じうる。そこで、裁判実務では、こうした困難への対応策として、被告らに割合的責任を課すことが行われてきた。また、学説では、このような実務の対応を理論化するものとして、「割合的因果関係論」や「確率的因果関係論」、さらには「確率的心証論」などといった解釈理論が提唱されてきた。ところで、ここで注意を要するのは、これらの名称で呼ばれる諸学説が、かならずしも互いに排除しあうものではないということである。むしろ、それらは、ともに割合的解決を志向するものとして、互いに共通する部分を含んでいるのが実情である。このように、公害・環境訴訟における割合的責任では、そのような解決が要請される局面の多様さとともに、これを導く解釈理論の不透明さが問題となる。本章は、このような問題認識をまえに、公害・環境訴訟における割合的責任の理論的内実を明らかにしようとするものである。[543]

　そこで、以下ではまず、割合的責任を課した裁判例を概観することからはじめることにしよう。

第2節　裁判例の動向

　公害・環境訴訟において割合的責任が肯定されたのは、多奈川火力発電所公

---
543)　たとえば、山本克己「証明度の軽減」伊藤眞・加藤新太郎編『ジュリスト増刊　判例から学ぶ民事事実認定』（有斐閣、2006年）26頁、28-29頁は、割合的責任を導く学説として、「確率的因果関係論」と「心証度による割合的認定論」とを区別する。そして、前者において、野村好弘の論文のほか、一般に「確率的心証論」の提唱者として知られる倉田卓次の論文を引用する。これに対し、小賀野晶一「割合的責任論とその機能」松村弓彦・柳憲一郎・荏原明則・小賀野晶一・織朱實『ロースクール環境法［補訂版］』（成文堂、2007年）479頁、482-483頁では、野村を「割合的因果関係論」の、倉田を「確率的心証論」の論者として、それぞれ紹介している。また、佐村浩之「水俣病訴訟における因果関係論」法律のひろば45巻11号（1992年）31頁、34-35頁は、山本論文が「心証度による割合的認定論」と呼ぶものを、「確率的心証論あるいは割合的因果関係論……を採用したもの」であるとしている。このように、「割合的因果関係論」、「確率的因果関係論」、「確率的心証論」といった名称は、一般に認知されているものの、それらの内容については、共通の理解が得られていないのが実情である。

害訴訟判決――大阪地判昭和59年2月28日（判例タイムズ522号221頁）。以下では「多奈川判決」とする――が、はじめてだとされている。同判決の割合的責任――「信義則に基づく限定責任の抗弁」――は、それ自体としては、多くの支持を集めることはなかったが、そこで示された問題は、のちの裁判例を読み解くうえで、重要なものだといえる。

そこでまずは、公害・環境訴訟における割合的責任論の先駆けとなった同判決について、詳しくみていくことにしよう。

1　多奈川判決における割合的責任

(1)　事実の概要

Y（関西電力株式会社）は、昭和31年に大阪府岬町で第一火力発電所の操業を開始し、昭和47年に高煙突を設置するまでのあいだ、高さ76メートルの低煙突から多量の煤煙を排出していた。そうしたなか、昭和48年12月、周辺住民であるXら12名――うち6名は被害者の相続人――は、Yの排煙が原因で肺気腫等に罹患したとして、損害賠償を請求した。

(2)　裁判所の判断

(a)　因果関係論

裁判所は、まず、Yの排煙が、四日市公害訴訟の被告企業とくらべても著しく多量であったとして、排煙の岬町への到達を肯定している[544]。そして、大気環境が疾病の原因かどうかを判定するための基準――「閾濃度値」――を定めたうえで[545]、Xらのうち7名の疾病については、大気汚染によるものではないと判示した[546]。

次に、残り5名の居住地の大気汚染にYがどの程度関与したかが検討される。ここでは、Yの行為と隣接するA社の行為とが共同不法行為にあたるとしたうえで、両行為の大気汚染への寄与度が明らかにされている[547]。そして、そ

---

544) 新美育文「民事判例レビュー 民事責任 多奈川公害訴訟判決」判例タイムズ529号（1984年）179頁、180頁第2段。
545) 判例タイムズ522号273頁。
546) 判例タイムズ522号279頁第1段。
547) 判例タイムズ522号280頁第2-4段

れによると、5名中、下記B・C・X₁の居住地における寄与度は、「40％足らず」であるとされている。[548]

　続いて、この5名について、発病の因果関係の有無が検討される。ここでは、本件疾病が非特異性疾患であることから、疫学的手法のみで判断することはできず、「通常の手法」との総合的判断が行われるべきだとされている。[549] 具体的には、次のとおりである。

　まず、5名の居住地の有症率（4％）は、自然有症率（3％）をわずか1％しか超えていないため、このことだけで因果関係を推定することはできない。[550] そこで、その他の間接事実と総合して判断すると、5名のうち、発症時期が早すぎる1名と、汚染状況の改善後に症状が悪化した1名を除く3名——死亡被害者B・Cおよび被害原告X₁——について、因果関係を認めることができる。[551]

(b)　割合的減責論

　続いて、裁判所は、B・C・X₁の損害について、その基準額を定めたうえで、信義則による減責を行っている。具体的には、次のとおりである。

　本件では、Bらの素因・加齢・喫煙と他の大気汚染物質のうえに、Yの行為が加わることで損害が発生しており、Yの行為がなければ損害は発生しなかった。このような場合、Yは、原則として、生じた全損害について責任を負う。しかし、被告の「侵害行為以外の原因が物理的にみて発病の主要原因となって」いる場合や、被告の「侵害行為に……違法有責性が少ない」場合には、信義則により減責を行うのが相当である。[552]

　そこで、裁判所は、BとCについて、4割の減責を行った。また、X₁については、タバコの箱に吸いすぎ注意の警告が貼られた昭和47年以降も喫煙を続けたことから、信義則による減責と過失相殺とをあわせて6割の減責を行った。

(3)　検　　討

　本判決の割合的責任は、理論的には信義則によるものであり、割合的因果関

---

548)　判例タイムズ522号286頁第4段-287頁第2段。
549)　判例タイムズ522号293頁。
550)　判例タイムズ522号312頁第1-2段。
551)　判例タイムズ522号322頁第2段-326頁第1段。
552)　判例タイムズ522号329頁第3段-330頁第4段。

係にもとづいたものではない。もっとも、すでにみたように、本判決は、このような結果を導くにあたって、過失——「違法有責性」——の程度のほか、加害行為の寄与度にも着目している。この点をどうみるかが、本判決を読み解くうえでのポイントとなる。

たとえば、裁判所は、Bの損害について6割の責任を肯定しているが、そこでは、次のような判断が行われている。

Bの居住地の大気は、発病閾値を多少上回っている程度であり、Bを症状に罹患させる「可能性があった」にすぎない。また、Bの居住地の大気に対するY——およびA——の寄与度は、「40％足らず」である。したがって、Bの症状は、個人的な事由によるものが大きく、Yの寄与は、「僅かであったものと推定される」。そうすると、「本件のような被告の寄与割合の少ない極端なケースにあっては」、信義則により減責を行うのが相当である。

ここでは、2つの問題が混在している。ひとつは、加害行為の寄与度がきわめて小さいということ、もうひとつは、加害行為と損害発生との因果関係が微妙であるということである。いうまでもなく、これらは、それぞれ別々の事態である。しかし、後者の状況がみられる場合に、これを前者の場合と捉え、減責を行うのは、損害の公平な分担の観点からは、不当なものとも言いきれない。裁判所が、加害行為の寄与度に着目しながら、最終的には信義則に依拠したのも、そのような意味において理解できるだろう。いずれにしても、ここでは、責任割合が損害発生に対する寄与度とは一致していないことに注意が必要である。

---

553) 実際、裁判所も、「原因相殺」ではないことを明言している。判例タイムズ522号333頁第2-3段。
554) 判例タイムズ522号276頁第4段。
555) 判例タイムズ522号331頁第1段。
556) 実際、一般の人々は、一定割合の因果関係が証明されたということと、因果関係について一定割合の心証が得られたということを、厳密に区別しないであろう。伊藤滋夫『事実認定の基礎——裁判官による事実判断の構造〔補訂版〕』（有斐閣、2000年）198頁、204頁、216頁。なお、本判決の割合的責任を、寄与度に応じた責任と理解しながらも、同時に、因果関係の不確実さとの関連性を疑うものとして、片山直也「判批：大阪地判昭和59年2月28日」森島昭夫・淡路剛久編『公害・環境判例百選』（有斐閣、1994年）26頁、27頁。

2 西淀川一次判決における割合的責任

(1) はじめに

西淀川大気汚染第一次訴訟判決——大阪地判平成3年3月29日（判例時報1383号22頁）。以下では「西淀川一次判決」とする——は、大阪市西淀川区に居住する公健法の認定患者とその相続人が、企業10社と道路管理者を相手取り、損害賠償を請求した事案である。なお、本判決では、道路管理者の責任は否定されたため、以下では、企業10社の責任に関する判断についてのみ、取り上げることとする。

(2) 裁判所の判断

(a) 因果関係論

裁判所によれば、西淀川区の大気汚染には「南西型」と「北東型」があり、企業10社は「南西型」の汚染源に属するとされている。また、被告各社の大気汚染に対する寄与度が、大気拡散シミュレーションによって明らかにされている。それによると、10社の寄与度は、昭和45年度が35％以下、48年度が20％以下とされている。[557]

次に、大気汚染と疾病との因果関係の有無が、検討されている。ここでは、西淀川区が、わが国でもトップクラスの汚染地域であるとしたうえで、昭和30年代から40年代にかけて同区に居住し、汚染状況が改善された50年初期ごろまでに発症した者について、大気汚染との因果関係が推定されている。[558]

(b) 共同不法行為論

続いて、企業10社の責任関係とかかわって、共同不法行為の成否が検討されている。

まず、裁判所は、民法719条1項前段を「強い関連共同性」がある場合、同項後段を「弱い関連共同性」にとどまる場合としたうえで、前者においては減免責の可能性を否定する。そのうえで、本件への当てはめは、次のように行われる。まず、昭和44年以前においては、資本的結合関係のある3社について前段を適用し、それ以外については後段を適用する。これに対し、大阪市が「西淀

---

557) 判例時報1383号47頁第3段-48頁第1段。
558) 判例時報1383号69頁第1-3段。

川区大気汚染緊急対策」を策定した昭和45年以降においては、「環境問題での強い関連性」を指摘し、10社ともに前段を適用する。[559]

(c) 割合的責任論

次に、被告10社の責任割合が検討されている。具体的な判断は、以下のとおりである。

まず、西淀川区の大気汚染は、被告が属する「南西型」と「北東型」からなり、両者は拮抗している。また、昭和44年以前は、被告各社の寄与度が明らかにされていない。したがって、被告らは、昭和44年以前の損害については、その50％について連帯責任を負う。一方、昭和45年以降になると、大気拡散シミュレーションによって、各社の大気汚染に対する寄与度が明らかとなる。しかし、この時期になると10社のあいだで「強い関連性」が認められるため、被告らは、10社合計の寄与度に応じた連帯責任を負うことになる。[560]

(d) 損　害　論

以上をふまえ、被告10社の責任割合が、大気汚染に対する寄与度にもとづいて決定される。それによると、昭和46年までに発症した者については50％、昭和49年までに発症した者については35％、それ以降に発症した者については20％となる。[561]

(3) 検　　討

本判決も、多奈川判決と同様、加害行為と疾病との因果関係が問題となり、割合的解決を行っている。ただ、これらの判決で示された割合的責任は、それぞれ異なったものだということができる。

まず、多奈川判決は、発病閾値をわずかに超える大気汚染に「40％足らず」寄与した被告に対して、信義則の観点から、6割の責任を課している。これは、大気汚染への寄与度がきわめて小さい加害者に対する、例外措置としての意義を有する。

これに対し、本判決は、被告らに対し、大気汚染に対する寄与度にもとづい

---

559) 判例時報1383号74頁第1段-75頁第3段。
560) 判例時報1383号75頁第3段。
561) 判例時報1383号78頁第1段。

た責任を課している。そして、この寄与度の解明においては、大気拡散シミュレーションが活用されており、そこでは、被告1社ごとの寄与度が詳細な数値として示されている。一方、本判決では、大気汚染と疾病との因果関係に関して、とくに疑いがもたれていない。これは、西淀川区がわが国でもトップクラスの汚染地域であることから、原告の疾病がもっぱら大気汚染以外の事情に起因する可能性が、排除されたためだと考えられる。つまり、本判決では、大気汚染と疾病との因果関係があることを前提として、大気汚染に対する寄与度に応じた責任が課されているということになる。

次に、共同不法行為論に関しても、本判決と多奈川判決とでちがいがみられる。まず、多奈川判決は、YとAにつき、「隣接した近距離にあって共に黒煙を排出」しているとして、関連共同性を肯定している。そして、そこでは、両者のあいだで責任を分割するという発想はみられない。これに対し、本判決は、関連共同性の強弱によって減免責の可否を分けており、効果についての細やかな配慮がみられる。もっとも、本判決も、1社ごとの寄与度が判明した昭和45年以降については、「強い関連性」を肯定している。このため、ここでは、1社ごとの寄与度に応じた責任を課すという道は、閉ざされた格好となる。

3 西淀川二次～四次判決における割合的責任
(1) はじめに

西淀川大気汚染第二～四次訴訟判決——大阪地判平成7年7月5日（判例時報1538号17頁）。以下では「西淀川二次～四次判決」とする——は、西淀川大気汚染における第二次提訴から第四次提訴にかかる訴訟の判決である。なお、本件では、被告10社のうち、9社とのあいだで和解が成立し、残り1社については、

---

562) このような立場は、すでに四日市公害訴訟判決——津地四日市支判昭和47年7月24日（判例時報672号30頁）——がとっていた。
563) なお、大気汚染防止法25条の2によれば、裁判所は、民法719条1項の適用がある場合でも、寄与度が著しく小さい事業者の責任を軽減することができる。本件では、被告のうちの1社について、この規定の適用が問題となった。しかし、裁判所は、「強い関連共同性」を理由に、結局は、この規定の適用を見送った。判例時報1383号76頁第4段。つまり、本判決によれば、大気汚染防止法25条の2よりも、民法719条1項——そのうちの「強い関連共同性」の場合——のほうが、上位の規範だということになる。これは、「不法行為の一般理論」としてこうした減責を位置づける一部の学説の立場——能見・前掲（注18）13頁——とは、異なった発想だといえる。

訴えが取り下げられている。したがって、判決は、もっぱら道路管理者──国・阪神高速道路公団──の責任に関するものとなっている。

(2) 裁判所の判断

(a) 因果関係論

裁判所は、まず、大気拡散シミュレーションによって、工場と道路の大気汚染に対する寄与度を判定している。それによると、西淀川区の一般環境に対する工場の寄与度は65％弱、道路の寄与度は30％弱とされている。また、道路端から50メートル以内の沿道地域においては、一般環境とは異なり、道路の寄与度が35％程度になるとされている。[564]

続いて、発病との因果関係が検討されている。ここではまず、因果関係の証明に関して、「高度の蓋然性」が必要であることが確認されている。もっとも、非特異性疾患の場合、疫学調査によって集団的因果関係を明らかにできても、個別的因果関係を立証することは不可能に近い。この点については、裁判所による次の説示が、注目される。

> 「疫学等によって統計的ないし集団的には加害行為との間に一定割合の事実的因果関係の存在が認められるが、集団に属する個々の者について因果関係を証明することは不可能あるいは極めて困難であり、被害者にその証明責任を負担させることが社会的経済的妥当性を欠く一方、加害行為の態様等から少なくとも右一般的な割合の限度においては加害者に責任を負担させるのが相当と判断される場合には、いわば集団の縮図たる個々の者においても、大気汚染の集団への関与自体を加害行為ととらえ、右割合の限度で各自の被害にもそれが関与したものとして、損害の賠償を求めることが許されると解するのが相当である」。[565]

つまり、集団への関与を個々人への関与と同視することで、証明度を維持できるというのが、裁判所の見方である。[566]

(b) 共同不法行為論

---

564) 判例時報1538号74頁第4段-75頁第3段。
565) 判例時報1538号78頁第2段。
566) この点を検討するものとして、春日偉知郎「西淀川大気汚染公害訴訟（第二〜四次）第1審判決における因果関係及びその立証上の問題点」判例タイムズ889号（1995年）11頁、15-17頁。

次に、共同不法行為に関しては、まず、本件が「重合的競合」のケース——「個々の発生源だけでは全部の結果を惹起させる可能性はな」く、「幾つかの行為が積み重なってはじめて結果を惹起する」場合——であることが確認されている。そして、そのようなケースに民法719条を適用するためには、主要汚染源の特定が必要であるが、特定がなくても、一部の行為者の寄与度を限度として、同条を「類推適用」することはできるということが指摘されている。

以上をふまえ、本件への当てはめが行われる。

まず、特定工場群——企業10社——と本件各道路は、主要汚染源とはいえないが、これらについて、民法719条を「類推適用」することはできる。また、関連共同性に関しては、特定工場群と道路との「強い共同関係」も、「道路間の一体性」も、ともに肯定することはできない。したがって、結局のところ、国と公団は、それぞれが管理する道路の沿道被害について、それぞれの寄与度に応じた責任を負えばよいことになる。[567]

(c) 瑕 疵 論

なお、裁判所は、道路の供用関連瑕疵（国家賠償法2条）がおよぶ範囲について、これを沿道50メートルの被害に限定し、それ以外の地域については、受忍限度内の被害としている。[568]

(d) 損 害 論

続いて、損害算定の問題が検討されている。ここでは、大気汚染以外の因子が、2つのレベルで考慮されている。

まず、「因果関係論としての他因子論」では、集団への関与を個々人への関与と同視するという上述の考えが、具体化されている。すなわち、疫学調査による相対危険度をふまえると、大気汚染の疾病に対する寄与度は、喫煙者・小児ぜん息患者・高齢者については60％、それ以外の者については80％となる。[569] そして、これらの寄与度を考慮することにより、自然発症率に相当する部分——大気汚染がなくても発症していた部分——が、事実的因果関係のおよぶ損害の範囲から除外される。

---

567) 判例時報1538号139頁第4段-142頁第4段。
568) 判例時報1538号151頁第1段。
569) 判例時報1538号160頁第4段-161頁第1段。

次に、「損害論としての他因子論」では、上記の損害部分について、さらに減責できないかが検討される。裁判所によると、この部分は、大気汚染のみによって生じる部分と、他因子との競合によって生じる部分とに分かれる。したがって、後者については、他因子の寄与を考慮して減責することが考えられる。具体的には、アレルギー素因と加齢は減責の対象とならないが、重度の喫煙については、過失相殺が類推適用される。その結果、重度喫煙者については、60％の寄与度が50％へと引き下げられることとなる。[570]

以上のことから、道路管理者の責任割合は、道路の大気汚染に対する寄与度（35％）に、大気汚染の疾病に対する寄与度（80％・60％・50％）を掛け合わせたものとなる。

(3) 検　討

本判決は、自動車排出ガスによる大気汚染について、道路管理者に割合的責任を課したものである。

(a) 因果関係論

まず、本判決は、西淀川一次判決と同様、大気汚染に対する寄与度を解明するにあたって、大気拡散シミュレーションを活用している。もっとも、本判決では、この寄与度がそのまま責任割合となっているわけではない。道路の大気汚染に対する寄与度と、大気汚染の疾病に対する寄与度を乗じたものが、責任割合となっているのである。

次に、大気汚染の疾病に対する寄与度については、上記引用の説示が問題となる。すでにみたように、裁判所は、個々人が「集団の縮図」であるとの論理をとることによって、集団への寄与度を個々人への寄与度と同視している。ただ、この論理は、一見説得的にうつるが、かならずしもそうだとはいえない。集団への寄与度が個々人にとって意味をもつのは、本来、個々人への関与の割合ではなく、確率のはずだからである。つまり、本判決は、このような論理を介在させることによって、因果関係の存否不明の問題を実体的な寄与の問題へとすりかえたのである。[571]

---

570)　判例時報1538号163頁第1-4段。
571)　このような「すりかえ」をつうじて割合的責任を肯定することを主張するものとして、沢井裕

ところで、このような「すりかえ」は、多奈川判決でも行われた。しかし、本判決では、寄与度がきわめて小さい場合の例外措置というニュアンスはみられない。むしろ、寄与度にもとづく損害分配が前面に押し出されている点に、本判決の特徴があると言ってよいだろう。

(b) 損 害 論

続いて、損害算定における他因子の考慮に関しては、「因果関係論としての他因子論」と「損害論としての他因子論」との関係をどのように理解するかが、問題となる。この点に関しては、裁判所による次の説示が、重要である。

> 「他因子の存在については先に因果関係の割合的判断において斟酌したが、右は……大気汚染の影響が全くなくても発症する可能性のある部分(自然発症率相当分)を割合的に排除しただけであり、厳密にみれば右範囲のうちには、大気汚染のみの寄与にかかる発症部分のほか、大気汚染と他因子の競合的な寄与にかかる発症部分……があると観念される」。

冒頭の「因果関係の割合的判断」とは、「因果関係論としての他因子論」のことを指していると考えられる。そして、裁判所によると、この「割合的判断」は、「大気汚染と事実的因果関係のある範囲」を画するものだとされている。572)ただ、そうすると、大気汚染と事実的因果関係のない損害部分――加齢・喫煙・アレルギーに起因する損害部分も当然これに含まれるだろう――を責任判断から除外したあと、そこからさらに、重度喫煙による過失相殺を行う余地が、はたしてあるのかという疑問がわいてくる。573)たとえば、集団のレベルで、大気汚染による発症者とそれ以外の発症者――「自然発症率相当分」――とを

『公害の私的研究』(一粒社、1969年) 231-232頁。なお、沢井がこうした主張を行う背後には、「公害をかい馴らす」という視点がある。これは、沢井が、そうした考えを主張する戒能通孝に対し、賛意を表明しているところから、明らかである(同232頁)。なお、戒能によれば、「公害をかい馴らす」とは、「一応の意味での補償を一応の証拠……で実行させること」、「いいかえれば、一定の被害があり、……その被害がなんらかの事実によって生じたものと推測できる場合には、その推測の精度に応じ、とりあえず補償を支払わせる道を開くこと」を意味する。都留重人編『現代資本主義と公害』(岩波書店、1968年) 228-230頁(戒能通孝執筆)。

572) 判例時報1538号161頁第1段。
573) 本判決の2つの「他因子論」の整合性については、加藤新太郎・手嶋あさみ「現代型訴訟における損害論の回顧と展望」判例タイムズ889号(1995年) 18頁、34頁も、問題にしている。ただし、視点が、本章のものとはやや異なる。

分け、前者については、さらに重度喫煙の影響を考慮する。これなら、問題はないだろう。 しかし、裁判所は、あくまでひ:と:り:の:患者──「集団の縮図たる個々の者」──に対する責任を問題にしているのである。 したがって、結局のところ、この「割合的判断」は、因果関係の存否に関するものと考えなければならない。ただ、そうすると、今度は、因果関係の証明度を維持するという、本判決の基本姿勢がくずれてしまうのである。

このように、本判決における損害論は、矛盾を抱えたものだということになるだろう。

(c) 共同不法行為論

続いて、共同不法行為に関しては、次の点を指摘しておきたい。

まず、西淀川一次判決も本判決も、事案の解決のまえに、民法719条に関する一般論を展開している。 そして、そこでは、同条1項前段および後段にそれぞれどのような事例を割り振るべきかが、問題となっている。また、本判決では、主要汚染源ではない一部の行為者──正しくは、道路管理者──に対し、寄与度に応じた責任が課されている。このような処理は、西淀川一次判決でもみられたが、本判決においては、これを民法719条の「類推適用」と構成している点が、特徴的である。

以上に関しては、これまでにも、学説上、様々な見解が示されてきた。[574] しかし、本章のテーマとのかかわりでは、こうした条文と適用事例との対応関係よりも、むしろ次の点が重要である。

西淀川一次判決によると、関連共同性が「弱い」場合、各行為者は、各:被:害:

---

[574] 民法719条1項の前段と後段の関係についていえば、本判決は、関連共同性が「強い」場合と「弱い」場合とをともに前段に割り振る一方、後段を「寄与度不明」の場合であるとする。そこで、前段の「弱い」関連共同性の場合と後段の場合との関係──いずれも減免責の可能性を認めている──をどのように理解したらよいのかが問題となる。 この点を指摘するものとして、たとえば、大塚直「最近の大気汚染訴訟判決と共同不法行為論」判例タイムズ889号(1995年)3頁、6頁、同「共同不法行為論」淡路剛久・寺西俊一編『公害環境法理論の新たな展開』(日本評論社、1997年)165頁、174頁、同「共同不法行為論」法律時報73巻3号(2001年)20頁、22頁。 また、本判決が打ち出した民法719条「類推適用」法理については、徳本伸一「判批:大阪地判平成7年7月5日」星野英一・平井宜雄・能見善久編『民法判例百選Ⅱ 債権〔第5版新法対応補正版〕』(有斐閣、2005年)178頁、179頁が、「特定できた限りでの共同被告(一括りのグループ)について、端的に719条を適用できるものとしてはいけなかったのであろうか」としている。

者に対して寄与度に応じた責任を負えばよい。つまり、ここでは、寄与度に応じた責任が、割合的責任を意味することになる。これに対し、本判決が民法719条の「類推適用」によって導いたものは、これとは根本的に異なる。本判決は、工場と道路との「強い共同関係」と「道路間の一体性」をともに否定し、国と公団が負う責任を、それぞれが管理する道路の沿道被害に限定している。つまりここでは、寄与度が、賠償請求権者を限定するものとして機能しているのである。

このように、本判決における共同不法行為論は、割合的責任とは関係ないのである。[575]

4 その他の大気汚染訴訟

ここまでは、大気汚染訴訟において割合的責任を肯定した代表的な判決を取り上げ、適宜分析を行ってきた。そこで次に、その他の裁判例についても、ここでみておくことにしよう。

(1) 川崎一次判決

川崎大気汚染第一次訴訟判決——横浜地川崎支判平成6年1月25日（判例時報1481号19頁）。以下では「川崎一次判決」とする——は、川崎市川崎区・幸区に居住する公健法の認定患者とその相続人が、企業13社と道路管理者を相手取り、損害賠償を請求した事案である。なお、本判決では、道路管理者の責任が否定されたため、判決は、もっぱら企業13社の責任に関するものとなっている。

本判決の割合的責任は、基本的には、西淀川一次判決のものと同様である。

---

[575] もっとも、この点は、なお検討を要する。本判決は、特定工場群と道路、および道路と道路について、それぞれ「強い」関連共同性を否定したうえで、次のように述べている。「したがって、被告国は国道43号線の、被告公団は阪神高速大阪池田線の各沿道被害に対し、それぞれの寄与の限度において責任を負担すれば足りる」（判例時報1538号142頁第4段）。さて、これを素直に読むかぎり、ここでの「寄与の限度」とは、「各沿道被害」に対する各道路の寄与度を指していることになる。しかしそうすると、たとえば、道路間に「強い」関連共同性が肯定された場合には、道路管理者に、沿道の「全ての被害」について、責任を課すことになってしまう。しかし、これはいかにもおかしい。むしろ、この場合には、「全ての沿道」の被害について、責任を肯定するべきなのである（後述の川崎二次〜四次判決を参照）。したがって、この「寄与の限度」は、共同不法行為論で問題となる寄与度とは別次元のものと考えるべきである。

すなわち、まず、被告13社の大気汚染に対する寄与度が、大気拡散シミュレーションによって明らかにされ、そのうえで、この寄与度の枠内における被告らの責任関係が、共同不法行為論において検討されているのである。もっとも、本判決では、大気汚染に対する寄与度のほか、アレルギー素因や喫煙が考慮されている。[577] したがって、この点はむしろ、西淀川二次～四次判決における「損害論としての他因子論」を想起させるものとなっている。

(2) 倉 敷 判 決

倉敷大気汚染訴訟判決――岡山地判平成6年3月23日（判例時報1494号3頁）。以下では「倉敷判決」とする――は、岡山県倉敷市に居住する公健法の認定患者とその相続人が、水島コンビナートを構成する企業8社を相手取り、損害賠償を請求した事案である。

本判決も、西淀川一次判決や川崎一次判決と同様、被告の大気汚染に対する寄与度にもとづいて、割合的責任を導いている。ただし、本判決では、大気拡散シミュレーションではなく、排出量にもとづいて寄与度が判定されている点が、特徴的である。また、本判決における被告の寄与度は、80％と相当高いものとなっている。これは、本件がコンビナートを汚染源とする旧来型の大気汚染であることから、理解できるだろう。

(3) 川崎二次～四次判決

川崎大気汚染第二～四次訴訟判決――横浜地川崎支判平成10年8月5日（判例時報1658号3頁）。以下では「川崎二次～四次判決」とする――は、川崎大気汚染における第二次提訴から第四次提訴にかかる訴訟の判決である。なお、本件では、被告13社とのあいだで和解が成立したため、判決は、もっぱら道路管理者

---

576) ただし、西淀川一次判決が、社会的一体性をもって「強い」関連共同性を肯定しているのに対し、本判決は、それではたりず、「より緊密な一体性」が必要であるとしている（判例時報1481号93頁第4段）。なお、この点を批判するものとして、吉村良一「公害裁判と共同不法行為論」同『公害・環境私法の展開と今日的課題』（法律文化社、2002年）247頁、269頁〔初出：1995年〕。

577) ただし、本判決は、こうした他因子の影響も「充分斟酌した」（判例時報1481号91頁第2段）と述べるだけで、この2つの考慮がどのような関係に立つのかについて、十分な説明を行っていない。

(国・首都高速道路公団)の責任に関するものとなっている。

　本判決の責任判断は、西淀川二次〜四次判決と共通する部分が多いが、次の2点は特徴的である。まず、本判決は、被告が管理する道路のほか、これと接続する「関連道路」(神奈川県道および川崎市道)とのあいだでも関連共同性を肯定している。したがって、被告らは、「関連道路」を含むすべての沿道被害について、連帯責任を負うことになる。次に、本判決は、道路の沿道被害に対する寄与度と、喫煙歴の考慮によって、割合的責任を導いている。つまり、本判決では、西淀川二次〜四次判決における「因果関係論における他因子論」にあたるものが、考慮されていないのである。[578]

(4) 尼崎判決

　尼崎大気汚染訴訟判決——神戸地判平成12年1月31日(判例時報1726号20頁)——は、兵庫県尼崎市に居住する公健法の認定患者とその相続人が、道路管理者(国・阪神道路高速公団)を相手取り、損害賠償を請求した事案である。

　本判決は、道路の大気汚染に対する寄与度を問題にしていない。また、大気汚染と疾病との因果関係についても、一定の暴露要件を充たすかぎり、高度の蓋然性が認められるとして、割合的判断を行っていない。したがって、結局のところ、本判決における割合的判断は、損害論における他因子の考慮につきることとなる。なお、この点に関して、本判決は、過失相殺の類推適用により、アトピー素因を考慮している。[579]

(5) 名古屋南部判決

　名古屋南部大気汚染訴訟判決——名古屋地判平成12年11月27日(判例時報1746号3頁)。以下では「名古屋南部判決」とする——は、名古屋市の南部とその周辺地域に居住する公健法の認定患者とその相続人が、企業11社と道路管理者(国)を相手取り、損害賠償を請求した事案である。本判決では、企業11社と道

---

578) 裁判所によると、「昭和40年代においては、本件地域における二酸化硫黄による大気汚染は、単体で本件疾病を発症又は増悪させる危険性があった」とされる(判例時報1658号69頁第4段)。しかし、この「危険性」に対応する割合的判断は、行われていない。
579) 判例時報1726号69頁第2段。

路管理者の責任がともに肯定されており、それぞれにおいて特徴的な判断がみられる。

まず、企業11社に関しては、大気拡散シミュレーションをもとに、行為者全体の寄与度に応じた連帯責任が肯定されている。したがって、そのかぎりで、本判決は、西淀川一次判決や川崎一次判決の系列に位置づけることができる。ただし、本判決では、寄与度の認定が、患者の発症時期と居住地域——具体的には測定局——ごとに、きめ細かく行われている点が、特徴的である。[580]

次に、道路管理者に関しては、責任範囲を沿道被害に限定する根拠が、受忍限度論ではなく、因果関係論に求められている点が、特徴的である。[581] また、本判決では、道路と疾病との因果関係が高度の蓋然性をもって認定されているが、その寄与度は5割とされている。裁判所はこれを、居住歴や病歴を考慮した結果であるとしているが、何をもって5割としたのかについて、それ以上の説明はない。[582]

5 水俣病東京判決と関西判決

このほか、公害・環境訴訟において割合的責任を肯定したものとして、水俣病関連の判決が2件報告されている。

---

580) 判例時報1746号70頁第4段-71頁第1段。
581) 判例時報1746号42頁第3-4段。西淀川二次～四次判決と川崎二次～四次判決は、沿道の範囲を受忍限度論によって限定しているが、一部の学説は、これを批判していた。松村弓彦「共同不法行為・違法性・差止請求」ジュリスト1081号（1995年）44頁、47頁、阿部満「公害・環境訴訟における割合的解決」野村好弘監修『割合的解決と公平の原則』（ぎょうせい、2002年）258頁、274-275頁など。なお、その後、東京大気汚染訴訟判決——東京地判平成14年10月29日（判例時報1885号23頁）——も、本判決と同様、因果関係論によって沿道の範囲を限定している。
582) 判例時報1746号73頁第2段。なお、本判決は、別の箇所で、沿道汚染と疾病との関係について、次のように述べている。
　「ところで前記のとおり、千葉大調査においては、千葉県都市部……の幹線道路……の沿道地区（道路端50メートル以内）に居住する児童は、……非沿道地区……に居住する児童と比較しておおむね2倍の確率で……気管支喘息を発症する危険があるとの解析結果が得られた。右調査は、自動車排ガスが道路住民の健康に影響を与える可能性を示唆する研究であると解される」（判例時報1746号40頁第1-2段）。
　もしかりに、この部分が関係しているとすれば、本判決の5割という寄与度も、西淀川二次～四次判決の「因果関係論としての他因子論」で考慮されたものと同様のものとなる。もっとも、これは憶測の域を出ない。

周知のとおり、水俣病とは、メチル水銀に汚染された魚介類を多食することによって生じる中毒性疾患であるが、個々のケースにおいて当該患者が水俣病患者かどうかを見きわめることは、むずかしいとされている。これは、問題の症状が非特異的なものであるのに加え、そもそも水俣病の病像自体がはっきりしていないことに原因がある。[583]

(1) 裁判所の判断

そうしたなか、水俣病東京訴訟判決——東京地判平成4年2月7日（判例時報臨時増刊平成4年4月25日号3頁）。以下では、「水俣病東京判決」または単に「東京判決」とする——は、四肢末梢型感覚障害のみの患者を水俣病患者とすべきかどうかについて、次のように述べている。

四肢末梢型感覚障害は、有機水銀への曝露以外の原因によっても発現するが、一般にその頻度はかなり低い。また、有機水銀への曝露歴を有する者のなかには、四肢末梢型感覚障害のみを呈する者が少なくない。しかし、これをもって、水俣病による可能性が高度であるとまでは言いきれない。また、水俣病の認定申請を棄却された者で、死亡後の病理解剖によって水俣病と診断された例は、71例中19例（27％）と、少なからず存在する。棄却処分を受けた者が生前の検診でどのような所見であったかは、証拠上明らかではないが、そのなかには、感覚障害のみの症例がかなりあったと推測される。[584]こうした状況のもとで、因果関係の証明につき高度の蓋然性を要求すると、医学の限界による負担を原告に一方的に押しつけることになり、損害の公平な分担に反する結果となる。[585]

このように述べたあと、裁判所は、因果関係の立証に関して、次のような注目すべき判断を行っている。

---

[583] 水俣病の病像については、浅野直人「水俣病の病像と損害賠償責任」判例タイムズ782号（1992年）30頁を、また、裁判実務の動向については、渡邉知行「因果関係論の到達点と現代的課題」淡路剛久・寺西俊一・吉村良一・大久保規子編『公害環境訴訟の新たな展開——権利救済から政策形成へ』（日本評論社、2012年）107頁、115-118頁を参照。
[584] 判例時報平成4年4月25日号165頁第3段-166頁第2段。
[585] 判例時報平成4年4月25日号167頁第4段-168頁第1段。

「個別的因果関係の判断……においては、原告らが水俣病に罹患している高度の蓋然性……があれば訴訟上の因果関係の立証として十分であ……るが、そこまでの証明がな……いという場合であっても、原告らが水俣病に罹患している一定程度の可能性がある……場合には、被告チッソの損害賠償責任を否定するのは妥当ではない……。すなわち、その可能性というのが、水俣病に罹患していることも1つの可能性として論理的には完全に否定できないという程度のかなり低いものである場合には、……被告チッソの損害賠償責任を認めることは不当である……が、その可能性が……、講学上可能性とは区別された意味における蓋然性の程度を大きく下回るようなものではない……場合には、被告チッソの損害賠償責任を認めた上でその可能性の程度を……損害賠償額(慰謝料)の算定に……反映させるのがより妥当と考えられる」。[586]

ところで、以上の見解は、その後、水俣病関西訴訟1審判決——大阪地判平成6年7月11日(判例時報1506号5頁)。以下では「水俣病関西判決」または単に「関西判決」とする——でも採用されている。[587] 同判決は、当該患者が水俣病である可能性を、症状の組み合わせに応じて、4つの段階——40%・30%・20%・15%——に区分し、これを損害の基準額に乗じている。[588] 東京判決は、可能性の程度を賠償額に反映させるといいながら、その具体的な方法についてはふれなかった。[589] これに対し、関西判決は、このような処理を行うことによって、可能性の程度に応じた責任という考えを、よりいっそう明確に打ち出しているのである。

---

586) 判例時報平成4年4月25日号168頁第3段。
587) 判例時報平成6年12月1日号39頁第4段-40頁第1段。
588) 判例時報平成6年12月1日号70頁第1段。
589) そこから、そもそも東京判決は割合的責任を肯定したものではないとの理解が導かれる。たとえば、山本・前掲(注543)30頁は、「高度の蓋然性をもって水俣病と認められる場合の慰謝料額を算定した上で、割合的な減額処理をしているわけではない」として、同判決が割合的責任論——「確率的因果関係論」や「心証度による割合的認定論」——をとったものではないことを指摘する。また、加藤新太郎「公害訴訟における個別的因果関係の証明度」ジュリスト1013号(1992年)131頁、134頁、同「証明度軽減の法理」木川統一郎古稀『民事裁判の充実と促進 中巻』(判例タイムズ社、1994年)110頁、141頁、奈良次郎「第185条」『別冊法学セミナー 基本法コンメンタール民事訴訟法1〔第4版〕』(日本評論社、1992年)247頁、248頁も、同判決について、事案の特殊性から証明度を軽減したものにすぎないとしている。以上に関しては、宮澤俊昭「判批:東京地判平成4年2月7日」淡路剛久・大塚直・北村喜宣編『環境法判例百選〔第2版〕』(有斐閣、2011年)64頁、66-67頁も参照。

(2) 検　　討

　因果関係の存否が微妙な場合に割合的解決を行うという考えは、多奈川判決や西淀川二次～四次判決においてもみられた。ただ、これらの判決が、すくなくとも表向きは、他因子の寄与を問題としていたのに対し、ここでは、「可能性の程度」が割合的判断の基準となることが、正面から認められている。ところで、この「可能性の程度」がどのようなものかについては、次の点に注意が必要である。

　すでにみたように、西淀川一次判決では、大気拡散シミュレーションによって、被告の大気汚染に対する寄与度が明らかにされている。また、西淀川二次～四次判決では、疫学調査によって得られた相対危険度にもとづいて、大気汚染の疾病に対する寄与度が明らかにされている。しかし、水俣病関西判決における「可能性の程度」は、このようなものではない。そこでは、あくまで、症状に応じて患者を分類する際のひとつの目安として、4段階の数値が設定されているにすぎないのである。つまり、水俣病関西判決において示された「可能性」の数値は、それ自体としては実証的なものではないのである。

　次に、水俣病東京判決および関西判決においては、割合的解決を行うにあたって、当事者間の公平という視点が強調されている。これは、東京判決の次の説示によくあらわれている。

> 「水俣病被害の発生につき全面的に責任を負うべき立場にある被告チッソと、自らの健康障害が過去に有機水銀に汚染された魚介類を摂食したことの影響ではないかとの不安を抱いている住民との立場の違いを思うとき、全体的にみて被害者の犠牲のもとに被告チッソに与することとなるこのような判断方法は、損害賠償制度の基本である損害の公平な分担という理念に合致しないものというべきであろう[590]」。

　西淀川大気汚染に関する2つの判決も、水俣病に関する2つの判決も、ともに「寄与度」や「確率」にもとづいて割合的責任を導いている。もっとも、前者の2つの判決では、実証データにもとづいた損害の分配が強調されているのに対し、後者の2つの判決では、当事者間の実質的な公平性の確保が強調されている[591]。その意味において、後者の2つの判決は、信義則の観点から減責を行っ

---

590)　判例時報平成4年4月25日号168頁第1段。
591)　浅野直人「判批：大阪地判平成6年7月11日」法律のひろば48巻4号（1995年）40頁、46頁は、

た、多奈川判決に近いものだということができるだろう。

第3節　割合的責任の理論的内実

1　割合的判断の基準としての「確率」と「心証度」
(1)　はじめに

これまでみてきたように、公害・環境訴訟における割合的責任においては、割合的判断の基準を「確率」に求めるものが多い。ところで、このような考え方は、学説においても、しばしば主張されているところである。なかでも、倉田卓次による確率的心証論は、因果関係の証明困難に対するひとつの対応のあり方として、交通事故や公害・環境訴訟の分野を中心に、有力な論者によって支持されている。そこで、以下ではまず、この見解について検討を行うこととしよう。

(2)　確率的心証論の2つの類型

倉田は、確率的心証論とかかわって、次のような主張を行っている。
① 「従来は平均余命の範囲内である限り当然生存しうることを仮定して計算されてきた逸失利益額に、その稼働年限時迄の生存の確率を乗じることにより、損害発生の確率を、したがって心証度を、高めることができる[592]」。
② 交通事故と2年後の後遺障害との因果関係について、本件では「肯定の証拠と否定の証拠とが並び存するのであるが、当裁判所は、これらを総合した上で相当因果関係の存在を70パーセント肯定」し、「損害額の70パーセントを認容する[593]」。

①は、倉田が、1969年に公表された論文のなかで、「確率的心証」の問題について述べたものである。これに対し、②は、倉田がその翌年に下した交通事故訴訟の判決である。ところで、これらはいずれも、「確率」および「心証」に

東京判決について、「いずれにせよ、本件の特別な事情（チッソの特に重大な責任への考慮と、被害者救済の困難さへの配慮）を反映した社会政策的判断を示している」とする。
592)　倉田・前掲（注472）133頁。
593)　東京地判昭和45年6月29日（判例時報615号38頁）。

ついて述べたものであるが、それぞれまったく異なったことを問題にするものである。

まず、①は、逸失利益の算定において、生存率を考慮することにより、損害発生の心証度を高めようとするものである。つまり、ここで主張されているのは、確率に応じた責任であって、心証度に応じた責任ではない。これに対し、②は、むしろ心証度に応じた責任を問題にしている。そして、その心証度を数値にあらわしたものとして、確率が登場してくる。つまりここでは、「心証」が「確率的」なのである。このように、同じ確率的心証論でも、確率に応じた責任を課すことで、損害発生の心証度を高めようとするものと、確率であらわされた心証度にもとづいて、責任を課そうとするものがある。そして、本章のテーマに関係するのは、いうまでもなく、後者である。

では、このタイプの確率的心証論が問題とする「確率」とは、いったいどのようなものだろうか。

(3) 「心証度に応じた責任」の2つの類型

まず、②で問題となる「確率」は、①とは異なり、実証データに裏打ちされたものではない。この点、たとえば、水俣病関西判決が問題にする「可能性の程度」も、数値のかたちをとってはいるが、やはり実証的なものとはいえないだろう。ここで「確率」と呼ばれるものは、本来、数値化できないはずの心証

---

594) 今日では、確率的心証論がこのようなものとして紹介されることはほとんどない。しかし、たとえば、ガン患者に対する医療の分野などにおいては、こうしたことが問題となりうる。死亡逸失利益の算定期間を導くにあたって、生存率に関する統計データをどのように扱うべきか。これは、最判平成11年2月25日（民集53巻2号235頁）が投げかける重要課題である。
595) なお、一部の論者は、確率的心証論を、責任成立の因果関係に関するものと、責任範囲の因果関係に関するものとに分類する。たとえば、賀集唱「損害賠償訴訟における因果関係の証明」竹下守夫・石川明編『講座民事訴訟5 証拠』（弘文堂、1983年）183頁、188頁は、後者の因果関係においては非訟的処理がなじむとし、そのかぎりにおいて確率的心証論を支持する。また、佐村・前掲（注543）35頁は、水俣病東京判決を、前者の因果関係に関して確率的心証論をとった画期的な判決と位置づける。しかし、同じ財産の損害でも、積極的損害との因果関係については非訟的処理がなじむとはいえないことからすると、上記の分類法は、本質的なものとは言いがたい。むしろ、逸失利益かどうかを問題にする本文の分類法が、有用であると思われる。
596) 米村滋人「法的評価としての因果関係と不法行為法の目的(2)・完」法学協会雑誌122巻5号（2005年）165頁、167頁は、水俣病関西判決における「確率」の認定根拠が明らかでないことを指摘したうえで、「因果関係の心証度と寄与割合を包括するものとして『確率』を算出しているよ

の度合いを、便宜上、数値のかたちであらわしたものにほかならないからである。つまり、ここでは、もっぱら「心証度に応じた責任」が問題となっているのであり、「確率」が「心証度」に対して独自の理論的意義を獲得しているわけではない。以下、本章では、このようなタイプの責任を、「第一類型」と呼ぶこととする。[597]

では、相対危険度を問題にする西淀川二次〜四次判決──「因果関係論としての他因子論」の部分──は、どうだろうか。ここでは、実証データに裏打ちされた確率が、割合的判断の指針となっている。学説では、新美育文による「確率的認定説」[598]が、まさにこのような責任を主張するが、森島昭夫による「確率的心証論」[599]や、野村好弘による「確率的(割合的)因果関係論」[600]も、同様の趣旨を含んでいると考えられる。「確率」と「心証」との関係についていうならば、ここでも、最終的には「心証度に応じた責任」が問題となっている。しかし、「確率」が「心証度」を規整しているところに、先ほどのタイプとのちがいがみ

うである」とする。論者が主張する「評価的因果関係理解」については、別途検討を要するが、すくなくとも、同判決において評価的思考が重視されていることは、たしかだろう。

597) 確率的心証論をこのように捉えるものとして、潮見・前掲(注185) 373-374頁。

598) 新美育文「疫学的手法による因果関係の証明 下」ジュリスト871号(1986年) 89頁、92頁。また、原因確率の計算方法については、同「疫学的手法による因果関係の証明 上」ジュリスト866号(1986年) 74頁、77頁。なお、新美は、その後、若干の改説を行い、「一定の確率で疾病罹患を回避できる機会を奪われたこと」それ自体を損害と捉えるべきだと主張するにいたっている。同「西淀川公害(第二次ないし第四次)訴訟第1審判決にみる因果関係論」ジュリスト1081号(1995年) 32頁、36頁。

599) 森島昭夫「因果関係の認定と賠償額の減額」加藤一郎古稀『現代社会と民法学の動向 上』(有斐閣、1992年) 233頁、257-259頁は、公害や薬害を念頭においたうえで、確率的心証論を支持する。なお、森島は、1987年に出版された不法行為法の教科書においては、確率的心証論に対して、消極的な評価を下していた。森島・前掲(注25) 302頁。また、上記の論文と同じ年に公表された講演録、同「不法行為法における因果関係」法学教室147号(1992年) 10頁、26-27頁において、森島は、「自分でも納得できる考え方がまとまっておらず、……まだ十分な結論を得ておりません」と述べている。

600) 野村・前掲(注9)「確率的(割合的)因果関係論」、同「到達の因果関係(寄与度)と共同不法行為」判例タイムズ850号(1994年) 26頁、同「因果関係の割合的認定」ジュリスト1081号(1995年) 39頁、同「因果関係の確率的、割合的認定」不法行為法研究会編『交通事故賠償の新たな動向』(ぎょうせい、1996年) 138頁。このほか、野村好弘・小賀野晶一「川崎市大気汚染訴訟判決」判例タイムズ845号(1994年) 20頁、小賀野晶一「割合的因果関係論」判例タイムズ847号(1994年) 59頁、同「個人別的因果関係」判例タイムズ850号(1994年) 9頁、同「判批:大阪地判平成6年7月11日」判例地方自治131号(1995年) 51頁。

られる。以下、本章では、このようなタイプの責任を、「第二類型」と呼ぶこととする。[601]

さて、このように、「心証度に応じた責任」にも2つのタイプがある。そこで、次に問題となるのが、これらのタイプが適用される範囲である。この点に関しては、次のように考えることができるだろう。

まず、第二類型では、実証データに裏打ちされた原因確率によって、合理的に損害を分配することができる。したがって、個別的因果関係にせまる方法がほかにないかぎり、ここでは、このような責任を肯定することこそが、公平にかなった解決だということになる。[602] これに対し、第一類型では、証明度をふまえながらも、これに達していないことの不利益を、被害者に一方的に押しつけてよいのかどうかが問題となる。したがって、ここでは、事案ごとの実質的価値判断によって、割合的解決に踏みきるべきかどうかを慎重に見きわめることが求められる。[603]

---

[601] ただし、相対危険度は、問題の因子が罹患原因である確率を明らかにするものであって、症状増悪への影響を明らかにするものではない。そこで、これを別途考慮することが必要となる。そうすると、結局のところ、第二類型の割合的判断にも、実証データでは割り切れない要素が混入することは、避けられなくなる。西淀川二次～四次判決につき、判例時報1538号161頁第1-2段を参照。

[602] 松村弓彦『環境訴訟――大気汚染訴訟における因果関係論』（商事法務研究会、1993年）147頁は、相対危険度が2倍以下の場合――つまり、原因確率が50％以下の場合――には、そもそも因果関係を評価すべきではないと主張する。しかし、汚染被害全体への被告の関与を視野に入れるならば、このような場合においても、確率に応じた責任を肯定するのが妥当である。なお、この点に関して、大塚直「水俣病判決の総合的検討（その1）」ジュリスト1088号（1996年）21頁、28頁は、本章が第二類型と呼ぶ割合的責任について、「被告は集団レベルでみる限り、本来負うべき責任以上に不利益を受けているとはいえない」として、第一類型よりも緩和された要件のもとで責任を肯定することを主張する。また、渡邉知行「不法行為における因果関係の統計資料による認定(4)・完」富大経済論集45巻3号（2000年）29頁、57-60頁、同「大気汚染公害訴訟における因果関係の認定」法政論集201号（2004年）619頁、638-639頁は、アメリカ法の分析をふまえ、効率的な損害抑止の観点から、「現実に発生した損害への危険寄与」にもとづく「割合的責任理論」を構想する。

[603] 吉村・前掲（注24）327頁は、科学や医学の限界から因果関係の証明がきわめて困難となるような「限界事例ともいうべきケース」にかぎって、こうした割合的判断を行うことを許容する。また、潮海一雄「判批：東京地判平成4年2月7日」法学教室144号（1992年）106頁、107頁も、同様である。

2　大気汚染に対する寄与度に応じた責任

次に、西淀川一次判決をはじめ多くの裁判例が採用する、大気汚染に対する寄与度に応じた責任について、検討することにしよう。

前節で概観したように、ここでの寄与度は、数値化された実証データ——その多くは大気拡散シミュレーションによる——にもとづいて判定される。では、この「寄与度に応じた責任」は、上述の第二類型と同様のものと考えてよいのだろうか。

すでに述べたように、第二類型は、集団に対する寄与については確信できるものの、個別的因果関係については確信できないという場合を念頭におく。そして、このような状況は、曝露集団と非曝露集団との罹患率の差によって確かめることができる。たとえば、因子 α に関して、曝露集団における罹患率が4％、非曝露集団の罹患率が1％であったとしよう。この場合、まず、前者が後者を上回っていることから、集団への寄与が——その程度はともかく——確証される。そして、その寄与の度合いは、罹患率の差によって75％であると判定される。また、曝露集団に属する個々の患者の罹患原因が α である確率は、集団に対する寄与度の値から、75％となる。つまり、ここでは、集団に対する寄与度が、個別的因果関係の存否の確率と直結することになる。

それでは、上述の「寄与度に応じた責任」の場合はどうだろうか。たとえば、西淀川一次判決は、被告10社の大気汚染に対する寄与度を、大気拡散シミュレーションによって明らかにし、それをそのまま責任割合として扱っている。このような処理は、実体レベルでの寄与を問題とするため、一見すると、「割合的因果関係論」にしたがったもののようにみえる。しかし、突きつめて考えると、このような理解はかならずしも当たっていないことがわかるだろう。

まず、ここでの寄与度は、あくまで大気汚染に対するものであり、疾病に対するものではない。したがって、前者の寄与度をもって、当然に後者の寄与度とするわけにはいかない。たとえば、多奈川判決において、Bの居住地の大気は、発病閾値を多少上回っている程度にすぎない。このような状況で、Y——およびA——の大気汚染に対する寄与度が「40％足らず」であったとしても、これが個々の疾病に対する寄与——その有無においても程度においても——をあらわしたものでないことは、いうまでもないだろう。

では、大気汚染の影響が大きい場合はどうだろうか。たとえば、西淀川一次判決は、「わが国でもトップクラス」の大気汚染に関するものである。このように、大気汚染と疾病との因果関係に疑いがない場合には、大気汚染に対する寄与度——発症時期により50％・35％・20％——を疾病に対する寄与度と考えてよいようにも感じられる。しかし、注意しなければならないのは、ここで同視できるのは、集団現象としての疾病に対する寄与度であって、個々の疾病に対する寄与度ではないということである。そうすると、西淀川一次判決の割合的責任も、論理必然的なものではなくなるだろう。

このように考えると、結局のところ、大気汚染に対する寄与度が個別的因果関係において意味をもつのは、因果関係の割合ではなく、心証ないしは確率だということになる。したがって、これまで「寄与度に応じた責任」を課したものと考えられてきた諸判決——西淀川一次判決・川崎一次判決・倉敷判決・名古屋南部判決など——も、その本質は、確率的心証論——「心証度に応じた責任」——を適用したものだということになるだろう。ただ、ここで注意しなければならないのは、先ほどの第二類型とのちがいである。たしかに、ここでの責任は、集団に対する寄与度のデータによって導かれる。しかしそれは、個別的因果関係の存否の確率に直結するものではない。つまり、本質的には心証度が問題となる局面でありながら、具体的な衡量においては、これとは直接結びつかない、大気汚染に対する寄与度のデータに依拠する。こうした二面性が、ここでの責任の特徴だといえるだろう。以下、本章では、このようなタイプの責任を「第三類型」と呼ぶこととする。

ところで、このような減責を、寄与度によって説明するのか、心証度によって説明するのかは、法律構成の問題にすぎないともいえる。しかし、前者の側面を強調するならば、そこでは、特別の論理が必要であるように思われる。個人は「集団の縮図」である。この論理がどうしても必要なのは、西淀川二次～

---

604) 大塚・前掲（注183）886頁は、西淀川一次判決および川崎一次判決を、「その地域の大気汚染全体と全損害との関係を前提として……割合的因果関係論を採用したもの」と解している。
605) 松村・前掲（注602）70-71頁、73頁は、このような視点から、多奈川判決と西淀川一次判決における因果関係の認定のありかたを批判する。
606) これは、疾病の原因として、大気汚染以外のものが考えられるためである。
607) 判例時報1538号78頁第2段。

四次判決をはじめとする第二類型ではなく、むしろ第三類型なのである。

3 因果関係論と他因子論の関係

これまでのところで、割合的責任として3つのタイプがあることが明らかとなった。しかし、割合的判断が行われる場は、これだけではない。たとえば、西淀川二次～四次判決は、第二類型と第三類型の割合的判断のあと、さらに他因子の考慮――「損害論としての他因子論」――を行っている。また、川崎一次判決、川崎二次～四次判決、名古屋南部判決も、第三類型の割合的判断のあと、やはり同様の考慮を行っている。

この他因子論に関しては、まず、どのような因子を考慮の対象とするかが――とりわけ過失相殺に関する民法722条2項の解釈とかかわって――問題となる。しかし、これは、公害・環境訴訟以外の分野においても問題となるものであり、本章の目的をこえた問題であるといえる。そこで、以下では、この問題に立ち入ることはせず、むしろ、他因子論の理論的位置づけについて、検討を行うこととしたい。他因子論は、因果関係論のレベルで行われる割合的判断とどのような関係に立つのか。両者は論理的に矛盾しないのか。これがここでの問題である。

(1) 第二類型と他因子論との関係

まず、第二類型と他因子論との関係については、西淀川二次～四次判決について指摘したこと（前節3(3)(b)）があらためて問題となる。

同判決は、大気汚染と疾病との因果関係につき、相対危険度にもとづく割合的判断を行っている。ところで、この割合は、本来的には原因確率を意味する。しかし、裁判所は、個人は「集団の縮図」であるとの論理をもち出すことで、これを寄与度の問題へと「すりかえ」ている。この「すりかえ」によって、証明度は維持される。ただそうすると、今度は、他因子論との関係が、うまく説明できなくなるのである。

以上をふまえると、第二類型において、確率の問題を寄与度の問題へと「すりかえ」ることは、不要であるばかりか、むしろ、行ってはならないというべきだろう。

さて、そこで、第二類型を確率的心証論——「心証度に応じた責任」——による割合的判断として正面から受けとめるならば、他因子論とのあいだの整合性は確保される。では、この場合、両者にそれぞれどのような問題を割り振るのが適当だろうか。

西淀川二次～四次判決は、第二類型の割合的判断のあと、「損害論としての他因子論」において、アレルギー素因や加齢、さらには喫煙といった因子の考慮を、検討の対象としている。しかし、これらの因子は、加害行為と疾病との因果関係において——つまり、第二類型のところで——考慮することも可能であり、また、そうするほうが整然としている。そうすると、結局のところ、第二類型の割合的判断が先行する場合、他因子論でなければ考慮できない因子は、単なる原因を超えるもの——すなわち、被害者の「過失」——にかぎられることとなる。その意味において、西淀川二次～四次判決が、重度喫煙のみを減責の対象としたことは、妥当であったといえるだろう。

(2) 第三類型と他因子論との関係

では、第三類型と他因子論との関係はどうだろうか。すでに述べたように、第三類型の割合的判断は、本質的には、心証度にもとづく衡量としての内実を有するが、個々人を「集団の縮図」とみるかぎり、寄与度にもとづく衡量として位置づけなおすことも可能である。ところで、このような立場を前提とする場合、第三類型において考慮されるのは、加害行為の大気汚染に対する寄与度にかぎられる。しかし、いうまでもなく、個々の疾病に作用する因子は、大気汚染にとどまらない。したがって、先行する割合的判断が第三類型の割合的判断（のみ）の場合、他因子論では、大気汚染以外の因子を広く考慮する余地が生じることとなる。その意味において、川崎一次判決や名古屋南部判決が、喫煙のほか、被害者の素因を考慮したことは、十分理解できるのである。

---

608) これについては、次のように説明することができるだろう。まず、大気汚染と結果との因果関係について、確率的心証論を適用し、結果が大気汚染によって引き起こされた確率にもとづく責任を観念する。そして、そのような責任において、結果が大気汚染によって引き起こされた場合を想定して、結果に対する他因子の寄与を問題にするのである。

609) 実際、西淀川二次～四次判決は、「因果関係論としての他因子論」の段階で、すでに喫煙・加齢・アレルギー素因（小児ぜん息）といった因子を考慮に入れている（第2節3(2)(d)）。

第 4 節 ま と め

　以上をもって、公害・環境訴訟における割合的責任についての検討を終えることとする。そこで最後に、これまでの検討から得られた知見を、あらためて整理しておくことにしよう。本章の検討によれば、公害・環境訴訟における割合的責任は、次のように分類される。

① 第一に、確率に関する実証データの裏づけがない場合の割合的責任がある（第一類型）。この責任は、因果関係の心証が証明度に達しない不利益を、被害者に一方的に負担させるべきでない場合にのみ、肯定される。したがって、この類型では、事案ごとの実質的価値判断が、割合的判断の有無・程度を決めるポイントとなる。

② 第二に、同じく「心証度に応じた責任」でも、心証度が確率に関する実証データによって規整されている場合がある（第二類型）。ここでは、実証データによって合理性が担保されるため、割合的判断を行うにあたって、慎重な態度をとる必要はない。

③ 第三に、加害行為の大気汚染に対する「寄与度に応じた責任」がある（第三類型）。この責任も、個々の被害者との関係でいえば、「心証度に応じた責任」の一種となる。ただ、この点を度外視し、集団への寄与度を個人への寄与度と同視するならば、「寄与度に応じた責任」と捉えることも可能である。なお、この類型において、大気汚染に対する寄与度が割合的判断の基準となるためには、大気汚染と疾病とのあいだの因果関係に疑いがないことが、前提となる。

　続いて、第二類型と第三類型では、こうした因果関係論における割合的判断に加え、損害論において減額調整を行うことが考えられる（「他因子論」）。この2つの割合的判断の関係については、次のように解するのが妥当である。

④ まず、第二類型の割合的判断が先行する場合、他因子論では、被害者の「過失」による減額率の加重のみが行われるべきである。

⑤ 次に、第三類型の割合的判断が先行する場合、他因子論では、被害者側の因子を広く考慮することが可能である。

第4章　交通事故における素因減責

第1節　問題の所在

　交通事故訴訟において、賠償額の算定に際し、被害者の素因を斟酌する実務が確立して、はや20年以上が経過している。[610] またこの間、身体的素因の競合を対象として、素因減責に一定の歯止めをかける判例法理が登場していることは、周知のとおりである。すなわち、最判平成8年10月29日（民集50巻9号2474頁）——以下、本章において「平成8年判決」とする——は、「被害者が平均的な体格ないし通常の体質と異なる身体的特徴を有していたとしても、それが疾患にあたらない場合には」素因減責を否定すべきであると判示している。
　一方、学説においては、素因斟酌肯定説と否定説が対立し、議論の決着をみないまま今日にいたっている。両説の対立は、価値判断レベルと解釈論レベルのそれぞれにおいて、先鋭化しているといえる。
　まず、前者のレベルに関しては、素因の競合によって生じた損害につき、そのすべてを加害者が負担することに疑問を呈するものがある一方、被害者は素因の競合による損害の発生・拡大を強制されたにすぎないとする見方がある。[611] 一方、後者のレベルに関しては、損害負担をもたらす法原理をめぐって、[612]

---

610)　素因減責を肯定する判例として、心因的素因につき、最判昭和63年4月21日（民集42巻4号243頁）、身体的素因につき、最判平成4年6月25日（民集46巻4号400頁）。

611)　これは、当該事故の加害者と同種の事故の潜在的加害者との公平を重視する一部の論者らに共通した感覚である。なかでも、早くから素因減責の必要性を説いてきた齋藤修の一連の論稿のなかには、こうした感覚が色濃くあらわれていると考えられる。齋藤修・前掲（注13）「損害賠償と被害者の体質的素因」、同・前掲（注13）「鞭打ち症における損害賠償額の法理」、同・前掲（注13）「過失相殺の規定の類推適用」など。

612)　西垣道夫「『鞭打症』における損害算定上の諸問題」坂井芳雄編『現代損害賠償法講座7 損害賠償の範囲と額の算定』（日本評論社、1974年）309頁、318-319頁、平井・前掲（注12）『債権各論II』

次の2つの立場が対立している。まず、責任要件の問題として、生じたすべての損害を加害者に転嫁できるかどうかを検討し、そのうえで、損害の一部につき、これを被害者に再転嫁できるかどうかを問うものがある。[613] この立場によると、被害者による損害の一部負担の可否は、他者への損害転嫁をもたらす「帰責原理」[614]によって規律される。したがってこれは、素因斟酌否定説が主張する結論を、理論的にサポートすることとなる。[615] これに対し、すでに責任要件の段階において、損害の一部のみの転嫁を正当化しようとするものがある。この立場によれば、被害者は自己の権利領域内の危険による損害を負担すべき――領域原理――であり、責任要件の充足による加害者への損害転嫁は、そうした損害を除いた部分に関して行われることになる。[616] これは、素因の競合それ自体を理由とする割合的減責を、「公平（衡平）」[617]論を超えたより実定的な枠組み[618]のもとで規律しようとする試みだといえるだろう。[619]

159-160頁、窪田・前掲（注15）70-78頁、潮見・前掲（注25）323頁、吉村・前掲（注528）180頁など。
613) 窪田・前掲（注15）205-206頁、潮見・前掲（注25）324-325頁。なお、本文で述べたようなかたちでの図式化を行うものとして、吉村良一「書評　窪田充見『過失相殺の法理』」法律時報68巻11号（1996年）97頁、100頁。
614) ただし、過失相殺能力の問題をも視野に入れた場合、被害者の損害一部負担に関しては、事理弁識能力で足りるとする説――窪田・前掲（注15）206頁――と、責任能力が必要であるとする説――能見善久「過失相殺の現代的機能」森島昭夫還暦『不法行為法の現代的課題と展開』（日本評論社、1995年）115頁、138頁――とがある。なお、後者の立場では、加害者と被害者に適用される帰責原理が、完全にパラレルなものとなる。したがって、そこでは、「損害の一部再転嫁」という発想自体がとられていない可能性がある。
615) 素因競合それ自体を理由とする減責に反対し、過失相殺の本来適用の局面でのみ減責を認めるという立場がこれにあたる。吉村・前掲（注528）180頁、潮見・前掲（注25）325頁。
616) 橋本・前掲（注3）24-25頁。
617) これに関しては、前田・前掲（注34）を参照。
618) 橋本・前掲（注3）24頁は、権利領域内の危険による損害かどうかを識別する基準として、「個人差」以上の素因かどうかを問題にする。
619) この点について付け加えると、素因競合を理由に減責を行うのは、自明の理ではない。なぜなら、「行為なければ――素因が競合することによって拡大した――結果なし」の関係をもって因果関係を肯定するならば、この理は通用しなくなるからである。一方、こうした因果関係観を捨て、すべてを「寄与度」概念によって説明する一部の動向に対しては、その理論としての妥当性に疑問――たとえば、窪田・前掲（注15）129頁は、「寄与度があるということ自体がただちに減責……を正当化するものではない」と指摘する――がもたれているところである。したがって、素因減責を理論的に正当化するためには、「減責するのが公平である」との価値言明を、「寄与度」以外の概念を用いて説明するほかに方法はない。橋本・前掲（注3）21-32頁は、この点に

ところで、交通事故では、過失ありとの評価を受ける加害行為それ自体を起点とし[620]、そこから負傷や死亡——権利侵害——、さらには各種の損害発生へといたる一連の経過が問題となる。これは、一定の物理的作用による外界の変化を因果関係の本質とする立場[621]を念頭においたものだということができる。そして、そのような因果関係観に依拠するかぎり、被害者の素因は、行為から結果へといたる一連の経過において、その通過点——ないしは結果発生の場——としての位置づけを与えられるにとどまる。したがって、ここでは、素因競合という捉え方自体が、かならずしも自明のものでないことが、明らかとなるだろう[622]。

　本章における考察の起点は、まさにここにある。すなわち、上述の捉え方によると、素因競合における割合的減責の問題は、原則として、「加害行為によって引き起こされ、素因を経由して拡大した損害部分につき、これを加害者に帰責すべきかどうか」という問いとしてあらわれる。したがって、そのような場合において殊更に素因競合を問題にし、これを斟酌することにおいては、何よりもまず、いかなる素因が競合原因として生起してくるのか、「原因競合」であるとの認識は何によってもたらされるのかが、問われなければならない。本章は、こうした問題意識のもと、近時の裁判例を念頭におきつつ、素因減責の理論的本質について明らかにすることを目的とするものである。

　なお、素因減責に関しては、これまでにも多くの論者によって様々な判断枠組みが提唱されてきたが、本章は、それらの当否を個別に検討するものではない。むしろ、そうした学説の影響を受けながら今日にいたる裁判例を考察の対象としつつ、上述した問題意識のもと、原因競合における競合原因の斟酌がいかなる契機によってもたらされるかを検討するのが、本章の課題である。したがって、本章において、素因減責の判断枠組みに関する学説は、あくまでそう

　　おいてすぐれた考察だといえるだろう。
620)　あるいは、裁判例では、しばしば加害者の「（運転）行為」さえも問題とされず、単に、「事故」——すなわち、自動車の運行による外力——と結果との因果関係が問題にされるのが一般的である。
621)　たとえば、前田・前掲（注521）108-110頁、126-127頁、平井・前掲（注12）『債権各論Ⅱ』82-84頁。
622)　同様の指摘として、たとえば、西垣・前掲（注612）318頁。

した契機の探求にとって有益であるかぎりにおいて参照されるにすぎない。考察をはじめるにあたり、この点をお断りしておきたい。[623]

第2節　裁判例の動向

　本章では、素因減責が問題となった裁判例を概観する。なお、取り上げる裁判例は、すべて今日の判例の立場がほぼ完成をみた、平成8年判決以降のものに限定することとする。

1　身体的素因の競合事例
(1)　典型的なケース
　まず、被害者が事故以前から有していた身体的素因が損害の発生に寄与したとされる事案として、次のようなものがある。

　【判決1】東京地八王子支判平成10年8月28日（交民集31巻4号1250頁）
　　頸部椎間板症、後縦靭帯骨化症、第五・第六頸椎椎間孔の狭小化といった既往疾患を有する被害者が、事故により頸椎捻挫等となり、顔のしびれや両上肢の筋力低下等の後遺障害が残った。裁判所は、原告の損害につき、事故による頸椎捻挫と上記既往疾患とが相まって発生・拡大したことを認め、公平の見地から民法722条2項の類推適用により、50％の減責を行った。

　裁判所の認定によれば、本件被害者の既往疾患は、いずれも事故以前には発症していなかった。つまり、事故による頸椎捻挫が「引き金」[624]となって、上記

---

623)　したがって、素因減責論に関する厖大な数の学術論文および判例評釈のすべてを引用することができなかったことを、ここにお断りするしだいである。なお、素因減責に関しては、近時、比較法研究を行う論稿がいくつか公表されており、今後の議論の進展が期待されるところである。ドイツ法に関して、塩原真理子「心因的要因が競合して発生した損害の帰責と賠償範囲」東海法学40号（2008年）43頁、永下泰之「損害賠償法における素因の位置(1)～(4)」北大法学論集62巻4号（2011年）25頁、62巻5号（2012年）35頁、63巻1号（2012年）103頁、63巻3号（2012年）25頁、谷口聡「ドイツ損害賠償法における素因に関する一考察」高崎経済大学論集55巻1号（2012年）15頁、フランス法に関して、遠藤史啓「フランス不法行為法における被害者の素因の位置づけ」神戸法学雑誌61巻1＝2号（2011年）79頁、竹村壮太郎「素因減責の理論的課題(1)、(2)・完」上智法学論集55巻2号（2011年）69頁、55巻3＝4号（2012年）133頁など。
624)　交民集31巻4号1256頁。

の各後遺障害を発生させたというのが、本件の基本的な事実経過である。625) したがってこれは、本章の冒頭で示した素因競合の典型的事例と構造が一致することになる。ところで、このような経過をたどるケースは、裁判例において数多くみられるが、626) その一方で、実質的にこれと同様の経過をたどりながら、減責を行わない裁判例も数多く報告されている。そこで、以下では、それらのいくつかをみてみることにしたい。

【判決2】大阪地判平成9年12月19日（交民集30巻6号1796頁）
　第五・第六椎間板の変形および腰椎の変形を有する被害者が、事故により頸部捻挫および腰部捻挫等となり、頸部・腰部の運動制限や腱反射の低下といった後遺障害が残った。裁判所は、原告の各症状につき、上記各変形と事故による傷害とが相まって発生したものであることを認めたうえで、これらの変形が経年性のものであり、「個体差の範囲として当然にその存在が予定されているもの」であるとして、素因減責を否定した。

【判決3】大阪地判平成10年11月27日（交民集31巻6号1783頁）
　加齢による変形性脊椎症の既往を有する被害者が、事故により頭部、頸部、腰部等に傷害を負い、右側頸部の圧痛、筋硬直等の後遺障害が残った。裁判所は、原告の上記既往症が損害の拡大に影響していることを認めたうえで、損害の認定においてすでに事故と相当因果関係のある損害に限定しているとして、素因減責を否定した。

---

625)　なお、裁判例のなかには、事故以前に症状が発症していなかったことを、減責否定の有力な根拠とするものもある。神戸地判平成9年2月26日（交民集30巻1号270頁）、大阪地判平成9年12月19日（交民集30巻6号1796頁）、大阪地判平成10年6月5日（交民集31巻3号799頁）、大阪地判平成10年11月27日（交民集31巻6号1783頁）、大阪地判平成13年2月15日（交民集34巻1号224頁）、大阪地判平成13年2月23日（交民集34巻1号311頁）、東京地判平成20年5月21日（交民集41巻3号630頁）など。ここでは、素因競合に関して、【判決1】とは異なった因果構造が念頭におかれていると考えられる。この点に関しては、注645を参照されたい。

626)　大阪地判平成9年1月24日（交民集30巻1号108頁）、神戸地判平成10年10月8日（交民集31巻5号1488頁）、東京地判平成11年10月20日（交民集32巻5号1579頁）、大阪地判平成12年1月14日（交民集33巻1号39頁）、大阪地判平成13年3月15日（交民集34巻2号393頁）、大阪地判平成14年12月25日（交民集35巻6号1697頁）、名古屋地判平成15年1月17日（交民集36巻1号49頁）、東京地判平成16年4月14日（交民集37巻2号506頁）、大阪地判平成18年2月15日（交民集39巻1号179頁）、東京地判平成19年12月20日（交民集40巻6号1666頁）、松山地今治支判平成20年12月25日（交民集41巻6号1615頁）など。

【判決4】東京地判平成14年7月22日（交民集35巻4号1013頁）
　気管支喘息、骨粗鬆症、高血圧症、脊柱管狭窄症等の既往を有する被害者が、事故により右下腿開放骨折、恥骨結合離開、膀胱破裂等の傷害を負い、自賠法施行令別表第5級の後遺障害が残った。裁判所は、原告の後遺障害につき、既往症——とりわけ脊柱管狭窄症——がこれに寄与したとしても、その度合いは「相当程度あると認めるに足りない」として、素因減責を否定した。

　上記の裁判例のうち、【判決2】は、平成8年判決が示した判例ルールをふまえ、当該素因が「個体差の範囲」にとどまることを理由に、減責を否定したものである。本件においては、第五・第六椎間板の変形等が、平成8年判決における「身体的特徴」——首が長いこと——と同視しうるかどうかについて、検討の余地がある。ただ、適用されたルールは判例にしたがったものであり、それ自体に問題はないといえる。

　続いて、【判決3】は、素因の競合による損害の拡大を認めつつ、相当因果関係の判断のなかで、すでにこの点を考慮している。ここでは、素因競合を体系上どの部分で扱うべきか——賠償範囲論か、それとも割合的減責論か——が問題となっているが、この点は、本章の目的ともかかわるため、次節において検討することにしよう。

　最後に、【判決4】は、素因の競合による損害の拡大を認めつつ、その程度が小さいことを理由に、減責を否定している。これは、減責を肯定する一部の裁判例が、素因の「相当程度」の寄与を問題にしているのと、対をなすものだといえる。なお、裁判例のなかには、素因の競合を認めながらも、生じた損害

627）　同様のものとして、神戸地判平成10年9月9日（交民集31巻5号1399頁）、大阪地判平成10年10月13日（交民集31巻5号1515頁）、大阪地判平成11年12月9日（交民集32巻6号1933頁）、名古屋地判平成18年12月15日（交民集39巻6号1763頁）。
628）　同様のものとして、東京地判平成16年3月29日（交民集37巻2号426頁）、神戸地判平成16年10月18日（交民集37巻5号1393頁）。
629）　たとえば、大阪地判平成10年10月27日（交民集31巻5号1569頁）、大阪地判平成10年10月30日（交民集31巻5号1638頁）、大阪地判平成11年11月4日（交民集32巻6号1745頁）、大阪地判平成11年11月8日（交民集32巻6号1762頁）、神戸地判平成17年5月17日（交民集38巻3号681頁）。
630）　同様のものとして、大阪地判平成10年6月5日（交民集31巻3号799頁）、大阪地判平成10年10月16日（交民集31巻5号1536頁）、東京地判平成12年6月14日（交民集33巻3号966頁）。

がそれほど大きくないことを理由に、減責を否定するものがあるが、これもほぼ同様のものとみてよいだろう。

(2) 非典型的なケース

さて、以上のケースは、いずれも事故以前から存在する素因に事故による外力が加わることで、損害が発生・拡大したというものであった。ところで、素因減責に関する裁判例のなかには、これとは構造が異なるものもいくつかみられる。

【判決5】大阪地判平成9年1月23日（交民集30巻1号92頁）
事故により頭部外傷、胸腹部打撲、右血胸、肺挫傷、肋骨骨折等の傷害を負った被害者が、事故の22日後に胃潰瘍により失血死した。裁判所は、事故によって受けた外傷が、すでに発症していた胃潰瘍を増悪させ、被害者を死にいたらしめたと認定し、事故と死亡との相当因果関係を肯定した。そのうえで、「ある人間がストレス状態となるには、……複雑な条件があることが認められる」としたうえで、被害者死亡の主たる原因は同人の個人的な要因にあるとして、民法722条2項の類推適用により70％の減責を行った。

裁判所の認定によると、本件では、すでに発症していた胃潰瘍が事故のストレスによって増悪し、被害者の死亡をもたらしたとされる。もっとも、このような認定に対しては、疑いを挟む余地がないではない。まず、本件では、事故による外傷がストレス性胃潰瘍を発症させる程度でないことから、胃潰瘍は、事故以前に発症していたとされている。そのうえで、被害者死亡の直接の原因である胃潰瘍の増悪因子として、①既往症である心筋梗塞、②同じく既往症である脳梗塞、③事故後の手術によって助長された多臓器障碍の3つが、候補としてあげられている。そしてこれらをふまえ、裁判所は、本件事故と被害者の死亡につき、「無関係であるということはでき」ないとの結論にいたっている。したがって以上のことから、本件は、因果関係の心証度に応じて責任を

---

631) たとえば、大阪地判平成11年2月18日（交民集32巻1号296頁）、大阪地判平成14年8月21日（交民集35巻4号1125頁）。
632) 交民集31巻1号95-96頁。

課したものと解するのが、妥当である。[633]

続いて、非典型的な素因減責としては、次のようなものもある。

　【判決6】神戸地判平成10年1月30日（交民集31巻1号169頁）
　事故により頭部外傷、左膝打撲等の傷害を負った被害者——事故当時71歳——が、事故から約8ヵ月後に肺炎を発症し、死亡した。裁判所は、本件事故と肺炎の発症、さらには被害者の死亡とのあいだに相当因果関係があるとしたうえで、被害者の死亡には、糖尿病、自律神経失調症、うつ病等の既往症、ならびに受傷後の事故以外の要因によるうつ状態の悪化といった心因的要因が寄与しているとして、民法722条2項の類推適用により60％の減責を行った。

　本件では、事故後、被害者が肺炎に罹患し、死亡するまでの経過が詳細に検討されている。それによると、被害者は、受傷後5ヶ月間は外来受診も可能であったところ、両下肢痛の進行による歩行障害や向精神薬の作用によって身体機能が徐々に低下していき、ついには肺炎の罹患にいたったとされている。そこで、こうした経緯をふまえ、裁判所は、事故と死亡との「相当因果関係」を肯定するとともに、「損害が本件事故のみによって通常発生する程度、範囲を超えている」と判示して、素因減責を行っている。これは、後続侵害損害の帰責につき困難に直面した裁判所が、帰責を肯定するのと引き換えに、減責による調整を行ったものと解することができるだろう。[634]

　なお、身体的素因の競合事例としては、ほかに、事故を起点とする因果系列とこれとは別の因果系列が併存するなか、前者が引き起こした損害部分についてのみ、責任を肯定するものがある。[635] ただ、ここでの責任は、加害行為と「事実的」因果関係のない損害部分が、責任判断から除外された結果もたらされたものにすぎず、理論上、とくに検討を要するものではないといえる。

633）　以下の裁判例も、同様のものと解する余地がある。東京地判平成9年8月26日（交民集30巻4号1179頁）、大阪地判平成10年10月27日（交民集31巻5号1569頁）、東京地判平成11年2月23日（交民集32巻1号317頁）、大阪地判平成13年7月19日（交民集34巻4号942頁）。
634）　同様のものとして、神戸地判平成10年7月9日（交民集31巻4号1063頁）、神戸地判平成12年7月6日（交民集33巻4号1155頁）、神戸地判平成12年10月31日（交民集33巻5号1732頁）、大阪地判平成15年8月27日（交民集36巻4号1076頁）、神戸地判平成18年5月16日（交民集39巻3号665頁）など。
635）　たとえば、神戸地判平成11年9月29日（交民集32巻5号1501頁）、山形地判平成13年4月17日（交民集34巻2号519頁）、大阪地判平成14年6月28日（交民集35巻3号911頁）。

2 心因的素因の競合事例
(1) 典型的なケース

続いて、被害者が事故以前から有していた心因的素因が損害発生に寄与したとされるケースについて、みていくことにしよう。まず、このようなケースのなかでも比較的多いものとして、次のような事案がある。

【判決7】大阪地判平成9年6月27日（交民集30巻3号907頁）
　事故により右下肢に醜状が残った被害者——事故当時23歳、女性——が、外傷性神経症により等級5級2号の後遺障害を負うにいたった。裁判所は、事故と後遺障害との相当因果関係を肯定したうえで、「治療の長期化及び後遺障害の発生については、原告の心因的要素が大きく影響している」として、「入通院損害」については30％、「後遺障害損害」については50％の減責を行った。

　上述のとおり、本件では、治療の長期化と後遺障害——「精神面での障害」——の発生につき、「心因的要素」が影響しているとされている。また、ここにいう「心因的要素」の影響は、外傷を契機とする心因反応であるため、統合失調症に代表される内因性の精神疾患とは異なり、脳の器質的変化を想定することはできない。したがって、こうした局面において、被害者の精神に作用する、事故から独立した因子を観念することは、むずかしいと言わざるをえない。このように、本件では、事故による外力を起点に、被害者の精神状態——「心因反応を起こしやすい性格傾向」——を経由して後遺障害が発生したのであり、そこにいう「心因的要素」は、因果経過の通過点——ないし「反応」の場——としての意義をもつにとどまる。したがって、本件は、上述の身体的素因における典型的なケースと同様の構造を呈していることになる。

---

636) 交民集30巻3号912頁。
637) 交民集30巻3号912頁。
638) 同様のものとして、大阪地判平成9年2月10日（交民集30巻1号208頁）、札幌地判平成9年12月22日（交民集30巻6号1810頁）、東京地判平成10年1月20日（交民集31巻1号4頁）、神戸地判平成10年10月8日（交民集31巻5号1488頁）、大阪地判平成11年1月28日（交民集32巻1号228頁）、大阪地判平成11年2月25日（交民集32巻1号328頁）、東京地判平成12年3月14日（交民集33巻2号523頁）、大阪地判平成12年5月17日（交民集33巻3号857頁）、神戸地判平成13年12月14日（交民集34巻6号1616頁）、神戸地判平成14年1月17日（交民集35巻1号47頁）、大阪地判平成14年1月22日（交民集35巻1号84頁）、名古屋地判平成15年7月28日（交民集36巻4号974頁）、名古屋地判平成16年12月8日（交民集37巻6号1643頁）、名古屋地判平成17年7月13日（交民集38巻4号947頁）、大阪地

(2) 非典型的なケース

次に、心因的素因の競合としては、次のような事案も報告されている。

【判決8】千葉地判平成20年9月29日（交民集41巻5号1304頁）
　事故により頭部打撲、頚椎捻挫等の傷害を負った被害者が、神経症状を経てうつ病を発症し、等級9級10号の後遺障害が残った。裁判所は、本件事故後に精神症状が発現していること、ほかにうつ病の原因が見当たらないことなどから、事故と「うつ病に由来すると思われる症状」との相当因果関係を肯定した。そのうえで、裁判所は、以下の3点を考慮して、80％の減責を行った。
　① 傷害による神経症状が遷延し、うつ病発症へといたったのには、原告の心因的要素が相当程度影響している。
　② 原告は事故後、「内因性高次脳機能障害（うつ病＋統合失調症）」と診断されているが、これも原告の精神症状に相当大きな影響を及ぼしている。
　③ 原告は事故以前、三度にわたり頚椎や腰椎に傷害を負っており、本件事故当時も神経症状がある程度残存していた。

　本件では、被害者の後遺障害に対し、上記①から③の因子が「影響」しているとされている。このうち、①は、本件事故を起点とする因果系列であり、③は、事故以前に負った傷害を起点とする因果系列である。また、②も、③と同様、本件事故から独立した因果系列であると考えられる。これは、一般に交通事故によって統合失調症が発症することはないという医学的知見によって、明らかにされている。さて、ではこれらの因子は、結果に対し、どのような関係に立つのだろうか。
　まず、上述のとおり、裁判所は、「相当因果関係」の認定にあたって、その終端を「うつ病に由来すると思われる症状」と定めている。しかしその一方で、裁判所は、本件後遺障害の直接の原因につき、これを「神経系統の機能又は精神……〔の〕障害」と、やや曖昧な表現で捉えている。本件における素因減責の本質は、まさにこの両者の微妙なズレのなかに見出すことができる。すなわ

　　判平成18年9月25日（交民集39巻5号1306頁）、福岡高判平成19年2月13日（交民集40巻1号1頁）など。
639)　交民集41巻5号1319頁。
640)　交民集41巻5号1318頁。

ち、裁判所は、①の因果系列による結果発生につき、十分な確信がもてなかったため、「相当因果関係」の検討に際し、その終端に一定の操作を加えたとみることができるのである。したがって、以上をふまえると、本件では、因果関係の心証度に応じた責任が課されたことになるだろう。[641]

(3) 両者の中間に位置するケース

ところで、心因的素因の競合に関しては、以上の2つの類型のほか、次のような事案も報告されている。

【判決9】札幌地判平成9年9月29日（交民集30巻5号1449頁）
事故により外傷性クモ膜下出血、頭蓋骨骨折等の傷害を負った被害者が、事故後、過食や自傷行為といった異常行動をとるようになり、神経症を発症した。裁判所は、原告が事故以前から抑うつ傾向にあったことを認めたうえで、当時は治療を要するほどではなかったとして、事故と神経症との相当因果関係を肯定し、そのうえで、抑うつ傾向があったことを斟酌して、30％の減責を行った。

裁判所が最終的に確定した事実によれば、本件では、被害者の抑うつ傾向に事故による外力が加わることで、神経症が発症したとされる。したがって、そのかぎりでいうと、本件は、上述の第一の類型（【判決7】）と同様の構造を呈していることになる。しかし、認定された事実全体を視野に入れると、本件がこれに解消しえない独自の性格をもったものであることが、明らかとなる。

まず、本件では、被害者が事故以前から抑うつ傾向にあったこと、および、それが事故後において様々な異常行動を引き起こしていることが、明らかにされている。そしてさらに、その異常行動のうちのいくつかは、本件事故とは関係のない被害者の個人的なコンプレックスによって引き起こされたものだとされている。[642] したがってここに、事故とは別の事情を起点とする独立した因果系列を観念することができる。これは、素因が結果発生の場——ないしは「反応」の場——としての意義をもつにとどまる第一の類型とは、大きく異なった

---

641) 同様のものとして、神戸地判平成17年5月17日（交民集38巻3号681頁）、東京地判平成19年11月7日（交民集40巻6号1479頁）、東京地判平成20年12月1日（交民集41巻6号1521頁）。
642) 交民集30巻5号1454-1456頁。具体的には、従前からの姉に対するコンプレックスなどがあげられている。

ものだといえるだろう。

　次に、本件では、上述の第二の類型（【判決8】）とは異なり、事故を起点とする因果系列とそれ以外の事情を起点とする因果系列とが、併存的・択一的な関係に立つわけではない。なぜなら、本件被害者に発症した神経症は、あくまで事故による精神的打撃が加わることによって生じたものだとされているからである。つまり、本件における2つの因果系列は、結果発生の直前において複雑に絡まり合い、拡大された1つの結果を発生させているのである。[643]

　このように、本件では、事故と素因のそれぞれを起点とする因果系列が協働することにより、拡大された1つの結果が発生している。したがってこれは、まさしく「原因競合」と呼ぶにふさわしいケースだといえるだろう。[644][645]

第3節　素因減責の理論的内実

1　裁判例の整理と検討課題の提示

　前節では、素因競合に関する裁判例を概観した。そこで、まずはこれらを整理し、以下での考察のための準備作業としよう。

(1)　類型化の試み

　本章の冒頭でも述べたとおり、被害者の素因は、それ自体が損害を引き起こす外力をもっているわけではない。したがって、素因競合における割合的減責

---

643)　判決文をみるかぎり、この2つの因果系列の関係は、厳密には明らかにされていない。ある医師によれば、被害者の症状は「外傷性神経症」であり、本件事故こそが結果発生に決定的な影響を与えたとされる。これに対し、別の医師によれば、被害者の症状は「性格神経症」であり、本件事故はあくまで付加的な要因にすぎないとされる。交民集30巻5号1456頁。

644)　ここでは、原因競合の教室設例としてしばしば取り上げられる、複数の工場による廃液排出の例——吉村・前掲（注528）102頁など——などとの同質性が、指摘できるだろう。

645)　以下の裁判例も、同様のものと解する余地がある。東京地判平成13年1月29日（交民集34巻1号98頁）、東京地八王子支判平成15年1月23日（交民集36巻1号92頁）、大阪地判平成15年3月20日（交民集36巻2号328頁）、大阪地判平成17年7月22日（交民集38巻4号1017頁）。なお、すでに注625で指摘したように、身体的素因の競合事例のなかには、事故以前に症状が発生していなかったことを、減責否定の有力な根拠とするものがある。ここでは、素因を起点とする加害作用——症状の発生——に事故による外力が加わることで結果が発生したケースを、素因競合と捉えているふしがある。これは、構造的には【判決9】と同様のケースだと言ってよいだろう。

の問題は、原則として、「加害行為によって引き起こされ、素因を経由して拡大した損害部分につき、これを加害者に帰責すべきかどうか」という問いとして、捉えることができる。前節で取り上げた裁判例のうち、このようなモデルに適合的なものとして、身体的素因に関する【判決1】と、心因的素因に関する【判決7】がある。これらはいずれも、被害者の素因が事故による外力に反応し、損害が発生・拡大したケースとして捉えることができる。以下、本章ではこれを、「第一類型」と呼ぶこととする。

次に、これと対極にあるのが、身体的素因に関する【判決5】と、心因的素因に関する【判決8】である。ここでは、事故を起点とする因果系列と素因を起点とする因果系列が、結果に対し、択一的な関係に立つ。したがって、そこでの責任は、因果関係の心証度に応じて導かれたものだということになる。裁判実務では、こうしたケースにおいても「寄与度」を問題にするのが一般的であるが、そうした外形のもと、本質的には心証度が問題となっていることは、ふまえておくべきだろう。なお、以下、本章ではこれを、「第二類型」と呼ぶこととする。

次に、【判決6】は、事故による第一次侵害のあと、後続侵害が発生した場合において、損害結果——後続侵害損害——の帰責に関する法的評価が微妙であることから、割合的解決を行ったものとみることができる。以下、本章ではこれを、「第三類型」と呼ぶこととする。[646]

最後に、位置づけが困難なものとして、【判決9】がある。これは、「事故なければ結果——内容・量において特定された全体として1個の結果——なし」と言いうるかぎりにおいて、第一類型と共通するが、素因が結果発生の場——ないし「反応」の場——としての意義を超え、独立した因果系列を形成している点において、特異なものだということができる。一方、個々の因子をミクロのレベルで捉えるならば、ここでは、結果を引き起こしたのが事故と素因のいずれであるかが、はっきりしなくなる。[647] したがって、そのかぎりにおいて、

---

646) なお、心因的素因のみが競合した事案にも、同様の構造を呈するものはある。たとえば、大阪地判平成17年6月6日（交民集38巻3号757頁）。

647) 因果関係の本質を不可欠条件関係に求める立場からは、ここでは原因競合——いわゆる必要的競合——が生じていることになる。これに対し、因果関係の本質を一定の物理的作用による外界の変化に求める立場からは、このような場面において、個々の因子が結果にどのように作用

これは、第二類型とも連続性をもったものだということになる。ただ、この後者の捉え方は、厳密ではあるが、社会における一般の理解とはかけはなれた帰結を導くおそれがある。(648) そこで、本章は、【判決9】の理解につき、前者の立場をとることにしたい。なお、以下、本章ではこれを、第四類型と呼ぶこととする。

(2) 検討課題の提示

さて、では次に、以上の類型化をふまえつつ、本章の検討課題を示すこととしよう。

まず、上述の4つの類型のうち、第二類型に関しては、いわゆる確率的心証論(649)をどのように評価するかが問題となる。ただこれは、交通事故における素因減責にとどまらない問題であり、本章の枠を越えるものだといえる。(650) そこで本章は、この問題に立ち入ることはせず、そうした類型があることを指摘するにとどめることとする。(651)

続いて、残りの3つの類型のうち、第一類型および第三類型に関しては、前

　したかを把握することは、むずかしい。一般に、後者の因果関係観をとった場合の因果関係の証明困難は、重畳的競合の事例において典型的にあらわれる。能見・前掲（注187）58頁。しかし、同様のことは、必要的競合の場面においても問題となりうると考えられる（あるいは、突きつめて考えるならば、重畳的競合・必要的競合という区分は、あくまで前者の因果関係観を前提としているのであり、後者の因果関係観を徹底した場合には、こうした区分自体が成り立たなくなるともいえる）。

648) 具体的には、従来、原因競合とされてきた事案のうちのかなりのものが、因果関係の不明のケースとして扱われてしまうことになる。

649) 倉田・前掲（注472）101頁、133-135頁。また、倉田が確率的心証論にもとづいて下した判決として、東京地判昭和45年6月29日（判例時報615号38頁）。なお、倉田判事は、素因競合事例全般に関して、一貫して、「寄与度」ではなく、因果関係の心証度に応じた責任を主張している。倉田・前掲（注17）93頁。

650) たとえば、公害・環境訴訟において確率的心証論をとったものとして、東京地判平成4年2月7日（判例時報平成4年4月25日号3頁）「水俣病東京訴訟判決」。また、営造物・工作物責任の分野において確率的心証論を適用したとみる余地があるものとして、東京地判昭和49年10月2日（判例タイムズ320号207頁）、長崎地佐世保支判昭和61年3月31日（判例タイムズ592号38頁）、静岡地判平成4年3月24日（判例時報1428号42頁）。

651) なお、筆者は、医療過誤など、義務違反を起点とする因果関係――違法性連関――が問題となるケースにおいては、実体法理論の枠内で、その存否が不明であることを理由とする割合的解決を導く余地があると考えている。これについては、第Ⅰ部第2章第4節を参照。

者が第一次侵害損害の帰責問題、後者が後続侵害損害の帰責問題であるという点にちがいがある。また、事故を起点とする因果系列と素因との関係についてみるならば、前者では、素因が単に結果発生の場——ないしは「反応」の場——としての意義をもつにとどまるのに対し、後者では、素因が後続侵害への導因となっている点にちがいがある。もっとも、これらのちがいは、見かけほどに大きなものではない。なぜなら、いずれの類型も、損害結果の帰責という共通の視点において、分析の対象とすることが可能だからである。またこれは、第一類型の亜種ともいえる第四類型についても、同様にいえるだろう。ここでは、第一類型とは異なり、素因を起点とする独立した因果系列を観念することができる。しかし、この点に関する両者のちがいは、損害結果の帰責の視点からは、相対的なものにすぎないのである。

　平成8年判決は、身体的素因の斟酌につき、当該素因が「疾患」にあたるかどうかを問題とするとともに、これを基礎づけるため、「身体的特徴は、個々人の個体差の範囲内として当然にその存在が予定されている」との命題を提示する。また、同判決以降の裁判例では、当該素因が「個人差」の範囲内かどうかを問題とするものや、生じた結果が「通常」の範囲内かどうかを問題とするものが多くみられる。以上であげた基準は、いずれも、理論的には、減責のための基準としてだけでなく、帰責の可否——帰責相当性——の基準としても捉えることができる。したがって、ここでは、これらの基準の妥当性もさることながら、それらをめぐって帰責相当性と割合的減責とがいかなる関係に立つ

---

652) 第一次侵害・後続侵害という区分については、四宮和夫「不法行為法における後続侵害の帰責基準」法学協会編『法学協会百周年記念論文集　第3巻』(有斐閣、1983年) 31頁、46-47頁。

653) なお、交通事故のケースではないが、最判平成12年3月24日 (民集54巻3号1155頁) は、労働者の自殺について、「労働者の性格が同種の業務に従事する労働者の個性の多様さとして通常想定される範囲を外れるものでないときは」、性格的要因の斟酌を否定すべきであると判示している。これは、平成8年判決における「個体差の範囲内」かどうかという基準が心因的素因の競合にも適用されたものとして、理解することができる。

654) とくに問題となるのが、身体的素因における「疾患」かどうかという基準と、「個人差」ないしは「通常」の範囲内かどうかという基準との関係である。本文で述べたように、平成8年判決は、あくまで「疾患」を決定的な基準としつつ、その妥当性を基礎づけるため、「個体差」という概念を導入する。しかし、これに対しては、むしろ「個人差」こそが決定的な基準であって、「疾患」は「個人差」を超える素因のひとつの例にすぎないとの見方もありうる。たとえば、橋本佳幸「判批：最判平成8年10月29日」民商法雑誌117巻1号 (1997年) 91頁、99-101頁。この問題は、「個人

かが問題となる。交通事故における素因減責の本質は、まさにこの点の解明によってはじめて、明らかとなるのである。

そこで以下では、上述の第一、第三、第四類型を対象として、損害結果の帰責という視点から、帰責相当性と割合的減責との関係について、考察を行うこととしたい。

2　帰責相当性と割合的減責との関係
(1)　危険性関連説と割合的減責

周知のとおり、損害結果の帰責をめぐっては、「賠償範囲の画定」の問題として、すでにいくつかの見解が示されるにいたっている[655]。しかし、これらは、あくまで、特定の損害——損害事実であれ、費用項目であれ、金額であれ——についての帰責の可否を問うものであり、割合的減責の問題とは区別されるべきものとされている。ところで、こうしたなか、損害結果の帰責という視点のもと、帰責の可否と割合的減責とを一体として捉えることにより、素因減責の判断構造を理論的に明確化しようとする試みがある。橋本佳幸の研究が、まさにそれである[656]。

橋本は、四宮和夫が提唱する損害帰責のためのスキーム——いわゆる危険性関連説[657]——をふまえ、そのうえに、自身が提唱する「領域原理」にもとづく割合的減責論を展開する。橋本の見解は、要約すると次のとおりである。

差」を超えてはいるが、「疾患」とはいえないような素因が競合したケースにおいて、顕在化する。たとえば、東京地判平成19年10月4日（交民集40巻5号1312頁）は、事故で顔面打撲を負った被害者の鼻に、シリコンプロテーゼが挿入されていたという事案であるが、平成8年判決に依拠するかぎり、こうした素因を斟酌することは、できないと言わざるをえない。しかし、「個人差」を重視する上述の立場からは、これを斟酌することも十分考えられることになる。なお、本判決は、隆鼻手術が「一般的に認知されてきて」いることをふまえ、素因減責を否定している。

655)　吉村・前掲（注528）142-151頁、近江幸治『民法講義Ⅵ　事務管理・不当利得・不法行為〔第2版〕』（成文堂、2007年）182-186頁を参照。

656)　橋本・前掲（注3）21-35頁。

657)　四宮・前掲（注183）448-453頁。なお、四宮自身は、素因競合事例を後続侵害の帰責問題と捉えたうえで、被害者が「社会生活を営むに必要な最小限度の抵抗力」をそなえていない場合にかぎり、加害者への帰責を否定する。また、こうした基準によって帰責が肯定される場合には、損害の分配がなされるべきであるとされているが、これについては、「過失相殺に準ずる方法」によって減責すべきであるとするのみで、それ以上の理論的な説明はなされていない。四宮・前掲（注183）456-458頁。

ⓐ　被害者は、自己の権利領域内の特別の危険から生じた結果について、保証責任を負う（領域原理）。したがって、被害者は、「個人差以上の素因」によって生じた結果を負担しなければならない。[658]

ⓑ　素因競合事例の多くは、後続侵害の事例――「素因が後続侵害の発生に競合した事例」――である。[659]

ⓒ　危険性関連の有無の判断においては、統計的頻度に加え、評価的視点が考慮される。これをふまえると、個人差以内の素因が競合したことによって生じた結果については、第一次侵害との危険性関連を肯定すべきであるが、個人差以上の素因が競合したことによって生じた結果については、これを否定すべきである。[660]

ⓓ　もっとも、個人差以上の素因が競合した場合でも、生じた結果のすべてについて危険性関連が否定されるわけではない。「個人差以内の素因によっても生じたであろう割合的部分」については、危険性関連が肯定されてしかるべきである。[661]

ⓔ　素因競合事例が第一次侵害の事例である場合においても、上記ⓓの損害分配ルールが、ほぼそのままのかたちで妥当する。すなわち、個人差以上の素因が競合した場合、生じた結果のうち、「個人差以内の素因によっても生じたであろう割合的部分」のみが、規範の保護目的に含まれることになる。[662]

このように、橋本は、生じた結果全体を「個人差以内の素因によっても生じたであろう割合的部分」とそれ以外の部分とに分け、前者についてのみ加害者の責任を肯定する。また、上述のように、このような損害区分は、本来的には帰責相当性――危険性関連、義務射程――が否定されてよい局面において観念される。つまり、そのような局面において、生じた損害のなかに「個人差以内の素因によっても生じたであろう割合的部分」を見出し、これを帰責の対象とする点に、この見解の最大の特徴がある。これは、帰責評価が微妙であること

---

658)　橋本・前掲（注3）24頁。
659)　橋本・前掲（注3）25頁、33頁。
660)　橋本・前掲（注3）26-27頁。
661)　橋本・前掲（注3）28頁。
662)　橋本・前掲（注3）29-30頁。

に対応して導かれた割合的解決——たとえば、【判決6】——を、不法行為帰責論内部の論理によって説明しようとするものであり、理論的にすぐれたものだといえる。また、価値判断の面においても、この見解は、素因減責を被害者保護の前進に資するものとして捉えており、素因減責論に新たな地平をもたらすものだといえるだろう。[663]

(2) 「領域原理」の要否

　もっとも、この見解が議論の起点にすえる「領域原理」に関しては、その要否につき、なお検討の余地があるというべきである。

　橋本によると、個人差以上の素因が競合したケースでは、生じた結果について損害の分配が行われる。そしてそれは、「加害者への帰責と被害者への帰責との調整」によって実現される。このうち、「加害者への帰責」は、ⓓに対応する。一方、「被害者への帰責」は、ⓐに対応する。この後者の「帰責」に関して、橋本は、次のように述べる。個人差以上の素因が競合した場合において、帰責相当性——危険性関連、義務射程——が結果全体におよばないのは、「当該競合原因が被害者の権利領域に存したからであり、さらにいえば、生じた結果が領域原理によって被害者に帰責されるからである」[664]。

　ただ、この説明は、損害分配の実現にとって、どうしても必要なものだとは言いがたい。なぜなら、生じた結果の一部のみが加害者に帰責されることは、ⓓにおいて、すでに明らかとなっているからである。[665]　また、こうした法律構

---

663) 藤岡・前掲（注34）464-465頁は、過失相殺、ないしは原因競合全般における割合的解決に関して、「不法行為法をより高次の段階に引き上げるためには権利保護と割合的解決の協働が必要である」とする。ここでの叙述は、「不法行為法の将来像」について語ったものであり、その具体的内容はかならずしも明らかではない。ただ、たとえば、本文で取り上げた橋本による判断枠組みは、権利保護をよりいっそう推し進める点で、論者が構想する不法行為法像——同24-26頁、33-41頁、藤岡康宏「序説　不法行為の全体像」同『損害賠償法の構造』（成文堂、2002年）1頁——とも適合的だといえるだろう。

664) 橋本・前掲（注3）30-31頁。

665) 橋本は、個人差以上の素因が競合した場合の損害分配を、自然力競合の場合との対比によって説明しようとする。すなわち、加害行為に異常な自然力が競合した場合には、生じた結果全体が加害者に帰責される。これに対し、加害行為に異常な素因——個人差以上の素因——が競合した場合には、生じた結果のすべてが加害者に帰責されるわけではない。この後者の取扱いを正当化するのが、「領域原理」であるというのである。橋本・前掲（注3）27頁、30-31頁。ただ、

成上の問題のほか、個々の事案の解決との関係においても、「領域原理」の強調は、かならずしも妥当な結果を導くとはかぎらない。この原理をとることは、「責任成立段階で損害転嫁の対象から外しておくべき損害部分はあるかどうか」といった思考を固定化させることにつながる。しかしこれでは、減責まずありきとの態度が助長される結果、公正な損害分配が実現しなくなるおそれが生じるのである。[666]

　橋本理論において画期的なのは、割合的減責が、被害者保護の後退ではなく、むしろその前進に資するものであるということを、不法行為帰責論上の語彙を用いて明らかにした点にある。[667] このような理解がかりに成り立つとするならば、[668]この理論において領域原理の意義を過度に強調することは、むしろ避けられるべきであろう。[669] また、そこで提示される、当該素因が個人差以上かどうかといった基準に関しても、減責の可否を決するための万能な尺度としてではなく、責任の有無・程度を判断する際の下位の基準として捉えるのが、妥当である。本質的な基準は、あくまで危険性関連や規範の保護目的に求められるべきであろう。

　この説明は、説得的であるとは言いがたい。加害者が異常な自然力の競合によって生じたすべての結果について責任を負うのは、自然力競合における特殊な取扱いであり、これを起点に責任の軽減を論じる論理的必然性はないといえるからである。したがって、個人差以上の素因が競合した場合の損害分配は、もっぱら責任の加重——被害者保護の前進——の側面から論じれば足りると考えられる。

　なお、自然力競合のケースでは、義務違反——行為不法としての「瑕疵」——と結果との不可欠条件関係が成立するかぎり、結果発生の頻度にかかわりなく、生じた結果全体が営造物の管理者に帰責される。これについては、第2章第3節3(4)を参照。

666)　橋本の見解に対する従来からの批判も、おおむねこの点を捉えたものだと考えられる。たとえば、古村・前掲（注613）101頁。
667)　価値判断のレベルでは、すでに能見・前掲（注1）250-251頁が、被害者保護の前進とのかかわりで減責の妥当性を説いている。
668)　実際、橋本は、医療過誤における割合的解決が、被害者保護の前進に資するものであることを強調している。同・前掲（注400）113頁。
669)　危険性関連・義務射程がおよばない損害部分は被害者が負担すべきである。このことを被害者側から表現したのが領域原理だとすれば、そのこと自体にとくに問題はない。ただ同時に、これでは独自の原理を立てる意味がないとの指摘に対しては、素直に認めざるをえないだろう。なお、これについては、注182も参照されたい。

(3) 裁判例との整合性

さて、以上で述べた損害分配の枠組みは、下級審裁判例における判断のあり方とも整合的であるといえる。

たとえば、裁判例でしばしばみられる判断手順として、事故から結果へといたる一連の経過を詳細にたどったうえで「相当因果関係」を肯定し、そのうえで、当該結果が「通常」の範囲を超えていることを理由に素因減責を行うものがある。これは、相当因果関係が「通常」——民法416条1項——の結果との因果的連鎖であることをふまえるならば、不可解な判示だということになる。しかし、素因減責の本質が、帰責相当性の評価困難に対応した損害分配にあるという、上述の理解に即してみるならば、こうした一見矛盾するかにみえる責任判断も、理解可能なものとなるだろう。すなわち、ここでは、異常な結果につき、あえて「相当因果関係」を肯定したうえで、通常の事態においても生じたであろう結果部分にかぎり、帰責を肯定したとみるわけである。

このように、橋本理論は、個々の裁判例における公平判断に理論的基礎を与える点において、高く評価されるべきだといえるだろう。

(4) 第一次侵害事例と後続侵害事例

ところで、ⓔで述べられているように、橋本は、ⓓの損害分配ルールを、後続侵害の事例にとどまらず、第一次侵害の事例にもほぼそのままのかたちで適用する。したがって、これによると、第一次侵害事例である第一類型および第四類型においては、次のようなかたちで損害分配が実現することになる。

---

670) 【判決6】のほか、神戸地判平成10年1月30日（交民集31巻1号169頁）、大阪地判平成11年1月28日（交民集32巻1号228頁）など。

671) なお、橋本および筆者の見解とは異なり、四宮は、素因競合を後続侵害の事例として一元的に捉える。すなわち、四宮によると、素因競合のケースは、①「不法行為による侵害がまずあり、しばらくののち素因の競合によって後続侵害を生ぜしめる場合」と、②「不法行為と同時に素因が作用して侵害を生ぜしめる場合」とに分かれる。そして、②においても、第一次侵害——死亡にいたる前の身体侵害など——を観念することはできるため、①と②のあいだに本質的な差異はないという。四宮・前掲（注183）459頁。これに対し、本章は、②をあくまで第一次侵害の事例として扱い、そこで規範の保護目的にもとづく帰責の可否を問題にする。また、ほかにも、たとえば、事故により治療費等の損害が発生したのち、後遺障害が発生した場合や、後遺障害が素因の競合によって長期化・深刻化した場合なども、本章は、一貫して、第一次侵害の事例として扱っている。これらは、単一の侵害内部における費用項目間の問題や、特定の費用項目

まず、第一類型のうち、【判決1】では、被害者の後縦靱帯骨化症等が寄与して発生した損害につき、これを回避すべき義務をあえて肯定したうえで、当該素因が個人差以内であっても発生したであろう損害部分につき、責任を成立させる。同様に、【判決7】では、被害者の心因的要素が寄与して発生した損害につき、これを回避すべき義務をあえて肯定したうえで、当該素因が個人差以内であっても発生したであろう損害部分につき、責任を成立させる。さらに、第四類型に属する【判決9】では、被害者の抑うつ傾向が寄与して発生した損害につき、これを回避すべき義務をあえて肯定したうえで、当該素因が個人差以内であっても発生したであろう損害部分につき、責任を成立させる。

もっとも、第一次侵害における損害帰責が規範の保護目的によって正当化されることをふまえるならば、こうした解決がつねに妥当かどうかについては、なお検討の余地があるというべきである。

素因減責の可否をめぐっては、これを原則として肯定する判例の立場に対し、「加害者は被害者のあるがままを受け入れなければならない」との価値命題――以下では、「『あるがまま』命題」と呼ぶ――がしばしば引き合いに出される。この命題は、いうまでもなく、加害者に課される義務の射程について述べたものである。したがって、第一次侵害の事例においては、この命題から、個人差以上の素因においても、全部責任を導く余地が生じてくる。たとえば、第一次侵害の事例のうち、事故とは別の因果系列を観念できる第四類型では、他原因の介在ゆえ、生じた結果全体を義務射程におさめることがむずかしくなる。したがってここでは、こうした評価を反映して、ⓓおよびⓔにもとづいた損害分配が行われる。これに対し、素因が単に結果発生の場――ないしは「反応」の場――としての意義をもつにとどまる第一類型では、「あるがまま」命題

の量的拡大の問題であるにすぎず、侵害の後続とは局面が異なるからである。したがって、橋本の理解――ⓑ――とは異なり、本章の理解によれば、かなり多くのものが、第一次侵害の事例に含まれることになる。

672) 東京地判平成元年9月7日（判例時報1342号83頁）。なお、同判決を批判的に検討するものとして、小賀野晶一「『あるがまま判決』の批判的検討」不法行為法研究会編『交通事故賠償の新たな動向』（ぎょうせい、1996年）195頁。

673) 【判決9】でいえば、抑うつ傾向から個々の異常行動、さらには神経症へといたる一連の病理学的機序が、これにあたるだろう。

の適用に特段の支障はない。したがって、ここでは、生じた結果全体が加害者に帰責されてよいことになる。第一次侵害における損害帰責の特質をふまえるならば、第一類型および第四類型をつうじて、以上のような態度決定を行うことも、十分可能ではないだろうか。

ところで、四宮スキームでは、後続侵害の帰責基準として、危険性関連――「特別の危険」か「一般生活上の危険」か――の審査のほか、「違法性判断に類した価値判断」が行われるべきだとされている。では、この「価値判断」において「あるがまま」命題を適用し、全部責任を導くことはできるだろうか。これに関しては、まず、四宮自身、このような「価値判断」として、加害者の義務には解消しえないものを広く念頭においている点に、注意が必要である。また、この点をおくとしても、もしかりに、この「価値判断」において、加害者の義務に関わる評価的思考を広範に許容するならば、四宮スキームの骨格は、たちまち維持しえなくなる。したがって、後続侵害事例である第三類型に「あるがまま」命題を適用し、全部責任を導くことは、むずかしいと言わざるをえないだろう。【判決6】において、加害者は、被害者の肺炎による死亡に

---

674) この2つの取扱いのちがいは、規範的にも正当化が可能である。まず、素因を起点とする独立した因果系列が観念される第四類型では、事前的見地から、素因による加害作用の進行を阻止すべき義務――潮見・前掲（注25）324-325頁にいう「素因発見・統制義務」はこのようなものと捉えるべきだろう――を被害者に課すことが考えられる（もちろん、あらゆる場合にこうした義務を課すことができるわけではない。したがって、そのかぎりにおいて、この類型においても全部責任が妥当しうる）。これに対し、素因が結果発生の場――ないし「反応」の場――としての意義をもつにとどまる第一類型では、このように内容が特定された義務を被害者に課すことが、むずかしくなる。また、かりに、こうした局面において、事前的見地から何らかの義務を課すとすれば、それは結局のところ、「外出しない義務」を課すところにまで行き着く。しかし、このような義務を課すことは、素因保持者の行動の自由との関係で、問題をはらんでいるといえるだろう。

675) 四宮・前掲（注652）56頁、同・前掲（注183）452-453頁。

676) 実際、四宮が「違法性判断に類した価値判断」として念頭におくのは、当該事案における様々な利益や因子の衡量であり、これらはいずれも加害者の義務には解消しえないものばかりである。四宮・前掲（注652）56-59頁。

677) 損害帰責に関する一般理論をどう構築するかは、本章の目的を超える大きな問題であるが、この点につき一言だけ述べておくと、後続侵害損害の帰責において義務射程を問題にすることは、行為義務の認定を後知恵バイアスにもとづいた不正確なものにする。したがって、個々の事案において危険性関連の有無をどう判断するかという問題は残るにせよ、四宮スキームに一定の合理性が認められることについては、疑いはないものと考えられる。

つき、割合的な責任を負うにとどまる。この結論は、それ自体として妥当であるばかりでなく、理論的にも支持に値するのである。

第4節　ま　と　め

　本章の冒頭でも述べたように、素因競合においては、「加害行為によって引き起こされ、素因を経由して拡大した損害部分につき、これを加害者に帰責すべきかどうか」が問題となる。そして、これを明らかにするためには、何よりもまず、個々の事案において、いかなる素因が競合原因として生起してくるのか、「原因競合」であるとの認識は何によってもたらされるのかが、問われなければならない。本章はこれまで、このような問題意識のもと、裁判例を概観し、個々の事案の理論的特質を明らかにしてきた。そこで最後に、この点をいま一度整理し、冒頭の問題設定に対する解答を示すこととしよう。

(1)　冒頭の問題設定に対する解答
　まず、本章の基本姿勢として、加害行為と素因がともに「寄与度」概念のもとで同一平面におかれることは、回避される。これは、「原因競合」と呼ばれるケースに、因果構造の面で多様なものが含まれることを考えれば、妥当な態度であるといえるだろう。実際、交通事故における素因競合のケースの多くでは、素因が加害作用をもった因果系列を形成しているわけではない。したがって、裁判例で一般にいわれる「寄与度」は、多分に擬制的であり、事態の本質を捉えたものとは言いがたい。
　さて、そこで、こうした基本姿勢のもと、本章は、交通事故における素因減責の本質が、帰責相当性の評価困難に対応した損害分配にあるという知見に到達した[678]。そして、そこには、次の2つの系統があることが、明らかとなった。
　①　まず、第一次侵害事例——第一類型、第四類型——においては、義務射程にもとづく帰責判断が行われる。したがって、ここでの素因減責は、規

---
678)　したがって、減責否定例のうち、【判決3】は、素因による損害の拡大部分を加害者に帰責すべきでないとの法的評価が、相当因果関係の審査の段階ですでに導き出せた場合として、理解することができるだろう。

範の保護目的に関する法的評価が困難な場合において、行われることとなる。

② 次に、後続侵害事例——第三類型——においては、危険性関連にもとづく帰責判断が行われる。したがって、ここでの素因減責は、第一次侵害と損害結果——後続侵害損害——との危険性関連に関する法的評価が困難な場合において、行われることとなる。

また、このほか、裁判例においては、「事実的」因果関係の存否のレベルで心証度に応じた責任を課したとみられるもの——第二類型——もある。これも、広い意味で素因減責のひとつといえるが、その当否については留保しておくこととする。

交通事故における素因減責は、以上の局面において行われる。そして、当該事案が素因競合であるとの認識も、こうした局面においてもたらされると考えられる。つまり、原因競合であるとの認識が、減責すべきであるとの価値判断を、すでにある程度含んでいるのである。[679]

(2) 提　言

ところで、本章は、上述の点とは別に、そこで得られた知見をふまえ、次のような提言を行った。すなわち、第一次侵害事例——①の系統——では、後続侵害事例——②の系統——とは異なり、規範の保護目的にもとづく帰責判断が行われる。したがってここでは、理論上、「あるがまま」命題の適用により、全部責任を導く余地が生じてくることになる。ただ、本論でも述べたとおり、同じ第一次侵害の事例でも、個々の事案ごとに「あるがまま」命題の適用が可能かどうかはかわってくる。とくに、競合原因である素因につき、これを起点とする独立した因果系列が観念される第四類型では、個々の事案において、この命題の適用に慎重な態度が求められる。しかし、いずれにせよ、「あるがま

---

[679]　実際、当該事案につき原因競合であるとの性質決定を行ったうえで、競合原因の斟酌が可能かどうかを検討する裁判例は、あまり多くはない。むしろ、種々の基準にしたがい、減責の可否を検討するなかで、競合原因の存在が徐々に浮かび上がってくるというのが、実態ではないかと思われる。とりわけ、素因単体では加害作用をともなわない第一類型において、そうした傾向が顕著であるといえる。

ま」命題に一定の合理性が認められるかぎり、第一次侵害事例に属するかなり多くの事案において、全部責任が妥当するものと考えられる。

(3) 結　語

当該素因が「個人差以上」かどうか、「疾患」かどうかという基準は、平成8年判決以降、多くの事案において公正な損害分配を実現してきた。しかし、そうしたなか、これらの文言がひとり歩きをし、定型的な処理が行き過ぎると、妥当性を欠く判断が多く生み出されることになるだろう。これらの基準は、不法行為帰責論における判断構造をふまえた慎重な考慮のもとでのみ、一定の役割を与えられるのである。

---

680) 「あるがまま」命題と同様の価値判断は、諸外国においても支持されている。たとえば、イギリスでは、1901年の王座部判決——*Dulieu v. White & Sons* [1901] 2 KB 669——以来、「エッグシェル・スカル・ルール (eggshell skull rule)」と呼ばれる法原則が確立しており、また、ドイツにおいても、ライヒ裁判所の時代以来、同様の法原則が判例——RGZ 155, 37; RGZ 169, 117; BGH, VersR 1966, 737; BGHZ 132, 341——によって承認されている。

第5章 交通事故と医療過誤の競合

第1節 はじめに

　交通事故と医療過誤の競合については、すでに多くの裁判例が報告されており、学説においても一定の議論の蓄積がある。とりわけ、この種のケースにおける主要論点である、運転者と医師の責任関係をめぐっては、被害者保護の観点から、全損害についての連帯責任が主張される一方、両者の行為の質的なちがいをふまえた精緻な理論構成が試みられてきた。また、こうした理論構成に関する議論が、民法719条の解釈論に少なからず影響を与えてきたことは、特筆すべきであろう。交通事故と医療過誤の競合は、複数の加害者による不法行為を考えるにあたっての恰好の素材でもある。
　本章は、交通事故と医療過誤の競合に関する数多くの裁判例のなかから、著名な判決をいくつか取り上げ、考察を試みるものである。なお、本章は、検討対象を運転者と医師の責任関係に限定する。この種の事例における第二の論点ともいうべき、三当事者間の過失相殺をめぐる問題については、検討対象からはずすことを、あらかじめお断りしておきたい。

第2節　裁判例の動向

　交通事故と医療過誤の競合に関する裁判例については、すでにいくつかの論稿において、詳細な紹介がなされている[681]。そうしたなか、本章では、検討の

---

[681]　吉田邦彦「判批：最判平成13年3月13日」判例評論516号（2002年）12頁、14-16頁、信澤久美子「交通事故と医療過誤」判例タイムズ1088号（2002年）30頁、30-34頁、手嶋豊「医療過誤と交通事故の競合」ジュリスト1403号（2010年）38頁、39-41頁など。

素材として、次の8つの判決を取り上げることにしたい。[682]

【判決1】 東京地判昭和42年6月7日（判例時報485号21頁）

〈事実の概要〉　道路を横断中にタクシーに跳ねられ、後頭部打撲傷等の傷害を負った被害者が、事故後に入院した病院でレントゲン撮影を受けた際、同病院の医師による医療過誤――頸動脈への造影剤注入の失敗――の被害にあい、事故から1年4ヶ月後に死亡した。

〈判　旨〉　裁判所は、被害者の死亡につき、事故以前からの脳軟化症または脳腫瘍が第一の死因であるとして、交通事故、医療事故のそれぞれと、被害者の死亡との相当因果関係を否定したが、医師の施術上の不手際による症状悪化部分については、次のように述べて、運転者と医師との連帯責任を肯定した。「右症状の悪化については、交通事故も診療事故もその一因をなしており――おそらく診療事故の方がより直接的であろうと推測されるが――いずれが決定的な原因かは確定し難いのであるから、両者はいわゆる共同不法行為の関係にあ」る。

【判決2】 静岡地沼津支判昭和52年3月31日（交民集10巻2号511頁）

〈事実の概要〉　Y_1による交通事故により、右下腿骨骨折などの傷害を負ったXが、入院先の病院の医師Y_2による不適切な治療措置――創傷の十分な消毒を怠ったこと、創傷を開放に処置せず縫合したこと――のため、ガス壊疽に罹患し、右大腿部の切断を余儀なくされた。

〈判　旨〉　裁判所は、Y_1にとって被害者のガス壊疽罹患は通常予見し得べき事態であるとしたうえで、「Xの右大腿切断という結果についてはY_2の治療上の過誤がより直接的な原因をなすものではあるけれども」、Y_1の行為とY_2の行為とは「客観的に関連共同しており、両者は共同不法行為の関係にある」として、右大腿部の切断による損害につき、Y_1とY_2の連帯責任を肯定した。[683]

---

682)　なお、以下では、説明の簡略化のため、運転者や医師の使用者が責任主体となっているケースにおいても、一貫して、医師の責任、運転者の責任を問題にすることとする。
683)　なお、裁判所は、右大腿部の切断による損害に対する交通事故加害者と担当医師の寄与の割合を、1:3であると判示している。判決の結論に直接関係するものではないが、求償の際のことを考えての説示であると考えられる。

【判決3】　東京地判昭和54年7月3日（判例時報947号63頁）

〈事実の概要〉　電車に乗ろうとした際の事故——ドアに左手を挟まれたまま電車が発車したためホーム上で身体を引きずられた——で傷害を負ったAが、病院で手術を受け、術後の経過もよく、退院間近であったところ、血圧の降下、嘔吐、吐血等の症状を呈し、死亡した。死因は、入院中に投与されたステロイドホルモン剤の副作用による失血死であった。

〈判　　旨〉　裁判所は、吐血があったあとも引き続きステロイドホルモン——胃潰瘍を急激に発症させる副作用があることが知られていた——の投与を行った医師の重過失を認定したうえで、電鉄会社の責任ついて、次のように判示した。「Aの死亡は右医師らの診療上の重過失に因るもので、本件事故による受傷と死亡との間に事実的因果関係は存するもののその間に法的因果関係はないものというべきである」。

【判決4】　岡山地津山支判昭和55年4月1日（交民集13巻2号453頁）

〈事実の概要〉　交通事故でむち打ち症になった被害者が、頭部に刺入した電気ノイロメーターの針が折損して体内に残存するという医療事故にあい、残存針の摘出手術を受けなければならなくなった。

〈判　　旨〉　裁判所は、まず、交通事故と医療過誤の競合一般について、次のように述べている。「本件のように自動車事故とその後の治療経過中に生じた医療過誤とが競合して損害が生じたような場合には、本件自動車事故がなければ、本件診療事故も生じなかったはずであるから、原則として加害者全員が共同して被害者の全損害を賠償すべき義務を負い、加害者において共同不法行為への寄与部分を明確に立証した場合にのみ、寄与部分に応じた範囲での賠償義務を負担す」べきである。そのうえで、裁判所は、本件においては、寄与度の立証がなされていないとして、運転者と医師に対し、連帯責任を課している。

【判決5】　横浜地判昭和57年11月2日（判例時報1077号111頁）

〈事実の概要〉　交通事故によって右下腿骨複雑骨折等の傷害を負った被害

者が、搬送された病院の医師による不適切な治療措置——デブリドマンを徹底して行い、創傷を開放に処置することを怠った——によって、ガス壊疽に罹患し、右大腿部の切断を余儀なくされた。

〈判　　旨〉　裁判所は、まず、運転者の行為によって生じた損害と、医師の行為によって生じた損害とが、相互に重なりあっており、一個の損害とみるのが相当であるとして、共同不法行為の成立を肯定した。そのうえで、両行為が相互に異質なものであることを指摘し、右大腿切断による損害について、運転者に5割、医師に8割の責任——うち3割は両者の連帯責任——を肯定した。

【判決6】高知地判昭和60年5月9日（判例時報1162号151頁）
〈事実の概要〉　道路を歩行横断中にタクシーと接触し、左下腿骨骨折等の傷害を負った被害者が、入院先の病院で観血的整復手術を受けたところ、細菌に感染して骨髄炎に罹患し、下腿部の切断を余儀なくされた。
〈判　　旨〉　裁判所は、まず、運転者の不法行為責任について、観血的な手術では現代の医療水準をもってしても細菌感染を完全に防止することができないこと、術後感染があれば感染の推移いかんによっては切断手術もありうることなどをあげ、下腿部切断の予見可能性を肯定した。続いて、医師の債務不履行責任については、手術の際に被害者の衣服を取り替えなかった点に医師の過失を認めたうえで、これによって感染が生じ、下腿部切断を余儀なくされたと認定した。そして、以上をふまえ、裁判所は、下腿部切断による損害拡大部分につき、運転者と医師に連帯責任を課した。

【判決7】名古屋地判平成4年12月21日（判例タイムズ834号181頁）
〈事実の概要〉　自転車で交差点を横断中に大型トラックに跳ねられ、右仙腸関節、右恥骨上下枝等を骨折した被害者が、搬送先の病院で大量出血による心不全のため、死亡した。被害者の遺族は、運転者とのあいだでは示談が成立していたため、医師を相手取り、訴訟を提起した。

---

684)　判決文によると、デブリドマンとは、狭義では、メスやピンセットなどを用いて異物や汚染された組織などを除去することをいい、広義では、ブラシ等を用いて生理食塩水等により創傷の周囲および創面を清浄化することをいうものとされている（判例時報1077号116頁）。

〈判　　旨〉　裁判所は、まず、腹膜腔内出血の診断が遅れた点と、医療水準からみて不適切に遅い輸血速度が設定された点に医師の過失を認め、これと被害者死亡との因果関係を肯定した。そのうえで、本件を独立した不法行為の競合としたうえで、被害者死亡という「渾然一体となった一個の損害」につき、治療上の不確定要素などを考慮して、1割の責任を肯定した。

【判決8】最判平成13年3月13日（民集55巻2号328頁）

〈事実の概要〉　自転車で交差点に進入した際、タクシーと接触して負傷したA（6歳児）が、搬送された病院で、頭部打撲等と診断され、「体育は止めるように」との一般的な注意指導を受けて帰宅したところ、自宅で容態が急変し、死亡した。死因は、急性硬膜外血腫であった。そこで、Aの遺族は、医師の診断上の過失、および治療上の過失を指摘して、不法行為責任を追及した。原判決は、本件のように各行為の「行為類型が異なり、行為の本質や過失構造が異な」る場合、各行為者は、損害発生に対する寄与度の分別を主張・立証できるとして、運転者と医師の責任割合をそれぞれ5割とした。そこで、Aの遺族が最高裁に上告した。

〈判　　旨〉　最高裁は、次のように述べて原判決を破棄し、自判した。「本件交通事故と本件医療事故とのいずれもが、Aの死亡という不可分の一個の結果を招来し、この結果について相当因果関係を有する関係にある。したがって、本件交通事故における運転行為と本件医療事故における医療行為とは民法719条所定の共同不法行為に当たるから、各不法行為者は被害者の被った損害の全額について連帯して責任を負うべき」である。

第3節　共同不法行為構成から競合的不法行為構成へ

交通事故と医療過誤の競合において、運転者と医師とのあいだの責任関係を考えるにあたっては、両者の行為の関係をどのように捉えるかについて、基本的な立場を明らかにしておく必要があるだろう。そこで、以下では、この点に

---

685)　東京高判平成10年4月28日（判例時報1652号75頁）。

関する学説の議論状況をふまえたうえで、本章の立場を示すことにしたい。

1　共同不法行為構成

　交通事故と医療過誤の競合において民法719条1項前段の共同不法行為を成立させる見解——以下、本章において「共同不法行為構成」とする——は、このようなケースに関する裁判例が報告されはじめた比較的初期の段階から、有力に主張されている。

(1)　共同不法行為の成立による全部連帯責任

　まず、共同不法行為構成をとる論者のうち、一部の論者は、被害者保護の観点から、交通事故と医療過誤の競合において、民法719条1項前段を適用することを主張する。この見解は、主要には、運転者に、医療過誤によって拡大した損害全体についての責任を負わせること意図するものであるが、他方で、[686]寄与度に応じた責任の次のような「不合理」を回避することをもねらっているとされている。すなわち、1審で運転者と医師に一部連帯を含む寄与度責任が課されたところ、2審で医師の過失が否定された場合、これによって被害者の賠償が減るという「不合理」である。[687]

　一般に、医療過誤訴訟では、交通事故訴訟などにくらべ、過失の存否について、微妙な判断が要求されることが少なくない。したがって、この点をふまえると、論者が指摘する「不合理」を回避する方法として、共同不法行為構成をとることには、一定の合理性が認められる。もっとも、結論の妥当性に力点がおかれていることもあってか、この見解の論者は、何ゆえ交通事故と医療過誤

---

686)　たとえば、——1974年当時の状況を前提としたものであるが——福永政彦『司法研究報告書第25輯第1号　民事交通事件の処理に関する研究』(司法研修所、1974年) 341頁は、「自動車事故がなければ医療事故も生じなかった筈だとして、共同不法行為として全部責任を認め」るのが、「通説・判例」であるとしている。

687)　山川一陽「交通事故と医療過誤の競合」宮原守男・山田卓生編『新・現代損害賠償法講座5　交通事故』(日本評論社、1997年) 237頁、255頁は、これを、両加害者についての裁判手続が、かならずしもつねに合一的に確定するとはかぎらないことからくる不合理であるとする。一部連帯を含む寄与度責任を肯定した【判決5】に対して、医師側が控訴し、控訴審判決——東京高判昭和60年5月14日 (交民集18巻3号637頁)——において、医師の過失が否定されたことが念頭におかれている。

とが民法719条1項前段の共同不法行為となるか——何をもって（客観的）関連共同性があるとみるか——について、十分な説明を行わない傾向にある。[688] この点が、この見解の難点であるといえるだろう。

(2) 寄与度立証による減責の可能性

一方、共同不法行為構成をとる見解のなかには、民法719条1項前段の効果をふまえながらも、被告側に寄与度立証による減責の可能性を与えることで、公正な損害転嫁を実現させようとするものもある。

たとえば、川井健は、民法719条1項前段の関連共同性について客観説をとったうえで、効果において、一部の加害者が寄与度の立証に成功した場合には、一部連帯責任になると指摘する。[689] 民法719条1項前段は、「行為への関与者中具体的加害者不明という場合」に、被害者の救済という特殊な立法政策にもとづき、連帯債務というかたちで損害賠償請求権を強化したものにすぎない。したがって、個々の加害者において加害の程度が判明した場合には、「自ら原因を与えた限度で責任を負う」という不法行為法の一般原則に立ち返ることになる。[690] 川井は、このような考えを交通事故と医療過誤の競合にも適用し、運転者と医師との一部連帯責任を主張するのである。[691]

次に、能見善久は、民法719条1項前段の共同不法行為として、主観的関連共同性のある場合と、客観的関連共同性にとどまる場合とを想定する。そし

---

688) なお、富井利安「判批：東京高判昭和57年2月17日」判例評論286号（1982年）29頁、31頁は、交通事故と医療過誤が、身体の同一部位を対象として、時間的に接着して行われた場合には、異質な事故の偶然的な競合以上の「社会的一体性」があるとする。しかし、「社会的一体性」のそれ以上のメルクマール——たとえば、身体の同一部位に対して時間的に接着して行われた2つの事故の偶然的な競合と本質を分かつもの——については、とくに触れられていない。また、齋藤修「交通事故と医療過誤との競合」商大論集54巻5号（2003年）133頁、149-150頁は、運転者の違法行為と医師の違法行為とが競合して不可分一個の損害を発生させた場合、客観的関連共同性を認めて連帯責任を負わせるべきであるとする。しかし、何をもって客観的関連共同性を観念するかについて、はっきりとした説明はなされていない。
689) 川井健「共同不法行為の成立範囲の限定」同『現代不法行為法研究』（日本評論社、1978年）220頁（初出：1968年）。
690) 川井・前掲（注689）229頁。
691) 川井健「共同不法行為の諸問題」同『現代不法行為法研究』（日本評論社、1978年）243頁、246-247、252頁（初出：1969年）。

て、後者を同段に位置づけることに関しては、「社会的に一体と見られる行為があるために因果関係の証明が困難となる場合に、因果関係を推定する」点に、その意義を求める[692]。そのうえで、能見は、交通事故と医療過誤の競合において、運転行為と医療行為との客観的関連共同性を肯定すべきであると主張する[693]。不法行為法の一般原則によると、運転者は、交通事故による初発の損害に加え、医療過誤による損害拡大部分についても責任を負う。一方、医師は、もっぱら後者の損害部分について、責任を負う。以上をふまえたうえで、能見は、この2つの損害部分がはっきりしない場合において、因果関係の推定による連帯責任を主張するのである[694]。

川井が提唱する共同不法行為論は、民法719条1項前段の存在意義をめぐる議論が深化を遂げた今日においては、広範な支持を獲得しているとは言いがたい[695]。しかし、共同不法行為の成立を認めたうえで、寄与度による減責を行うというその発想は、その後、「損害の公平な分担の理念」とあいまって、一部連帯を含む寄与度責任を課した【判決5】や、これを理論的にサポートする割合的因果関係論によって、受け継がれることになる[696]。一方、能見が提唱する共同不法行為論は、寄与度立証による減責の可能性を残した連帯責任を主張する点において、川井の発想と共通するが、全部連帯責任による被害者保護と、寄与度にもとづいた公正な損害転嫁とのあいだの調整枠組みを、因果関係の推定という視点から、明確なかたちで打ち出しており、解釈理論としてよりいっそう洗練されたものとなっている。

2 競合的不法行為構成

共同不法行為構成に対しては、運転者と医師とのあいだの意思連絡関係の欠

---

692) 能見・前掲（注18）57-61頁。
693) 能見・前掲（注18）60頁。
694) 能見・前掲（注18）72-73頁。
695) 川井説の理論的難点を指摘するものとして、たとえば、森島・前掲（注25）96-97頁。
696) 野村好弘「原因競合の場合における因果関係の割合的判断」交民集16巻索引・解説号（1985年）331頁、333-334頁、341-342頁。このほか、割合的因果関係論を支持するものとして、小賀野晶一「因果関係の割合的認定の意義と問題点」塩崎勤編『現代民事裁判の課題8 交通損害・労働災害』（新日本法規、1989年）233頁、259-261頁。

如や、両行為の時間的・場所的な近接性の欠如、さらには行為類型・義務違反態様の相違などが指摘されるに及び、疑問が投げかけられている。たとえば、ある論者は、交通事故と医療過誤の競合一般に客観的関連共同性を肯定することを批判し、個々のケースごとにその肯否を考えるべきだと主張する。したがって、この見解によると、交通事故と医療過誤が時間的に近接しておらず、医療過誤の態様が交通事故とは質的に異なるような場合——たとえば、医療過誤が、事故の被害に関する手術とは直接関係のない、退院時の指示上のミスにあったような場合——、民法719条1項前段は、適用されるべきでないことになる。

(1) 共同不法行為構成を批判する見解の台頭

そうしたなか、民法719条1項前段の存在意義をめぐる議論の深化にともない、交通事故と医療過誤の競合に同段を適用することを否定する見解が、有力に主張されている。

伝統的通説および判例は、同段の要件として、各人の行為がそれぞれ不法行為の要件を充たしていることのほか、付加的に、行為のあいだに関連共同性があることを要求している。これに対し、近時の有力説は、民法709条——その他、個別の責任規定——の競合に対する同段の存在意義を探求するなかで、同段にあっては、個々の行為——個別的因果関係——を捨象した共同行為を問

---

697) 稲垣喬「交通事故と医療過誤の競合」同『医療過誤訴訟の理論』(日本評論社、1985年) 105頁、107-108頁 (初出:1983年)、木ノ元直樹「交通事故と医療過誤」判例タイムズ943号 (1997年) 149頁、152頁など。
698) 浦和地川越支判昭和60年1月17日 (判例時報1147号125頁) ——【判決7】と同様、医師側を相手取った訴訟で、連帯部分を一切含まない分割責任を肯定している——など。
699) 本田純一「交通事故と医療過誤との競合」ジュリスト861号 (1986年) 131頁、133-134頁。なお、同様のものとして、西島梅治「交通事故と医療過誤との競合」ジュリスト869号 (1986年) 118頁、120頁、塩崎勤「因果関係(1)」根本久編『裁判実務大系17 医療過誤訴訟法』(青林書院、1990年) 327頁、340頁、宮川博史「医療過誤との競合 (交通事故と医療過誤の競合)」飯村敏明編『現代裁判法大系6 交通事故』(新日本法規、1998年) 121頁、132-133頁。このほか、交通事故と医療過誤の競合において、共同不法行為が成立する場合としない場合とを想定するものとして、本井巽「医療過誤との競合」交通法研究14号 (1985年) 42頁、53頁。
700) 我妻・前掲 (注20) 193-195頁、加藤・前掲 (注477) 207-209頁。
701) 最判昭和43年4月23日 (民集22巻4号964頁)「山王川事件」。

題にすれば足りるとし、これとの均衡上、同段における関連共同性を限定的に解する。[702]

このような議論の展開過程にあって、平井宜雄は、交通事故と医療過誤につき、次のような指摘を行っている。

たとえば、タクシーに衝突されて傷害を負った被害者が、医師の過失によって死亡したという場合、「タクシー運転手と医師とが死亡という一個の損害の事実に対し連帯して賠償責任を負うのだとしても、それは709条からの帰結であって、719条をまたずとも可能なのである。つまり、709条の原則から言えば本来タクシー運転手と医師とは自己の行為と事実的因果関係に立つ部分についてのみ賠償責任を負うべき筈であり、右寄与度が立証できない場合にそれをどう扱うか、という問題が共同不法行為の名のもとに語られているにすぎない」[703]のである。

さて、そこで次に、交通事故と医療過誤の競合を、独立した不法行為の競合として捉える見解——以下、本章において「競合的不法行為構成」とする——について、みていくことにしよう。

(2) 因果関係の推定による連帯責任

まず、競合的不法行為構成をとる一部の論者は、訴訟において原告が直面する因果関係の証明困難に対応するため、生じた全損害につき、因果関係の推定による連帯責任を肯定すべきであると主張する。因果関係の推定による連帯責任という手法は、先ほどの能見の見解にもみられたところであるが、この見解は、そのような連帯責任を、民法719条1項前段からの帰結とは考えない点、および、交通事故と医療過誤の競合を、寄与度不明の場合として一元的に捉え

---

702) 主観的関連共同性説の代表的論者の見解として、たとえば、前田・前掲（注521）180-181頁、同・前掲（注517）301頁。客観的関連共同性でよいとしながらも、これを限定的に捉えようとするものとして、淡路剛久『公害賠償の理論』（有斐閣、1975年）130-131頁など。なお、この間の議論を整理するものとして、潮見・前掲（注25）413-422頁。
703) 平井宜雄「共同不法行為に関する一考察」川島武宜還暦『民法学の現代的課題』（岩波書店、1972年）289頁、298-299頁。ここでは、【判決1】が念頭におかれている（同314頁）。なお、このほか、前田達明・原田剛『共同不法行為法論』（成文堂、2012年）26-27頁も、こうした見方を支持していると考えられる。

ようとする点において、特徴的である。なお、この見解はさらに、その結論を民法719条1項後段によって導く立場と、あくまで証明負担の問題であり、民法719条の問題ではないとする立場とに分かれる。

(3) 個別の行為ごとの責任範囲の探求

次に、競合的不法行為構成をとる論者のなかには、交通事故による初発の損害——以下、本章において「D_1」とする——と、医療過誤による拡大損害部分——以下、本章において「D_2」とする——との区分を前提に、不法行為法の一般原則から、運転者と医師の責任範囲を個別に検討するものもある。たとえば、幾代通は、両者の責任範囲について、次のように考える。

① 相当因果関係に関する一般的な理解を前提とするならば、原則として、運転者は、D_1に加え、D_2についても責任を負うべきである。

② ただし、例外として、医療過誤が故意や重過失によるものである場合、運転者は、D_1についてのみ、責任を負うべきである。

③ 医師は、D_2についてのみ、責任を負うべきであり、D_1について責任を負うべき立場にはない。

---

704) この点、能見は、交通事故による初発の損害と、医療過誤による拡大損害部分とが対象として確定可能な場合と、確定不可能な場合——寄与度不明の場合——とを分けて議論している。能見・前掲（注18）72-73頁。

705) 潮海一雄「運転者・運行供用者と医師」判例タイムズ393号（1979年）62頁、64-65頁。また、大塚直「交通事故と医療事故の競合事例について」遠藤浩傘寿『現代民法学の理論と課題』（第一法規、2002年）505頁、521頁は、「必要的競合のケースでは多くの場合寄与度不明として同条〔民法719条——筆者注〕1項後段の類推適用があると解すべきであろう」とする。

706) 平井・前掲（注703）299頁、同・前掲（注12）『債権各論Ⅱ』208-209頁。平井によると、この因果関係の推定の問題は、証明責任の問題——被害者は損害（の一部）との因果関係を証明すれば足り、当該損害の可分性および因果関係の及ばない部分の証明は加害者の負担となる——に帰着するのであり、損害賠償法の体系においては、原告の証明負担が軽減された「損害の金銭的評価」のなかに位置づけられるという。なお、稲垣・前掲（注697）123頁も、こうした考えを支持する。

707) 潮見佳男『不法行為法Ⅱ〔第2版〕』（信山社、2011年）168頁、窪田充見「判批：最判平成13年3月13日」平成13年度重要判例解説（ジュリスト1224号）（2002年）92頁、94頁など。

708) 幾代通『民法研究ノート』（有斐閣、1986年）234-238頁。

709) このほか、四宮・前掲（注183）451、455頁、沢井・前掲（注183）300頁。

710) これは、共同不法行為構成と競合的不法行為構成とを問わず、多くの論者によって指摘されている。たとえば、幾代通『不法行為』（筑摩書房、1977年）218頁、淡路剛久「共同不法行為」石田

④　運転者がD_2について責任を負わない場合（②の場合）、D_1とD_2の境界がどこにあるかが問題となるが、これが明らかでない場合に関しては、次のような処理が行われる。訴訟においては、運転者が、「D_1は、多く見積もっても、この線を上回ることはない」と証明しえた線と、医師が、「D_1は、少なく見積もっても、この線を下回ることはない」と証明しえた線とがズレることが起こりうる。この2本の線に挟まれた部分については、民法719条1項後段により、運転者と医師の連帯責任が成立する。

⑤　運転者がD_2について責任を負う場合（上記①）、医師が負うべき責任範囲の画定とかかわって、D_1とD_2の境界画定が問題となる。ここでも、④の場合と同様、民法719条1項後段が適用され、被害者に有利な推定がはたらく。

3　共同不法行為構成の妥当性

ところで、前節において概観したように、裁判実務においては、交通事故と医療過誤の競合を共同不法行為として捉えるのが、一般的である[711]。そこで、以下では、裁判所のいう「共同不法行為」について検討を行い、交通事故と医療過誤の競合の法律構成に関する本章の立場を、明らかにしておくこととしよう。

まず、裁判実務においては、交通事故と相当因果関係のある損害と、医療過誤と相当因果関係のある損害とが重なり合うことをもって、「共同不法行為」の成立を認めるものが多い。前節で取り上げたもののなかでは、【判決2】、【判決4】のほか、生じた損害が「一個の損害」であることを強調する【判決5】、【判決8】がこれにあたるといえるだろう。このように、裁判所は、運転者の行為と医師の行為との関係について十分に吟味することなく、「共同不法行為」を成立させる傾向にある[712]。しかし、このような共同不法行為論に対しては、大

　　喜久夫・西原道雄・高木多喜男還暦『損害賠償法の課題と展望』（日本評論社、1990年）335頁、371頁、能見・前掲（注18）72頁。
711）　前節で取り上げたものでは、【判決1】、【判決2】、【判決4】、【判決5】、【判決8】が共同不法行為構成をとっている。
712）　なお、潮見・前掲（注25）449頁は、このような裁判実務の傾向に対し、裁判例にいう「共同不法行為」は、不真正連帯債務構成をとるための修飾語としての意味をもつにすぎないといった趣

いに疑問が残るところである。共同不法行為制度の意義をどこに求めるかに関しては、たしかに様々な議論がありうる。しかし、そうしたなか、行為と行為とのあいだの関連性をまったく度外視してまで共同不法行為の成立を認めるならば、同制度の根幹を揺るがす結果となるだろう。[713] したがって、共同不法行為構成をとるかぎり、運転行為と医療行為とのあいだに何ゆえ関連共同性があるか——何をもって「社会的一体性」を認めるか——という問いからは、逃れることができないというべきである。

次に、【判決5】で示されたような、一部連帯を含む寄与度責任については、次のように言うことができる。同判決は、このような解決を導くにあたって、両行為の異質性——意思連絡関係の欠如、時間的・場所的近接性の欠如——を指摘しながら、損害の一体性をもって共同不法行為の成立を認め、そのうえで、ふたたび両行為の異質性を問題にするという、迂遠な論理をたどっている。しかし、はたしてこのような論理をたどる必然性が、本当にあったのだろうか。むしろ、全く異質な2つの行為の行為者が、同一の損害について答責的地位にあり、しかも、各行為の損害惹起力がいずれも全損害にまで及ばないことが問題となっているのであれば、【判決7】と同様、はじめから個々の行為の責任範囲について検討すれば足りるものと思われる。したがって、このような場面において、共同不法行為構成をとる必然性があったかどうかについては、否定的に解するほかないだろう。[714]

以上に加えて、交通事故と医療過誤の競合を共同不法行為と捉えることと、【判決3】の解決との整合性も、問題となる。後続侵害による損害の帰責の可否

旨の指摘を行っている。

713) 最判昭和43年4月23日（民集22巻4号964頁）「山王川事件」は、共同不法行為の要件として、「共同行為者各自の行為が客観的に関連し共同して」いることを要求する。これに対し、【判例8】は、「本件交通事故と本件医療事故とのいずれもが、……死亡という不可分の一個の結果を招来し」た点のみを取り上げて、共同不法行為を成立させている。【判決8】が、行為と行為との関係に言及していないことに対し、疑問を呈するものとして、吉村良一「判批：最判平成13年3月13日」中田裕康・潮見佳男・道垣内弘人編『民法判例百選Ⅱ 債権〔第6版〕』（有斐閣、2009年）192頁、193頁。また、前田陽一『債権各論Ⅱ 不法行為法〔第2版〕』（弘文堂、2010年）138頁は、同判決につき、「競合的不法行為の事案と解すべきである」としている。

714) なお、徳本伸一「交通事故と医療過誤の競合事例について」幾代通悼『財産法学の新展開』（有斐閣、1993年）419頁、445頁は、【判決5】について、幾代の見解——幾代・前掲（注708）234-238頁——と「ほぼ同じ発想」に立ったものだとしている。

に関しては、学説上、後続侵害の加害者に重過失があった場合にのみ、帰責を否定するという見解で一致しているように思われる。【判決3】は、まさにこの「責任の中断」を行ったものであるが、交通事故と医療過誤の競合を共同不法行為と解する場合、医師が重過失であるということが何ゆえ全部連帯責任を阻止するかが、問題となる。【判決3】の事案をはなれても、一般論として、後続侵害の加害者に重過失があることが客観的関連共同性を否定するというのであれば、共同不法行為構成の立場から、その根拠が示される必要があるというべきだろう。

　以上をふまえると、交通事故と医療過誤の競合を共同不法行為として捉えることは、妥当ではない。では、このような考えに立った場合、【判決1】で示されたような、寄与度不明の場合——D_1・D_2の判別が困難な場合——の連帯責任は、どのようなものとして捉えられるだろうか。

　先に述べたように、寄与度不明の場合の連帯責任については、競合的不法行為構成の側からは、これを民法719条1項後段の問題として捉える見解と、証明負担の問題として捉える見解とが主張されている。後者の見解は、要するに、原告の証明負担が軽減された「損害の金銭的評価」の場において、こうした処理を捉えようとするものである。この見解をとるかどうかは、損害賠償法の体系をどのように理解するかにかかっているともいえる。しかし、寄与度が概括的に示されることが少なくないとしても、損害に対する行為の寄与は、あくまで実体レベルで生じていることからすれば、この問題を一律に証明負担の問題へと解消することは、差し控えるべきだろう。寄与度不明は、民法719

715）　注709を参照。
716）　徳本・前掲（注714）432頁も、同様の点に疑問を呈する。
717）　【判決3】の事案において、共同不法行為構成の論者がいう「社会的一体性」を否定することは不可能ではないと思われる。
718）　なお、このほか、医師の責任が債務不履行責任である場合において、共同不法行為を成立させることができないということも、共同不法行為責任構成の理論的難点としてあげることができるだろう。窪田・前掲（注707）93頁。たとえば、【判決6】が共同不法行為に触れなかったのも、このような点に原因があったとみることができる。
719）　平井・前掲（注16）492-494頁。
720）　幾代・前掲（注708）238-239頁。

条1項後段の適用事例として位置づけるのが妥当である。[721)]

なお、同段に関しては、かつては、条文——「共同行為者のうちいずれの者が……」——にしたがい、関連共同性を要求するのが一般的であったが、今日では、これを不要とする見解も有力である。[722)] したがって、この点をふまえるならば、同段については、競合的不法行為に関する特則として捉えるのが適当であろう。

第4節　競合的不法行為の効果

交通事故と医療過誤の競合において、運転者の行為と医師の行為の関係を競合的不法行為と捉えた場合、各行為者の責任範囲はどのようになるだろうか。共同不法行為（民法719条1項前段）の意義を、個別的因果関係の捨象の一点に求める立場からは、各行為と相当因果関係のある損害が重なり合う部分については、共同不法行為であれ、競合的不法行為であれ、その効果において取扱いを異にする論理的必然性はない。したがって、この考えにしたがうならば、競合的不法行為においても、この部分に関しては連帯責任となるとの結論を導くことができる。これに対し、競合的不法行為の共同不法行為に対する存在意義を効果の面にも求めるならば、競合的不法行為の効果を分割責任とする余地が生まれてくる。[723)]

1　全部連帯責任の排除の方法

ところで、多くの論者が指摘するように、交通事故と医療過誤の競合では、運転者は、原則として、D_1とD_2について答責的地位にあり、医師はD_2につい

---

721)　寄与度不明の場合において、民法719条1項後段の類推適用を主張するものとして、四宮・前掲（注183）796頁、幾代・前掲（注710）234頁、淡路・前掲（注702）128頁、森島・前掲（注25）103頁、大塚・前掲（注183）881頁、德本・前掲（注714）442頁など。

722)　前田・前掲（注521）191頁、四宮・前掲（注183）792頁、幾代・德本・前掲（注479）229頁、潮見・前掲（注707）218-219頁など。

723)　たとえば、大塚・前掲（注183）876-891頁は、ドイツ法を手がかりとしながら、諸原因の競合態様にも配慮した「割合的賠償範囲論」——「賠償範囲論」とするのは、事実的因果関係の問題でも、損害の金銭的評価の問題でもないという考えにもとづく——を展開する。

てのみ、答責的地位にある。したがって、これを前提とするならば、両者の責任関係は、もっぱらD_2について問題にすればよいことになる。では、このD_2における両者の責任範囲は、どのように決定されるのだろうか。競合的不法行為の効果を連帯責任とする立場をとるならば、両者の責任は、D_2全体に及ぶと解すべきことになるだろう。【判決8】において最高裁が打ち出した判例準則は、――「共同不法行為」と構成した点はさておくと――まさにこうした考えをとったものだとみることができる。これに対し、交通事故と医療過誤の競合に関する学説の動向をみてみると、D_2については、むしろ全部連帯責任を排除するのが、一般的な傾向であるということができる。

そこで次に、この全部連帯の排除を主張するものとして、2つの見解を取り上げることにしよう。

(1) 寄与度にもとづく分割責任

まず、D_2の全部連帯を批判する比較的多くの論者は、この部分について、寄与度にもとづく分割責任を主張する。[724] この見解によれば、医師が無過失の場合、運転者は、D_2全体について責任を負い、医師が重過失の場合、運転者は、D_2について全面的に責任を免除される。そして、これらの中間にあたる、医師が軽過失の場合、運転者は、D_2について、自らの行為が寄与した限度において責任を負うことになる。また、この場合、医師は、D_2のうち、運転者の責任範囲を除いた部分について、責任を負うことになる。以下ではこれを、A説と呼ぶこととする。

(2) 医師の過失の程度に応じた運転者の責任の軽減

次に、D_2につき、医師の責任を全部責任に固定しつつ、運転者の責任については、医師の過失の程度に応じた減責を行うべきだとするものがある。[725] この

---

[724] 徳本・前掲（注714）446-447頁、稲垣・前掲（注697）109-125頁、四宮・前掲（注183）781-782頁、大塚・前掲（注705）507頁、519-521頁。ただし、このうち四宮と大塚は、競合の態様により一部連帯が生じる場合があることを指摘しており、注意が必要である。このほか、新美育文「判批：東京高判平成10年4月28日」私法判例リマークス1999〈下〉64頁、67頁は、寄与度不明の場合には、1：1の分割責任とすべきであるとして、【判決8】の原審の立場を支持している。

[725] 橋本佳幸「判批：最判平成13年3月13日」民商法雑誌125巻4＝5号（2002年）157頁、175-178頁。

見解によれば、医師は、被害者の傷害という事態をまえに、その増悪を阻止すべき行為義務を負っている。したがって、こうした責任法上の地位の特殊性から、医師は、傷害をもたらした事情を理由に、減責を主張することができず——これは、交通事故がもっぱら患者の過失による場合、医師が患者の事故における過失をもって過失相殺を主張できないことからも明らかである——、D_2については、つねに全部責任を負わなければならない。これに対し、運転者は、医師の過失が軽微である場合、危険性関連の基準をもって当然にD_2全体の責任を負うべきであるが、医師の過失の程度が高まり、D_2が交通事故による「定型的危険」の実現とはいえなくなるにつれ、帰責の強度の低下に応じた減責の恩恵を受けることになる。以下ではこれを、B説と呼ぶこととする。

2 検　討

A説は、競合的不法行為の効果を分割責任とすることから導かれるものであり、この点についての見解如何によって、その当否が分かれる。一方、B説は、運転者の責任につき、後続侵害の帰責に関する段階的思考——医師に重過失がある場合には「責任の中断」が起こり、医師に過失がない場合には全部責任となる——を、量的思考に転換するものであり、この点をどうみるかによって、その当否が分かれる。

ところで、A説に対しては、運転者の責任と医師の責任が何ゆえ他方を排除する関係に立つのかにつき、疑問が生じてくるだろう。というのも、交通事故と医療過誤との関係を競合的不法行為と解する場合、それぞれの行為について、別個に責任判断が行われることになる。したがって、この場合、運転者が責任を負うべき損害の範囲と、医師が責任を負うべき損害の範囲とが、1本の線で区切られることは、ほとんど考えられなくなるのである。このように、A説は、競合的不法行為の基本的性格——独立した不法行為の競合——に忠実であるとは言いがたいだろう。[727]

---

[726] 橋本・前掲（注725）175-176頁。このほか、窪田・前掲（注707）93頁も、この点を指摘する。
[727] 競合的不法行為の効果を分割責任とする考えに対し、民法427条の適用の可否という視点から、これを批判するものとして、中村哲也「共同不法行為論の現状と課題」法政理論40巻3＝4号（2008年）1頁、21-23頁。分割責任に反対するものとして、ほかに、野々村和喜「交通事故と医療過誤の競合」同志社法学55巻6号（2004年）59頁、114-116頁。

では、B説はどうだろうか。ここでは、後続侵害の帰責につき、その評価困難に対応した割合的判断が行われているとみることができる。したがって、これは、他の原因競合事例にもみられる一般性をそなえた手法だということができるだろう。[728)]

以上をふまえると、D_2における損害分配のあり方としては、B説が妥当だということになる。ただし、この見解に対しても、次の2点においては、なお疑問が残るところである。

まず第一は、医師の責任をD_2全体に固定することに対する疑問である。B説がいうように、たしかに、医師は、運転者のD_2に対する寄与を指摘して減責を主張できる責任法的地位にはない。しかし、このことをもって、医師の責任が全部責任に固定されると考えるべきだろうか。たとえば、【判決7】は、運転者による加害行為の損害惹起力――大型トラックによる被害者の腹部の轢過――と、医師による治療行為の目的――死に瀕した被害者の救命――にかんがみると、生じた全損害をもってD_2と捉えるべきケースだということになる。ところで、本件において、医師にD_2全体についての責任を負わせるのは、妥当ではない。本件における医師の過失は、早期診断義務の違反、および輸血速度の設定上の注意義務違反に求められる。しかし、裁判所の認定をふまえると、これらの義務がつくされた場合に治療が効を奏する可能性は、けっして高いものではない。したがって、本件においては、医師の過失と結果との因果関係が微妙であることから、医師の責任を相応に軽減することが考えられてよい

ところで、これは、「競合的不法行為」という用語をどのように捉えるかという点にもかかわる問題である。たとえば、「競合的不法行為」を、ひとつの制度として捉えるならば、そのための要件と効果を明確に定めておく必要がある。したがって、そこでは、「競合的不法行為の効果は分割責任である」といったような態度決定が行われることになる。これに対し、「競合的不法行為」を、独立した不法行為が競合した多種多様なケースの総称であると解する場合、そうした態度決定を行うこと自体が、問題だということになる。この点に関しては、なお慎重な考慮が必要であるが、さしあたり、本文においては、後者の理解をとることとしている。なお、以上の点につき、示唆に富んだ指摘をするものとして、大塚直「日本民法典財産法編の改正　差止と損害賠償」ジュリスト1362号（2008年）68頁、79頁。

728)　本書の見方によれば、交通事故における素因減責も、そのいくつかは、後続侵害の帰責に関する評価困難に対応した割合的解決としての実質をそなえていることになる。これについては、第4章第3節2(3)を参照。

だろう。【判決7】における1割の責任は、理論的には、このようなものとして捉えることができるのである。

　第二は、B説が、運転者のD₂における責任範囲を、あらゆる場合において医師の過失の程度によって決定できるとしている点に対する疑問である。たとえば、【判決8】は、運転行為の損害惹起力――硬膜外血腫という死にいたる重傷の惹起――と、治療行為の目的――死に瀕した被害者の救命――にかんがみると、先ほどあげた【判決7】と同様、D₁不在のケースだということになる。ところで、B説の論者は、このような特徴をもった本件において、医師の過失の重大さを理由に、運転者の責任を相応に軽減すべきだと主張する。しかし、このような解決は、結論の妥当性もさることながら、理論的に問題があると言わざるをえない。そもそも、D₁不在のケースとは、理論的には、第一次侵害である交通事故と、後続侵害である医療過誤とが、重畳的な関係に立つ場合を指すものと考えられる。したがって、これをふまえると、本件運転者は、被害者の死亡について、第一次侵害損害の惹起者としての地位に立つことになり、その損害惹起の直接性ゆえ、医療過誤の重大さをもってしても、当然に減責の恩恵を受けるべき立場にはないことになる。【判決8】で示された判例準則に対しては、疑問なしとしないが、同判決が導いた結論――全部連帯責任――それ自

---

729) これについては、第1章第4節1-2を参照。
　　ところで、手嶋・前掲（注681）44頁は、【判決8】の判例準則のもとで「相当程度の可能性」法理――最判平成12年9月22日（民集54巻7号2574頁）、最判平成15年11月11日（民集57巻10号1466頁）――を適用することができるかどうかについて触れ、運転者の責任と医師の責任とで被侵害法益が異なるため、「同一の結果とは評価しえない」として、これを否定している。ただ、これはあくまで、割合的解決の手法として、法益アプローチをとったため、そのようなことになったにすぎない。これに対し、本書――第1章第4節1-2(4)――のように、因果関係アプローチをとるならば、運転者の責任と医師の責任とで被侵害法益が一致するため、【判決8】にいう「不可分の一個の結果」を観念にすることができるようになる。
730)【判決7】は、医療過誤と被害者の死亡とのあいだの因果関係に関して、治療上の「不確定要素の存在」を斟酌し、医師に1割の責任を課している（判例タイムズ834号198頁）。しかし、これを割合的因果関係論の立場から説明するのは適当ではない。そもそも、「不確定要素」なる競合原因が、実体として存在しているわけではないからである。したがって、むしろここでは、因果関係の存否が微妙であることを、上記の表現をもって述べていると解すべきであろう。
731) なお、裁判所は、この点に関して、「適切な治療が施されていれば、高度の蓋然性をもってAを救命できた」と認定している（民集55巻2号333頁）。したがって、本件においては、医師に全部責任を課してよいことになる。
732) 橋本・前掲（注725）178頁。

体は、十分支持に値するものなのである。

第5節　D_1とD_2が併存するケースの検討

最後に、これまでの考察によって得られた知見をもとに、下腿部切断のケースに代表される、D_1とD_2が併存するケース——【判決2】、【判決5】、【判決6】——について検討を加え、本章の考察を終えることとしたい。

まず、下腿部切断のケースでは、D_2における運転者の責任範囲に関して、医師の過失をどのように評価するかが問題となる。たとえば、【判決2】と【判決5】において、医師の過失は、受傷部位を十分に消毒し、開放的に処置すべきところ、これを怠った点に求められる。ところで、ここでの過失は、けっして軽微なものとはいえないが、下腿部切断が交通事故による「特別の危険」の実現であるとの評価を、全面的に排除するほどのものとも言いがたい。したがって、こうした評価をふまえるならば、運転者のD_2についての責任は、医師の過失の程度に応じて、相応に軽減するのが適当である。

では、医師の責任については、どうだろうか。まず、医師の過失と結果との因果関係が確証される場合、医師がD_2全体について責任を負うべきことは、いうまでもない。[733]　これに対し、医師の過失と結果との因果関係が確証されない場合、医師の責任は、相応に軽減されてしかるべきである。たとえば、【判決6】において、医師は、手術に際し、患者の衣服を取り替えなかった。しかし、裁判所の認定によれば、かりにこれが行われたとしても、骨髄炎の感染を阻止できたかどうかは、微妙である。[734]　したがって、ここでは、——判決とは異なり——医師の責任を相応に軽減することが考えられてよいだろう。[735]

このように、交通事故と医療過誤の競合においては、運転者と医師のそれぞれにつき、きめ細やかな責任判断が求められているのである。

---

733)　たとえば、【判決2】が医師に対しD_2全体の責任を課したことは、このことによって正当化される。

734)　裁判所は、「取り替えなかった衣服からの感染の余地が残されている」といった程度の認定を行っている（判例時報1162号160頁）。

735)　その意味において、【判決6】は、被害者保護の方向に一歩踏み込んだ判断を行ったものとみることができるだろう。

第6章　被害者の自殺

第1節　はじめに

　不法行為の被害者が自殺した事例では、死亡損害を加害者に帰責すべきかどうかに加え、これを肯定した場合において割合的減責を行うべきかどうかが問題となる。本章は、このような事例のうち、その代表的なものとして、交通事故被害者の自殺、教師の体罰による自殺、いじめによる自殺の3つを取り上げ、検討を行うものである。そこでまずは、それぞれの事例につき、裁判例の動向を把握することからはじめることにしよう。[736]

第2節　裁判例の動向

1　交通事故被害者の自殺事例

　まず、交通事故被害者の自殺事例に関しては、最高裁判決が報告されており、これが事実上、判例としての意義を獲得している。[737]

---

736) なお、被害者の自殺事例としては、ほかに、過労による自殺、医療過誤による自殺、悪徳商法による自殺の各事例がある。これらの裁判例については、平野・前掲（注7）369-370頁を参照。

737) 以下で取り上げる【判決1】は、原判決を支持するのみのいわゆる事例判例ではあるが、相当因果関係の問題においても、割合的減責の問題においても、本判決がその後の下級審判例に与えた影響は無視できないものである。なお、加藤美枝子「判批：最判平成5年9月9日」判例タイムズ882号（1995年）94頁、95頁は、本判決と、これに先立つ最判昭和50年10月3日（交民集8巻5号1221頁）——自殺との相当因果関係を否定——との結論のちがいについて、後者は被害者の症状がいったん回復したあとの自殺を扱ったものであり、前者とは局面が異なるとしている。これに対し、淡路剛久「差額説・相当因果関係説による不法行為損害論の近時の動向」淡路剛久編『新・現代損害賠償法講座6　損害と保険』（日本評論社、1998年）1頁、18頁は、両判決の結論のちがいについて、それぞれの判決が下された時点までの事故と自殺との因果関係に関する医学的知見、法的判断の変化、さらには、これらをふまえた被害者側の立証の程度によって、

【判決1】最判平成5年9月9日（判例時報1477号42頁）

　交通事故によって頭部打撲等の傷害を負い、14級10号の比較的軽微な後遺症が残った被害者が、事故による精神的ショックや賠償交渉の難航などから他罰的な心理状態を強め、災害神経症を発症し、これがうつ病へと発展して、自殺するにいたった。

　最高裁が支持した原判決は、「自らに責任のない事故で傷害を受けた場合には災害神経症状態を経てうつ病に発展しやすい」こと、「うつ病にり患した者の自殺率は全人口の自殺率と比較してはるかに高い」ことをふまえ、事故と自殺との相当因果関係を肯定するとともに、被害者の心因的要因を斟酌して、8割の減額を行った。

　交通事故被害者の自殺事例に関しては、かつては、民法416条にもとづき、自殺の予見可能性を問うのが一般的であったが、本判決は、これを問うことなく、「相当因果関係」を肯定している。[738] 一般に、加害者が、行為の当時、被害者の事故後の自殺を予見することは不可能に近い。したがって、公平な損害分配を実現しようとするならば、こうした事例において予見可能性を問うことは、妥当ではない。[739] その意味において、本判決は、この種の事例における裁判例のひとつの到達点を示したものだということができる。[740]

　　　説明されるべきであるとしている。
738)　裁判例について、詳しくは、齋藤大巳「交通事故の後の被害者の自殺について」判例タイムズ880号（1995年）37頁、37-39頁、伊藤高義「交通事故被害者の自殺」塩崎勤編『交通損害賠償の諸問題』（判例タイムズ社、1999年）380頁、383-388頁（初出：1988年）、藤井勲「事故後の被害者の自殺」交通法研究30号（2002年）44頁、57-70頁を参照。
739)　淡路・前掲（注737）19頁は、自殺の予見可能性を問うことにつき、「非現実的な問題の立て方である」とする。
740)　なお、【判決1】が登場する以前は、事故による傷害の程度が重い場合や、脳に器質的障害が生じた場合にのみ、自殺との相当因果関係を肯定するのが一般的であった。東京地判昭和48年10月17日（交民集6巻5号1648頁）、東京地八王子支判昭和49年3月28日（交民集7巻2号425頁）。また、学説も、かつてはこのような立場を基本的に支持し、相当因果関係が肯定される場合を限定的に解していた。飯塚和之「2 因果関係」鈴木潔・川井健・小川昭二郎・宮原守男編『注解交通損害賠償法』（青林書院、1982年）363頁、376-377頁、加藤了「被害者の自殺と賠償範囲」不法行為法研究会編『交通事故賠償の現状と課題』（ぎょうせい、1979年）103頁、113-114頁、小山昇「交通事故と自殺の因果関係」判例タイムズ457号（1982年）32頁、34頁、高崎尚志「交通訴訟における因果関係」交通法研究5号（1976年）170頁、172頁、田上富信「判批：大阪地判昭和60年4月26日」判例評論331号（1986年）37頁、40頁、福岡右武「被害者の事故後の自殺」吉田秀文・塩崎勤編『裁判実務大系8　民事交通・労働災害訴訟法』（青林書院、1985年）145頁、150-151頁、福永政彦「事故と損害の因果関係」並木茂・西島梅治・宮原守男編『ジュリスト増刊総合特集8　交通事故――実態と法理』（有斐閣、1977年）148頁、153頁、松本朝光「判批：最判昭和50年10月3日」加藤一郎・宮原守男・野村好弘編『新交通事故判例百選』（有斐閣、1987年）48頁、49頁、

ところで、本判決は、交通事故の被害者が、災害神経症状態を経て、うつ病に罹患することがしばしばあること、および、うつ病に罹患した者の自殺率は、全人口の自殺率と比較してはるかに高いことを捉えて、「相当因果関係」を肯定している。したがって、本件においては、こうした頻度を意識した帰責判断を、どのように受けとめるかが問題となる。また、本判決は、8割という大幅な減額処理を行っている。したがって、ここでは、こうした処理をどのように基礎づけるかも、問題となるだろう。

2 体罰自殺の事例

体罰自殺の事例では、学校教育法11条で禁止され、それ自体において違法な行為となる「体罰」[741]と、被害者の自殺とのあいだに相当因果関係があるかどうかが問題となる。したがって、この種の事例では、当該懲戒行為が違法かどうか——「体罰」にあたるかどうか——、および、何をもって自殺との相当因果関係を肯定するかという点に、論点が絞られることとなる。

一方、こうした事例において、教師の過失は、当該懲戒行為が違法であることについての認識の誤りとしてのみ捉えられ、違法性判断の一要素として考慮されるにすぎない[742]。したがって、当該教師が具体的に損害を予見していたかどうかといった主観的事情が、責任の成否において、独自の意味をもつことはなく、当該教師が教育目的で懲戒行為に及んだと主張しても、それによって違法性が阻却されるわけではない[743]。このように、体罰自殺の事例においては、客観的かつ形式的な基準にもとづいて、責任の成否が判断されるのである[744]。

　　　本井巽「交通事故と自殺」交通法研究7号（1978年）131頁、165-166頁。
741)　「体罰」の定義については、塩崎勤「体罰負傷事故」塩崎勤編『現代裁判法大系9　学校事故』（新日本法規、1999年）315頁、317-319頁を参照。
742)　福岡地飯塚支判昭和45年8月12日（判例時報613号30頁）——【判決2】の1審判決——は、「本件懲戒行為は、故意に又は少なくともその行使の正当性の範囲に関する判断を誤った過失により、担任教師としての懲戒権を行使するにつき許容される限界を著しく逸脱した違法なものである」とする（同35頁）。これは、体罰事例における責任要件の構造を端的に示した説示だといえるだろう。
743)　俵正市「判批：最判昭和52年10月25日」小林直樹・兼子仁編『教育判例百選〔第2版〕』（有斐閣、1979年）126頁、127頁。なお、【判決3】も、この点を強調している（判例タイムズ1024号146頁）。
744)　なお、自殺との相当因果関係を否定した、長崎地判昭和59年4月25日（判例時報1147号132頁）は、責任要件のレベルで、当該懲戒行為——有形力の行使をともなわず、宿題ノートを取りに帰

さて、そこで以下では、体罰と自殺との相当因果関係が問題となった裁判例を、2件取り上げることにしよう。

【判決2】最判昭和52年10月25日（判例タイムズ355号260頁）
　高校3年生の男子生徒Aが、授業態度について叱責されたのをきっかけに、担任教諭から約3時間にもわたり体罰を含む懲戒行為を受けたところ、翌朝、担任教諭を恨む内容の遺書をしたため、自宅倉庫で首吊り自殺を行った。
　最高裁が支持した原判決は、懲戒行為と自殺との相当因果関係を否定した1審判決[745]の判断を大枠で支持したうえで、さらに次のような判断を付け加えている。[746]
① 　Aのような思春期の者が異常な懲戒を受けた場合、その心理的反応は著しく強烈であり、これが相手方に対する反抗的攻撃的な心理作用に転化することは、容易である。また、その心理行動面での処理方法としては、家出や登校拒否など、何らかの自己破壊的行動に出る可能性が高いといわれており、自殺もそうした行動のなかに含まれる。
② 　特別の教育をうけて常時生徒に接する立場にある教職にある者としては、懲戒の相手が上記のような一般的な意味での自己破壊的行動に出る可能性があるということを、予測できないものではない。
③ 　しかしながら、自殺は、自己破壊的行為のうちの隔絶した頂点ともいうべききわめて稀な事態である。したがって、結局のところ、こうした事態まで予測することは、困難であったと言わざるをえない。

【判決3】神戸地姫路支判平成12年1月31日（判例タイムズ1024号140頁）
　小学6年生の男子児童Aが、放課後、担任教諭に運動会のポスターの制作について質問したところ、同教諭は、すでに説明したことにつき再度質問されたことに腹を立て、Aを殴打した。そして、Aは、その日のうちに自宅の裏山で首吊り自殺を行った。
　本判決において、裁判所は、次のような相当因果関係論を展開している。
① 　本件殴打行為とAの自殺とのあいだに相当因果関係が認められるためには、事実的因果関係があることに加え、殴打行為から自殺が生じることが「経験則上通常」といえなければならない（民法416条1項）。
② 　そして、この「通常」性は、加害者である担任教諭が現に認識していた事情、および認識可能であった事情を基礎として、判断されるべきである（民法416条2

るよう叱責したにとどまる――の違法性が否定された事案であったと解される。
745)　福岡高判昭和50年5月12日（判例タイムズ328号267頁）。
746)　福岡地飯塚支判昭和45年8月12日（判例時報613号30頁）。

項)。

③　したがって、「経験則上通常」といえるためには、加害行為の当時、加害者である担任教諭において通常有すべき知識経験を基礎としつつ、損害発生へといたる因果の経過が、加害行為の危険性が現実化していく過程として首肯できるものであれば足り、因果の経過がかなりの蓋然性をもって連なっているところまでは、必要とされない。

　上記の一般論のもとで、裁判所は、社会問題と化した子どもの自殺問題に教育者として接してきた担任教諭の知識経験にもとづくと、Aの自殺へといたる因果経過は、加害行為の危険性が現実化していく過程として首肯できるとして、殴打行為と自殺との相当因果関係を肯定した。また、裁判所は、損害の拡大には、Aの心因的要因が寄与しているとして、過失相殺の類推適用により、5割の減額を行った。

　【判決2】は、思春期の生徒は、異常な懲戒行為に対する心理的反応として、自己破壊的行為にでる可能性が高いという一般的傾向から、自己破壊的行為についての予見可能性を肯定し、その一方で、「自己破壊的行為のうちの隔絶した頂点」にある自殺については、予見可能性を否定している。一方、【判決3】は、体罰から自殺へといたる一連の経過が、加害行為の危険性が現実化していく過程として首肯できるかどうかを問題とし、種々の考慮のすえ、死亡損害の帰責を肯定するにいたっている。

　このように、【判決2】は、自殺の予見可能性を要求し、【判決3】は、これを要求していない。したがって、両判決が対照的な結論にいたった原因は、こうした手法のちがいに求めることができる。では、このようなちがいは、どのようにして生まれたのだろうか。

　まず、【判決2】は、懲戒行為を行う教師に対し、「個々の特性に着目し、これに即応した教育指導方法を選択し、絶えず教育的効果をも予測しながらその教育に努めるべき」注意義務を課している[747]。ところで、この注意義務の射程——保護範囲——は、不適切な教育指導によって生徒が被った精神的苦痛までと解するのが妥当だろう。しかし、本件では、そのような精神的苦痛から、Aが、自殺によって、体罰を行った教師に対し反撃を行っている。この自殺は、教育心理学の専門家ならまだしも、通常人の視点においては、ある種の理性的

---

747)　判例時報613号36頁。

判断にもとづいた行動とみなされる。したがって、そこから、Aの自殺は、被害者の自由な意思決定によってもたらされた、きわめて異例な事態として受けとめられることとなる。本判決が死亡損害の帰責を否定した背後には、このような考慮があったと考えられる。[748]

では、【判決3】はどうだろうか。ここでも理不尽な懲戒行為に対する反感から、短時間のうちに自殺が行われている。[749]ただ、【判決3】では、小学6年生による衝動的な自殺が問題となっており、そのことが、被害者の自由な意思決定を観念しにくくさせている。とはいえ、【判決2】とのこのような事案のちがいは、相対的なものにすぎないだろう。では、【判決3】が【判決2】と対照的な結論を導いたのは、いかなる理由によるのだろうか。この点に関して、裁判所は、次の2つの点に着目している。

① 「専門的な知見」によると、「子供は、自分の死によって自分を苦しめた相手を罰しようという内的な願望」をもっており、いわば「生命を手段とする最大の攻撃」として自殺することがある。
② 昭和52年以降、子どもの自殺が大きな社会問題となり、教師や親の子どもに対する接し方にも、社会的な関心が寄せられるようになった。[750]

これらを考慮することによってはじめて、裁判所は、違法な懲戒行為と被害者の自殺とのあいだに、ある種の法則性を見出すことができたのである。

以上を整理すると、次のようになる。

まず、体罰自殺の事例では、体罰というそれ自体において違法とされる行為が問題となっており、責任の成否は、当該行為が体罰にあたるかどうか——有形力の行使があるかどうか——によって、客観的・形式的に判断される。した

---

[748] 森島昭夫「判批：福岡地飯塚支判昭和45年8月12日」判例評論149号（1971年）26頁、29頁は、本件では、教師の個人的な予見の可否ではなく、客観的な注意義務の程度——射程のことと解される——にもとづいた責任判断が行われていると指摘している。また、前田達明「判批：最判昭和52年10月25日」判例タイムズ390号（1979年）136頁、137頁も、これとほぼ同様の指摘を行っている。

[749] 裁判所は、本件において、放課後にAがポスターの制作について質問したのは、3時限目に行われた説明を聞いていなかったからではなく、3時限目に享受したのと同様の褒め言葉を再度かけてもらいたかったからだと推認して、本件体罰の理不尽さを非難している（判例タイムズ1024号147頁）。

[750] 判例タイムズ1024号147頁。

がって、そこでは、加害教師の主観的事情——結果の予見可能性、懲戒行為の目的——が、責任要件として独自の地位を与えられることはない。[751]

次に、こうした判断のあり方は、責任要件にとどまらず、死亡損害の帰責においても維持される。したがって、そこでは、加害者の個人的な認識の有無ではなく、危険の展開過程を重視した考慮が行われることとなる。たとえば、【判決2】は、思春期の生徒は異常な懲戒行為に対する心理的反応として、自己破壊的行為にでる可能性が高いとの一般的傾向をふまえつつ、「自己破壊的行為のうちの隔絶した頂点」にある自殺に関しては、予見可能性がないとの結論にいたっている。これに対し、【判決3】は、理不尽な懲戒行為の反撃として自殺が行われる場合があるとの「専門的な知見」と、子どもの自殺に対する社会的関心の高まりとをふまえ、被害児童の自殺を、違法な懲戒行為によって作出される危険の実現形態として、捉えているのである。

3 いじめ自殺の事例

学校における「いじめ」が社会的関心を集めている今日の状況に照らすと、[752]いじめは、教育現場において一定割合で発生しうる社会的危険として捉えることができる。こうしたなか、各学校には、日々の教育活動のなかで、いじめの有無に関する調査や、その解決に関する研究に取り組むことが求められており、[753]これによっていじめの兆候を察知したならば、それへの適切な対応が求

---

751) このように、体罰事例においては、過失要件の地位が大きく後退することになる。ここに、国家賠償責任における違法性と過失との択一化——芝池義一「公権力の行使と国家賠償責任」杉村敏正編『行政救済法2』(有斐閣、1991年) 91頁、110-111頁——の一端を垣間見ることができるだろう。

752) 「いじめ」の定義については、潮海一雄「学校における『いじめ』と学校側の責任」加藤一郎古稀『現代社会と民法学の動向 上』(有斐閣、1992年) 129頁、132-133頁を参照。

753) 芝池義一「国家賠償法における過失の二重性」民商法雑誌112巻3号 (1995年) 1頁、26頁は、こうした調査研究義務の違反としての過失の成立を主張する。ただ、このような過失論を考えるにあたっては、——公害・環境法の領域を念頭においたものだが——次のような指摘を真摯に受けとめる必要があるだろう。「具体的危険について予見可能性が認められているところでは、……とりたてて予見義務……を媒介とせずとも、……結果回避措置の適否を判断することもできたはずである」(潮見・前掲 (注445) 50頁)。いじめ自殺の事例では、自殺の予見可能性を肯定する判決が、すでにいくつか散見される。したがって、このような状況をふまえると、予見義務違反としての過失は、今後この種の事例において、それほど大きな意味をもつとはいえないだろう。

められる。このように、いじめ事例における学校側の過失は、抽象的危険段階における予見義務――調査研究義務――に支えられて高度化された結果回避義務の違反として、捉えることができる[754]。では、このような過失の構造をふまえたとき、児童・生徒の自殺という新たな損害の展開をまえにして、学校側の過失は、どのような理論的意義を獲得するのだろうか。

そこで以下では、この点に関して注目すべき判断を行った裁判例を、2件取り上げることにしよう。

【判決4】福島地いわき支判平成2年12月26日（判例時報1372号27頁）
中学3年生の男子生徒Aが、同級生から暴行や金銭の強要などの継続的ないじめを受け、これを苦にして自殺した。

裁判所は、いじめの全体像を把握しないまま、表面化した問題行動のみを形式的、一時的に注意指導したにすぎない学校側の対応をきびしく批判し、安全保持義務違反を肯定した。そのうえで、死亡損害の帰責に関しては、次のように述べてこれを肯定している。

「安全保持義務違反の有無を判断するに際しては、悪質かつ重大ないじめはそれ自体で必然的に被害生徒の心身に重大な被害をもたらし続けるものであるから」、学校側に「本件いじめが……悪質重大ないじめであることの認識が可能であれば足り、必ずしもAが自殺することまでの予見可能性があったことを要しない」。

また、裁判所は、Aの問題点――担任や家族にいじめの事実を打ち明けて救済を求めたり、登校拒否をすることにより、いじめから脱却できた――と原告の問題点――家族である原告はAの苦悩を感じとることができた――を指摘し、これらを斟酌することによって、7割の減額を行っている。

【判決4】は、「いじめの全体像を把握する努力をしないまま、表面化した問題行動について形式的で、その場限りの一時的な注意指導を繰り返し」た点に、学校側の過失を認めている[755]。これは、当該いじめ被害を認識することができたにもかかわらず、事態を把握する努力を怠り、適切な対応をとらなかったという、作為義務の違反にほかならない。ところで、この作為義務が、いじめ被害の防止を保護目的とすることは、明らかだろう。そのかぎりにおいて、

---

754) このような過失論を主張するものとして、采女博文「いじめ裁判の現状と展望」鹿児島大学法学論集35巻1号（2000年）1頁、5-6頁。
755) 判例時報1372号40頁。

自殺の予見可能性は不要であるという本判決独自の発想は、当然に出てくるわけではない。では、こうした発想は、どのような考えにもとづいて正当化されるのだろうか。[756)]

これについては、裁判所が、自殺の4日前に発生した「教室荒らし」のトラブルに着目している点が重要である。同トラブルは、Aが、他学年の教室で現金を物色していたところ、生徒指導主事に現認されたため、加害生徒から金銭を強要されていることを告白したというものである。このトラブルに対し、主事は、いじめの当事者に事実関係を確認し、これを校長やAの担任に報告することを怠っている。裁判所は、このような主事の怠慢をきびしく非難し、次のように述べている。

「遅まきながら、この時点で……いじめ問題に対する真剣な対応策がとられておれば……、Aの自殺という最悪の事態を十分に阻止することができたものと思われる」[757)]。

これが、因果関係について述べたものでないことは明らかだろう。[758)] むしろここでは、純然たる公平判断が行われたとみるのが妥当である。つまり、裁判所は、学校側の不手際とAの自殺とを比較衡量したうえで、公平の見地から死亡損害の帰責を肯定したのである。

【判決4】は、安全保持義務の有無のレベルで自殺の帰責問題を扱っているため、一見すると、義務射程説にしたがったものにみえる。しかし、以上の分析をふまえると、同判決の判断は、いじめ被害の防止を目的として事前的見地から設定された作為義務の違反と、事後的見地からの公平による帰責判断という、2つの異なった要素へと分解することができる。

---

756) この点に関して、市川須美子「判批：福島地いわき支判平成2年12月26日」平成2年度重要判例解説（ジュリスト980号）（1991年）54頁、56頁、伊藤進「学校における『いじめ』被害と不法行為責任論」加藤一郎古稀『現代社会と民事法学の動向 上』（有斐閣、1992年）265頁、273-274頁、同「いじめ自殺事故」塩崎勤編『現代裁判法大系9 学校事故』（新日本法規、1999年）301頁、312頁は、いじめによる苦悩から自殺による死亡までを、ひとつの「いじめ被害」と捉える。
757) 判例時報1372号41頁。
758) 裁判所は、主事の怠慢とAの自殺とのあいだに、法則性・反復可能性があると確信しているわけではない。本文引用の説示は、判決文のなかにあって、いささか唐突に語られるのである。

【判決5】東京高判平成14年1月31日（判例時報1773号3頁）
　中学2年生のAが、転校当初より複数の生徒とのあいだで断続的にトラブルを起こし、それから約3ヶ月後に自殺を行った。
　裁判所は、各トラブルをお互い様のものと捉えた担任教諭Bの対応を非難し、次のように述べて安全配慮義務違反を肯定した。
　「平成6年当時には既に、いじめに関する報道、通達等によって、いたずら、悪ふざけと称して行われる学校内における生徒同士のやりとりを原因として小中学生が自殺するに至った事件が続発していることが相当程度周知されていたのであるから、既に少なからずトラブル、いじめを把握していたBとしては」、自殺の予見が可能であったということができる。
　そのうえで、裁判所は、Aとその両親である原告らの側の問題点を指摘し、7割の減額を行っている。

　【判決5】は、いじめ自殺問題が社会的に周知されていることをふまえ、自殺の予見可能性を肯定している。ところで、この予見可能性が、Bの具体的な予見の可否を問題にするものでないことは、明らかだろう。むしろ、ここでは、いじめ自殺問題の社会的周知というファクターによって、規範的見地から、Bに予見義務が課されたとみるのが適当である。そして、これによってはじめて、いじめ自殺が、Bの作為義務の遵守によって回避されるべき具体的危険として把握されることとなったのである。
　このように、【判決5】の「安全配慮義務」論は、いじめ自殺問題の社会的周知というファクターを導入することによって、【判決4】の「安全保持義務」論が事後的見地からの純然たる公平判断と位置づけざるをえなかったものを、過失要件のなかに取り込んだことになる。
　いじめ自殺の事例における裁判例の到達点は、まさにここにあると言ってよいだろう。

第3節　死亡損害の帰責と割合的解決

1　はじめに

　被害者の自殺事例に関する裁判例の展開は、不法行為帰責論にいかなる問題を投げかけているのだろうか。不法行為帰責論の今日の展開は、被害者の自殺

事例に対し、いかなる解釈論上の示唆を与えるのだろうか。本節では、不法行為帰責論に関する新たな動向をふまえつつ、これらの問題について考えることとしたい。また、前節でみたように、裁判実務では、死亡損害の帰責を肯定した場合、大幅な減額を行うのが一般的である。そこで、こうした処理に関しても、その理論的内実を明らかにしておきたい。

2 不法行為帰責論の新たな展開

不法行為帰責論をめぐっては、従来から、判例理論である民法416条類推適用説を克服する試みとして、義務射程説と危険性関連説が有力に主張されており、広範な支持を獲得するにいたっている。そうしたなか、比較的最近になって、従来のものとはやや異なった視点から不法行為帰責論を再考する動きがみられる。以下で取り上げる2つの見解は、被害者の自殺事例のみを念頭におくものではないが、同事例を考えるうえでも、貴重な示唆を与えるものだということができる。

(1) 沢井裕「相当因果関係」論

沢井裕は、因果関係には、事実的因果関係と賠償範囲という2つの次元の異なる問題が含まれるという、今日における一般的な理解を前提としたうえで、これらのいずれともいえない問題領域があることを指摘し、そこに「因果関係の濃淡」という新たな視点を導入する。

沢井がこの「濃淡」を問題にするのは、①殺人を企図して森に追いやったところ、想定したとおり落雷が発生したといった、「偶然」が介在するケース、②被害者の自殺事例など、被害者の意思が介在するケース、③交通事故後の医療事故など、第三者の意思が介在するケースの3つである。そしてこのうち、①については、そもそも賠償範囲に入るかどうかといったことが観念できず、「偶然」は法的に意味のない結果であるということが指摘されている。また、②については、法的評価を加えることなしに因果関係を判断することはできないということが指摘されている。最後に、③については、交通事故が医療事故の危険性・蓋然性をいかに高めたかを問わなければならないということが指摘

されている。

そのうえで、沢井は、学説によって批判される「相当因果関係」概念を再評価し、反復性・蓋然性を要求する同概念のもと、これらのケースにつき次のような対応をとるべきだと主張する。

まず、①では、反復性・蓋然性がないため、死亡という結果は、相当因果関係から当然に排除される。次に、②と③では、当該結果は、確率は低くとも偶然とはいえず、法的に有意であるが、反復性・蓋然性のみをもって帰責の可否を判断することができないため、法的価値判断を行うことが求められる。また、このうち②では、加害者による誘発行為の程度・態様と、被害者側の事情とを総合して、因果関係の存否の判断と「範囲に関する公平判断」とを一体的に行うこと――「反復性・起因力の補強」――が、とくに求められる。

(2) 水野謙「因果関係」論

水野謙は、「あれなければこれなし」としての事実的因果関係と、義務射程による賠償範囲の画定という二分論――「事実と政策との二分論」――を様々な角度から批判し、法的価値判断が内在しているという意味で「ふくらみのある」「因果関係」論を構想する。水野の研究は広範な領域をカバーするものであるが、本章のテーマに関連する部分のみを取り上げると、次のようになる。

① 時間的先後関係にある2つの事象間の因果関係は、過去の反復の事実を受動的に観察するとともに、反事実的条件法――aなければbなし――による能動的な問いかけを行うことによって確証される。また、法的空間においては、経験則に即して因果関係を認定する場合が少なくないが、そこでは、科学的法則よりもレベルの低い反復可能性――たとえば、人間の行動法則――で満足しなければならない。

---

759) 沢井裕『テキストブック 事務管理・不当利得・不法行為〔第2版〕』(有斐閣、1996年) 188頁。なお、同書では、著者名が「澤井」と表記されているが、本書では、沢井の他の文献との統一性を保つため、「沢井」の文字を用いることとする。
760) 沢井・前掲(注759) 196頁。
761) 沢井・前掲(注759) 204頁。
762) 水野・前掲(注423) 81頁。
763) 水野・前掲(注423) 87頁。それによると、「人の財産的行為(取引行為)は原則として経済的利

②　人間の意思的行為によって損害がもたらされる事例——「人間相互の交渉事例」——では、人間の行動法則が、一方で、反復可能性を肯定に導き、他方で、一定の頻度を前提とした意思決定の社会的相当性の評価を可能にし、両者が渾然一体となって帰責が肯定される。たとえば、登記官が地面師による登記済証の偽造を看過したため、土地の買受人に損害が発生したケース[764]において、裁判所は、当事者の登記への信頼という人間の行動法則をもって、登記官の違法行為と損害とのあいだの反復可能性を肯定し、また、同様の行動法則をもって、被害者の意思決定が社会的に相当であるとの評価——土地買受人による真実の所有者の調査が至難であり登記簿の記載を信じるほかない——を行っている[765]。このような場面では、事実と政策との二分論は妥当しない。むしろ、事実的因果関係の存否の判断と帰責評価とが渾然一体となって行われていることを直視して[766]、「ふくらみのある因果関係」を措定すべきである[767]。

③　これに対し、同じ人間の意思的行為によって損害がもたらされるケースでも、被害者の自殺事例では、そもそも反復可能性を観念することはできない。加害行為は自殺の原因ではなく、単なる理由にとどまるからである[768]。交通事故被害者の自殺事例で自殺との相当因果関係を肯定した最高裁判決（【判決1】）を分析すると、同判決は、被害者が自殺するまでの経緯を再構成——「心の再構成」——し、これに法的評価を加えることによって、帰責を肯定していることがうかがえる。帰責要件としての因果関係[769]

益を追求するものである」といった類の人間の行動法則も、法的空間においては、反復可能性が認められるとされている。
764)　最判昭和43年6月27日（民集22巻6号1339頁）。
765)　水野・前掲（注423）266頁。
766)　水野・前掲（注423）329頁。
767)　水野・前掲（注423）345頁。義務射程説——「事実と政策の二分論」——に対する批判が、ここにみられる。なお、水野によると、ここでの「頻度」は、当該被害者の意思決定の相当性——目的合理性——をもって判断される具体的なものであるため、損害発生の客観的可能性を問題にする危険性関連説では、このような帰責形態を捉えることはできないという（同340頁）。
768)　水野・前掲（注423）294頁。ただし、被害者が事故で脳に器質的障害を負ったケースなどにおいては、例外的に反復可能性を肯定することができるとしている。
769)　水野・前掲（注423）279頁。

の限界は、このようなケースにおいてあらわとなる。[770]

(3) 検　　討

以上の2つの学説は、ともに、事実問題としての因果関係——「あれなければこれなし」——の存否と、政策的価値判断としての賠償範囲の画定とを区別する考え方に対して疑問を投げかけ、因果関係論を問いなおすところに共通点がある[771]。すなわち、沢井は、「因果関係の濃淡」の問題をまえに、「相当因果関係」概念を再評価し、水野は、意思決定の社会的相当性——目的合理性——という帰責評価を内包した「ふくらみのある因果関係」論を構想するのである。また、両者ともに、因果関係には反復可能性が要求されることを確認したうえで、結果発生の頻度に着目している。すなわち、沢井は、被害者や第三者の意思が介在して損害が発生するケースにおいて、結果発生の確率が低いことを指摘し、また、水野も、人間の行動法則における反復可能性のレベルの低さを指摘するのである。このように、両者は、反復可能性のレベルが科学的法則などとくらべると低くならざるをえない、人間の意思が介在するケースにおいて、事実的因果関係の存否と帰責評価とを明確に区別することが困難であることを認め、因果関係論の側面から、頻度を重視した新たな帰責理論を模索する点において、共通している。

もっとも、被害者の自殺事例に関しては、両者のあいだに若干のニュアンスのちがいがみられる。沢井は、こうした事例において、行為と自殺とのあいだの反復性を完全に否定するわけではなく、責任範囲についての公平判断が、反復性を補強して帰責が肯定されると捉える。これに対し、水野は、加害行為と自殺とのあいだに反復可能性はないと言い切り、被害者の「心の再構成」による帰責評価が直截に行われていると捉える。被害者の自殺事例においては、結果発生の頻度がきわめて低いため、反復可能性の有無につき微妙な判断が要求される。したがって、両者の微妙なちがいは、むしろ、被害者の自殺事例のこ

---

770)　水野・前掲（注423）345頁。
771)　こうした考え方に対する疑問は、ほかに、松浦以津子「因果関係」山田卓生編『新・現代損害賠償法講座1　総論』（日本評論社、1997年）131頁、149-156頁、吉田邦彦『民法解釈と揺れ動く所有論』（有斐閣、2000年）240-243頁などにおいてもみられる。

のような特質を浮き彫りにしているともいえる。

　それでは、そもそも被害者の自殺事例において、法的概念としての因果関係を観念することはできるのだろうか。以下では、こうした事例につき、因果関係を観念しえないとする、水野の見解を検討することにより、この問題に対する本章の立場を明らかにしておきたい。

　すでに述べたように、水野は、意思的行為を媒介にして損害が発生するケース——登記官の過誤行為のケース——について、人間の行動法則——土地取引当事者の登記への信頼——が、反復可能性の判断と帰責評価とを同時に可能にするとしている。では、この人間の行動法則は、何によって獲得されるのだろうか。水野が言うように、それは、第一次的には、「過去の反復の事実」[772]——結果発生の頻度——であろう。しかし、はたしてそれだけであろうか。たとえば、死亡率が5％とされる病気にかかった者が、その病気の症状と同様の症状を呈して死にいたった場合、我々は「彼はその病気によって死亡した」と考える。ところで、この考えが頻度のみから得られたものでないことは、明らかだろう。むしろここでは、頻度とともに、経験的に得られるデータの信頼性が、この考えを支えているということができる。我々は、発生頻度がきわめて低い結果についても、その低い頻度で確実に結果が発生するという、信頼できるデータが示されているとき、因果関係の存在を認める日常感覚をもっている。したがって、こうした日常感覚を法的議論において受けとめるならば、法的概念としての因果関係に求められる反復可能性の有無は、結果発生の頻度とともに、その発生頻度に関するデータの信頼性という視点から、判断されるべきだということになる。[773]

　水野は、反復可能性を人間の行動法則の観点から肯定できる登記官の過誤行為のケースと、反復可能性を観念できない被害者の自殺事例との中間に、反復可能性の存否が「微妙な」ケースとして、交通事故被害者が医師の助言にした

---

772)　水野・前掲（注423）81頁。
773)　データの信頼性という視点を導入すると、沢井が「因果関係の濃淡」の問題として取り上げる「偶然」が介在する事例と、被害者の自殺事例とは、質的に異なったものだということになる。前者はデータの信頼性がまったくないが、後者は、頻度は低くとも、データの信頼性を認める余地があるからである。

がい妊娠中絶を決断したケースや、事故後に自らの判断で勤務先を退職したケース[775]をあげている。たしかに、これらのケースと被害者の自殺事例とを頻度という視点のみから比較すると、後者のほうが頻度が低いとの見方が成り立ちうるだろう。しかし、データの信頼性をも考慮に入れると、これらのケースよりも、むしろ被害者の自殺事例のほうが、法則性を確固たるものとして肯定できるのである。

以上をふまえると、一般に発生頻度が低いとされる被害者の自殺においても、その自殺が、信頼できるデータ——統計データ、専門家の知見など——によって説明されるものであるならば、因果関係を観念することは、十分可能だということになる。[776]これは、多くの実例が示されるなか、統計上有意なものとして受けとめられている、交通事故被害者の自殺において、典型的に当てはまるというべきだろう。

3 被害者の自殺事例の帰責構造

さて、ここまでの検討から、頻度が低くとも、その低い頻度で確実に結果が生じるとされる被害者の自殺事例においては、因果関係を観念することができるとの結論が得られた。[777]そこで次に、この点をふまえつつ、個々の自殺事例

---

774) 水野・前掲（注423）273頁。交通事故の被害者が、奇形児出産の可能性があるとの医師の助言により中絶を決断した、宇都宮地判昭和50年5月6日（交民集8巻3号683頁）が取り上げられている。
775) 水野・前掲（注423）274頁。交通事故で負傷し、後遺症が残った被害者が、同僚に負担をかけるなどの理由から依願退職を決断した、東京地判昭和50年1月27日（交民集8巻1号123頁）が取り上げられている。
776) 被害者の自殺事例において、死亡損害の帰責の可否を「通常」性（民法416条1項）ないし「蓋然性」の有無によって判断しようとする見解——半田吉信「被害者の自殺と不法行為責任」ジュリスト875号（1987年）255頁、257-258頁、速水幹由「実務的視点による不法行為論試論」判例タイムズ791号（1992年）25頁、34頁、徳本伸一「判批：最判平成5年9月9日」私法判例リマークス1995〈上〉52頁、55頁、沢井・前掲（注759）205頁、高崎尚志「被害者の自殺」不法行為法研究会編『交通事故賠償の新たな動向』（ぎょうせい、1996年）158頁、174-175頁——があるが、本文で述べたことを前提にしていると考えられる。
777) なお、このような因果関係の捉え方は、最判昭和50年10月24日（民集29巻9号1417頁）で示された証明度に関する判例準則——「特定の事実が物定の結果発生を招来した関係を是認しうる高度の蓋然性」——に何ら抵触するものではない。同判決は、結果発生の頻度について、蓋然性を問題にしているのではなく、あくまで「……関係を是認しうる高度の蓋然性」を問題にしているからである。

の帰責構造について、明らかにすることとしよう。

(1) 交通事故被害者の自殺事例

まず、交通事故被害者の自殺事例では、危険性関連説のスキームによって帰責の可否が問われるべきである。具体的には、次の二段階の審査が行われることになる。

まず、第一段階として、「偶然」が排除される。「偶然」の自殺とは、事故とのあいだに法則性を見出すことができない自殺を意味する。裁判例において「相当因果関係」を否定したものの多くは、このような事案を扱ったものだということができる。[778]

次に、第二段階として、自殺した被害者に社会生活をおくるうえで最低限必要とされる精神的抵抗力がそなわっていなかった場合、死亡損害の帰責は否定される。[779] なお、ここでの「精神的抵抗力」は、単に「まじめ」であるとか、「思いつめやすい」といったことによって安易に否定されるべきではない。むしろ、傷害の程度、自殺の動機に含まれる事故とは無関係の要因の大きさ、神経症・うつ病の有無・程度をおもな衡量要素として、規範的見地から判断が行われるべきである。このような自殺は、偶然の事態とはいえないため、交通事故との関連性を完全に否定することはできない。しかし、当事者間の公平を実現するために創造された解釈スキームをふまえるならば[780]、このようなケースにおいても危険性関連を否定するのが妥当である。[781]

(2) 体罰自殺の事例

続いて、体罰自殺の事例では、それ自体において違法な行為とされる体罰と

---

778) たとえば、事故後、霊感商法の被害や警察による事情聴取への対処に悩んで自殺したとされる、名古屋地判平成9年2月5日（交民集30巻1号185頁）など。
779) 四宮・前掲（注183）455頁。なお、これを支持するものとして、齋藤修「被害者の自殺と損害賠償」商大論集44巻2号（1992年）11頁、39頁。
780) 四宮・前掲（注183）452頁は、第一次侵害が後続侵害の危険を高めたことに対する「違法性判断に類した価値判断」を行うべきだとする。
781) 事故による傷害の完治がむずかしいなか、被害者が、入院時からこれを嘆き、思い悩んだすえに自殺した事案に関する、神戸地判平成4年1月31日（交民集25巻1号123頁）は、このような論理によって帰責を否定できる例ではないだろうか。

自殺との因果関係の有無が問題となる。そしてそこでは、体罰に対する反撃として自殺することがあるという教育心理学上の知見が、因果関係の存否と帰責評価の両面において、重要な役割をはたすことになる。すなわち、このような知見は、一方で、反復可能性を導き、他方で、自殺の合理性――「自殺するのももっともだ」――を導くことになる。【判決3】の「相当因果関係」論は、このような内実をもったものとして、支持されるのである。

では、反撃としての自殺とはいえないもの⁷⁸⁴⁾については、どのように考えたらよいだろうか。ここでは、体罰と自殺とを架橋する法則性の有無に関して、微妙な判断が要求される。沢井と水野が提起する問題は、まさにこのような局面において先鋭化する。このような局面において、死亡損害の帰責を肯定するならば、沢井のいう「範囲に関する公平判断」による反復性の補強、あるいは、水野のいう「心の再構成」による法的評価が行われなければならない。これらのうちのいずれをとるかは、単なる法律構成上の問題にすぎないともいえる。しかし、因果関係を不要とする帰責形態は、条文に反するため、認めるべきではない。したがって、本質論はともかく解釈論としては、沢井の捉え方をもって妥当なものとすべきだろう。

(3) いじめ自殺の事例

最後に、いじめ自殺の事例では、学校側の作為義務違反といじめ被害者の自殺との因果関係――「作為義務違反なければ自殺なし」――が問題となる⁷⁸⁵⁾。こ

---

782) 【判決3】のなかで指摘されている、「生命を手段とする最大の攻撃」としての自殺が、これにあたる。
783) 水野が、登記官の過誤行為に関する最判昭和43年6月27日（民集22巻6号1339頁）を検討するなかで指摘した、因果関係の存否と帰責評価の融合現象――水野・前掲（注423）266頁、329頁――は、体罰自殺の事例においても妥当すると考えられる。
784) たとえば、高校2年の女子生徒が、陸上部の顧問から、容姿についての侮辱的発言や有形力の行使などを受けて自殺したという事案に関する岐阜地判平成5年9月6日（判例時報1487号83頁）など。
785) 【判決5】は、自殺による死亡までを予見の対象とする過失――同判決では「安全配慮義務違反」――を問題にしている。しかし、事前的見地からの判断を維持するかぎり、このような結果についての回避義務違反を問題にするのは、現実的ではないだろう。むしろ、「いじめ被害」についての回避義務違反を問題にしたうえで、これと死亡との因果関係を問題にするというのが、妥当な構成である。なお、死亡損害の帰責を否定するものではあるが、東京地判平成3年3月27

れは、義務違反を起点とするため、理論的には、違法性連関を意味するものだということになる。

　ところで、多くの不作為不法行為と同様、我々はここでも、厳密な意味において、「作為義務違反なければ結果なし」の関係を確知することはできない。加えて、いじめ自殺の事例は、児童・生徒の心理状態を経由して結果が発生するため、なおいっそう、この関係の把握に困難がともなう。したがって、死亡損害の帰責を肯定した裁判例（【判決4】、【判決5】）を支持するならば、ここでも、沢井のいう「範囲に関する公平判断」による反復性の補強が要請される。【判決4】において、裁判所が「教室荒らし」のトラブルに対する学校側の対応を非難するくだりは、まさにこの「補強」にほかならないのである。[786]

4 割合的解決の可能性

　前節でみたように、被害者の自殺事例において死亡損害の帰責を肯定する場合、割合的減責を行うのが一般的である。これは、被害者の自殺がきわめて低い頻度で生じることをふまえると、公平にかなった解決だといえるだろう。[787] そこで、以下では、こうした処理を基本的に支持しつつ、公平という、それ自体において反論の余地のない価値を実現するための判断の指針を、明らかにすることとしたい。

(1) 交通事故被害者の自殺事例

　まず、交通事故被害者の自殺事例では、多くの場合、傷害に起因する神経症がうつ病へと発展し、希死念慮を抱いて自殺するという事実経過をたどる。[788]

　　　日（判例時報1378号26頁）、東京高判平成6年5月20日（判例時報1495号42頁）は、「いじめ被害」につき学校側の過失を肯定したうえで、死亡損害の帰責を問題にしている。
786)　【判決5】は、「Bにおいて……継続的指導監督措置を講じていれば、その後の本件いじめ行為の続発を阻止することができ、Aにおいて本件自殺に至らなかったであろう」としているが（判例時報1773号11頁）、ここにも、沢井のいう「範囲に関する公平判断」が含まれているとみることはできるだろう。
787)　能見・前掲（注1）250頁は、「責任要件の希薄化と減責による調整」について語るなかで、相当性要件の希薄化を示すものとして、交通事故被害者の自殺事例を取り上げている。
788)　なお、交通事故被害者の自殺事例としては、ほかに、被害者に事故以前から何らかの素因——既往症、性格的要因など——があり、これが自殺に少なからず影響を与えたという事案もある。

したがって、ここでは、自殺が第一次侵害による危険の実現であるとの判断を前提としつつ、この危険性関連の強度にもとづいて割合的解決を行うことが、考えられてよいだろう。そこで、以下では、この点について、より詳しくみていくことにしよう。

まず、危険性関連の有無が、後続侵害の客観的可能性を高めたかどうかを問題とするものであるならば、その強度は、結果発生の頻度として捉えることができるだろう。被害者の自殺事例の場合、一般的に言って、この頻度はきわめて低いといえるが、多くの裁判例が50％を超える大幅な減額を行う原因のひとつは、ここにあると考えられる。また、交通事故による傷害の重大さは、頻度を評価する際の下位の因子として捉えることができる。傷害が重いほど自殺の可能性が高まるという傾向は、十分理解できるからである。したがって、傷害の程度がきわめて重い場合、自殺の発生頻度が危険性関連の強度を高め、ひいては減額率を低下させることになるだろう。

次に、被害者の意思的コントロールの可否・程度も、危険性関連の強度に影響を与えるだろう。したがって、神経症が重度のうつ病へと発展したケースなど、被害者の意思的コントロールが希薄なケースでは、減額率は、低く抑えられるべきである。

(2) 体罰自殺の事例

次に、体罰自殺の事例においては、まず、反撃としての自殺をどのように評価すべきかが問題となる。そして、これに関しては、次の2つの見方が考えられるだろう。

第一に、一定の理性的判断にもとづいて行われたこのような自殺のなかに、

名古屋地判昭和52年11月14日（交民集10巻6号1613頁）、神戸地判平成7年10月18日（交民集28巻5号1489頁）、岡山地津山支判平成3年7月10日（交民集24巻4号809頁）など。
789) 交通事故被害者の自殺事例における減額率については、藤井・前掲（注738）50-51頁を参照。
790) 自殺との相当因果関係を肯定しながら減額処理を行わなかった東京地判昭和48年10月17日（交民集6巻5号1648頁）、東京地八王子支判昭和49年3月28日（交民集7巻2号425頁）は、このような観点から理解できるだろう。
791) 事故により被害者が外傷性認知症に罹患した事案につき、秋田地判昭和55年7月15日（交民集13巻4号912頁）は、事故への協働過失も含め、25％の減額を行っているが、妥当な判断である。

被害者の故意の協働を認める場合、過失相殺法理の適用によって、大幅な減額が正当化されることとなる。

第二に、教育心理学上の知見から、自殺へといたる児童・生徒の精神的機序を心理的反応のレベルで捉える場合、このような自殺は、あくまで強制されたものとしてみるべきことになる。

この2つの見方のうちいずれが妥当であるかは、微妙な問題である。ただ、すくなくとも、【判決3】においては、被害児童の年齢の低さや、自殺までの時間の短さなどから、後者の見方が妥当するといえるだろう。

では、以上のものとは異なり、反撃としての自殺とは言いがたいケースについては、どのように考えたらよいだろうか。ここでは、「個性の多様さ」の範囲内の要因は減責の対象とすべきでないとの判例準則を適用することが、考えられてよいだろう。つまり、ここでは、素因減責に関する損害分配ルールが妥当するのである。

(3) いじめ自殺の事例

最後に、いじめ自殺の事例に関しては、【判決5】を素材にして検討を行うことにしよう。

【判決5】は、過失相殺ないしその類推適用として、おもに次の3点を斟酌することにより、7割の減額を行っている。すなわち、①自殺はAの意思的行為であること、②Aが苦悩を打ち明けなかったことにより、これへの打開策がとられる機会を自ら閉ざしたこと、③Aと原告との親子のふれあいが十分でなかったことである。

まず、①は、自殺がAの意思的行為であることを減責の根拠とするものであるが、このような根拠にもとづく減責は、認めるべきではないだろう。この点に関しては、交通事故被害者の自殺事例とのちがいに注意する必要がある。交通事故被害者の自殺事例では、後続侵害による損害を当事者間でどのように分配すべきかが問題となる以上、被害者の意思的コントロールの可能性は、責

---

792) 最判平成12年3月24日（民集54巻3号1155頁）。同判決は、過労自殺に関するものだが、そこで示された判例準則は、心因的素因の競合全般に適用されるべきだろう。
793) これに対し、潮海・前掲（注752）146頁は、このような減責を支持する。

任の中断へと作用する因子として捉えることができた。これに対し、いじめ自殺の事例における被害者の自殺は、いじめ自殺事件の多発とそれへの社会的関心というファクターにより、学校側が責任を負うべき事態として捉えられることになる。したがって、ここでは、自殺が意思的行為であることそれ自体が、減責を導くことにはならないのである。

次に、②は、自殺以前の被害生徒の行動を非難するものであるが、いじめの被害を受けて苦悩するAの心情にかんがみると、このようなかたちで非難を行うことは妥当ではない。

最後に、③は、親権者の監護義務違反を指摘するものであるが、日ごろの親子のふれあいが不十分であったといった一般的な監護義務の違反を、そのままのかたちで被害者側の「過失」に取り込むべきではないだろう。むしろ、いじめ問題が進行するなか、被害生徒の両親にいかなる対応が期待されるのか、そのような対応がいじめ被害の防止へとつながったのかといった点が、吟味されるべきである。このように、両親の監護義務違反と学校側の作為義務違反とは、パラレルな関係に立つものというべきである。

(4) 提　　言

ところで、体罰自殺の事例やいじめ自殺の事例では、交通事故被害者の自殺事例と同様、過失相殺——ないしその類推適用——法理によって減額処理を行うのが、一般的である。しかし、はたしてこれは、問題の本質を捉えたものだ

---

794) 【判決5】の過失論にしたがうと、こうしたファクターによって、いじめ自殺が、学校側に課される義務の射程に含まれることになる。一方、本章のように、学校側に課される義務の射程を、あくまで「いじめ被害」までと解する場合（注785を参照）には、こうしたファクターをもって、死亡損害の帰責が強く要請されることになる。なお、新美育文「いじめと自殺」法学教室193号（1996年）41頁、45-46頁は、いじめ自殺事件が数多く報告されていることをもって、死亡損害の帰責を肯定すべきであると主張する。

795) 【判決4】も、登校拒否をすることをAに期待しうるとして、同様の要素を斟酌している（判例時報1372号44頁）。

796) ただし、いじめの態様によっては、その被害の拡大につき、被害生徒を非難できる場合もある。たとえば、【判決5】の原審——横浜地判平成13年1月15日（判例時報1772号63頁）——は、Aが自らトラブルを誘発した点を捉えて、過失相殺を行っている（判例時報1772号107頁）。

797) 【判決4】は、Aの家族の指導監護のあり方につき、詳細に検討したうえで、Aを「窮状から救い出すための適切な措置」をとらなかった点を問題にしている（判例時報1372号43頁）。

といえるだろうか。むしろここでは、被害者（側）の「過失」とは別の因子が減責を要請していると考えるのが、妥当である。すなわち、それは、結果発生の頻度とデータの信頼性である。たとえば、頻度が低くデータの信頼性も高いとはいえない、いじめ自殺の事例では、これらの因子をもって、5割を超える大幅な減額を行うことが要請される[798]。これに対し、体罰自殺の事例では、頻度は低くともデータの信頼性――教育心理学の知見によれば、子どもは「生命を手段とする最大の攻撃」として自殺することがある――は確保されるため、5割を超える大幅な減額を行うことが躊躇される[799]。裁判実務においてしばしば行われる減額処理は、むしろ、このような内実をもったものとして捉えるべきではないだろうか。

[798) 注意を要するのは、いじめ自殺の事例においては、学校側の作為義務違反と自殺とのあいだの法則性・反復可能性が問題となっているという点である。したがって、いじめ自殺事件が多発し、これが社会的に周知されたとしても、それが、学校側の作為義務違反と自殺との因果関係の存否に直接影響を与えるわけではない。いじめ自殺事件が社会問題となっている今日の状況に照らせば、教育の専門家や現場の教師によって、少しでも実効性のあるいじめ（自殺）防止策がとられることが、期待されるところであろう。この実効性こそが、学校側の作為義務違反と自殺との法則性・反復可能性を担保するのである。いずれにしても、いじめ自殺事件の多発とその社会的周知というファクターは、死亡損害の帰責を肯定すべきであるとの法的価値判断を導くものにすぎないという点は、ふまえておくべきである。

799) また、本章では取り上げなかったが、いじめ自殺の事例でも、加害生徒の責任が問題となるケースでは、いじめ自殺事件の多発とその社会的周知により、データの信頼性が確保されることになる。したがって、こうしたケースにおいて死亡損害の帰責を肯定する場合、体罰自殺の事例と同様、大幅な減額が躊躇されることになる。なお、いじめ加害生徒の責任が問題となった鹿児島地判平成14年1月28日（判例時報1800号108頁）は、死亡損害の帰責を肯定したうえで過失相殺を行っているが、減額率は4割にとどまっている。

終　章

　第Ⅱ部では、原因競合における割合的責任の判断構造について、個々の事例ごとに検討を行ってきた。ひとくちに原因競合といっても、その理論的内実は多様であり、「競合原因を斟酌する」という言葉のなかにも、様々な意味合いが込められている。この点については、これまでの検討から明らかになったのではないだろうか。

第1節　割合的責任の具体像

　ところで、第Ⅰ部の最後で指摘したように、原因競合における割合的責任を考えるにあたっては、義務違反を起点とする因果関係——違法性連関——が妥当するケースと、行為を起点とする因果関係が妥当するケースとを区別しておく必要がある。そしてこのうち、前者においては、個々のケースにおいて、「可能性」の保護をどのように正当化するかが問題となる。これに対し、後者においては、実体法の枠内で割合的解決を基礎づけることができるかどうか自体が問題となる。
　そこで、本書を閉じるにあたり、それぞれについての検討結果を、あらためて整理しておくことにしよう。

1　「可能性」保護の正当化
　まず、義務違反を起点とする因果関係が妥当するケースとしては、医療過誤のケースのほか、自然力競合のうち瑕疵を起点とする因果関係が妥当するケース[800]や、いじめ自殺のケースがあげられる。以下、それぞれについて、検討結果を示すことにしよう。

---

800)　第Ⅱ部第2章第4節③の場合。

(1) **医療過誤のケース**

① 医療過誤のケースにおいては、医師の義務が「可能性」の保護を目的とするのかどうかが、検討されなければならない。

② なお、この点に関しては、義務の種類により異なった判断が行われることになる（下記③〜⑥）。

③ まず、検査義務、経過観察義務、転送義務は、それ自体が病気の治癒を目的とするものではない。したがって、これらの義務の違反がみられるケースでは、検査、経過観察、転送とその後に行われる治療とのあいだに、一体性が認められなければならない。

④ そして、こうした一体性が認められる場合、検査義務違反、経過観察義務違反、転送義務違反をおかした医師は、治療義務違反についての責任を負うことになる。

⑤ 治療義務が、病気の治癒ではなく、その可能性を保護するのは、次の2つの場合にかぎられる。第一は、その治療を行うことによって病気の治癒が見込まれる一方、それによって生じる弊害も無視しえないため、病気を確実に治癒させることを医師に期待することができない場合、第二は、その治療による治癒の可能性が医学上の知見やデータによって示されているため、医師に、そのような可能性を保護するための義務を課すことができる場合である。

⑥ 最後に、説明義務が、その後の治療による治癒の可能性をも保護するのかどうかに関しては、治療義務の保護目的のほか、患者による意思決定の合理性——そのような治療を選択するのももっともであるとの評価——が問われなければならない。

⑦ 以上の視点から割合的解決が正当化される場合、次に、これを具体化することになる。これに関しては、医学上のデータにもとづいて損害算定を行う場合、「追加的損害にもとづく割合的責任」[801]の手法を用いるのが妥当である。

⑨ そして、このような手法を支持する以上、割合的責任の理論構成に関しては、判例の立場である法益アプローチ[802]ではなく、因果関係アプローチをとるのが、妥当である。

---

801) 第Ⅰ部第2章第2節2-2(2)(a)を参照。
802) 最判平成12年9月22日（民集54巻7号2574頁）、最判平成15年11月11日（民集57巻10号1466頁）。

⑩　なお、最判平成11年2月25日（民集53巻2号235頁）が示した基準によれば死亡についての責任が肯定される場合、逸失利益につき生存率に応じた損害算定を行うのが、妥当である。

(2)　自然力競合のケース
①　営造物・工作物責任の領域における自然力競合のケースのうち、義務違反を起点とする因果関係——違法性連関——が妥当するケースは、次の2つの場合にかぎられる。第一は、外在的瑕疵のケース、第二は、内在的瑕疵のケースのうち、営造物・工作物による外力の一部分のみが瑕疵と評価されるケースである。

②　外在的瑕疵のケースのうち、これまで自然力競合による割合的減責の代表例とされてきた、名古屋地判昭和48年3月30日（判例時報700号3頁）は、違法性連関が肯定されたケースである。したがって、この事案において自然力の競合を問題にすることは、できないというべきである。

③　一方、違法性連関の存否不明のケースでは、自然力競合による割合的減責が問題となりうる。ただ、この場合、違法性連関の証明がなかったことを理由として責任を否定するという考えも、十分成り立ちうる。したがって、医療過誤のケースと同様、ここでも、営造物・工作物の管理者に課された義務が、結果回避の「可能性」をも保護しようとするものかどうかが、問われなければならない。

④　裁判例をみるかぎり、営造物・工作物責任の領域において、管理者に課される義務の保護目的が明らかにされることは、それほど多くはない。しかし、たとえば、道路の管理瑕疵が問題となるケースにおいては、道路法46条1項が、その手がかりを与えることになる。同項によれば、道路管理者は、「道路の構造を保全し、又は交通の危険を防止するため」、通行禁止やその制限を行うことができる。これは、道路管理者に課される義務が、結果の回避のみならず、結果回避の「可能性」をも保護しようとするものであることを、示しているといえるだろう。

(3) いじめ自殺のケース

① いじめ自殺のケースでは、学校側の作為義務違反——安全配慮義務違反など——と児童・生徒の自殺との因果関係が問題となる。

② この因果関係——違法性連関——は、結果発生の頻度の低さと、「データの信頼性」の低さから、これを肯定することがむずかしくなる。ここに、割合的解決を行う余地が生じる。

③ 裁判例においては、しばしば、いじめ自殺事件の多発とその社会的周知が指摘される。しかし、このファクターは、いじめと自殺とのあいだの法則性・反復可能性にとっては意味をもちえても、学校側の作為義務違反を起点とする因果関係の存否には、直接影響を与えるものではない。

④ したがって、このファクターは、学校側の責任との関係では、死亡損害の帰責を肯定すべきであるとの評価を導くものにすぎない。

⑤ いじめ自殺のケースにおいて、学校側の作為義務を、いじめ自殺の回避「可能性」をも保護しようとするものと解することはできない。したがって、保護目的の解釈から割合的解決を導くというアプローチは、この種のケースでは断念せざるをえない。

⑥ いじめ自殺のケースでは、いじめ自殺事件の多発などによって導かれる帰責評価（上記④）と、法則性・反復可能性の低さ（上記②）とのあいだで衡量が行われる。この種のケースでは、この2つのファクターの衡量それ自体が「可能性」の保護を正当化していると考えるほかない。[803]

2　行為を起点とする因果関係が妥当するケースにおける割合的解決の可能性

続いて、行為を起点とする因果関係が妥当するケースに関しては、すくなくとも次の2つの場合において、割合的解決を行う余地があると考えられる。

---

803) いじめ自殺のケースにおいて、学校側に課される作為義務が、——いじめ被害を防止するためでも、いじめ自殺を防止するためでもなく——自殺を思いとどまる「可能性」を保護するために課されたものだといえるかどうか——あるいは、そもそもそのような「可能性」が保護の対象となるかどうか——は、なお検討を要するところであろう。いずれにしても、保護目的の解釈から割合的解決を正当化するという構想がこの種のケースにおいても妥当するかどうかについては、なお不透明であると言わざるをえない。

2-1 危険性関連の強度にもとづく割合的解決

　まず、第一は、危険性関連の強度にもとづく割合的解決である。これは、交通事故における素因減責、交通事故と医療過誤の競合、交通事故被害者の自殺の各ケースにおいてみられる。ここでは、後続侵害損害の帰責に関する法的評価が問題となっている。したがって、そうした評価に関する割合的判断は、実体法レベルの問題として、位置づけることができるだろう。[804]

　以下、各ケースについて、検討結果を整理しておくこととする。

(1) 交通事故における素因減責

　①　交通事故における素因競合のケースは、理論的には、第一次侵害事例と後続侵害事例とに分類することができる。

　②　このうち、第一次侵害事例においては、規範の保護目的にもとづいた帰責判断が行われる。したがって、ここでは、原則として、「あるがまま」命題——「加害者は被害者のあるがままを受け入れなければならない」——の適用により、素因減責が否定される。

　③　もっとも、同じ第一次侵害事例でも、素因を起点とする独立した因果系列が観念されるケースでは、「あるがまま」命題を適用することがむずかしくなる。したがって、そのかぎりにおいて、素因減責を行う余地が生じることとなる。なお、ここでの素因減責は、この独立した因果系列に対する「発見義務」ないし「統制義務」の違反によって、正当化される。したがって、これは、過失相殺規定の本来適用の問題として捉えることができる。

　④　以上に対し、後続侵害事例では、危険性関連の強度によって割合的解決を基礎づけることができる。

　⑤　具体的には、個人差を超える素因によって損害が拡大した場合、この拡大された損害が、第一次侵害によって特別に高められた危険によるものかどうかが、問題となる。後続侵害事例における素因減責は、まさに、この点に関す

---

804) 体罰自殺のケースを後続侵害の事例と捉えるかどうかについては、いずれの考えも成り立ちうるだろう。前田・前掲（注748）137頁。ただ、いずれにしても、この種の事例では、帰責評価が微妙であることから、割合的解決が要請されている。したがって、そこでの割合的解決も、この「第一」の場合として位置づけることができるだろう。

る割合的判断の結果として捉えることができる。[805]

(2) 交通事故と医療過誤の競合

① 交通事故と医療過誤の競合事例は、競合的不法行為として捉えるのが妥当である。

② 交通事故による初発の損害——D_1とする——と、医療過誤による損害拡大部分——D_2とする——との区分を前提とした場合、交通事故と医療過誤の競合事例は、D_1とD_2が併存するケースと、D_1不在のケースとに分類することができる。

③ このうち、D_1とD_2が併存するケースでは、交通事故加害者のD_2についての責任につき、危険性関連の強度に応じた減責を行うことが考えられる。

④ この危険性関連の強度に応じた減責は、医師の過失の程度に応じて行われる。具体的には、医師の過失が重大になればなるほど、D_2は、交通事故によって特別に高められた危険の実現とは捉えにくくなる。したがって、交通事故加害者のD_2についての責任は、これに応じて軽減されることになる。

⑤ 一方、D_1不在のケースでは、D_2全体が、第一次侵害損害としての性格を帯びる。したがって、ここでは、医師の過失の重大さに応じた減責を行うことは、できなくなる。

⑥ D_1とD_2が併存するケース、D_1不在のケースのいずれにおいても、医師のD_2についての責任を軽減することが考えられる。ここでの割合的減責は、違法性連関の存否不明によって導かれる。

---

805) なお、交通事故における素因減責に関しては、これを仮定的因果関係の問題として捉える見解が一部でみられる。それによると、当該事故がなくても、「日常的外力」によって同様の結果が発生していた可能性がある場合、これを考慮して割合的減責を行うことができる。田邨正義「被害者の体質的素因と割合的認定」東京三弁護士会交通事故処理委員会編『交通事故賠償の理論と実際』(同委員会、1984年) 107頁、116頁、118-119頁、藤井勲「交通事故と素因、持病」宮原守男・山田卓生編『新・現代損害賠償法講座5 交通事故』(日本評論社、1997年) 89頁、104頁。もっとも、このような発想が妥当するケースでも、そのうちのいくつかは、⑤の考えにもとづいて割合的解決を導くことが可能だろう。この種のケースでは、当該事故が結果を引き起こしたことに疑いはない。ここでは、この点をあらためて確認しておくこととしよう。

(3) 交通事故被害者の自殺

① 交通事故の被害者が自殺したケースでは、被害者の自殺を後続侵害として捉えることができる。したがって、自殺が第一次侵害によって特別に高められた危険の実現であるかぎり、加害者は、死亡損害について責任を負わなければならない。

② もっとも、交通事故の被害者が自殺するケースは、交通事故全体のなかにあって、きわめて稀なケースだといえる。したがって、この種のケースでは、こうした頻度の低さから、危険性関連の強度に応じた減責を行うことが要請される。

③ なお、危険性関連の強度を低下させるファクターとしては、②であげた頻度の低さのほか、被害者の意思的コントロールの可否・程度が考慮されるべきである。したがって、被害者の意思的コントロールが希薄である場合、減額率は、低く抑えられることになる。

④ 一方、交通事故による傷害の重大さは、それ自体が割合的解決の指針となるわけではない。しかし、事故で重大な傷害を負った者は、軽微な傷害を負った者にくらべ、自殺を行う可能性が高い。したがって、このようなことが妥当するかぎり、傷害の重大さは、頻度を評価する際の下位の因子として位置づけることができる。

2-2 「被害者側の択一性」による割合的責任の正当化

次に、第二は、公害・環境訴訟のケースである[806]。ここでは、個々の被害者に着目した場合、加害行為と損害との因果関係を明らかにすることはできない。しかし、これらを全体としてみた場合、集団現象のレベルでは、加害者（集団）が被害者集団に損害を与えたことに疑いはない。第Ⅰ部で取り上げた「被害者側の択一性」の論理[807]は、このような状況において、共同不法行為に関する民法の規定（民法719条1項前段）とともに、個別的因果関係の捨象を正当化することとなる[808]。

---

806) 第Ⅱ部第3章第4節②および③の場合。
807) 第Ⅰ部第2章第2節3-2(3)を参照。
808) この点について詳しく述べると、民法719条1項前段は、「強い関連共同性」を要件として、個々

①　ところで、大気汚染に関する裁判例をふまえるならば、ここでの割合的責任には、次の2つのものが含まれることになる。ひとつは、大阪地判平成7年7月5日（判例時報1538号17頁）──西淀川第二〜四次訴訟判決──に代表される「相対危険度に応じた責任」、もうひとつは、大阪地判平成3年3月29日（判例時報1383号22頁）──西淀川第一次訴訟判決──に代表される「大気汚染に対する寄与度に応じた責任」である。

②　この分類は、大気汚染とは無関係の因子──いわゆる「他因子」──を考慮する際、その考慮の仕方が異なる点において、一定の意味をもつと考えられる。

③　まず、「相対危険度に応じた責任」では、相対危険度の確定において、すでに他因子が考慮されているとみることができる。したがって、ここでは、原告の素因を別途斟酌する余地はないというべきである。[809]

④　これに対し、「大気汚染に対する寄与度に応じた責任」では、大気汚染以外の原因が考えられるかぎり、これを斟酌することが考えられてよい。したがってここでは、原告の素因を別途斟酌することが許容されるべきである。

第2節　「事実的」因果関係の存否不明の取扱い

ところで、行為を起点とする因果関係が妥当するケースのなかには、以上のものとは異なり、「事実的」因果関係の存否不明を理由に割合的判断を行うものが、いくつかみられる。[810] そして、これには、そうした理由を正面から打ち出したもののほか、[811] 競合原因の斟酌を理由に掲げるものが含まれる。[812]

　　の加害者に加害者集団が引き起こしたすべての損害について責任を課すことを正当化する（たとえば、大阪地判平成3年3月29日（判例時報1383号22頁））。一方、「被害者側の択一性」の論理は、損害の原因として、加害者（集団）の行為とその他の原因とが考えられる場合において、「危険の平等性」──Bodewig, a. a. O. (Fn. 289), S. 544──を共有するすべての被害者に前者の寄与度に応じた賠償請求権を付与することを正当化する。

809）　ただし、過失相殺を行う余地はあるだろう。第Ⅱ部第3章第3節3(1)を参照。

810）　ここでは、「被害者側の択一性」および「加害者側の択一性」（民法719条1項後段）の論理により、集団現象のレベルでは因果関係があるとされる場合は、除かれる。

811）　第Ⅱ部第3章第2節5(1)で取り上げた、水俣病東京訴訟判決・東京地判平成4年2月7日（判例時報臨時増刊平成4年4月25日号3頁）、水俣病関西訴訟1審判決・大阪地判平成6年7月11日（判例時報1506号5頁）。

812）　第Ⅱ部第2章第2節(2)で取り上げた、静岡地判平成4年3月24日（判例時報1428号42頁）、第Ⅱ

これまでにも繰り返し述べてきたように、このような解決に関しては、証明責任の原則にもとづく解決との棲み分けをどう行うかが問題となる[813]。たとえば、第Ⅰ部第1章で取り上げた「寄与度減責」説は、「責任要件の希薄化と減責による調整」が要請される場合として、「事実的」因果関係の存否不明を取り上げる[814]。これは、この棲み分けを、事案ごとの個別的判断のなかで行おうとするものであり、それ自体として妥当な方向を示したものだということができる。ただ、この場合、その個別的判断をどのようにルール化していくかが、次に問題となるだろう。本書は、このような問題に取り組むことができなかった。したがって、これは、今後の課題として残されることとなる。

　いずれにしても、不法行為帰責論と公平判断との関係に関する今日の状況をありのままに示すとするならば、わが国の不法行為法理論は、「事実的」因果関係の存否不明の局面において、公平による割合的減責を許容していることになる。この点は、是非とも確認しておくべきだろう。

結　語

　原因競合のケースでは、これまで、「寄与度」にもとづいて損害分配を行うのが、一般的であった。本書は、こうした実務の動向を受け、各事例における損害分配の理論的内実を明らかにしてきた。したがって、本書は、割合的因果関係説の考えを真っ向から否定するものではない。むしろ、同説の主張を不法行為法の理論枠組みのもとで受けとめた場合、そこに何がみえてくるかを明らかにするのが、本書のねらいである。したがって、そうした視点からみると、本書の研究は、同説の考えを実体法理論のレベルで捉えようとする試みであったといえるだろう。

　また、本書は、「寄与度減責」説の考えを否定するものでもない。むしろ、同説にいう「責任要件の希薄化」をふまえ、個々の原因競合事例において、具

　　部第4章第2節1(2)で取り上げた、大阪地判平成9年1月23日（交民集30巻1号92頁）、同節2(2)で取り上げた、千葉地判平成20年9月29日（交民集41巻5号1304頁）など。
813)　なお、注812であげたもののうち、静岡地判平成4年3月24日は、「被害者側の択一性」により、実体法レベルで割合的解決を正当化することが可能だろう。これについては、注539を参照。
814)　能見・前掲（注1）250-251頁。

体的に、いかなる要件につき、どのようなかたちで「減責による調整」を行うのが妥当かを明らかにするのが、本書のねらいである。したがって、そうした視点からみると、本書の研究は、同説の考えを、反論可能性が確保された実定的枠組みのもとで捉えようとする試みであったといえるだろう。

　本書が描いた理論枠組みは、それ自体として価値判断を含むものではない。したがって、個々の事案においてどのような解決を導くかは、この枠組みのもとで行われる具体的な衡量によって明らかにされなければならない。この点を確認して、本書を閉じることにしたい。

事項索引

あ 行

アスベスト　62
尼崎大気汚染訴訟　221
「あるがまま」命題　255, 258
あれなければこれなし　4, 57, 126
アレルギー素因　216, 233
安全配慮義務　108
イギリス貴族院　62
意思決定　154
いじめ自殺　286, 297, 300, 306
イタイイタイ病訴訟　206
著しい不公平　24, 27
一部連帯責任　266
逸失利益　74
一般条項　30, 35
一般生活上の危険　70
一般的な環境負荷　89, 130
一般不法行為　69
違法性判断に類した価値判断　256, 296
違法性連関　60, 106, 115, 118, 120, 122, 136, 165, 166, 303
医療過誤　64, 135, 304
医療契約　64
医療水準　136
因果関係アプローチ　170
因果関係相殺　8
因果関係の起点　58, 201
因果関係の推定　64, 269
因果関係の濃淡　290
因果関係論としての他因子論　215, 217
インセンティヴ　81
ヴァーグナー，ゲルハルト　79
ヴィルブルク，ヴァルター　18, 101
失われた治癒の可能性に応じた割合的責任　80

うつ病　244, 281
営造物瑕疵説　189
疫学的因果関係論　206
エッグシェル・スカル・ルール　259
延命利益　137
オーストリア民法　19, 61
オールオアナッシング　64, 116
汚染監視義務　92
汚染率にもとづく責任　87

か 行

カーディ裁判　28
カールスルーエ・フォーラム　83
外在的瑕疵　190-192
外的危険　110
加害者不明　90
科学的法則　291
確率　226, 227
確率的（割合的）因果関係論　228
確率的因果関係論　207
確率的心証論　5, 174, 207, 226, 228
確率的認定説　228
瑕疵　177, 189
過失相殺基準表　11
過失相殺法理　11
過失相殺類推適用説　5, 15
過失の客観化　7, 17
過失の程度　26
過失比例主義　13
過剰な責任　78
過剰な注意　78, 169
瑕疵論争　189
家庭生活利益の総合的侵害　186
仮定的因果関係　70
仮定的原因　109

314　事項索引

仮定的事実経過　73, 117, 120, 164
カナーリス，クラウスヴィルヘルム　35
可能性　65, 303
可能性以外に失うものがない被害者　73
「可能性」侵害　171
可能性の原則　190
可能性の喪失　72
川崎大気汚染第一次訴訟　219
川崎大気汚染第二～四次訴訟　220
川島武宜　16
環境責任　92
環境問題での強い関連性　212
間接義務　37
間接侵害　194
完全賠償の原則　15, 60, 129
眼底検査　142
冠動脈バイパス手術（CABG）　153
関与者　90
関連共同性　266
「機会の喪失」論　62, 64, 119
危険性関連　299, 307
　──説　250
危険責任の一般条項　46
危険増大論　105, 115, 119
危険の平等性　94
帰責要素　112
期待可能性　152
期待権　137, 174
　──侵害　165, 173
規範の保護目的　253, 254
規範目的　118
基本権　72, 119
義務違反説　189
義務違反的構成　189
義務違反と結果との因果関係　59, 165
義務射程　251
客観説　189
求償　98
急性硬膜外血腫　264
競合関係　186
競合原因の斟酌　126

競合的不法行為　267
鏡像原理　37, 51
協働過失制度　14, 32, 36
共同不法行為　211, 214, 218, 265
業務上の危険　45
寄与度　8, 257, 311
「寄与度減責」説　6, 311
寄与度不明　90, 269, 273
偶　然　61, 101, 110, 114, 165, 290
偶然との択一的競合　102
具体的な危険性　103, 111
クモ膜下出血　155, 157
倉敷大気汚染訴訟　220
倉田卓次　5, 226
グレッグ対スコット事件　170
経過観察義務違反　141, 149
経験則　291
経皮的冠動脈形成術（PTCA）　153
結果回避可能性　166, 193
結果発生原因の不明　163
結果発生の頻度　294, 302
結果不発生事例　170
原因競合　57, 125, 162, 184, 237, 246
検査義務違反　141
減責条項　13, 15
原則的証明度　172
権利領域　236, 251
好意関係　20
行為水準　96, 127
好意同乗　48
公害・環境訴訟　205
後続侵害　247, 249, 254
交通事故と医療過誤の競合　260, 308
交通事故被害者の自殺　280, 296, 298, 309
高度の蓋然性　171, 214
衡　平　13
公平条項　17, 22
公平による割合的減責　14, 52
公平の意義　13
公法上の規制　98
合法則性　198

硬膜外血腫　149
効率的な行為コントロール　169-171
心の再構成　292
個人差以上の素因　251
コツィオール，ヘルムート　54, 103
5年生存率　172
個別的因果関係　124, 268

さ 行

災害神経症　281
財産状態の考慮　21, 28
財産的損害　66
最適な資源配分　96
裁判官の裁量　11
債務不履行構成　123
債務法改正　33
作為義務違反　197
沢井裕　290
参事官草案　23
シェーファー，ハンスベルント　77
自己危殆化　50
自己決定権侵害　154
自己決定の機会　152
自己の危険にもとづく行為　48
「事実的」因果関係　53, 116, 120, 161, 162, 205, 310
事実的寄与度　6
事実問題　197
四肢末梢型感覚障害　223
市場占有率にもとづく責任　63, 87
自然有症率　209
自然力競合　175, 305
疾　患　235
四宮和夫　250
社会生活上の義務　106
社会的厚生　96, 127
社会復帰率　168
社会法則　199
社会法典第10編　95
惹　起　39, 40
重過失　273

重合的競合　215
重大な治療過誤　63
集団現象　206
重度喫煙　216, 233
「重要な要素」のテスト　4, 126
手技上のミス　161
シュトル，ハンス　31, 67
純粋過失主義　13
証明責任　63, 107, 116
証明度　8, 123, 214
ショック損害　47
所有者危険負担（casum sentit dominus）の
　　原則　55, 113, 165
心因的素因　243
信義誠実の原則　35, 49, 209, 210
神経症　245
心証度　226
　　——に応じた責任　227
身体的素因　238
身体的特徴　235, 240
人的非難可能性　27, 32
シンデル対アボット・ラボラトリーズ事件　87
スイス債務法　32, 61
すべての患者に対する割合的責任　81
請求権の「貫徹不足」　82, 127
責任根拠　37
責任充足　37, 72, 82, 123
　　——における割合的判断　140, 158, 172
責任設定　72, 82, 123, 153
　　——における割合的解決　140, 141, 161
責任の中断　273, 276
責任要素の希薄化と減責による調整　7, 12, 53
責任要素　111
説明義務違反　141, 152
浅間山リフト第二次訴訟　181
全部連帯責任　265, 278
素因減責　137, 235, 307
素因斟酌肯定説　235
素因斟酌否定説　236
相対危険度　225, 228, 310
相当因果関係　25, 200, 242, 254, 282, 290

316　事項索引

　――説　24
相当程度の可能性　139, 164
損益相殺　70
損害と有責性との比例　19, 22
損害の異常性　24, 25
損害の期待値　78
損害の金銭的評価　4, 10, 273
損害抑止　85, 98
損害論としての他因子論　216, 217

　　た　行

第一次侵害　249, 254
大気汚染訴訟　205
大気汚染に対する寄与度に応じた責任　230
大気拡散シミュレーション　212, 216
大規模損害　62
大腸がん　144
大東水害訴訟　185
体罰自殺　282, 296, 299
他因子論　232
タウピッツ, ヨッヘン　84
択一的競合　63, 105
択一的行為者　103
他者加害　51
多奈川火力発電所公害訴訟　207
七夕豪雨　181
中間生存期間　159
抽象的危険　195
抽象的危険犯　88
治癒の可能性　121, 167
懲戒行為　282
重畳的競合　58
直接侵害　194
治療上の判断ミス　141, 146
追加的損害　80, 121, 169
　――にもとづく割合的責任　80, 123
通行規制　181
強い関連共同性　211
DES（Diethylstilbestrol）　87
データの信頼性　294, 302
転送義務違反　141, 155

ドイチュ, エルヴィン　106
ドイツ法アカデミー草案　16
ドイツ法曹大会　18, 83
ドイツ民法　23
ドイツ連邦司法省　23
統計データ　128, 206, 295
動的システム論　22, 100
同等取扱い原則　51
投薬上のミス　161
道路間の一体性　215, 219
道路管理の瑕疵　179
特別の危険　114
特別の犠牲　25
都市型複合汚染　206
土石流　178, 180

　　な　行

内在的瑕疵　191, 200
名古屋南部大気汚染訴訟　221
ナチス期　16
新美育文　228
西淀川大気汚染第一次訴訟　211
西淀川大気汚染第二～四次訴訟　213
人間の行動法則　291
能見善久　6
野村好弘　4, 175, 228

　　は　行

肺がん　158
賠償と過失との均衡　34
ハウス, フリッツ　18
橋本佳幸　250
発病閾値　210
範囲に関する公平判断　291
反事実的条件法　291
阪神・淡路大震災　183
反復可能性　291
反復性　179, 188, 291
反復性・起因力の補強　291
被害者側の択一性　94, 124, 204, 309
被害者保護の前進　12

光凝固法　142
非財産的損害　66
非訟事件　29
飛騨川バス転落事故　175, 177
ビタミンK欠乏症　146
必要的競合　59
非特異性疾患　206
ビドリンスキー, フランツ　29, 102
評価的寄与度　6
平井宜雄　4
不運　19, 22
不可欠条件関係　57
不可欠条件公式　197
不可抗力　175, 179
不作為不法行為　60, 163, 196, 298
部分的因果関係説　4
不法行為構成　123
プロイセン一般ラント法　19, 122
閉塞性肺疾患　206
併存関係　186
防衛医療　124
法益アプローチ　170
法益侵害を引き起こした可能性にもとづく
　　帰責　69
法益の危殆化　107
法則性　179, 188
「法と経済学」　77, 88
法の経済分析　96, 122, 127, 169
法の倫理的基礎　128
法律上保護される利益　129
ホーロッホ, ゲルハルト　33
保険契約法　95
保険への加入義務　27
保護法規　106
ポズナー, リチャード　88
ホトソン対イーストバークシャー地域保健局
　　事件　69

ま 行

未熟児網膜症　141
水野謙　291

水俣病関西訴訟　224
水俣病東京訴訟　223
ミュラー, ゲルダ　83
矛盾行為 (*venire contra factum proprium*) の
　　禁止　49
メディクス, ディーター　83
物の危険　45
森島昭夫　228

や 行

許された危険　42
腰麻ショック　164
ヨーロッパ私法共通参照枠草案　35
ヨーロッパ不法行為法原則　35, 61, 94
予見可能性　190, 281
弱い関連共同性　211

ら 行

ラーレンツ, カール　28
ランゲ, ヘルマン　18
ランデス, ウィリアム　88
領域原理　236, 250, 252
領域思想　32
領域理論　15, 47, 54, 113
列挙主義　46, 113
連帯債権　94
連帯責任　90, 98
連邦憲法裁判所　35

わ 行

割合的因果関係　182
　──説　4, 175, 311
　──論　207
割合的責任　56

■著者紹介

石橋 秀起（いしばし ひでき）

　　立命館大学法学部教授

　　1973年　大阪生まれ
　　1997年　立命館大学法学部卒業
　　2002年　立命館大学大学院法学研究科博士前期課程単位取得退学
　　三重大学人文学部専任講師、助教授、立命館大学法学部助教授、准教授を経て、
　　2014年4月より現職。

〈主要業績〉
「建築士および建築施工者の不法行為責任――判例の到達点と新たな法益の生成」
立命館法学324号（2009年）38頁
「欠陥住宅をめぐる判例の動向と今後の課題」現代消費者法18号（2013年）63頁
ハイン・ケッツ／ゲルハルト・ヴァーグナー著『ドイツ不法行為法』（法律文化社、
2011年）（共訳）

Horitsu Bunka Sha

立命館大学法学叢書第18号
不法行為法における割合的責任の法理

2014年5月30日　初版第1刷発行

著　者　　石橋秀起
発行者　　田靡純子
発行所　　株式会社　法律文化社

〒603-8053
京都市北区上賀茂岩ヶ垣内町71
電話 075(791)7131　FAX 075(721)8400
http://www.hou-bun.com/

＊乱丁など不良本がありましたら、ご連絡ください。
　お取り替えいたします。

印刷：中村印刷㈱／製本：㈱藤沢製本
ISBN 978-4-589-03599-8
Ⓒ2014 Hideki Ishibashi　Printed in Japan

JCOPY 〈(社)出版者著作権管理機構 委託出版物〉

本書の無断複写は著作権法上での例外を除き禁じられています。複写される
場合は、そのつど事前に、(社)出版者著作権管理機構（電話 03-3513-6969、
FAX 03-3513-6979、e-mail: info@jcopy.or.jp）の許諾を得てください。

ハイン・ケッツ, ゲルハルト・ヴァーグナー著／ 吉村良一・中田邦博監訳 **ドイツ不法行為法** A5判・422頁・7800円	ドイツ不法行為法学の最高峰を極める著者による不法行為法の概説書。豊富な判例の引用と、多面的な比較法的検討を行い、法と経済学の手法を用いて不法行為法の課題と方向性を的確に描き出す。
C.フォン・バール, E.クライブ, H.シュルテ＝ネルケほか編／ 窪田充見・潮見佳男・中田邦博・松岡久和・山本敬三・吉永一行監訳 **ヨーロッパ私法の原則・定義・モデル準則** ――共通参照枠草案（DCFR）―― A5判・540頁・8500円	ヨーロッパ民法典を構想するバール教授が中心となって編集した「ヨーロッパ私法に関するモデル準則（DCFR）の概要版」の翻訳。「ヨーロッパ契約法原則（PECL）」を引き継ぎ、民法全体にわたる〈規定〉を提案する注目の文献。
日本弁護士連合会　公害対策・環境保全委員会編 **公害・環境訴訟と弁護士の挑戦** A5判・284頁・3000円	日本の典型的な公害環境訴訟において弁護士が挑んできた軌跡とその到達点を俯瞰し、環境法の発展に果たした役割を考察する。訴訟に実際に取り組んだ弁護士がその経緯や争点・課題を詳述。ロースクール生に格好の教材。
植木 哲編［髙森八四郎先生古稀記念論文集］ **法律行為論の諸相と展開** A5判・458頁・9000円	従来の議論と債権法改正をふまえ、法律行為論の新たな展開をめざす。虚偽表示・錯誤・代理など、契約の核たる"意思表示理論"について考察した論稿に加え、現代社会のさまざまな契約の機能を考察する論稿を収録。
田井義信編 **民法学の現在と近未来** A5判・382頁・8600円	家族法の世界的激動や日本の債権法改正の動きに合わせてカレント・トピックスを取り上げる。外国法の知見をふまえ先端的分析や問題提起を行い、民法学が進むべき方向性を指し示す。

―法律文化社―

表示価格は本体（税別）価格です